中国社会科学院学部委员专题文集

中国社会形态和历史变迁的探究

卢钟锋 著

中国社会科学出版社

图书在版编目（CIP）数据

中国社会形态和历史变迁的研究／卢钟锋著．—北京：中国社会科学出版社，2014.12

（中国社会科学院学部委员专题文集）

ISBN 978-7-5161-4879-2

Ⅰ.①中… Ⅱ.①卢… Ⅲ.①中国历史—研究 Ⅳ.①K207

中国版本图书馆 CIP 数据核字（2014）第 228827 号

出 版 人	赵剑英
责任编辑	黄燕生
责任校对	周 昊
责任印制	戴 宽
出　　版	中国社会科学出版社
社　　址	北京鼓楼西大街甲 158 号
邮　　编	100720
网　　址	http://www.csspw.cn
发 行 部	010-84083685
门 市 部	010-84029450
经　　销	新华书店及其他书店
印刷装订	北京七彩京通数码快印有限公司
版　　次	2014 年 12 月第 1 版
印　　次	2014 年 12 月第 1 次印刷
开　　本	710×1000　1/16
印　　张	27.25
插　　页	2
字　　数	435 千字
定　　价	86.00 元

凡购买中国社会科学出版社图书，如有质量问题请与本社营销中心联系调换
电话：010-84083683
版权所有　侵权必究

《中国社会科学院学部委员专题文集》编辑委员会

主任 王伟光

委员 （按姓氏笔画排序）

王伟光　刘庆柱　江蓝生　李　扬

李培林　张蕴岭　陈佳贵　卓新平

郝时远　赵剑英　晋保平　程恩富

蔡　昉

统筹 郝时远

助理 曹宏举　薛增朝

编务 田　文　黄　英

前　言

　　哲学社会科学是人们认识世界、改造世界的重要工具，是推动历史发展和社会进步的重要力量。哲学社会科学的研究能力和成果是综合国力的重要组成部分。在全面建设小康社会、开创中国特色社会主义事业新局面、实现中华民族伟大复兴的历史进程中，哲学社会科学具有不可替代的作用。繁荣发展哲学社会科学事关党和国家事业发展的全局，对建设和形成有中国特色、中国风格、中国气派的哲学社会科学事业，具有重大的现实意义和深远的历史意义。

　　中国社会科学院在贯彻落实党中央《关于进一步繁荣发展哲学社会科学的意见》的进程中，根据党中央关于把中国社会科学院建设成为马克思主义的坚强阵地、中国哲学社会科学最高殿堂、党中央和国务院重要的思想库和智囊团的职能定位，努力推进学术研究制度、科研管理体制的改革和创新，2006年建立的中国社会科学院学部即是践行"三个定位"、改革创新的产物。

　　中国社会科学院学部是一项学术制度，是在中国社会科学院党组领导下依据《中国社会科学院学部章程》运行的高端学术组织，常设领导机构为学部主席团，设立文哲、历史、经济、国际研究、社会政法、马克思主义研究学部。学部委员是中国社会科学院的最高学术称号，为终生荣誉。2010年中国社会科学院学部主席团主持进行了学部委员增选、荣誉学部委员增补，现有学部委员57名（含已故）、荣誉学部委员133名（含已故），均为中国社会科学院学养深厚、贡献突出、成就卓著的学者。编辑出版《中国社会科学院学部委员专题文集》，即是从一个侧面展示这些学者治学之道的重要举措。

　　《中国社会科学院学部委员专题文集》（下称《专题文集》），是中国社会科学院学部主席团主持编辑的学术论著汇集，作者均为中国社会科学院学部委员、荣誉学部委员，内容集中反映学部委员、荣誉学部委员在相关学科、专业方向中的专题性研究成果。《专题文集》体现了著作者在科学研究实践中长期关注的某一专业方向或研究主题，历时动态地展现了著作者在这一专题中不断深化的研究路径和学术心得，从中不难体味治学道路之铢积寸累、循序渐进、与时俱进、未有穷期的孜孜以求，感知学问有道之修养理论、注重实证、坚持真理、服务社会的学者责任。

2011年，中国社会科学院启动了哲学社会科学创新工程，中国社会科学院学部作为实施创新工程的重要学术平台，需要在聚集高端人才、发挥精英才智、推出优质成果、引领学术风尚等方面起到强化创新意识、激发创新动力、推进创新实践的作用。因此，中国社会科学院学部主席团编辑出版这套《专题文集》，不仅在于展示"过去"，更重要的是面对现实和展望未来。

这套《专题文集》列为中国社会科学院创新工程学术出版资助项目，体现了中国社会科学院对学部工作的高度重视和对这套《专题文集》给予的学术评价。在这套《专题文集》付梓之际，我们感谢各位学部委员、荣誉学部委员对《专题文集》征集给予的支持，感谢学部工作局及相关同志为此所做的组织协调工作，特别要感谢中国社会科学出版社为这套《专题文集》的面世做出的努力。

《中国社会科学院学部委员专题文集》编辑委员会

2012年8月

目　　录

第一编　中国社会形态与历史发展总论

第一章　20世纪以来西方史学思潮的演变及其中国历史的发展道路观 ………………………………………………………（3）
第二章　马克思主义的传入与中国历史的发展道路研究 ……（44）
第三章　研究中国历史发展道路的理论与方法 ……………（107）
第四章　中国历史发展道路的相关理论问题与基本思路 …（135）
第五章　研究中国历史发展道路的当代意义与学术理论价值 ………（165）

第二编　社会形态与历史和文明

关于"亚细亚生产方式"的社会性质与中国文明起源的路径问题 ……（181）
马克思的社会形态学说与中国历史研究 ……………………（203）
马克思的社会形态学说与历史发展阶段性问题 ……………（216）
孙中山的民生主义与近代中国的发展道路问题 ……………（228）
评钱穆的中国社会演变论 ……………………………………（239）

第三编　20世纪中国历史观念和历史学

论20世纪西方的中国历史观念及其演变 ……………………（251）
20世纪中国历史研究领域的新进展 …………………………（284）

新时期中国历史学的回顾与思考
　　——以中国历史的发展道路研究为线索 …………………（312）
新中国历史学创建时期历史研究的新进路 ………………………（331）
新中国历史学六十年与社会形态问题研究 ………………………（346）
侯外庐与中国马克思主义历史学 …………………………………（365）

第四编　思想文化的转型

由传统走向启蒙
　　——论18世纪中国文化的发展方向 ……………………（377）
论清末的文化转型 …………………………………………………（384）
儒学的历史命运与现代新儒家的儒学转化观 ……………………（394）
回顾国学　反思国学 ………………………………………………（409）
国学的历史及其启示 ………………………………………………（417）

后记 …………………………………………………………………（433）

第一编

中国社会形态与历史发展总论

第一章　20世纪以来西方史学思潮的演变及其中国历史的发展道路观

20世纪以来，西方的史学思潮几经变化。大体来说，20世纪前半叶是传统的欧洲中心史观占主导地位。随之而来的，还有治水社会史观。从20世纪后半叶起，传统的欧洲中心史观逐渐淡出西方史坛，代之而起的是文明形态史观、全球史观以及后现代史观。它们接踵而至，一浪高过一浪。时至今日，我们仍然可以感受到这些后起的史学思潮对于中国史坛所产生的影响。

西方史学思潮的演变直接影响到西方史坛对于中国历史的认识，从而形成了各自的中国历史发展道路观。

第一节　欧洲中心史观及其中国历史发展道路观

一　欧洲中心史观的由来

欧洲中心史观是20世纪前半叶西方盛行的世界历史观。然而，这种世界历史观由来已久。这得从18世纪后期开始的欧洲工业革命的历史意义说起。

如所周知，18世纪后期开始的这场革命对欧洲的历史进程起着巨大的推动作用。正如马克思主义创始人所说："自从蒸汽和新的工具机把旧的工场手工业变成大工业以后，在资产阶级领导下造成的生产力，就以前所未闻的速度和前所未有的规模发展起来。"① 不仅如此,"由于一切生产工具的迅速改进,由于交通的极其便利"使"资产阶级"有可能"把一切民族""都卷到文明中来","迫使一切民族""采用资产阶级的生产方式。"② 总之,这场革命大大加快了资本主义的物质文明和精神文明的发展,使原来落后的欧洲一跃而成为居于世界前列的先进的欧洲,从而进一步拉大了与东方国家的历史差距。于是,自18世纪末19世纪初以来,所谓东方落后论、欧洲先进论,以及按照欧洲的面貌改造世界的声浪一度甚嚣尘上,成为风行西方的史学思潮。欧洲中心史观就是对于这一思潮的理论概括和总结。19世纪,随着欧洲支配世界地位的确立,欧洲中心史观因而主导了西方史坛。

19世纪主导西方史坛的欧洲中心史观,其理论形态是由黑格尔完成的。

黑格尔(Hegel,1770—1831)是19世纪德国古典哲学家的杰出代表,西方近代的历史哲学在他那里达到了顶峰。他的最大贡献是:把辩证法运用于研究世界历史,并由此得出关于世界历史是一个发展过程的认识。恩格斯说:根据这一认识,"思维的任务"就在于"透过一切迷乱现象探索这一过程的逐步发展的阶段,并透过一切表面的偶然性揭示这一过程的内在规律性"。恩格斯认为,这是黑格尔的"划时代的功绩"。③ 不过,黑格尔的历史哲学,正如罗素(B. Russell,1872—1970)所说,是以"精神和精神的发展过程"为"实在对象"④ 的。因此,他所谓世界历史,实质上既是精神的发展过程,又是作为精神的本质——自由的实现过程。他将这一发展过程划分为三种实现形式:东方世界、希腊罗马世界和日耳曼世界。它们分别代表自由的三种实现形式:第一种形式是东方世界的专制政体,第二种形式是希腊罗马世界的民主政体和贵族政

---

① 恩格斯:《社会主义从空想到科学的发展》,《马克思恩格斯选集》第3卷,人民出版社1995年版,第741页。
② 马克思、恩格斯:《共产党宣言》,《马克思恩格斯选集》第1卷,人民出版社1995年版,第276页。
③ 恩格斯:《社会主义从空想到科学的发展》,《马克思恩格斯选集》第3卷,第737页。
④ [英]罗素:《西方哲学史》下卷,马元德译,商务印书馆1976年版,第283页。

体，第三种形式是日耳曼世界的君主政体。这样，黑格尔通过对精神发展过程的诠释为我们构建了一个以精神发展为主线并外化为政体演变的三形式和三阶段的世界历史体系。根据这个世界历史体系，"世界历史从'东方'到'西方'，因为欧洲绝对地是历史的终点，亚洲是起点。"① 这里，他所说的欧洲和亚洲，既是一个地理概念，分别代表西方和东方，又是一个历史概念，分别代表不同发展阶段的政体，并明确地提出东方专制政体的概念而与西方的政体即从希腊罗马的民主政体和贵族政体到日耳曼的君主政体相区别。他断言：东方专制政体属于只有"一个人"是自由的政体，希腊罗马的政体属于"少数人"是自由的政体，日耳曼的政体属于"一切人是自由"的政体；② 认为西方的政体优胜于东方的专制政体，是世界历史的发展方向和终极目标，故说"欧洲绝对地是历史的终点"。这种以欧洲为历史终点的欧洲历史终结论，毋庸讳言，是一种典型的欧洲中心史观。用欧洲中心史观考察中国历史，黑格尔认为："中国是特别东方的。"③ 根据黑格尔关于东方专制政体的概念，所谓"中国是特别东方的"，是说中国的政体为典型的东方专制政体，它保持着东方专制政体固有的特性，概要地说：

一是，权力的唯一性和独占性。用黑格尔的话说，即"一切皆隶属于"专制君主这个"唯一的个人"，"以致任何其它个人都没有单独的存在"，"国家的一切因素""都被这个实体所独占"。在这"唯一的权力"面前，"没有东西能维持一种独立的生存"，④ "所以政体的形式必然是专制主义"。⑤

二是，权力的家族性质。所谓权力的家族性质，是指"这个国家是以家族关系为基础"而言的。所以，中国的政府是一个"父道的政府"，⑥

---

① 黑格尔：《历史哲学》，王造时译，商务印书馆1963年版，第148页。
② 同上书，第56—57页。
③ 同上书，第158页。
④ 同上书，第150页。
⑤ 同上书，第169页。
⑥ 同上书，第150页。

"皇帝犹如严父,为政府的基础,治理国家的一切部门",[1]"家长政治的原则"是国家立法的根据。[2]

三是,历史的不变性。由于中国是"以家族关系为基础",立法的根据是"家长政治的原则",且"终古如此的固定不变",因此,黑格尔认为,中国历史"不必有什么变化",[3]也"无从发生任何变化"。[4]唯其如此,他称中国历史是"永无变动的单一"[5],它"很早就已经进到了今日的情状",[6]即强调中国历史自古以来的不变性。

另一位德国古典哲学家谢林(Schelling,1775—1854)更将中国的专制政体径称为"皇权绝对至上"的"独裁的君主制",认为这是一种"最古老的国家形态",秦始皇只不过是其"复制者",从而强调了中国专制政体的原创性。他进而指出:这种"皇权绝对至上"的观念是"国家权力绝对集中"的反映,其根源在于"最古老的家长制原则即父亲的权力和威严至高无上的原则",认为这是"中华帝国"的"本质特征",也是"这个国家至今保持着四千年前的面貌"[7]的原因所在。与黑格尔一样,谢林特别强调了中国的家族关系和家长制是专制政体赖以存在的基础,认为这是中国历史不变性的最后根据。

综上所述,主导19世纪西方史坛的欧洲中心史观有如下几个特点:

第一,以东方专制主义为理论出发点,强调东方专制主义作为政体形式的所谓不自由、非理性的专制性质,而与欧洲政体的所谓开明、理性的自由性质相对立,并用这种西方政体"优越论"的政体观作为立论的依据。

第二,以欧洲历史终结论为理论归宿点,强调按政体划分的东方世界从属于西方世界的历史必然性,旨在证明欧洲历史的发展道路是世界历

---

[1] 同上书,第165页。
[2] 同上书,第171页。
[3] 黑格尔:《历史哲学》,王造时译,商务印书馆1963年版,第151页。
[4] 同上书,第161页。
[5] 同上书,第158页。
[6] 同上书,第161页。
[7] 以上引文均见于柳御林主编《世界名人论中国文化·谢林》,湖北人民出版社1991年版,第223—231页。

史，首先是东方历史发展的必由之路。

第三，以中国专制主义为东方专制主义的历史源头，强调中国历史的东方专制主义特征，将中国历史进程纳入欧洲中心史观的体系框架内，突出中国历史的不变性及其家长制根源。

由此可见，所谓欧洲中心史观，实质上是欧洲历史终结论的世界历史观，而东方专制主义和中国历史不变性，则是这一世界历史观不可分割的组成部分。

必须指出，虽然作为理论形态的欧洲中心史观是由黑格尔完成的，但是黑格尔对于中国历史的认识和关于东西方的政体观念则是渊源有自。例如，关于中国专制政体问题，早在17世纪初，意大利耶稣会士利玛窦（Matteo Ricei，1552—1610）在《中国札记》一书中已经提出来了。他不但对中国历史做出正面的评价，认为中国从来"没有征服的野心"，而且指出：自古以来，中国就是一个君主专制的国家，皇帝和朝廷对人民拥有绝对的权力[①]。18世纪法国启蒙学者孟德斯鸠（Montesquieu，1689—1755）和魁奈（F. Quesngy，1694—1774）也分别在自己的著作中专门论述"中华帝国"的专制政体问题。不过，孟氏认为中国的专制制度是一种以"恐怖"为原则的制度[②]，而魁氏则认为虽然中国是一个专制主义的国家，但都是按自然法则建立起来的。因此，中国的专制制度是最合乎人类理性的制度[③]。又如，关于东西方政体的划分，孟氏在《论法的精神》一书里作了专门的论述，认为专制政体是东方国家普遍实行的政体，而共和政体、君主政体则是西方国家普遍实行的政体，并断言：西方的政体优于东方的政体[④]。可见，关于中国专制主义和东西方政体的认识，早在17—18世纪的西方就已经存在了。因此，上述认识可以说是西方的传统观念。所不同者，17—18世纪的上述认识没有同世界历史进程联系起来，因而没有由此做出中国历史不变性或欧洲历史终结论的结论。究其原因，归根结

---

① ［意］利玛窦：《中国札记》，何高济等译，何兆武校，中华书局1983年版，第59页。
② 孟德斯鸠：《论法的精神》上册，张雁深译，商务印书馆1961年版，第129页。
③ 魁奈：《自然法则》，《魁奈经济著作选集》，商务印书馆1979年版，第304页。
④ 孟德斯鸠：《论法的精神》上册，第56—60页。

底在于工业革命前的欧洲,其经济发展水平和政治的开明程度都远不及中国。工业革命以后,欧洲的面貌才发生了根本性的变化,中国以及东方国家才被欧洲抛在后面,所以,中国历史不变性和东方历史落后论才应运而生。由此可见,欧洲中心史观的兴起及其主导19世纪的西方史坛,或者说,这一世界历史观的由来不仅有其思想文化背景,而且有其社会历史背景。

二 20世纪欧洲中心史观的新特点与费正清的中国历史发展道路观

19世纪以来,欧洲中心史观主导西方史坛的局面至20世纪前半叶不仅循而未改,而且更发展成为一种解读中西方关系和东西方关系的历史模式,这就是盛行于20世纪前半叶西方史坛的"冲击—回应"的历史模式。

所谓"冲击—回应",简单地说,就是西方挑战,非西方国家应战。这一历史模式是1954年由邓嗣禹与费正清合写的《中国对西方之回应》一文和克莱德与比尔斯合著的《远东:西方冲击与东方回应之历史》一书中正式提出来的[①]。根据这一历史模式,西方国家是历史发展的原动力,具有历史的主动性,居于历史的"上风",处在世界历史的中心,而中国等东方国家的历史由于长期处于停滞状态,缺乏历史的主动性,居于历史的"下风",被排斥于世界历史的边缘,只有借助来自西方国家外力的推动,才能走上西方国家的历史发展道路,由传统走向近代,实现现代化。

欧洲中心史观在20世纪的演变是受西方国家利益的驱动,为西方国家近代以来的对外侵略政策辩护的。因此,同19世纪的欧洲中心史观相比,20世纪欧洲中心史观更具鲜明的政治倾向性。这方面的代表人物和代表性著作要首推费正清及其《美国与中国》、《中国:传统与变迁》两书。

费正清(Johm King Fairak,1907—1991)是美国著名的中国问题专家和历史学家。他长期领导着美国的中国问题研究,其研究成果深为美国政府所重视。1948年,他出版的《美国与中国》一书,在美国政界和学界产

---

① [美]柯文:《在中国发现历史——中国中心观在美国的兴起》,林同奇译,中华书局2000年版,第3页。

生了广泛的影响，为美国政府制订对华政策提供了历史和理论的依据，被称为研究中美关系的"经典著作"。[①] 1978年，他和赖肖尔根据《东亚：传统与变迁》（费正清、赖肖尔、克瑞克合著）一书有关中国部分进行修改和增补，以《中国：传统与变迁》为题，单独成书出版。

费正清上述两书的最大特色是：以"冲击—回应"的历史模式作为研究中国历史的指导线索，将中国历史分成"传统"与"近代"两部分，着重探讨传统的中国如何"回应"近代西方列强的入侵所造成的"冲击"。用他的话说："当代中国变革转型的根本原因，主要源自西方新兴力量与本土传统习惯及思维方式之间的冲突互动。本书因之亦分为两大部分：3000多年来中国传统文明在相对隔绝的状况下的衍变，以及自近代以来作为对现代西方社会的回应，这一文明所经历的变故与转型。"[②] 他用以划分传统中国和近代中国的标志性时间和事件是19世纪中叶西方列强对中国的侵略：此前是传统的中国，此后是近代的中国。在他看来，近代中国的历史是由于西方的"冲击"才开始的；如果没有西方的"冲击"，中国的历史仍然停留在"传统文明"这种"相对隔绝的状况下"。可见，费氏"冲击—回应"的历史模式是建立在中国历史停滞论之上的，而由中国历史停滞论必然得出"传统—近代"断裂说的中国历史发展道路观。

必须指出，与19世纪德国古典哲学家黑格尔、谢林等人关于中国历史不变论相比，费氏关于中国历史停滞论的最大特点是：他承认中国历史在"传统范围内"的某些变化，即他所说的"3000多年来中国传统文明在相对隔绝的状况下的衍变"。这突出表现在中唐到宋末（8—13世纪）即"中古期的昌盛"。他认为，这一时期的中国社会"远比欧洲先进"。其中，最重要的是"兴起国内外的私人贸易"。他称"这确实是一场'商业革命'"。[③] 不仅如此，这一时期水稻耕作的推广又有利于小土地私有者的发展，而这是由于水稻耕作的性质决定的。他还特别提到罗斯基的发现：到

---

① [美]费正清：《美国与中国·赖肖尔第四版序》，张理京译，世界知识出版社2000年版。
② [美]费正清：《中国：传统与变迁》，张沛译，世界知识出版社2002年版，第3页。
③ [美]费正清：《美国与中国》，第30页。

了明代，华中、华南部分地区的农业在很大程度上以适应市场的需要为目的。① 所以，他把这一时期称为"近代中国历史的第一阶段"，亦称"前近代"或"前现代时期"，"因为这时期发展起来的文化一直延续到现在"。

值得指出的是，费正清关于中国历史"在传统范围内的衍变"观是建立在对传统中国社会结构两重性的认识基础上的。他认为，传统中国社会结构的两重性表现为：一方面，是农村的农民社会结构的稳固不变性；另一方面，是城镇的上层社会结构（由地主、文人、商人、官吏等有产者和权势者所组成）的相对流动性。传统中国社会结构这种两重性既决定其历史的停滞性，又赋予这种停滞性以相对性的特点。中国历史就是在传统中国社会结构两重性的矛盾运动中由早期的"东方式"社会向"前近代"社会"衍变"的。尽管如此，"中古时期的昌盛"，包括发生在这一时期的"商业革命"都未能导致近代资本主义在中国的兴起，故中国历史终究无法走出"传统"迈向"近代"，从而造成"传统—近代"的断裂。原因何在？费正清的回答是：作为资产阶级前身的中国商人"从来不能摆脱士绅及其官府代理人的控制而独立自主"。② 这与"封建时代欧洲商人阶级是在城镇里发展起来"的情况不同。欧洲的地主阶级不住在城镇而住在乡村的大庄园里。这样，城镇便成为"封建体系之外"的场所而有利于住在其中的商人阶级取得独立的地位。③ 不仅如此，这一时期所发生的"商业革命"是"在一个高度组织化、官僚化的帝国里发生的，这一帝国能够适应经济的发展并从中吸取新的力量"，因而没有像欧洲社会那样，因经济变革而造成社会政治制度的崩溃，实现向近代的转变④。这就必然造成"传统—近代"的断裂。

至此，我们不难发现：由中国历史停滞论而推导出来的费氏的中国历史发展道路观是以"传统范围内的衍变"观为出发点，而以"传统—近代"断裂说为归宿点的。费氏之所以强调中国历史"在传统范围内的衍变"，归根到底，是为了证成其"传统—近代"断裂说这一中国历史发展

---

① 同上书，第31页。
② ［美］费正清：《美国与中国》，第49页。
③ 同上书，第50页。
④ ［美］费正清：《中国：传统与变迁》，第149页。

道路观的。

然而，中国历史的发展道路是否存在着费正清所说的"传统—近代"的断裂呢？我们的回答是否定的，因为这不符合中国历史的实际。中国历史的实际是：近代以前，绝非费氏所说的是一个单一的、不存在质变的"传统社会"，其"社会结构"也绝非什么"稳固不变性"，而是先后经历了三次社会形态即原始公社制、奴隶制和封建制的变迁以及两次社会结构的质变即由原始公社制社会向奴隶制社会的转变和由奴隶制社会向封建制社会的转变。至于他的中唐至宋末是"前近代时期"的提法以及中国不能产生资本主义的论断及其原因的分析，如上所述，是为了证成其"冲击—回应"这一历史模式的正确性，从而为其"传统—近代"断裂说制造历史根据，即中国传统社会内部不存在产生资本主义的根据，只有在西方的冲击下，中国社会才能从"传统"走向"近代"，实现资本主义的发展。但是，在这里，他的结论与他的前提是自相矛盾的。因为"前近代"概念的提出，是以承认此时已经出现了既不同于"传统"又不完全等同于"近代"的新因素为前提的。从历史内涵来看，这种新因素不是别的，只能是资本主义因素。他所说的"前近代时期"的"商业革命"以及明代华中、华南部分地区为适应市场而进行生产的农业，显然都是属于资本主义性质的新因素。可见，近代以前，即在西方"冲击"之前，中国社会内部已经出现了资本主义的新因素。因此，不存在中国历史走不出"前近代"的"断裂"，因而只有靠西方的"冲击"才能走出"前近代"而进入"近代"的情况。中国近代历史表明：恰恰是由于西方列强的侵略而造成的"冲击"才中断了中国资本主义发展的历史进程。如果这叫作"断裂"，那么，造成这种"断裂"的原因不应归咎于中国，而应归咎于西方列强的侵略。由此可见，费氏的中国历史发展道路观即"传统—近代"断裂说，归根到底，是为西方列强侵略中国的行径辩护的托词。中国历史的进程早已宣告了费氏的中国历史发展道路观的破产。

第二节 治水社会史观及其中国历史发展道路观

一 从东方专制主义到治水社会史观

东方专制主义是18—19世纪欧洲学术界关于东方社会的流行观点。如上所述，最早从学理的角度对东方专制主义进行研究者，要首推18世纪法国启蒙学者孟德斯鸠。他在《论法的精神》一书中分析了东西方所实行的三种政体形式及原则，认为"共和政体是全体人民或仅仅一部分人民握有最高权力的政体"，实行"品德"的原则；"君主政体是由单独一个人""遵照""确立了的法律"执政的政体，实现"荣誉"的原则；"专制政体"是"由单独一个人按照自己的意志与反复无常的性情领导一切"的政体，实行"恐怖"的原则①。他指出，前两种政体是西方国家普遍实行的政体，后一种政体是东方国家普遍实行的政体，故又称东方专制政体或东方专制主义。19世纪以来，德国古典哲学家黑格尔将东方专制政体纳入他所构建的世界历史体系，作为其欧洲中心史观的重要组成部分，用以证成其中国历史不变论。20世纪前半叶，美国魏特夫将东方专制主义看作是"各种东方社会的共同本质"，认为这是"治水社会"的特性所决定的，而"治水社会"的特性又是由其"自然条件"所造成的，从而创立了他的"治水社会"理论，形成了他的东方社会历史观——"治水社会"史观。魏特夫的东方专制主义就是建立在"治水社会"理论的基础上，成为治水社会史观的重要组成部分。1957年出版的《东方专制主义——对于极权力量的比较研究》（以下简称《东方专制主义》）一书，就是魏特夫在这方面的代表作。

二 魏特夫与《东方专制主义》

魏特夫（Karl A. Wittfogel，1896—1988）系犹太人，出生于德国，后加入美国籍。冷战时期，他公开反共，声称要"为自由世界而斗争"，从

---

① 孟德斯鸠：《论法的精神》上册，第8页。

而使他成为西方学术界冷战的领军人物①。《东方专制主义》一书就是他作为西方学术界冷战领军人物的见证。对此，他供认不讳地说："我是把《东方专制主义》当作是对于极权力量进行比较研究的著作来著述的。"②这从书名的副标题就可以得到证实。他所说的"极权力量"就是"共产党极权主义"，它与"东方专制主义"、"亚细亚复辟"是同义语。所以，他把"共产党极权主义解释成""东方专制主义"这种"专制的变形"③；把"我们时代的'亚细亚'发展情形"看作是"苏联与共产党中国的亚细亚复辟的现实"。④ 一句话，他所说的"极权力量"就是共产党所建立的国家政权。为了攻击共产党建立的国家政权是"极权"，他甚至不择手段，借西方"观察评论家"之口攻击"东方专制主义肯定要比西方专制主义来得更为全面、更加暴虐"，"表现了极权力量最残酷的形式。"⑤ 由此可见，他所说的"东方专制主义"不仅是对"各种东方社会的共同本质"所做的"概括"，而且更是对"共产党极权主义的现象"所做的抨击。这是此书的政治实质所在。

必须指出，魏特夫关于东方专制主义及其治水社会理论的研究由来已久。长期以来，他在从事中国社会与历史问题的研究中就注意到了这方面的问题。早在 1922—1923 年，他在马克斯·韦伯的影响下，就"开始研究治水社会和治水国策的特点"；⑥ 1924 年，他在《市民社会史》中指出："亚细亚"社会是"由一个官僚专制国家所控制"的社会；⑦ 1926 年，他在《觉醒的中国》中指出：中国在公元前一千纪后半期的发展使得"以专制皇帝为首的行政官僚集团为统治阶级，这个统治阶级，是一个强大的治水（兴治水利）官僚机构"。⑧ 1931 年，他在《中国的经济和社会》中对

---

① ［美］魏特夫：《东方专制主义·中译本出版说明》，徐式合等译，邹如山校订，中国社会科学出版社 1989 年版，第 1 页。
② ［美］魏特夫：《东方专制主义·1981 年文塔奇出版社版本前言》，第 57 页。
③ ［美］魏特夫：《东方专制主义·1962 年序言》，第 24 页。
④ ［美］魏特夫：《东方专制主义·1981 年文塔奇出版社版本前言》，第 52 页。
⑤ ［美］魏特夫：《东方专制主义·1957 年导论》，第 16 页。
⑥ 同上。
⑦ 同上。
⑧ 同上书，第 17 页。

中国这样"一个巨大的亚细亚农业社会"进行了分析，强调了"自然条件"对亚细亚农业社会的重要作用。[①] 20世纪40年代，他将中国历史上的辽朝作为"边际类型的亚细亚社会"的典型进行专门研究，于1949年出版了这方面的专著——《中国社会史——辽》。在此书中，他通过对"中国征服王朝"——辽的研究，认识到在"边际类型的亚细亚社会"（又称"半亚细亚形态"）里，"东方式的专制政府在很少或没有履行治水职能的期间统治着它们的臣民"，[②] 从而拓展了他的"治水社会"理论的涵盖面。

上述事实表明：从20世纪20年代中期以来，他就一直通过对中国社会与历史问题的研究探讨治水社会的类型问题、治水社会与东方专制主义的关系问题、治水社会的"亚细亚"性质问题以及治水社会与自然条件的关系问题等。1957年出版的《东方专制主义》一书可以看作是他长期从事治水社会研究的集大成之作。所不同者，20世纪50年代以前，他主要是从学术的角度进行研究；此后，他主要是从政治、从冷战思维的角度进行研究，因而使他关于东方专制主义与治水社会的研究具有鲜明的反共色彩。这是我们在评价魏特夫的《东方专制主义》一书时必须清醒看到的一点。

三　魏特夫的中国历史特殊论及其中国历史发展道路观

治水社会理论是魏特夫用以研究东方社会历史（包括干旱和半干旱地区）的基本理论，也是他用以考察东方社会历史进程的历史观，即治水社会史观。这一治水社会史观的理论出发点，是将世界分成"治水社会"和"非治水社会"两大部分：西欧、北美和日本属于"非治水社会"，其余则属于"治水社会"，包括中亚土耳其、西亚埃及和波斯、南亚印度、东南亚各国以及东欧俄罗斯和中美洲各国等。由于"治水文明"习惯上都称作"东方地区"，因此"治水社会"与"东方社会"他常常交互使用。在魏特夫看来，中国既是一个治水社会，且属于"治水核心地区"，又是东方大

---

① ［美］魏特夫：《东方专制主义·1981年文塔奇出版社版本前言》，第45页。
② ［美］魏特夫：《东方专制主义》，第49页。

国,因此,研究中国历史必须从东方社会的共同本质入手。

首先,魏特夫指出:东方专制主义是东方社会的共同本质,也是治水社会的共同本质。

他说:"各种东方社会的共同本质,其在政治权威的专制力量方面表现得最为明显。"① 所谓"政治权威的专制力量方面",就是指东方专制主义。所以,在他看来,"东方专制主义"、"东方社会"、"治水社会"、"亚细亚社会"是同义语,可以交互使用;而东方专制主义的实质是"农业管理者的专制制度",或"农业管理专制主义"。他认为,东方社会的"农业管理者"是政府,"治水"是政府的重要职能。他之所以强调东方社会是"治水"社会,东方专制主义是一切治水社会的共同本质,是为了"提醒人们注意这些文明的农业管理机构的性质","突出政府的重要作用"。② 所以,他有时把东方专制主义称为"农业管理者的专制制度",认为这种专制制度同时也是一种"社会秩序"③,人人必须遵守和服从。

其次,魏特夫指出:"治水经济"是东方专制主义的根源和赖以生存的基础。所谓"治水经济",用他的话说,是"一种管理者的和纯属政治性的经济"。这种"治水经济"亦称"治水农业经济"。为了使"农业治水活动"得以进行就必须做到:(1)实行"大规模的合作";④(2)有一个"一体化"⑤的计划;(3)建立一个遍及全国的统一调配劳力、物力资源的"组织网";(4)有一个"行使最高政治权力"控制这一组织网的"政治领导"。⑥ 这样的"最高政治权力"就是"农业管理专制主义"。⑦ 可见,"治水农业经济"要求实行东方专制主义,而实行东方专制主义的结果又使"治水农业经济"成为"一种管理者的和纯属政治性质的经济"。不仅如此,东方专制主义的产生既有其经济根源,又有其自然根源。他的《东方

---

① [美]魏特夫:《东方专制主义·1957年导论》,第11页。
② [美]魏特夫:《东方专制主义·1957年导论》,第13页。
③ 同上书,第19页。
④ [美]魏特夫:《东方专制主义》,第13页。
⑤ 同上书,第17页。
⑥ 同上书,第18页。
⑦ 同上书,第437页。

专制主义》一书既"没有贬低自然条件的意义"又"不贬低治水经济的意义"①。

第三,"治水社会"的东方专制主义本质及其"治水经济"决定了东方社会的停滞性和特殊性。概要地说:(1)几千年来,它始终是专制主义统治下的"治水社会";(2)在西方"冲击"之前,它只经历"治水社会"这样一种社会形态,而不像西方那样,经历了多种社会形态的转变,因而也就不存在西方社会那样的历史进程;(3)更重要的是,东方社会基本结构的稳固性使它无法依靠自身力量,而只有借助外力的"冲击"才能打破,从而才能发展。

在魏氏看来,东方社会停滞性和特殊性在中国历史上得到了充分的反映和体现。例如,中国历史没有像西方那样,先后经历了几种社会形态的变迁,而是只经历一种社会形态——"治水社会"。用他的话说:"从周代以来,中国社会不是封建社会,更非奴隶制社会,而是一个水利社会。"②因此,中国不存在西方社会那样的历史进程。这是中西方历史的最大差别,也是中国历史特殊论的主要表现。又如,中国作为"复杂类型"的"治水社会"的典型,又具有与其他东方社会不同的特点:一是,自秦统一中国以后,"土地私有制普遍盛行";③二是,自汉以来,"商人在中华帝国的经济中占有显著的地位";④三是,"地主制度的普遍发展""大大影响了统治阶级中在朝者和在野者(士绅)之间的关系",而这种地主制度又属于"官僚地主制度"。在这种制度下,官僚地主的土地私有制虽有所发展,但"并没有使地产得以巩固,或者使地产所有者形成独立的组织;"⑤四是,中国始终没有"形成一种强大的现代中产阶级",⑥因此无法由传统走向近代,实现近代化。

从总体上看,魏氏所说的上述特点与费正清关于中国传统社会两重性

---

① [美]魏特夫:《东方专制主义·1981年文塔奇出版社版本前言》,第57页。
② [美]魏特夫:《中国社会——一个历史的考察》,《亚洲研究》季刊,第16卷,第3期(1957年5月),转引自《外国资产阶级是怎样看待中国历史的》,商务印书馆1961年版(下同)。
③ [美]魏特夫:《东方专制主义》,第303页。
④ [美]魏特夫:《中国社会——一个历史的考察》。
⑤ [美]魏特夫:《东方专制主义》,第306页。
⑥ 同上书,第460—461页。

社会结构的观点是一致的。所不同者：费氏强调中国传统社会结构在"传统范围内"的变化及其历史阶段和具体途径；魏氏则强调中国传统社会结构的稳定性。虽然他注意到中国传统社会的特点，强调中国历史的特殊性，但是，这些特点或特殊性并没有导致中国历史由古代走向"前近代"，更遑论走向近代了。由此可见，魏氏所谓中国历史特殊论与费正清的中国历史"衍变"论如出一辙。如果有什么"特殊"的话，那就是魏氏更强调中国的"东方专制主义""本质"的不变性。因此，我们可以将魏氏关于中国历史的发展道路观称为"东方专制主义"的中国历史发展道路观。

综上所述，魏特夫之所以强调中国历史特殊论，归根到底，是为了证成他的"治水社会"理论并用以取代马克思的社会形态学说，从而达到否定马克思所发现的历史规律的普适性及其对于中国历史的适用性，最终为其东方专制主义的中国历史发展道路观提供历史根据和理论支持。

第三节 文明形态史观及其中国历史发展道路观

一 汤因比的《历史研究》与文明形态史观

文明形态史观是汤因比的世界历史观。这一史观以"文明"作为历史研究的单位，将世界历史划分成31种文明。他借鉴斯宾格勒[①]的比较文化形态学的方法对这31种文明进行比较研究，考察每一种文明的起源、成长、衰落和解体的过程，分析其主要特征，最后归纳成几大文明综合模式，从而构建起他的文明形态史观。《历史研究》这一历史巨著就是他在这方面的代表作。

汤因比（A. Tognbee，1889—1975）是英国著名历史学家。1914年，第一次世界大战爆发使他开始萌生了撰写《历史研究》的念头。[②] 从1920年至1972年，他一直致力于《历史研究》12卷本的写作。第二次世界大

---

① 斯宾格勒（O. Spengle，1880—1936）：德国历史学家，比较文化形态学家，著有《西方的没落》一书，具体阐发他的文明形态学观点。他以"文化"为单位对世界历史进行透视，将世界历史看作是8种文化的起源、成长、鼎盛、衰亡的过程。这些观点直接影响了汤因比的文明形态史观的形成。

② [英]汤因比：《历史研究·序言》（修订插图本），刘北成、郭小凌译，上海人民出版社2000年版（以下凡引证此书均称《历史研究》）。

战前夕,他完成了《历史研究》前 6 卷;战后至 1961 年又陆续完成了该书的后 6 卷。晚年,他在助手协助下,又完成了该书的修订插图本的编写工作。据他说:这部《历史研究》修订插图本既不同于原来的 12 卷本,也不同于由 D. C. 索麦维尔节录的 10 卷本,从中可以看到一些索麦维尔的修订本以及初版 10 卷本所没有收入的课题,保留了支撑他的论点的全部例证和更多的细节。作为补充卷的第 12 卷("反思"卷)也被头一次纳入本书的主要内容之中。不仅如此,这部插图本还讨论了 1961 年"反思"卷问世以后所发生的各种事件,包括先前无人知晓的非洲撒哈拉南部的地方文明史。他还说:"在目前这个版本的研究中,我们试图记述这些或其他有关人类事务的新增知识以及新近的理解。"① 可见,这部修订插图本不仅反映了汤因比晚年在历史研究方面的最新成就,而且也可以看作是他的晚年定论。因此,我们将主要根据这部修订插图本探讨汤因比的《历史研究》及其文明形态史观所反映的中国历史道路观。

《历史研究》的文明形态史观是基于汤因比对"历史研究的单位"的理解和认识提出来的。他说:"我是从寻找一种历史研究的单位入手,开始自己的研究工作的。这个单位应当相对完整独立,或多或少有别于其他历史成分,对我们来说是可以对其感知并能够加以理解的。我舍弃当前根据国别来研究历史的习见做法。我的单位似乎是某种范围更大的碎片,这就是文明。"② 他认为,"历史研究"应以"文明"而不是以"国别"为"单位"。这是他从事历史研究的新视角。他所说的"历史研究的单位"不是指具体历史对象,而是指"某种范围更大",具有"相对完整独立"的历史类型。这种历史类型是对于同类历史对象的综合与概括,反映了历史对象的共性。因此,作为汤因比"历史研究的单位"——"文明",实际上,是一种文明"模式"。他的《历史研究》一书就是根据这种文明模式编撰的。他说:"在明确了我划定的单位以及考察了前文明的各个社会之后,我试图从希腊史、中国史、犹太史的过程中抽出我的线索,以便为文明史构建起一种'模式'。我通过归纳这些文明的主要特征提出一个似乎

---

① 有关汤因比《历史研究》修订插图本的详情见该书《序言》。
② [英]汤因比:《历史研究》,第 1 页。

第一章　20世纪以来西方史学思潮的演变及其中国历史的发展道路观　19

适合我们所知的大多数文明史的综合模式。"① 这种用文明模式构建世界历史的观点，我们称之为"文明形态史观"。

二　从世界历史模式论到中国历史循环论

根据文明形态史观，汤因比将世界历史划分成三大文明模式：希腊模式、中国模式和犹太模式，分别代表三种文明形态。他认为，希腊——中国模式是作为"各文明形态的正常社会结构"，是这类社会形态中的"两个代表"。所谓"代表"，是指因其成熟性、独立性和原创性而具有典型性而言的，是以承认存在着与其相似的同类文明为前提的。如果说，希腊——中国模式称之为"独立的文明"或"成熟的文明"；那么，其他与之相似的文明则称之为"卫星文明"或"附属的文明"。例如，西方文明就"附属于""希腊文明"；东亚和南亚的朝鲜、日本和越南诸文明，就"附属于""中国文明"。② 作为一种文明模式，希腊文明是一种"连续发展的模式"，它表现为"文化统一与政治分裂相结合的特点"。③ 中国文明则是一种"统一和分裂、有序和失序、进步和衰落轮流交替的模式"，④ 它表现为"大一统国家分合交替的形态"。⑤

犹太模式属于"流散社会"的模式。根据汤因比的解释，这是指"它已在地理上流离失所部分融入了外族社会的生活，但通过一种共同的文化传统而仍旧保持着自己的精神统一性和与众不同的特点"。⑥ 他认为，犹太模式之所以成为世界上离散类型的社会模式的代表，除了它比任何其他离散社会存在的时间更久，脱离祖居地的程度更为彻底外，还因为它具备了其他离散社会所没有的因素：一是，"有在各种散居的环境中保持自身历史特性的决心"；二是，"有不愿融入当地多数人社会的动机"；三是，它认识到需要有自己的"经济基础"。因为在"没有自己的国家，没有自己

---

① 同上。
② ［英］汤因比：《历史研究》，第50页。
③ 同上书，彩图6说明。
④ 同上书，彩图7说明。
⑤ 同上书，第39页。
⑥ 同上书，彩图9说明。

的民族家园"的情况下,"经济实力是它能得到的唯一实力"。①

汤因比进而指出:在这三大文明模式中,希腊模式适用于各文明史的早期阶段,中国模式适用于各文明史的晚期阶段。如果将这两种模式结合在一起,就可以组成一个新的组合模式。这一新的组合模式适用于我们称之为"文明"的社会形态。由此可见,"这种希腊——中国的组合模式很明显是一种标准模式,可用来解释人类史的各个阶段"。②至于犹太模式,随着科学技术的进步和各种交通工具的加速改善而来的是"距离在消除",这将会"更好地推动这种世界流散社会的创立"。因此,由流散社会取代"非地方性的民族国家"看来是一股"未来的潮流"。他说:"如果这个预测是合情合理的话,我们就需要把犹太模式作为流散社会的代表,需要把希腊模式作为地方国家向大一统国家过渡的典型,需要把中国模式作为一个保持着治乱交替韵律的统一国家的缩影",而其中的每个模式"都给了我们一把了解迄今为止文明时代的某种人类社会基本结构以及文化形态的钥匙"。③

至此,我们可以看到:汤因比的文明形态史观最后可以归结为世界历史模式论,而中国历史循环论则是这一世界历史模式论的重要组成部分。

三 汤因比的中国历史循环论及其中国历史发展道路观

根据汤因比的文明形态史观,中国模式是被作为历史循环论的典型代表提出来的,从而成为他的世界历史模式论的重要组成部分。他说:"中国历史具有漫长的跨度,它表现为一个大一统国家的理想不断变为现实,中间又不时被一些分裂和混乱的局面所打断",认为这是自秦朝统一中国至清朝灭亡"这段历史所明显展现了的中国史的结构";而在秦朝统一中国以前的"中国早期史",则"类似于希腊模式"。其时,列国政治分裂,但"文化统一"。他称之为"政治分裂与思想文化成就的共时性",这与早期希腊史的结构是雷同的。④然而,"自从大一统国家成立之日起,便似乎

---

① 同上书,第45—46页。
② 同上书,第39页。
③ [英]汤因比:《历史研究》,第48页。
④ 同上书,第37页。

在文明史中盛行着治乱交替的韵律"。① 如何解释中国历史这种循环往复的现象呢？他认为不能满足于中国人自己的解释，即把它看作是"阴阳交替在人类事务中的体现"，而应该"有一个人为的"即"经济意义上的解释"。②

汤因比所说的"经济意义"是指"经济生产对一个大一统国家生存的价值"而言。具体地说，"一个统一国家对一个文明的经济是沉重的负担"。它为了维持自身的存在，就需要培养一批收入丰厚的专业文职人员和一支常备军。倘若这个大一统国家能够应付这类日益增大的财政开支而不致被它们所压垮，那它就必定能想出提高生产率以增加财政收入的办法。然而，"近代以前，文明正常的经济基础一直是静止的农业。"这种"前科学时代的农业经济无力承受这种经济负担"。这就注定了统一国家一再崩溃的命运。可见，农业"这种经济结构的缺陷可以用来解释中国这样的统一国家不断崩溃的事实"。③ 这就是汤因比对中国历史上一再出现的"治乱交替的韵律"所做的经济解释。那么，如何看待汤因比的中国历史循环论及其所做的经济解释呢？

首先，汤因比试图从经济的角度对中国历史上的"治乱交替的韵律"找出原因，做出解释，并最后归结为传统"农业经济结构的缺陷"。这是他在历史观方面的有益探索。然而，问题在于传统"农业经济结构的缺陷"究何所指？显然，汤因比指的是"静止的农业"所造成的生产力水平低下。他认为，由于这种经济结构不能持续提高生产率，才使统一国家因承受不了日益增大的经济压力而崩溃。在这里，汤因比回避了一个重要的事实：同样是传统农业经济结构，为何在封建王朝前期是"治"，而在后期是"乱"呢？显然，如果离开封建生产关系的变化孤立地谈论生产力水平的高下；如果离开封建社会的阶级矛盾状况孤立地谈论封建王朝的兴废，那么，是无法对中国历史上的"治乱交替的韵律"做出正确的解释的，而这正是汤因比的经济解释的最大缺陷。

---

① 同上书，第40页。
② 同上。
③ ［英］汤因比：《历史研究》，第41页。

其次，汤因比所说的中国历史的"治乱交替的韵律"是指封建王朝的轮流更替。这种历史现象的确存在。但是，我们不能把封建王朝的更迭与中国历史的"进步和衰落"的交替等同起来。因为封建王朝的更替是属于封建国家政权的更迭，而历史的"进步和衰落"是属于历史阶段的演变。这是两个不同的历史概念，不可混淆；而中国历史循环论则肯定历史不同阶段是可以循环往复的。这是违背中国历史发展进程的实际的。中国历史表明：中国封建社会是在封建王朝的轮流更替过程中逐步由前期阶段向后期阶段发展的，它反映了中国历史的螺旋式上升运动。可见，中国历史循环论只承认中国历史在形式上的变化，而否认其实质性变化。尽管如此，汤因比的中国历史循环论仍然不同于魏特夫的中国历史特殊论，因为魏氏的中国历史特殊论承认中国历史的东方专制主义本质的不变性，而汤氏的中国历史循环论并不否认秦朝以前的"中国早期史"由"地方国家"向"大一统国家"过渡的历史进程，也不否认"中国早期史"向秦朝统一国家的历史转变的事实。汤氏认为，中国历史是在秦朝统一中国以后才成为王朝轮流交替的历史，他称之为统一国家"分合交替"或"治乱交替"的历史。因此，从汤氏的中国历史循环论中仍然可以看到中国历史的运行轨迹，即把中国历史看作是国家形态或政治形态演变的历史，它经历了由分散的"地方国家"向统一的王朝国家过渡以及由统一的王朝国家走向"分合交替"的过程。从政治史的角度来看，这是由"乱"到"治"复由"治"到"乱"的过程。就此而言，汤因比的中国历史发展道路观可以称为"王朝兴替"说。

第四节　全球/经济史观及其中国历史发展道路观

一　从文明形态史观到全球史观

我们在讨论汤因比的文明形态史观时曾经提到：第一次世界大战爆发使他"开始意识到要全面研究历史的真正理由"。正是根据这一理由，他"全面研究"了人类文明史，把一切文明形态看作是具有可比性的一个整体。汤因比的文明形态史观所反映出来的关于人类历史的整体观念，实际上成为20世纪后半叶在西方兴起的全球史观的先声。

全球史观，顾名思义就是要求对世界历史进行全球性的审视和研究的一种历史理论和历史方法。这一史观所要研究的"是全球而不是某一国家或地区的历史"，所要关注的"是整个人类而不是局限于西方人或非西方人"。[①] 一句话，就是要求用全球的眼光来看待世界历史，把世界历史看作是一个整体的历史。显然，这种全球史观是对长期主导西方史坛的、用欧洲的眼光来看待世界历史的欧洲中心史观的有力挑战。如果说19世纪以来传统的欧洲中心史观是反映了工业革命后欧洲支配世界地位确立的事实；那么，20世纪后半叶全球史观的兴起则是反映了欧洲支配世界地位衰落的现实。这是第二次世界大战后民族独立运动高涨、西方殖民地主义统治瓦解的必然结果。

全球史观的兴起是战后西方史坛关于世界历史观念的重大变化。从20世纪50年代到90年代，西方史坛先后出版了一系列用全球史观研究世界历史的论著。其中，美国历史学家斯塔夫里阿诺斯（L. S. Stavrianos）的《全球通史》被认为是"在用全球观点或包含全球内容重新进行世界史写作的尝试中，最有推动作用的著作"，[②] 而德国社会学家贡德·费兰克（Frank, G.）的《白银资本——重视经济全球化中的东方》则是从经济全球化的新角度探讨世界历史发展过程的力作，并且这两部著作都比较系统地表达了作者对于中国历史的认识，同我们讨论的主题更为贴近。因此，本节将主要根据这两部著作进行论述。

二 斯氏的全球史观及其中国历史发展道路观

（一）斯氏的全球史观与世界历史分期

《全球通史》是反映斯塔夫里阿诺斯全球史观的代表作。全书分《1500年以前的世界》和《1500年以后的世界》两册，于1970—1982年出版。

---

① ［美］斯塔夫里阿诺斯：《全球通史：1500年以前的世界》，吴象婴、梁赤民译，上海社会科学院出版社1999年版，第54页。

② ［英］巴勒克拉夫：《当代史学主要趋势》，杨豫译，上海译文出版社1987年版，第245—246页。

斯氏的《全球通史》以 1500 年为界标将世界历史分成前后两大时期。斯氏认为"人类历史自始便具有一种必须承认并予以重视的基本的统一性",[①] 因而各部分之间存在着相互影响,这是"人类进步的关键"。[②] 他的全球史观就是建立在这种认识基础之上的。但是,他又指出:"严格的全球意义上的世界历史直到哥伦布、达·伽马和麦哲伦进行远航探险时才开始。在这以前,只有各民族的相对平行的历史,而没有一部统一的人类历史。"就是说,在 1500 年即欧洲人地理大发现以前,"人类基本上生活在彼此隔绝的地区中。各种族集团实际上以完全与世隔绝的方式散居各地。直到 1500 年前后,各种族集团之间才第一次有了直接的交往","才终于联系在一起"。"因此,1500 年是人类历史上的一个重要转折点"。[③] 这就是他将世界历史分成 1500 年以前和 1500 年以后两大时段的理由所在。

根据斯氏的全球史观,1500 年以前的世界历史是"欧亚大陆的历史",因为"只有欧亚大陆,才存在各民族、各文明之间的巨大的、持续的相互影响",而澳大利亚、美洲、撒哈拉沙漠以南的非洲等非欧亚大陆的土著人仍生活在半孤立状态中。[④] 这一历史时段的欧亚大陆经历了古代文明(前 3500—前 1000 年)、古典文明(前 1000—500 年)和中世纪文明(500—1500 年)三个时期。他所说的古代文明是相对于古典文明而言,属于早期文明,主要包括美索不达米亚、埃及、克里特、印度、中国商朝诸文明;古典文明,指古希腊、罗马、印度和中国周朝诸文明;中世纪文明是以日耳曼人、匈奴人和突厥人的侵略开其端,包括伊斯兰、拜占庭和中国诸文明。1500 年以后这一历史时段,斯氏以西方的兴衰为主线划分为"新兴西方的世界"(1500—1763 年)、"西方据优势地位的世界"(1763—1914 年)和"西方衰落和成功的世界"(1914 年以后)三个时期,而将非西方世界的历史纳入西方世界历史分期的框架中。

从以上的历史分期中,可以看到斯氏的《全球通史》用全球史观所构

---

① [美]斯塔夫里阿诺斯:《全球通史:1500 年以后的世界·序言》,吴象婴、梁赤民译,上海社会科学院出版社 1999 年版。
② [美]斯塔夫里阿诺斯:《全球通史:1500 年以后的世界》,第 7 页。
③ [美]斯塔夫里阿诺斯:《全球通史:1500 年以后的世界》,第 3 页。
④ 同上书,第 4 页。

建的世界历史体系。他以欧亚地区的古代文明为起点,以20世纪西方世界的衰落和成功为终点,以民族相互影响不断扩大和增强为主线,以欧洲人地理大发现为转折点,为我们展现了世界历史从地区史到全球史的发展过程,体现了斯氏关于"民族相互影响是人类取得进步的关键"这一指导思想和试图用全球史观打破传统的欧洲中心史观主导西方史坛一统局面所做的努力。尽管斯氏的全球史观有受斯宾格勒和汤因比的文明形态史观影响的一面,甚至还保留着欧洲中心史观的"冲击—回应"历史模式的痕迹,但是,从总体上看,其主导面是积极的,对于全面研究世界历史仍具有方法论的意义。

(二) 斯氏的中国历史连续性理论及其中国历史发展道路观

用全球史观来考察中国历史,斯氏认为,中国历史是最具特色的。他根据世界历史分期将中国历史划分为:商朝的古代文明、周朝的古典文明、秦汉至明清的中世纪文明和近代中国四个时期。在比较了欧亚大陆其他国家的历史以后,斯氏认为中国历史具有文明的连续性和政治的统一性的特点。他说:"中国文明的特点是统一和连续","没有明显的突然停顿"。就是说,中国是世界上唯一没有中断其文明进程、长时间处于统一的文明古国。"其原因在于中国较与世隔绝","因而,中国人在他们整个历史上享受同一种族和同一文化"。"在古典时期,这种同一性得到进一步加强,因为中国人统一了文字"。与文化同一性一样重要的是,"各时期都存在着惊人的政治上的统一"。[①] 其原因在于中国文明"具有独特的现世主义",因而不存在"欧亚其他文明中的教士与俗人之间、教会与国家之间的巨大分裂"。[②] 在《全球通史:1500年以后的世界》中,斯氏进一步分析了中国历史连续性的原因:

一是,人口方面的原因,认为中国拥有巨大无比的人力资源和人口优势,使中国人在任何情况下都能够始终保持自己的特点和对外来文化进行有利于自己传统文化的选择;二是,农业生活方式的原因,认为农业是中国社会的基础,在适合农业发展的地方,就发展起中国文明,而农民占总

---

① [美] 斯塔夫里阿诺斯:《全球通史:1500年以前的世界》,第278页。
② 同上书,第278—279页。

人口的五分之四，承担供养朝臣、士兵和城市居民的重负；三是，语言方面的原因，认为自商朝以来，中国就存在着一种共同使用的书面语。这种共同使用的书面语为中国历史的连续性和统一性提供了重要的力量，也是构成中国内聚性的重要因素；四是，考试制度的原因，认为国家通过考试选拔人才的制度为中国提供了一种有效和稳定的行政管理，培养了一批性格顺从的官员，这自然有利于政治的稳定；最后也是最重要的因素，是儒家学说为社会的稳定与和谐提供了一种道德准则，"其高度的道德原则为现状提供了较（之）纯粹的世袭权力更牢固的基础，从而，对改善政治社会关系起了不断的促进作用"。"结果，在长达两千多年的时间里，它一直充当中国文明的基础"。[1]

从以上的分析来看，斯氏所说的中国历史连续性，其实就是中国历史发展的过程，而他把中国历史发展过程的连续性，最后被归结为，或者说，表现为中国文化上的同一性和政治上的统一性。实际上，这是把中国历史发展的过程看作是文化同一和政治统一的过程。就是说，中国历史发展走的是文化同一和政治统一的道路。这可以看作是斯氏的中国历史发展道路观。斯氏关于中国历史发展道路观的最大特色在于：他反对"历来把中国历史解释成为一再重复的王朝循环史"的说法，[2]而是用全球史观将中国与其他欧亚国家进行历史比较，认为中国历史上不存在欧亚文明中那种教会与国家之间、教士与俗人之间的分裂，即不存在社会政治权力分割和社会成员分裂的情况，并以此来论证中国历史上存在着政治的统一性。显然，斯氏的中国历史发展道路观较之于汤因比的中国历史发展道路观——"王朝兴替"说要深刻得多。

然而，斯氏的中国历史发展道路观只限于解释近代以前的中国历史。一旦进入近代中国的历史领域，他就受到费正清的"冲击—回应"历史模式的影响。例如，他认为，在19世纪欧洲人开始真正入侵以前，中国是一个社会稳定的时代。但是，面对着西方民族国家的迅速崛起，中国社会的这种稳定就变成了"静止的、落后的"。如果说，在此之前有什么变化

---

[1] 同上书，第67—71页。
[2] ［美］斯塔夫里阿诺斯：《全球通史：1500年以前的世界》，第293页。

第一章　20世纪以来西方史学思潮的演变及其中国历史的发展道路观　27

的话，那么，也只是"局限在传统秩序的范围里"。① 这就从根本上否认中国社会内部有自行向近代转变的可能性。因此，他认为，19 世纪末和 20 世纪初中国在军事、政治、经济、社会文化诸领域所发生的变化，实质上，是"对西方挑战的反应"，② 其结果是"悲惨"的。③

斯氏的中国历史发展道路观之所以最终未能摆脱费氏"传统—近代"断裂说的影响，是因为他不能正确认识"传统与近代"之间的辩证关系；相反地，他人为地将两者对立起来，认为在中国传统社会内部不可能生长出"近代因素"来。"近代因素"只能从外面"引进"。显然，这是无视中国历史事实的偏见。史实表明：早在明清之际，中国传统社会内部已经开始孕育着作为"近代因素"的资本主义萌芽。这种历史发展趋势，在 18 世纪的中国社会内部得到了进一步的加强。关于在中国传统社会后期已经"潜在"着"近代因素"的观点，自 20 世纪后半叶以来，已经为越来越多的西方学者所认同。20 世纪 70 年代以来，在美国兴起的"中国中心观"就是上述这种对于中国历史的新观点和新认识的集中反映。可见，在这方面，斯氏的思想认识又不及于此时兴起的"中国中心观"彻底。

三　弗兰克的全球经济史观及其中国经济中心论

（一）弗兰克的全球史观的实质

在西方，用全球史观研究世界历史的另一位有影响的学者，是德国的弗兰克。他在 1998 年出版的《白银资本——重视经济全球化中的东方》④一书，是这方面的一部力作，曾获得 1999 年世界历史学会图书奖头奖，说明该书是一部被西方学术界看好的著作。有关该书的研究对象及其所依据的理论和方法，作者在前言里有明白的宣示："我将从一种涵盖世界的全球视野来考察近代早期的经济史。我试图分析整个世界经济体系的结构

---

① 同上书，第 74—75 页。
② 同上书，第 472 页。
③ 同上书，第 479 页。
④ ［德］弗兰克：《白银资本——重视经济全球化中的东方》（以下简称《白银资本》），刘北成译，中央编译出版社 2001 年第 2 版。

与运动，而不仅仅是分析欧洲的世界经济体系（欧洲只是世界经济体系的一部分）。"① 他所说的"涵盖世界的全球视野"和"分析整个世界经济体系的结构与运动"，实际上，是为我们提供了"一种更全球性、整体主义的世界经济体系的视野和理论"。② 这与斯塔夫里阿诺斯的《全球通史》"所要研究的是全球而不是某一国家或地区的历史"，"所要关注的是整个人类而不是局限于西方人或非西方人"的全球史观是同一研究思路。所不同者，斯氏主要是从政治和文化的层面探索世界历史的进程，而弗氏则主要是从经济结构的层面探索世界历史的进程。从这个意义上说，弗氏的全球史观实属于全球经济史观。

如果说，全球史观的提出是对传统的欧洲中心史观的直接挑战；那么，弗氏的全球经济史观在这方面更具对抗性。这种对抗性主要表现在：它"不是用新的证据来挑战公认的证据，而是用一种更充分的人类中心的全球范式来对抗公认的欧洲中心范式"。③ 例如，他针对欧洲中心史观历来认为是欧洲创造了世界的观点，指出："近代早期的历史不是由一个欧洲的世界体系的扩张塑造，而是由一个早就运转着的世界经济塑造的。""只有愚蠢而自负的欧洲中心论者才试图""用一个欧洲的世界体系"来说明整个世界的进程。④ 他想告诉人们：事情不是像欧洲中心论者所说的那样，是欧洲创造了世界历史；恰恰相反，是世界创造了欧洲历史。他的结论是：近代早期的欧洲"绝不是任何世界范围的经济体系的'中心'或'核心'"，在很长时间里，它一直是处于"真正的世界经济体系的一个边缘部分"；⑤ 如果说，有什么中心的话，那么，占据世界经济舞台中心的"不是欧洲，而是亚洲"。⑥ 这样，他就把原来以欧洲为中心的世界历史给颠倒了过来，代之以亚洲为中心的世界历史。

用全球经济史观来考察世界历史，弗氏认为，世界历史不是生产方式

---

① ［德］弗兰克：《白银资本·前言》，第1—2页。
② ［德］弗兰克：《白银资本》，第449页。
③ ［德］弗兰克：《白银资本》，第25页。
④ 同上书，第434—435页。
⑤ 同上书，第26—27页。
⑥ ［德］弗兰克：《白银资本·前言》，第2页。

或经济的社会形态演进的过程,而是世界经济体系运动的过程,这一过程是连续的,不是断裂的。具体地说:

首先,弗氏认为,亚细亚生产方式概念不符合亚洲的历史情况。亚洲的历史根本没有停滞。它的人口、生产和贸易一直都在迅速扩张;经济和金融制度促成或至少允许这种扩张。因此,他认为这个概念"从一开始就几乎是无稽之谈"。① 他还认为,马克思关于"经济的社会形态演进的几个时代"的说法,"是纯粹的意识形态虚构,根本没有事实依据和科学依据"。他认同这样的说法:"马克思所做的亚洲分析"是为了"建构自己的资本主义理论";而马克思的整个资本主义理论有"两方面的致命缺陷",即"以欧洲中心论制造的亚细亚生产方式的寓言"和欧洲从封建主义向资本主义的转变的欧洲特殊论。②

其次,弗氏认为,世界历史"根本就没有发生过所谓以1500年为界的前后之间的断裂"。③ 他之所以反对把1500年定为历史断裂或新时代的开端,是因为"这个新开端引进一种崭新的、前所未有的、至少是原先从未占据支配地位的'资本主义生产方式'";④ 而在他看来,资本主义生产方式只不过是马克思和其他欧洲中心论者"想象的产物,在实际历史中根本没有依据"。⑤ 不仅如此,"关于生产方式的整个讨论"也都是"毫无意义的闲扯"。⑥ 因为生产方式的概念"是由狭窄的'社会'或'民族'的眼界产生出来的",它"使我们的注意力偏离重大世界体系的结构和进程。而这些结构和进程所造成的组织形式被指鹿为马地命名为'封建的'和'资本主义的''生产方式'"。⑦

再次,弗氏认为,世界历史发生了由东向西的转移、世界经济中心发生了由亚洲向欧洲的转移不是在1500年前后欧洲人地理大发现,而是在

---

① [德] 弗兰克:《白银资本》,第428页。
② 同上书,第429页。
③ [德] 弗兰克:《白银资本》,第436页。
④ 同上书,第438页。
⑤ 同上书,第40—41页。
⑥ 同上书,第440页。
⑦ 同上书,第439页。

1800年前后欧洲的工业革命。为什么此时的工业革命发生在欧洲而不发生在亚洲呢？弗氏的解释是：欧洲是一种"高工资的经济体制"。这种体制"产生了一种刺激，促使人们为了减低生产成本而用节约人力的机器取代高工资的人力"，而亚洲的工资成本要比欧洲低得多。[①] 这就是弗氏从世界经济体系的角度为欧洲工业革命的发生所做的解释。

从弗氏上述的世界历史观点来看，他始终有着明确的指向，就是：用世界经济体系的结构分析来取代马克思的生产方式理论。虽然弗氏用全球经济史观来考察世界历史具有"转换"研究视角的方法论意义，但是，他的"转换"却找错了对象。因为世界经济体系的结构并非空中楼阁，它的基础，归根到底，依然是植根于世界各国社会内部的生产方式之中，其结构的形式仍然要受到世界各国的社会生产方式所制约；而弗氏的错误恰恰在于离开生产方式片面地谈论世界经济体系的结构。这样，他既不可能正确地认识世界经济体系结构的性质，也不可能达到对于世界历史的本质认识。

（二）弗兰克的中国历史发展道路观

弗兰克的中国历史中心论是他运用全球经济史观对世界经济体系进行考察和分析而得出的关于中国历史的新认识。根据这一新认识，19世纪以前，"中国一直在世界经济中居于支配地位"，"实际上是世界经济的某种中心"。他称"这是本书的新颖之处"。[②] 可见，弗氏的中国历史中心论是以经济立论，即从世界经济发展的角度为中国历史定位的理论。他着重研究了1500—1800年即明清两代的中国经济发展状况，从人口、生产和城市化等方面与同一时期的世界经济进行了比较，从而得出这一时期的中国经济发展水平远远高于欧洲和其他西方国家的结论。例如，他指出：1500—1800年，中国人口增长了三倍，达到了3.45亿人，远远高于欧洲人口的增长；出现了北京、南京、广州等人口在60万到100万以上的大城市。其中，1800年广州及邻近的佛山两地的人口总数目相当于同时期欧洲城市人口的总和。更重要的是，经济商品化程度进一步提高。欧洲对

[①] 同上书，第384页。
[②] ［德］弗兰克：《白银资本·中文版前言》，第19—20页。

于中国丝绸的旺盛需求引发了土地使用方式的重大变化。农民为回应商业刺激采用了"经济上的理性选择",即原有稻田改种经济作物,而不是传统的采用开垦新土地来种植经济作物,因而"完全适应了市场机制"。[①] 从出口产品看,明代的陶瓷出口垄断了世界市场。明清两代的丝绸和瓷器的出口独占鳌头,几乎没有对手。可见,明清时期,中国经济的发展水平,无论从数量和质量上看,都居于世界领先地位。究其原因,弗氏认为,主要是得益于美洲和日本的白银进口和农业技术的进步以及引进农作物新品种,包括水稻由单季改进为一年两熟和从美洲引进的白薯、玉米等新品种。其中,对于世界经济中具有极其重要意义的是这样两个相关因素:一是,"中国的生产和出口在世界经济中具有领先地位",而这是由于中国的制造业在世界市场上具有"高产出低成本"的优势所决定的;二是,"中国作为世界白银生产的终极""秘密的地位和作用"。据权威经济专家统计:18世纪全球白银产量的一半运往亚洲,其中主要是中国和印度。由于这两个因素的互相关联的作用,因此,"直到19世纪中期为止,中国长期保持的出口顺差主要是通过外国人用白银偿付来解决的"。[②] 基于以上认识,弗氏认同有些西方学者这样的看法,即认为这一时期的"中国至少在世界白银市场上处于中心地位",或者说,应该在世界白银贸易中给中国"保留一个中心位置",而如果"我们把白银看作是全球贸易兴起的一个关键性动力",那么,"整个世界经济秩序当时名副其实的是以中国为中心的"。[③] 由此看来,我们可以把弗氏的中国历史中心论,最后归结为中国经济地位中心论。用这一理论来审视19世纪以来的中国近代史,弗氏认为,"中国经济只是在19世纪初才急剧失序"。其原因是"鸦片贸易及其引起的大量白银外流动摇了整个经济体系。这种衰败过程在鸦片战争达到了顶峰"。因此,中国的历史需要重新"改写"。[④] 而中国历史的发展道路也因19世纪以来中国在世界经济体系中的中心地位的旁落,而由领先走向衰

---

① [德]弗兰克:《白银资本》,第225页。
② [德]弗兰克:《白银资本》,第162页。
③ 同上书,第169页。
④ 同上书,第368页。

落。这可以看作是弗氏的中国历史发展道路观。

从世界白银贸易的角度探讨中国在世界经济中的地位和作用，并以此为中国历史定位，的确是弗氏"本书的新颖之处"。这不失为研究中国历史发展的一个新视角，因而使弗氏关于中国历史的新认识不仅有别于欧洲中心史观，而且有别于20世纪70年代在西方兴起的中国中心史观。

然而，我们不能不看到：弗氏研究中国历史的新视角和新认识存在着很大的局限性，主要是：他从纯经济学的角度孤立地研究世界白银贸易以及中国在其中的地位和作用，并试图以此来解释中国历史兴衰的原因，特别是用以解释中国近代衰败的过程。显然，这是行不通的。如所周知，19世纪在中国所进行的鸦片贸易和由此引起的大量白银外流是西方列强对中国进行殖民侵略的结果。离开西方列强对中国的侵略而孤立地谈论鸦片贸易和白银外流是无法找到中国近代所以衰败的正确答案的，而这正是弗氏的中国白银贸易中心地位论的局限性所在。

第五节 后现代史观与"中国中心观"

一 后现代史观的理论与方法

后现代主义是20世纪60年代兴起，70年代末80年代初开始风行于欧美各国、影响广泛的社会思潮。其初，这一思潮主要反映在哲学和文学领域；随后，它进一步扩展到经济、政治、文化、教育和科学等领域。尽管这一思潮的表现形态多样，思想流派纷呈，但是，其共同话语是针对西方国家的资本主义现代化而发的。

在后现代主义者看来，西方国家的资本主义现代化固然给人类带来物质文明和精神文明的巨大进步，但是，它同时也给社会带来毋庸讳言的负面影响。因此，他们主张对西方的资本主义现代化进行"解构"，以便对其"否定"和"超越"，使非西方国家避免重蹈西方国家的老路。可见，后现代主义的"后"字，不仅是一个时间概念，更是一个价值判断概念。

后现代主义对于历史研究的影响，主要表现在历史认识论和历史方法论两个层面：

从历史认识论来看，后现代主义突出地表现为"偏激的主观主义"[①]。它抹煞客体与主体、事实与解释之间的区别，认为构成历史的历史事实并非外在、客观的存在，而是人们内在、主观的体验，或如柯文所说，是"当事人记录下来的自己心中的种种经验体会"[②]。这就否认了历史的客观实在性。不仅如此，后现代主义的历史认识论还认为，历史是"人类对那些稍纵即逝事物的意义化回应"[③]，它既不具有连续性，也不具有同一性。这就否认了历史发展的共性，更谈不上历史发展有规律可言。

从历史方法论来看，后现代主义突出地表现为强烈反对将历史理论化或模式化。它认为"历史事件与实践随时间而流动"，不具确定性。所以，"没有令人满意的能将""历史知识的客体""进行理论化的模式"。唯其如此，"历史是反理论的"，或者说，"历史没有理论"[④]。在后现代主义者看来，历史是由"那些稍纵即逝事物"的"碎片"拼贴而成的板块，它们之间没有内在的必然联系。因此，历史研究的任务不是探求这些历史"碎片"之间的内在联系，而是再现这些历史"碎片"各自的原状。为了再现历史"碎片"各自的原状，后现代主义者认为，最好的方法就是将历史过程"碎片化"或"个别化"，而不是将历史过程整体化或模式化。

从上述的理论和方法出发，后现代史观表现出激烈的反西方现代化理论的特点。因为西方现代化理论是构建在"传统—现代性"两极对立的历史模式上的。这一理论强调"传统"的停滞性和落后性，夸大以工业化为标志的现代化的同一性和普适性，断言：西方国家的现代化不仅是非西方国家由传统走向现代的必由之路，具有普适性，而且是人类历史发展的方向，宣扬西方中心主义。显然，这与后现代史观的反西方中心主义，反历史模式化，反历史规律性是直接对立的，因此，理所当然地要遭到后现代史观的激烈反对。

[①] ［美］黄宗智主编：《中国研究的范式问题讨论·导论》，社会科学文献出版社2003年版，第7页。

[②] 引自杨念群《中层理论——东西方思想会通下的中国史研究》，江西教育出版社2003年版，第243页。

[③] 引自［美］杜赞奇《为什么历史是反理论的?》，《中国研究的范式问题讨论》，第16页。

[④] ［美］杜赞奇：《为什么历史是反理论的?》，《中国研究的范式问题讨论》，第10页。

后现代史观之所以激烈反对西方现代化理论，还有意识形态方面的原因。在后现代主义者看来，西方现代化理论是作为一种"权力的工具形态"出现的，具有明显的"官方"色彩。为了不使自己陷入权力的圈套，沦为权力的工具，后现代主义者认为，历史研究不仅需要凸显历史学家的主体意识，而且要求打破西方现代化理论的历史模式，径直从非西方国家内部探求其历史进路。20世纪70年代以来，美国在中国学研究方面所出现的新趋向——"中国中心观"，固然有其国内的政治历史背景，但是，它同时也受到了80年代兴起的后现代主义思潮从理论到方法的影响。这反映了这一思潮对于历史研究领域的渗透力。

二 "中国中心观"的提出

如所周知，第二次世界大战后，美国的中国学，特别是中国近代史研究一直是由费正清、李文森（J. R. Levenson）等人为代表的中国史观所主导。他们的中国史观可以用"冲击—回应"模式和"传统—近代"模式加以概括，或简称为"中国回应模式"和"近代化模式"。这是以西方为中心来解释中国近代历史变化的"外部取向论"。根据这一理论，中国历史长期处于停滞状态，即使有变化，也只是"传统范围内的变化"，它自身无力实现对传统框架的突破而走向近代。因为在他们看来，"传统与近代"是对立的两极，互不包容，从"传统"内部是无法生长出"近代因素"来的；"近代因素"只能从外部引进、靠西方力量的推动才能产生。因此，他们肯定19世纪中叶西方列强对中国的侵略，认为是西方的侵略才引起中国的巨变，才开始了中国近代化的进程。这就不仅美化了西方对中国的侵略，而且更将西方的近代化道路普适化了，把它说成是中国等非西方国家的历史必由之路。显然，这是为美国等西方国家的侵略行径辩解的说辞，具有"对策性思维"的特点，无怪乎有学者称费、李等人的中国近代史研究具有"官方史"的色彩[①]。

自20世纪70年代以来，受美国国内政治事件的影响和国际政治斗

[①] 杨念群：《美国中国学研究的范式转变与中国史研究的现实处境》，《中国研究的范式问题讨论》，第29页。

争,特别是反对越南战争和反对殖民统治斗争的冲击,上述情况开始发生了变化。美国史坛出现了反思上述史学主流意识,要求打破以西方为中心来解释中国近代历史变化的"外部取向论"模式,主张以中国为中心,"从中国内部观察中国近世史"的新趋向[①]。美国战后成长起来的新一代中国近代史专家柯文(Cohen,PaulA),从70年代后期开始就对这一新趋向进行了系统考察和研究,并于80年代中期出版了《在中国发现历史——中国中心观在美国的兴起》一书(以下简称《在中国发现历史》)。这是他对这一新趋向进行系统考察和研究的最终结果,也是他对战后35年来美国研究中国近代史的几种主要模式进行"批判性总结"的第一部力作[②]。在此书里,他将这一新趋向概括为"中国中心观",或"中国中心取向",以此向费、李模式和60年代末由詹姆斯·佩克(James Peck)提出的"帝国主义"模式挑战[③]。

柯文之所以用"中国中心观"来概括这一新趋向,是"想用'中国中心'一词来描绘一种研究中国近世史的取向,这种取向力图摆脱从外国输入的衡量历史重要性的准绳,并从这一角度来理解这段历史中发生的事变"[④],故又称为"中国中心取向"。柯文说:"中国中心取向想概括的思想是,19、20世纪的中国历史有一种从18世纪和更早时期发展过来的内在的结构和趋向。"[⑤] 在他看来,这种"内在的结构和趋向"是中国传统社会后期内部演变的产物。可见,柯文所概括和总结的"中国中心观"或"中国中心取向",实际上,是从中国历史出发探求其内部走向的"中国内部取向论"。这样,就将一直主导美国的中国近代史研究的"取向"从"外部"转向"内部",这不能不说是战后美国中国学研究的新趋向。

---

① [美] 柯文:《在中国发现历史》,第169页。
② [美] 柯文:《在中国发现历史·译者代序》,第5页。
③ 詹姆斯·佩克的"帝国主义"模式具有理论的不彻底性:一方面,他批判费、李等人提出的中国近代化取向是旨在使美国的帝国主义行径"合法化"的"意识形态构架";另一方面,他又认为在西方侵略中国之前,中国社会不仅停滞不变,而且无力独自产生任何根本变化,需要靠外来力量的推动,因此,又陷入"冲击—回应"模式论,故柯文将这一模式纳入费、李等人的模式构架之内,一并予以批判。
④ [美] 柯文:《在中国发现历史》,第211页。
⑤ 同上书,第210页。

三 "中国中心观"的历史认识论

从历史认识论来看,"中国中心观"论者是怎样认识中国近代史呢?

首先,"中国中心观"论者从这样的理论前提出发:"中国之'过去'和'近代'未必就作为互不渗透的整体彼此对抗。"① 因此,他们批判"传统—近代"模式"低估传统社会中潜在的近代因素"②的观点,指出:在"西方冲击"以前,"中国主要的社会、经济变化已经开始"③。中国传统社会内部已经"生成某种社会与政治组织的新形式"④,孕育"某种和近代经济比较相符的价值观念和特点"⑤,如长江下游地区的城市化,区域性贸易发展,地方管理工作的商业化,力役折银,以及群众识字率的提高和绅士队伍的扩大等,认为上述这些"主要的社会、经济变化",从16世纪中叶至20世纪20年代,绵延不断,横跨四个世纪,"构成连贯的整体"⑥。所以,他们把19—20世纪的中国历史不仅视为"外部势力的产物",而且视为"帝制时代最后数百年出现的内部演变的产物"⑦。

必须指出:他们承认在中国传统社会后期其内部已经"潜在"着"近代因素",实质上,是用中国近代因素的"内生说"对抗中国近代因素的"外来说",从而坚持了历史发展的"内因论",批判了历史发展的"外因论"。这不能不说是对"冲击—回应"和"传统—近代"的"外部取向论"模式的有力挑战。而这也正是"中国中心观"在历史认识论方面最有价值的部分。

然而,"中国中心观"论者的历史认识论又包含着很大的"主观主义"成分。

首先,这表现在:他们把历史看作是个人内心体验的产物。例如,柯

---

① 同上书,第76页。
② 同上书,第77页。
③ 同上书,第73页。
④ 同上书,第65页。
⑤ 同上书,第78页。
⑥ [美]柯文:《在中国发现历史》,第207页。
⑦ [美]柯文:《在中国发现历史·中文版前言》,第3页。

文就曾认为历史学家所说的"历史事实"并非"外在的、客观的、界限分明的存在",而是"当事人记录下来的自己心中的种种经验体会",又经过历史学家的"过滤,转化成"其"心中的经验体会"。一句话,"历史事实"只不过是当事人和历史学家"个人直接经验"①的产物而已,它是内在的、主观的,而不具客观实在性。他认为,对于中国历史也应作如是观。所以,他要求历史学家"设身处地按照中国自己的体验去重建中国的过去"②。根据这种历史认识论,他将义和团运动看作是"一种群体记忆进行文化建构的结果",也可能是"权力运作过程中不同的派别对之进行话语构造的结果"③。既然历史是个人内心体验的产物,那么,历史学家的任务只在于采用"史景移情"的方法,深入到历史事件当事人的内心世界,设身处地去体察其内心感受,而不是探求历史的真相。这样,"中国中心观""内部取向论"的所谓"内部",最后被归结为历史事件当事人内心世界的"内部",是纯属精神性的意谓,其主观主义的性质是十分清楚的。所以,有学者说:"正是这种对个人经验的第一性的肯定构成了中国中心观的核心。"④

其次,还表现在:他们将历史"狭隘化"。所谓"狭隘化",就是撇开历史事件的时代性、阶级性及其社会经济根源而孤立、片面地探求历史事件当事人的思想行为动机。例如,关于19世纪90年代的变法维新运动,他们不去考察这场运动所面临的严重民族危机和社会危机,也不去研究这场运动为解决所面临的危机而提出的旨在"救亡图存"、发展资本主义的政治纲领,而是片面地强调这场运动的所谓"内部"传统及其代表人物的思想行为动机,认为这是19世纪70年代开始的"在政府及上层社会内部形成的一脉相传的反对派运动"的继续,并把这场运动最后归结为由"仕途坎坷,无机参政","卖官之风盛行",阻断了"政治反对派"晋升官职的去路所致。他们

---

① 引自杨念群《中层理论——东西方思想会通下的中国史研究》,第243页。
② [美]柯文:《在中国发现历史》,第213页注4。
③ 引自杨念群《美国中国学研究的范式转变与中国史研究的现实处境》,《中国研究的范式问题讨论》,第308页。
④ [美]柯文:《在中国发现历史·译者代序》,第19页。

甚至认为，这可能是"康有为、谭嗣同一类维新人物思想上激进主义的根源"。① 居然将这场在中国近代史上具有思想解放性质的政治改革运动说成是政治反对派的个人思想动机所为，其主观主义的性质是不言而喻的。

又如，关于辛亥革命，他们断言："这场革命并不是'近代'势力战胜了'传统'势力，而是中国社会内部长期以来持续未断的权力斗争发展的结局。"② 他们甚至说："这场革命在政治上是进步的，但在社会上却是退步了，"③ 因为在他们看来，这场革命造成了社会的不稳定。这就完全篡改了这场革命的反对封建君主专制制度的资产阶级性质，而把它歪曲成为"进行改革的清廷"和"地方上层社会"为维护其"特权"之间的一场统治阶级内部争权夺利的斗争④。他们对这场革命的性质所做的篡改和歪曲居然被称之为"对辛亥革命开始形成一种较以前远为强调内部因素，远为以中国历史中心的看法"。⑤ 由此可见，"中国中心观"强调"内部因素"或"内部取向"的结果必然导致把历史狭隘化，即把历史事件局限在其"内部"而切断它同时代、阶级和社会经济等在他们看来是所谓"外部"条件的联系，孤立、片面地去探求、体察历史事件"内部"即当事人的内心世界——内心体验、内心感受和思想动机等。因此，由历史狭隘化所得到历史认识只能是片面的、主观的。唯其如此，我们认为"中国中心观"的历史认识论包含着很大的"主观主义"的成分。它最终之趋向后现代史观是有其思想理论根源的。

四 "中国中心观"的历史方法论

从历史方法论来看，"中国中心观"论者是从什么角度来研究中国近代史呢？

简要地说，就是把近代中国按"横向"作区域划分和按"纵向"作社会等级结构的阶层划分，然后从区域和阶层的角度进行研究。"中国中心

---

① ［美］柯文：《在中国发现历史》，第174页。
② 同上书，第177页。
③ 同上书，第176页。
④ 同上书，第177页。
⑤ ［美］柯文：《在中国发现历史》，第175页。

观"这种按"横向"和"纵向"区分的研究方法引发了20世纪70年代以来美国的中国学在地方史和社会史研究方面的热潮,推动了尔后美国关于中国史研究的"中层理论"建构。这可以看作是"中国中心观"在历史方法论方面的重大贡献,它成为战后美国中国学研究新趋向的重要组成部分。关于这方面的问题,黄宗智主编的《中国研究的范式问题讨论》和杨念群著的《中层理论——中西方思想会通下的中国史研究》两书都已经有了比较专门和系统的讨论。这里,我们想着重探讨:作为历史方法论的"中层理论"的性质特点。

如所周知,历史研究,如果从研究视角来说,可以有宏观、中观和微观之分。

宏观研究是着眼于历史整体性的研究和把握,采用宏大叙事的方法,旨在探索历史发展的根源性、阶段性和规律性等问题。微观研究是着眼于历史的局部和个案研究,采用精细化描述的方法,旨在探索历史局部和个案的具体特点,中观研究则是介于宏观研究和微观研究之间的一种研究视角,着眼于为两者建立衔接的桥梁。"中层理论"的提出就是为此而建构的。当前,西方中国学研究中流行的一些概念,如"区域经济"、"经济过密化"、"内卷的商业化"、"士绅社会"、"市民社会"、"公共领域"等,通常都认为属于"中层理论"的范畴。

必须指出,"中层理论"的建构对于深化中国史的研究有其正面的意义。

首先,它纠正了战后美国中国学研究中的西方种族偏见;其次,它克服了采用宏大叙事方法研究历史可能带来的一般化、概念化的弊端;再次,它可以对历史的整体提供"轮廓更加分明,特点更加突出的了解"[①]。例如,施坚雅(G. W. Skinner)的"区域经济"理论(又称"大区模式")以市场为中心把中国划分成八大区域,每一区域又按市场网格的分布状况分为中心地区和边缘地区,然后研究各层市场网格之间的关系及其向外扩展的情况。这不仅有助于人们具体深入地了解中国沿海地区和内陆各地区

[①] [美] 柯文:《在中国发现历史》,第178页。

之间经济发展的差异性，而且有助于人们具体深入地了解中国内陆各地区之间经济发展的差异性。不仅如此，施坚雅的"区域经济"理论还特别强调商业活动和经济需求对社会的影响,①因而为人们了解中国历史发展的不平衡性提供了经济依据。又如，黄宗智的"经济过密化"理论（又称"太湖模式"）是关于江南地区的"区域经济"理论。这一理论从江南地区农业劳动密集型的研究中发现了这一地区经济发展的悖论现象：一方面，由于人口增长的压力使单位面积的土地投入的劳力增加，促使农业的精耕细作，导致了农业总产量的增加；另一方面，每投入一个劳力的边际产出并未增加，反而减少甚至负增长，因而造成了"经济过密化"。作者想以此表明："在帝国晚期的乡村中国""根本没有发生"过像马克思所说的"资本主义的生产必定会伴随着资本主义的生产关系而出现"的情况②。不仅如此，江南地区的"经济过密化"还导致了"内卷的商业化"，即"没有发展的商业化"。这是由于江南地区"生产的家庭化"是一种"用机会成本很低的家庭劳动（如妇女、儿童和老人的劳力）容纳了劳动的低回报"的典型模式③，因此，尽管这种典型模式"具有生机勃勃的商业化和（总产出的）增长，但是却没有（单位劳动时间中劳动力的）发展"。作者想以此表明：帝制晚期的中国，"商业化与经济发展之间"并没有像马克思所说的"存在着必然的联系"④。作者将上述这种经济悖论称之为"经验现象"与"我们通常理论预期"之间的"矛盾"或"冲突"。比如，"没有资本主义发展的资本主义生产关系"、"没有发展的商业化"、"没有发展的增长"，等等。这是作者对19世纪以来中国之所以没有走上现代化道路所做的回答。然而，必须指出，作者把这种客观存在的"矛盾"或"冲突"最后归结为"表达与实践之间的'离异'"。他说：唯物主义与唯心主义都坚持两者的一致性，而"我的研究的目的就是指出二者离异"，强调两者

---

① 周力农：《世纪之交的中国——历史的回顾和未来趋势的判断》，香港文通出版社1997年版，第6页。

② [美]黄宗智：《学术理论与中国近现代史研究——四个陷阱和一个问题》，《中国研究的范式问题讨论》，第112页。

③ [美]黄宗智主编：《中国研究的范式问题讨论》，第125页。

④ 同上书，第124页。

的"相对自主性",并在社会科学的唯物主义趋向与人文学科的唯心主义趋向之间"寻找中间地带",[①] 即解决这种趋向背离的"第三条道路"。不过,作者只是从方法论的角度提出问题,而并未从理论上提出"第三条道路"的模式来。顺便提一下,黄宗智的"经济过密化"和"内卷的商业化"理论的主要根据是人口增长压力论。最近,已有学者就清代人口增长问题撰文与他商榷[②]。

施坚雅和黄宗智的"区域经济"理论虽然对于深化中国史的研究有其正面意义,但是,也不能不看到其负面影响,即重"区分",轻"综合",重"区域"研究,轻整体研究,其结果势必将历史整体切割成一个个不相统属、缺乏内在联系的板块,实际上,是将历史过程碎片化和个别化了。应该说,这绝非是全面认识历史的正确道路,而只能把人们引向"只见树木,不见森林"的"历史误区"。正确的道路只能是微观研究与宏观研究相结合。只有这样,历史研究才能真正得到"健康稳定的发展"。[③]

如果说,施坚雅和黄宗智的"区域经济"研究属于"横向"的研究,那么,罗威廉(W. R. Rowe)的晚清帝国"公共领域"研究则是属于"纵向"的研究。

罗威廉的"公共领域"研究是针对西方学者关于晚清帝国存在"市民社会"的观点提出来的。为了澄清在这个问题上的理论是非,他将西方学者"型构市民社会"诸要素逐一分解,然后逐项"考察"它们是否能够"以本土的方式在清帝国范围内得到了呈现"[④]。这些要素可以区分为社会经济以及文化与政治思想两部分;每部分又都包含了一些要素,如,资本主义、公用事业和公共管理、民法和受法律保障的财产权、都市化、自治组织;社会契约、自然权利、所有权理论、个人主义、公共意见;等等。他的"考察"表明:晚清中国不存在像早期现代欧洲出现的那种"市民社会",甚至也"没有一个对应于西方'市民社会'的话语或概念"。但是,

---

[①] 同上书,第126页。
[②] 李中清、王丰、康文林:《中国历史人口及其在新世界史研究中的意义——兼评黄宗智等对彭慕兰〈大分流〉一书的批评》,《中国经济史研究》2004年第4期。
[③] [美] 柯文:《在中国发现历史·译者代序》,第14页。
[④] [美] 罗威廉:《晚清帝国的"市民社会"问题》,《中国研究的范式问题讨论》,第177页。

却"存在某种与我们称之为'公共领域'相关（相关而非同一）的事物"。他指的是"各种不受国家直接控制的""公用事业机构"和"公共服务机构"，所以也可以称之为"管理上的"公共领域①。他之所以反对用"西方话语传统中的市民社会的现象"强加于晚清帝国，是因为这无异于用一系列"源出于"西方的"价值判断"来"审视中国的历史"，故其正当性尚待证明②。因此，他说："如果我们转而选择适用一些限定性更强的中层判断"，那么，"这将是建构对中国历史之研究的一个潜在的有效途径"③。他之所以不用"市民社会"，转而选用"公共领域"概念来研究晚清社会，因为在他看来，后一概念属于"限定性更强的中层判断"。从方法论来说，这不失为是一种有益的尝试。在这个问题上，黄宗智从方法论的角度提出"第三领域"的概念来纠正在晚清"公共领域"问题上的两种倾向，即肯定存在"一种自立于国家之外的社会公共领域"和否定存在这种"公共领域"的"长期趋向"④。所谓"第三领域"，用作者的话说，是一个"价值中立的范畴"，它摒弃将"国家"与"社会"二元对立的思维方式，而是"依照在国家与社会之间存在一个两方都参与其间的区域的模式，进行思考，这个"两方都参与期间的区域"又简称"居间区域"或称"第三领域"。黄宗智试图在中国的"公共领域"与"市民社会"的讨论中寻找"第三领域"的设想，与他在探索中国为什么没有走上现代化道路的问题上试图"寻找中间地带"的设想是同一思路，都是以"价值中立"、"淡化意识形态"或"超越"意识形态对立作为自己的学术诉求的。

从历史方法论来看，无论是"横向"研究还是"纵向"研究，它们都有一个明确的指向，就是：强调历史研究的精细化，深信"将人类历史的最细小的事实集合起来最后就会说明问题"⑤。实际上，这是"历史是反理论的"的另一种说法。"历史是反理论的"是赞同后现代主义的杜赞奇所

---

① [美] 黄宗智主编：《中国研究的范式问题讨论》，第175—176页。
② 同上书，第189页。
③ 同上书，第189—190页。
④ [美] 黄宗智：《中国的"公共领域"与"市民社会"》，《中国研究的范式问题讨论》，第270页。
⑤ 引自[美] 柯文《在中国发现历史·译者代序》，第13页。

说的一句名言，也是后现代史观的一个历史命题。因此，不管"中国中心观"论者主观愿望如何，其强调历史研究的精细化，客观上必然导向后现代史观。

根据以上分析，"中国中心观"的历史认识论和历史方法论对于中国史研究不仅有其积极、正面的意义，而且也有其不可否认的消极和负面影响。其历史认识论的主观主义成分和历史方法论的精细化趋向，导致把中国历史狭隘化和个别化，因而最终不能不与后现代史观合流。其关于中国历史的认识，我们可以称之为"中国历史内部演变论"。

必须指出，虽然"中国中心观"的"中国历史内部演变论"承认中国传统向近代转变的内在动力而无须外力的推动，但是，它并没有说明促使中国历史内部演变的内在机制，更由于其方法论的日益精细化而存在着将中国历史狭隘化的局限，从而表现出对于中国历史认识的主观性。尽管如此，我们仍然可以从"中国中心观"的"中国历史内部演变论"中了解其关于中国历史由传统走向近代的主流意识："近代因素内生说。"这可以看作是"中国中心观"论者对于中国历史的发展道路的基本看法。

※　　　　　※　　　　　※　　　　　※

综观20世纪以来西方史学思潮的演变及其对于中国历史的认识，尽管其理论形态各异，其中国历史发展道路观也说法不一，但是，有一点是共同的，这就是：它们都不把人类历史的进程看作是社会形态变迁的过程，都不把社会生产方式的内在矛盾性作为考察中国历史发展道路的根本依据。因此，它们或者看不到中国历史的发展，或者不能正确说明中国历史进程中的连续性与阶段性的辩证关系，更不可能揭示中国历史发展的根本动力和性质特点。这样，从社会形态变迁的角度考察中国历史进程，研究中国历史的发展道路的任务就只能由中国马克思主义历史学来完成。

第二章　马克思主义的传入与中国历史的发展道路研究

在国内，从社会形态变迁的角度研究中国历史的发展道路，严格地说，是随着20世纪初马克思主义的传入并与中国历史实际相结合，从而产生了中国马克思主义历史学开始的；而30年代关于中国社会史问题论战又使有关这一问题的讨论具有全国的性质。

第一节　中国马克思主义历史学的产生与中国历史的发展道路的最初探索

一　中国马克思主义历史学产生的思想理论前提

马克思主义在中国的传播及其与中国历史实际相结合，是中国马克思主义历史学产生的思想理论前提，而中国马克思主义历史学的产生则为研究中国历史的发展道路问题指明了正确的理论方向。

如所周知，马克思主义在中国的传播是在俄国十月革命以后。正如毛泽东所说："十月革命一声炮响，给我们送来了马克思列宁主义。"[①] 从此才真正开始了马克思主义在中国的传播。

马克思主义在中国的传播过程，同时也是与中国的革命实际和历史实际相结合的过程。这种结合，首先表现为运用马克思主义的世界观和方法论，尤其是唯物史观作为观察国家命运的工具。列宁说：唯物史观是"唯

---

① 毛泽东：《论人民民主专政》，《毛泽东选集》（一卷本），人民出版社1966年版，第1476页。

一的科学的历史观",它"能对某一社会形态做出严格的科学解释并给以生动描绘"。①中国共产党人对于中国革命的反帝反封建性质的认识,就是建立在对当时中国社会性质给以"严格的科学解释"的基础之上的。他们运用唯物史观关于生产方式的理论对当时中国的经济、政治状况进行分析,指出其半殖民地半封建的社会性质。正因为现阶段中国社会是半殖民地半封建的性质,所以才决定中国革命只能是"反对帝国主义者及其在中国的封建代理人"的民族民主革命。②1926年,毛泽东的《中国社会各阶级的分析》一文是运用唯物史观对当时中国社会的经济基础和阶级状况进行科学分析的经典之作,并为后来中国革命的实践所证实。

这种结合还表现为运用唯物史观来分析、研究中国社会历史问题。李大钊是这方面的前驱先路和杰出代表。

李大钊对于马克思主义的宣传是在俄国十月革命之后。十月革命后不久,他就发表了宣传马克思主义的一系列文章。1919年,他在《新青年》上发表了《我的马克思主义观》,对马克思主义的组成部分、基本理论观点及其历史地位进行了系统的论述,而把宣传的重点放在唯物史观上。他指出,马克思的唯物史观有两个要点:"其一是说人类社会关系的总和,构成社会经济的构造。这是社会的基础构造,一切社会上政治的、法制的、伦理的、哲学的,简单说凡是精神上的构成,都是随着经济的构造变化而变化";"其二是说生产力与社会组织有密切的关系。生产力一有变动,社会组织必须随着他变动。社会组织即社会关系……是人类依生产力产生的产物。"他认为,这两点"是马克思独特的唯物史观",也是"马克思唯物史观的要领"。③诚然,李大钊所指出的马克思唯物史观的"要点"或"要领",在今天已经是尽人皆知的常识,但是,在一百年前的中国,马克思的名字还是鲜为人知的,更不用说马克思的唯物史观了。在这种情况下,李大钊能够一下子抓住马克思主义的重点,把握住唯物史观的要

---

① 列宁:《什么是"人民之友"以及他们如何攻击社会民主主义者?》,《列宁全集》第1卷,人民出版社1984年版,第112页。
② 中共中央党史研究室第一研究部编:《共产国际、联共(布)与中国革命文献资料选辑》(2),北京图书馆出版社1997年版,第457页。
③ 李大钊:《我的马克思主义观》,《新青年》第6卷第5号(1919年5月)。

点,实属难能可贵。应该说,李大钊对于马克思主义重点的把握,对于唯物史观要点的理解是准确的。这充分显示了李大钊思想的敏锐性和理论思维的深刻性,实不愧为中国共产党早期杰出的马克思主义宣传家和理论家。

李大钊不但对马克思的唯物史观有着深刻的理解,而且还把唯物史观与史学研究,特别是中国社会历史问题的研究结合起来,从而成为中国马克思主义历史学的先驱者。在这方面,我们特别要提到他在20年代发表的一系列史论,如《唯物观在现代历史学上的价值》、《物质的变动与道德的变动》、《由经济上解释中国近代思想变动的原因》和《史学要论》等。从内容看,这些史论有两大特点:

其一,高度评价唯物史观对于历史学的理论意义和学术价值,揭露旧历史学的唯心主义实质和中国传统史学的流弊。

李大钊指出,唯物史观对于历史学的理论意义和学术价值在于:它为史学研究"另辟一条新路",提供一种新的方法,即"历史的唯物的解释"方法。它把人类的历史看作是"人类社会生活史",它"包含一切社会现象",而在"一切社会现象"中,"经济的生活"是"一切生活的根本条件",是造成人类社会发展的根本原因。他还揭露旧历史学在解释历史方面的唯心主义实质,指出:"从前的历史,专记述王公、世爵纪功耀武的事。"他们对此类事实的解释,则"全用神学的方法","所记载于历史的事实",则"都要归之于天命,夸之以神武"。既然人们的境遇都是天命所决定的,那么,就只有忍受之一途。可见,"这种史书,简直是权势阶级愚民的器具"。[①]至于中国的传统史学,如"二十四史"、《资治通鉴》之类,尽管卷帙册数汗牛充栋,但充其量只能说是"历史的材料",是"人类生活行程的部分缩影","而不是这活的历史的本体"。不仅如此,以往的中国历史完全为循环的、倒退的、精神的、唯心的历史观所支配。为了克服历史学的流弊,历史学应该是一门"研究社会的变革的学问",而历史学能否担当此重任,全部和真实地反映历史,关键在于史学具备什么样

---

① 李大钊:《唯物史观在现代历史学上的价值》,《新青年》第8卷第4号(1920年12月)。

的历史观。① 这就再一次肯定了历史观对于史学研究的意义和价值。

其二,是运用唯物史观的基本原理分析中国近代的思想现象,把唯物史观与中国社会历史问题的研究结合起来。

李大钊根据经济基础决定上层建筑这一唯物史观的基本原理,专门探讨了中国近代思想变动的原因,指出:这应该"由经济上解释"。孔子学说所以能够支配中国人心两千多年,不是因为他的学说本身"有绝大的权威",而"因他是适应中国两千余年来未曾变动的农业经济组织反映出来的产物"。既然孔子的学说适宜于两千多年来的农业经济状况,那么,现在经济上发生了变动,他的学说自然要发生根本的动摇②。从维护和巩固中国宗法社会的家族制度和专制政治的角度揭露孔子学说的实质,是"五四"时期批判孔子和儒家文化的理论基调,李大钊也不例外。但是,他对于孔子学说的批判并没有停留在这一理论层面上,而是着力探求孔子学说所以存在的深层次的原因,指出它是中国"农业经济组织的产物",适应中国"农业经济组织"的需要。从经济的层面探求孔子学说存在的"基础",反映了李大钊试图用唯物史观的基本原理解释社会历史现象所做的努力。显然,这比当时许多批判孔子学说的文章更具理论的深刻性。更重要的是,他开创了把唯物史观与中国社会历史问题的研究相结合的先例。如果说,马克思主义与中国历史实际相结合产生了中国马克思主义历史学;那么,李大钊在这一时期所发表的一系列史论则开始了这一"结合"的工作,因此,在中国马克思主义历史学的发展史上,他无疑是一位先驱者。而20年代唯物史观的广为宣传及其开始与中国社会历史的研究相结合,则为30年代初中国马克思主义历史学的产生,因而也为我们所要研究的问题即中国历史的发展道路提供了重要的思想理论前提。

二 中国马克思主义历史学产生的标志性成果及其对中国历史发展道路的最初探索

中国马克思主义历史学的产生是唯物史观与中国历史实际相结合的产

---

① 李大钊:《史学要论》,商务印书馆1924年版。
② 李大钊:《由经济上解释中国近代思想变动的原因》,《新青年》第7卷第2号(1920年1月)。

物，它的产生为中国历史研究开辟了新的方向，即运用唯物史观研究中国历史进程，从社会形态变迁的角度探索中国历史的发展道路。如果说，李大钊是开辟这一研究新方向的前驱先路；那么，郭沫若则是确立这一研究新方向的奠基人。1930年，他出版的《中国古代社会研究》是马克思主义与中国古代社会历史实际相结合的首创之举，也是中国马克思主义历史学产生的标志性成果。

郭沫若的《中国古代社会研究》一书（以下简称郭著），其最大特色和理论贡献是：首次运用唯物史观的基本原理指导中国古代社会历史研究，特别是运用作为唯物史观的基本理论构成即马克思的社会形态学说系统、深入地研究了中国古代社会的历史进程，从社会形态变迁的角度揭示其间的内在根据和阶段性，从而构建起马克思主义的中国古代社会历史的新体系，开辟了20世纪中国历史研究的新方向。郭著之所以成为中国马克思主义历史学的标志性成果，主要表现在两个方面：

一是，根据马克思的历史发展阶段理论，以社会形态的变迁作为中国历史分期的根本依据。

按有关中国历史发展阶段问题的提出，由来已久。最早提出这一问题可以追溯到战国末期儒家经典《礼记·礼运》篇。该篇首次将上古至孔子时代的历史划分为两大阶段：三代以前为"大同"之世，三代至孔子时代为"小康"之世。至西汉，公羊学家董仲舒发挥《礼记·礼运》篇"大同、小康"阶段说重新解释《春秋》，将《春秋》十二世二百四十二年的历史按年代的远近分为"有见、有闻、有传闻"三个阶段。① 东汉何休更将董氏的《春秋》三阶段说与传统儒学的治乱观相结合而分为"三世"，即"所传闻之世"，见治于"据乱"或"衰乱"；"所闻之世"，见治于"升平"；"所见之世"，见治于"太平"，② 即以"所传闻之世"为"据乱世"，"所闻之世"为"升平世"，"所见之世"为"太平世"。这就是经学史上所

---

① 董仲舒《春秋》十二世按由近及远的原则分为三个时期："哀、定、昭，君子之所见也"，六十一年；"襄、成、宣、文，君子所闻也"，八十一年；"僖、闵、庄、桓、隐，君子所传闻也"，九十六年。（《春秋繁露·楚庄王》）

② 何休：《春秋公羊传解诂》卷一。

说的《春秋》"公羊三世说"。根据年代的远近而区分的"所传闻世"、"所闻世"、"所见世"相当于西方近代历史分期法通常所说的"古代"、"近代"和"现代"。因此,《春秋》"公羊三世说"可以看作是最早的中国历史发展阶段说。近代以来,康有为出于变法维新的政治需要将《春秋》"公羊三世说"与西方近代的政体观结合起来,赋予"三世说"以新内涵,认为"据乱世"行君主制、"升平世"行君主立宪制、"太平世"行民主共同制。[①] 梁启超阐发康氏之说,将"三世说"作为划分中国历史发展阶段的根据,称"秦以前"为"据乱世",秦朝以后迄19世纪末为"升平世","自此以往"将为"太平世"。[②] 而径直采用西方近代的历史分期法为中国历史划分发展阶段的,要首推夏曾佑。他于1902年出版《最新中学中国历史教科书》[③],将中国历史分为上古、中古、近古三个时期:自草昧至周末为"上古之世";自秦汉至隋唐为"中古之世";自两宋至明清为"近古之世"。

上述关于中国历史发展阶段的分期法,或从治乱兴衰立论,或从政体演变立论,或从年代远近立论,各有所据依,各自圆其说。但是,这些分期标准都只不过是各执历史现象之一端,故不足以揭示中国历史发展阶段的质的规定性,展现中国历史发展阶段之间的内在联系和各个发展阶段所固有的本质特征。郭著的理论贡献在于:它一反前人的种种陈说,径直从社会形态变迁的角度立论,用以揭示中国历史发展过程的阶段性。

首先,郭著从"社会发展之一般"入手,宏观地考察了世界历史发展的总进程,指出:世界历史发展的总进程是五种社会形态(原始公社制社会、奴隶制社会、封建制社会、资本主义社会和社会主义/共产主义社会)变迁的过程,正是五种社会形态的变迁使世界历史的总进程呈现出五个阶段,并将世界历史发展总进程的五形态和五阶段称为"社会发展之一般",[④] 认为这是人类社会发展一般必经的过程和阶段。这就坚持了历史的

---

① 康有为:《孔子改制考》卷十二。
② 梁启超:《新学伪经考叙》,《饮冰室文集》之二。
③ 该书于1933年由商务印书馆作为"大学丛书"印行,改书名为《中国古代史》。
④ 郭沫若:《中国古代社会研究·导论》,科学出版社1960年版,第3页。

统一性，肯定了马克思所揭示的人类历史发展规律的普遍性。

其次，郭著之所以坚持历史的统一性，肯定马克思所揭示的人类历史发展规律的普遍性，是为了证成"中国社会发展的程序"也不例外[①]，指出：自殷代至"最近时代"中国历史发展进程是：西周以前是原始公社制、西周时代是奴隶制、春秋以后是封建制、最近百年是资本制[②]。它试图以此表明：中国历史发展的阶段性与世界历史发展的总进程的一致性。然而，毋庸讳言，郭著关于中国历史发展阶段在具体时间的断限问题上和社会性质的认识上，因时代的局限，特别是因资料之不足和认识上之偏颇而存在着误断的情况，如对于殷代和"最近百年"社会性质的认识就是明证。对此，郭沫若后来已经做出更正和说明。尽管如此，我们仍然不能不敬服郭老本人在中国历史发展阶段问题上所表现出来的理论胆识和开风气之先的首创精神。因为这是中国有史以来首次运用马克思的历史发展阶段理论研究中国历史发展全过程而得出的结论。这对于当时盛行的"中国历史（国情）特殊论"，无疑是有力的批判。

二是，运用马克思的生产方式理论研究中国古代社会历史，揭示其发展变化的内在根据。

生产方式理论与历史发展阶段理论一样，同为马克思的社会形态学说的基本理论，两者具有内在的逻辑联系。如果说，生产方式理论是旨在说明社会形态变迁的内在根据；那么，历史发展阶段理论则是旨在揭示社会形态变迁的分期标准。郭著对于中国历史发展阶段的划分正是建立在马克思的生产方式理论基础之上的，指出："人类社会的发展是以经济发展为前提"，"而人类经济的发展却依他的工具的发展为前提"。[③] 又说："物质的生产力是一切社会现象的基础"，认为这是"社会发展上一般的公例"；[④]而"生产的方式发生了变更，经济的基础也就发展到了更新的阶段。经济的基础发展到了更新的一个阶段，整个的社会也就必然地形成了一个更新

---

① 郭沫若：《中国古代社会研究·导论》，第8页。
② 同上书，第20—21页。
③ 同上书，第3页。
④ 郭沫若：《中国古代社会研究》，第251页。

的关系，更新的组织"①。郭著正是根据生产方式的变革来说明社会形态的变迁，并用以划分中国历史发展阶段的："大抵在西周以前就是所谓'亚细亚的'原始公社社会，西周是与希腊罗马奴隶时代相当，西周以后，特别是秦以后，才真正地进入了封建时代。"②

必须指出：郭著上述对于中国历史发展阶段所做的划分是以马克思在《政治经济学批判·序言》里将人类历史诸种生产方式的变革"看作是经济社会形态演进的几个时代"为理论根据的。诚然，郭著断言：西周以前就是所谓亚细亚的"原始公社社会"，不仅存在着对马克思的"亚细亚生产方式"的性质如何正确理解的问题，而且也存在着对西周以前，特别是夏、商社会性质如何正确研判的问题。如上所述，郭著对后者社会性质是存在误断的情况的。尽管如此，郭著从生产方式的角度对西周的奴隶制社会形态所做的分析和对秦朝以后是封建制社会形态的论断仍然具有重大的理论意义和现实意义。

按中国传统观点，西周习惯地与"封建"相连，称"西周封建"。传统所说的"封建"是指"封国土，建诸侯"的一种制度安排，始行于西周。这是一种建立在宗法关系基础上的政治分封制度。"西周封建"以此故名。后代关于封建与郡县孰优孰劣之争也都是以"封建"为一种政治分封制立论的。近代以来，中国传统的封建观更与从西方传入的关于欧洲中世纪的封建制度概念相比附，认为欧洲中世纪的封建制度所反映的封君封臣关系类似于西周的"封建"。可见，无论是传统还是近代关于西周"封建"的历史定位都是从政治制度立论的。郭著的理论意义在于：它一反秦汉以来从政治制度的层面为西周历史定位的"西周封建"说，首次从生产方式的角度提出"西周奴隶制"说。

首先，郭著运用马克思的生产方式理论分析周代彝铭所反映的有关西周时期生产力与生产关系的状况以及生产者的身份和地位，指出：铭文所记载的有关"土田与臣仆、民人共为赐予之品物，足证周代已经实行了土

---

① 同上书，第166页。
② 郭沫若：《中国古代社会研究》，第167页。

地的分割",①反映了土地已非原始公社所共有,而铭文有关"庶人"或"民人"与"臣仆"、"器物""了无分别"的记载,说明"庶人"就是"奴隶"。他们可以用来"赏赐"、"买卖"和"抵债",说明周代的奴隶,"正是一种主要的财产"②。郭著还从《周书》、《周诗》等文献记载中揭示西周社会存在着阶级压迫和阶级剥削的事实,认为"这是奴隶制成立以后必然有的现象"③,反映了西周社会存在着奴隶主与奴隶之间的阶级对立,而正是这种阶级对立构成西周奴隶制社会的主要矛盾。

关于秦朝以后是封建社会的问题,郭著同样从生产方式的角度进行论证,指出:由西周奴隶制社会向秦朝以后的封建社会"推移"始于春秋时期。这突出反映在《诗经》中的"变《风》变《雅》"上。这种"变《风》变《雅》"不仅表现为对西周奴隶制的"宗教思想的动摇",而且还表现为对"人的发现"。郭著说:《秦风·黄鸟》对于人殉的"呼天哭泣"④和《书经·秦誓》"全篇的重心"之"放在人上"反映了对于"人的价值的重视,这正是新来时代的主要脉搏"。⑤思想意识领域中所发生的变动反映了"在东西周交替的""很大的社会变革"⑥,这首先表现为生产方式的变革:"自秦以后的经济组织在农业方面是成了地主与农夫"的"对立","工商业是取的行帮制,就是师傅与徒弟的对立。秦以后的郡县制实际上就是适应于这种庄园式的农业生产与行帮制的工商业的真正的封建制度。"⑦

显然,这里所说"经济组织"及其在农业和工商业的展现是以生产方式立论的。正是由于周秦之际在生产方式方面所发生的变革引起了"很大的社会变革",因此,"秦以后",才真正进入"封建时代"。

总之,郭著从生产方式这个全新的角度对西周和周秦之际以及秦朝以后社会状况所做的分析,使人耳目一新。这不仅对传统的"西周封建"说是大胆的突破,而且对盛行于20世纪20—30年代的春秋战国"封建解

---

① 同上书,第285页。
② 郭沫若:《中国古代社会研究》,第284页。
③ 同上书,第127页。
④ 同上书,第164页。
⑤ 同上书,第165页。
⑥ 同上书,第166页。
⑦ 同上书,第167页。

体"论和秦朝以后"非封建"论,更是有力的批判。尽管郭著对于上述问题的研究"只是一点发凡",但正是这"一点发凡"为中国古代历史研究另辟蹊径,从而开创了马克思主义与中国历史实际相结合的新局面。唯其如此,郭著成为中国马克思主义历史学产生的标志性成果,是当之无愧的;而它从社会形态变迁的角度揭示了中国历史从原始公社制到奴隶制和封建制的转变过程及其实现形式,则已经涉及中国历史发展道路的问题,因此,堪称有关这一问题的最早的探索者。

三 从近代中国革命性质的争论到中国社会史问题的论战

中国马克思主义历史学的产生不仅开辟了中国历史研究的新方向,而且促使原已开始的中国社会史问题论战走向高潮。在这场论战中,中国历史的发展道路问题成为论战各方关注的焦点,贯穿于论战的全过程。

必须指出,这场论战的产生是有其深刻的历史政治背景的,它是20世纪20年代后期关于近代中国革命性质和社会性质等问题的争论合乎逻辑的发展。

近代中国是由历史的中国发展而来的。因此,对于近代中国革命性质和社会性质等问题的探讨,最终必然要诉诸历史,从历史的层面去寻找问题的答案。具体地说,这个问题是由20世纪20年代后期共产国际内部关于中国革命性质问题的争论引发而来的,是先有关于近代中国革命性质问题的争论,继而才有关于近代中国社会性质问题的争论,最后才发展到关于中国社会史问题的论战。可见,这场论战势在必行。

为说明问题起见,必须简要回顾一下当时共产国际内部所进行的这场关于近代中国革命性质问题的争论。

如所周知,共产国际(又称第三国际)是第一次世界大战后为加强世界革命运动的指导于1919年3月成立的各国共产党的领导机构。从成立之日起,它就把指导殖民地和附属国的民族解放运动作为主要任务。为此,还专门成立了共产国际远东书记处(后改名共产国际东方部远东局)具体指导中国、日本和朝鲜的革命。1920年7月,在共产国际第二次代表大会上,列宁提出《民族和殖民地问题提纲》。其中,他特别提到要注意中国、朝鲜和日本的革命经验问题。此后,共产国际曾多次就中国革命的性质问题做出决议和指示，认为中国现阶段革命是"反对帝国主义者及其在中国的封建代理人的民族革命"[①]，充分肯定了中国革命的反帝反封建的资产阶级民主革命性质。1928年7月召开的中共"六大"也再次肯定了中国现阶段革命的性质是资产阶级民主革命。

然而，在共产国际和苏联共产党内［时简称联共（布）］关于近代中国革命性质问题上一直就存在着不同意见的争论，形成了以托洛茨基、拉狄克等人为代表的反对派。例如，拉狄克认为，由于中国城市的资本主义发展"停滞不前"，而使资本涌向农村，促进农村迅速资本主义化，因此，他断言：中国不存在任何封建主义的残余，革命所要打击的只有资产阶级[②]。这就把近代中国革命的反封建主义斗争的历史任务一笔勾销了，实际上，是否认近代中国革命的反帝反封建性质。托洛茨基也有类似的观点。他不是完全否认中国封建残余的存在，就是认为这些封建残余没有决定意义。他认为中国民族革命的"基本原因"是中国关税受帝国主义者的控制。因此，中国革命主要是所谓"反关税的革命"，革命的目的只是废除不平等条约和实现中国的关税自主[③]。这样，他就把近代中国革命的性质篡改成为"反关税的革命"。正如斯大林所批评的："反对派（拉狄克及其同伙）的基本错误是他们不懂得中国革命的性质，不懂得中国革命现在处于什么阶段，不懂得中国革命目前的国际环境。"[④]

在中国共产党内，以陈独秀为代表的右倾机会主义者也有与联共党内反对派相类似的观点。例如，陈独秀认为，在帝国主义侵入中国和资本侵入中国农村之后，中国农村就完全处于商业资本主义的影响之下。"大革命"后，资产阶级革命就已经完成，现时的任务是准备力量为将来进行社会主义革命[⑤]。实际上，这是否认无产阶级继续进行资产阶级民主革命的必要性，它

[①] 中共中央党史研究室第一研究部编：《共产国际、联共（布）与中国革命文献资料选辑》(2)，北京图书馆出版社1997年版，第457页。

[②] 中共中央党史研究室第一研究部编：《共产国际、联共（布）与中国革命文献资料选辑》(5)，北京图书馆出版社1998年版，第49页。

[③] 同上书，第221—222页。

[④] 斯大林：《中国革命问题》，《斯大林全集》第9卷，人民出版社1954年版，第205页。

[⑤] 引自［德］罗梅君《政治与科学之间的历史编纂——30和40年代中国马克思主义历史学的形成》，孙立新译，朱茂铎校，山东教育出版社1997年版，第76页。

最终必然导致取消革命。所以，陈独秀等人后来被称为"取消派"。

在共产国际以及中苏两党内部关于中国革命性质问题的争论，实际上，反映了持不同意见者对于中国近代社会性质乃至中国历史发展道路的不同看法。例如，拉狄克认为，历史上的中国社会不是封建社会，而是商业资本主义社会。[①] 马扎尔则断言：中国在西方列强入侵之前，一直是"亚细亚社会"，不是封建社会；而他所说的"亚细亚社会"是具有人工灌溉、官僚制度、土地国有和东方专制主义的国家形态等特点的社会[②]。瓦尔加更径直把这种"亚细亚"社会称为"前资本主义社会"，而把封建社会完全排除在"前资本主义社会"之外。

从以上的简要回顾来看，20世纪20年代后期在共产国际内部关于近代中国革命性质问题的争论，实际上，已经成为随之而来的关于中国社会史问题论战的政治先导和思想前奏，而关于中国历史的发展道路问题，则已经成为这场论战的题中应有之义。

如果说，关于近代中国革命性质的争论起初是发生在共产党内部；那么，这场关于中国社会史问题论战则不受此局限，从一开始就是一场不分党派的全国性的大讨论。必须指出：当时，论战各方都把中国社会史看作是社会形态变迁的过程，并与中国历史的发展阶段、同生产方式的变革联系起来。这样的研究思路，实际上已经涉及中国历史的发展道路问题，因为中国历史的发展道路总是从社会形态变迁的过程及其阶段性中得到反映和表现。因此，可以这样说，有什么样的中国历史发展阶段和社会形态变迁说，就会有什么样的中国历史发展道路观。从当时论战的情况来看，有三个问题同中国历史发展道路观关系尤为密切，即"亚细亚生产方式"的性质问题中国奴隶制社会的有无问题和中国封建社会及其解体问题等。

[①] 引自何干之《中国社会史问题论战》，上海生活书店1937年版，第8页。
[②] 何干之：《中国社会史问题论战》，第11—14页。

第二节　中国社会史问题论战与中国
历史的发展道路面面观

一　在"亚细亚生产方式"性质问题上所反映的中国历史发展道路观

"亚细亚生产方式"是1859年马克思在《政治经济学批判·序言》里首次提出来的：

大体说来，亚细亚的、古代的、封建的和现代资产阶级的生产方式可以看作是经济的社会形态演进的几个时代。①

根据马克思这段话，虽然他明确指出"亚细亚生产方式"是与"古代的、封建的和现代资产阶级"诸生产方式一样，同为"经济的社会形态"，并做出了明确的历史定位，指出它代表着"经济的社会形态"演进过程中的一个历史阶段，位于上述诸生产方式之前，但是，却未对其做出明确的社会定性，因而就为后人留下了如何理解其内涵和性质的思考空间，争论也就因此而起。自20世纪初至30年代，对于这个问题的解释，众说纷纭，莫衷一是。概要地说，有原始社会说、过渡形态说、奴隶制变种说或东方奴隶制说、封建制变种说或东方专制主义说、混合形态说和前资本主义说、贡纳制说，等等。这里，我们主要讨论与中国历史的发展阶段问题相联系，因而更为直接地反映出中国历史的发展道路观的几种说法。

一是，原始社会说。郭沫若首倡此说。他在1928年写的《诗书时代的社会变革与其思想上之反映》②一文中，首次提出此说。他认为，马克思在《政治经济学批判·序言》里所说的"亚细亚生产方式"就是指"古代的原始共产社会"。③ 他在1930年出版的《中国古代社会研究》一书收入上文时，仍持此说。1936年，他在《社会发展阶段之再认识》一文中又进一步申论此说，认为马克思所说的"亚细亚生产方式"，是指原始社会

---

① 《马克思恩格斯选集》第2卷，人民出版社1995年版，第33页。
② 此文后收入1930年出版的《中国古代社会研究》一书。
③ 郭沫若：《中国古代社会研究》，第166页。

末期的"家长制"或"氏族财产形态"。① 尽管前后说法稍有不同，但是，他把"亚细亚生产方式"看作是奴隶制社会之前的原始社会阶段这一基本认识不变，并根据这一基本认识为中国历史发展过程划分阶段，得出中国历史发展进程与世界历史发展总进程相一致的结论（详见前述）。

二是，贡纳制说，即否认"亚细亚生产方式"是一种经济社会形态，而认为是统治与被统治之间的一种"进贡关系"。何干之力主此说。其要点：（1）他肯定了中国历史上有过奴隶制发展阶段，认为继原始社会之后是奴隶制社会，而不是"亚细亚生产方式"；（2）由于实行贡纳制使农村公社长期保留下来，从而使中国奴隶制走着一条不同于西方古典奴隶制的发展道路，即由"国家奴隶制"到"家内奴隶制"的发展道路；（3）由于农村公社长期保留下来，不仅使中国封建制社会长期停滞，而且也使其难于从内部形成资本主义的新机制，因此，无法靠自身的力量从封建主义走向资本主义。②

上述要点表明：何干之虽然肯定了中西方历史经历了大体相同的发展阶段，由原始社会到奴隶制社会再到封建社会，但是，由于中国奴隶制社会的东方特点，因此，它最终只能停留在"不成熟"的家内奴隶制阶段，而无法走向"成熟"的劳动奴隶制阶段。不仅如此，由于中国封建制社会的东方特点，因此，在其解体之后无法发展到资本主义阶段。如果说，前者称之为东方奴隶制；那么，后者则称之为东方封建制。总之，在何干之看来，中国历史走的是与西方不同的东方社会的发展道路。

三是，否定说，即根本否定"亚细亚生产方式"的历史存在。杜畏之（即杜任之）主张此说。认为继氏族社会解体之后的中国历史，既不是"亚细亚生产方式"，也不是奴隶制社会，而是封建制社会；"而封建社会被分解后则继之以被历史拉长的过渡阶段——从封建社会到资本主义社会之过渡"③。杜畏之的上述看法，实际上，反映了这样的中国历史的发展道

---

① 详见林甘泉、田人隆、李祖德《中国古代史分期讨论五十年（1929—1979年）》，上海人民出版社1982年版，第28页。
② 详见何干之《中国社会史问题论战·前言》，上海生活书店1937年版。
③ 杜畏之：《古代中国研究批判引论》，引自林甘泉、田人隆、李祖德《中国古代史分期讨论五十年（1929—1979）》，第31页。

路观：从氏族社会解体后，中国历史走的是一条超越"亚细亚生产方式"或奴隶制社会阶段而径直进入封建制社会的发展道路；而在封建制社会解体后，中国历史走的不是半殖民地半封建社会的发展道路，而是介于封建主义与资本主义之间的"过渡阶段"的发展道路。前者可以称之为"中国封建社会长期论"的发展道路观，后者可以称之为"中国近代过渡阶段论"的发展道路观。

四是，承继说或填补说，即肯定"亚细亚生产方式"是继原始社会之后而与奴隶制并列的一种经济社会形态，用以填补东方社会和中国历史上没有奴隶制阶段的"空缺"。李季即持此说。其要点：（1）否认中国奴隶制社会的历史存在，认为继原始社会之后是"亚细亚生产方式"，试图以此证明：中国历史，从一开始就走着与西方不同的发展道路即"亚细亚生产方式"的发展道路，因而他与杜畏之的超越"亚细亚生产方式"或奴隶制社会阶段，径直进入封建制社会的否定说有别；（2）否认秦朝以后中国封建制社会的存在，认为继起的是"前资本主义社会"，而他所说的"前资本主义社会"，从其列举的特点来看，主要是封建制社会末期的现象[①]，它是"一种过渡时代的生产方法"，"含有各种生产方法的残余"，或者说，"只是""亚细亚生产方法"的"残余"[②]。如果说，杜畏之的否定说所反映的中国历史的发展道路观是"中国封建社会长期论"；那么，李季的填补说所反映的中国历史的发展道路观则是"亚细亚生产方式长期论"，而在否定中国奴隶制社会的历史存在方面，他们的观点则是完全一致的。

二 在中国奴隶制社会有无问题上所反映的中国历史的发展道路观

在这个问题上存在着两种截然对立的观点，即肯定说和否定说。

最早提出肯定说的是郭沫若。如上所述，早在1928年，他就根据西周彝铭和《周诗》、《周书》等文献资料论证西周是奴隶制时代。此说一出，"打破了一二千年来官学对中国古代史的'湮没'、'改造'和'曲

[①] 详见何干之《中国社会史问题论战》，第206—207页。
[②] 同上书，第205页。

解'，确是一桩破天荒的工作"①。不仅如此，他还把西周奴隶制时代同中国历史发展阶段联系起来，指出：西周以前是原始公社制时代，东周以后是封建制时代，直至"最近百年"才是"资本制"时代。这可以看作是郭沫若的中国历史发展阶段论，反映了他关于中国历史的发展道路观。

除郭沫若外，主张肯定说的还有吕振羽、翦伯赞和邓云特（即邓拓）等。他们不仅肯定中国有过奴隶制时代，而且更将奴隶制时代提前到殷代，将封建制时代提前到西周时代，认为西周是封建领主制社会。这是西周封建论的最早提法。这里，特别要指出吕振羽在这方面的理论贡献及其中国历史的发展道路观：

其一，他认为，奴隶制度是继原始社会之后社会历史发展的必经阶段，有前期和后期之分：殷代奴隶制属于前期奴隶制，希腊、罗马奴隶制属于后期奴隶制；前期奴隶制不必发展到后期奴隶制就转化到封建制阶段。这一看法与何干之关于奴隶制有"成熟"和"不成熟"之分颇为相似。

其二，他认为，前期奴隶制度是除希腊、罗马之外的世界其他国家必经的奴隶制阶段，而非东方社会所独有，因此，不能称之为"东方奴隶制"。这一点又与何干之的殷代是"东方奴隶制说"区别开来。

其三，他认为西周以后的封建制社会经历了由"初期封建社会"向"专制主义的封建社会"发展、转变的过程：秦朝以前的西周，他称之为"初期封建社会"即封建领主制；秦朝以后，他称之为"专制主义的封建社会"即"变种的封建社会"②。吕振羽关于中国封建制社会两阶段说的理论意义在于：一方面，他纠正了胡秋原等人断言"亚细亚生产方式"是"专制主义的农奴制"③，从而把"亚细亚生产方式"与封建专制主义等同起来的曲解；另一方面，他批判了李季等人否定中国封建制社会的存在而代之以"前资本主义社会"的说法，坚持了鸦片战争以前中国是封建制社会的正确的历史认识，从而肯定了马克思的社会形态学说对于中国历史的适用性。

---

① 同上书，第105页。
② 详见吕振羽：《殷代的奴隶制社会》，《史前期中国社会研究》下，河北省教育出版社2000年版。
③ 胡秋原：《亚细亚生产方法与专制主义》，引自何干之《中国社会史问题论战》，第73页。

最早提出否定说的是陶希圣。他在1929年出版的《中国社会之史的分析》一书里就断言：从传说时代起，中国就是一个封建国家或封建社会。传说中，"黄帝与蚩尤、炎帝与共工氏的战争"，即"氏族间的战争"，"使一氏族征服他氏族，便成立了初期的封建国家"；"封建国家间的战争，使一国家征服他国家，便成立了次期的封建国家"①。又说：中国"自有史以来，便是封建制度起源发达崩坏的记录"②。可见，为了否定中国奴隶制社会的存在，他不仅把中国封建制度的起源提前到传说时代，视之与史俱来，而且还把中国历史看成是封建制度的兴衰史，实际上，是鼓吹中国封建制度与中国历史等同论。这可以看作是陶希圣否定说的主要特点，反映了他最初的中国历史发展道路观，即封建社会史观。

除陶希圣外，持否定说的还有李季、胡秋原和陈邦国等人。李季的否定说，我们在论述其"亚细亚生产方式"填补说时已经提到：此说是以否定中国奴隶制社会的历史存在为前提的，旨在用"亚细亚生产方式"填补中国历史由原始社会到封建制社会之间的这段"空缺"。这是李季否定说的主要特点，反映了他的"亚细亚生产方式长期论"的中国历史发展道路观。

胡秋原和陈邦国的否定说也是以否定中国奴隶制的历史存在为前提的。他们断言：继原始社会之后是"氏族社会"，而不是奴隶制社会。根据这一前提，胡秋原将中国历史划分为如下几个发展阶段：殷代以前是"原始社会时代"；殷代是"氏族社会时代"；西周至春秋战国是"封建社会时代"③。陈邦国认为"氏族社会是到封建社会的先决条件，犹之乎在封建社会的废墟上发生资本主义是一样。由氏族社会向着封建社会的转变是氏族社会本身生产力发展的结果……"虽然他承认"奴隶经济"的存在，但不是把它看作是继原始社会之后的经济形态，而是把它看作是"由氏族社会到封建社会的一个过渡"。因此，他批评郭沫若"直接由奴隶制度推移"出"封建制度"的错误，认为郭沫若"没有正确的规定历史发展的全

---

① 引自何干之《中国社会史问题论战》，第91页。
② 陶希圣：《中国社会与中国革命》，新生命书局1929年版，第6页。
③ 引自何干之《中国社会史问题论战》，第92页。

部过程，误把氏族社会一个阶段忽略了"①。他还提出中国封建制度发展的道路问题，认为"氏族社会"向封建制社会的转变存在着两条道路：第一，由"氏族社会"直接向"封建社会发展"；第二，由"军事部落的国家"转变而来，而后者又有两种转变形式：一是，由"军事领袖直接转变"，这主要发生在"农业民族"；二是，由"军事领袖与农业领主相互结合而成"，这主要发生在"游牧民族侵入农业民族之后"。根据以上认识，他认为西周是封建制社会，东周是封建制社会崩溃的时代，至秦始皇建立的"集权的君主国"则"已经不代表封建"，"而是商业资本主义的政权形式了"②。这是陈邦国根据其否定说所描绘的中国历史的发展道路。

综观否定说诸家观点，虽然在否定中国奴隶制社会的历史存在问题上观点一致，但立论各异，其所反映的中国历史发展阶段论也不尽相同。概要地说：陶希圣以中国封建制度起源于传说时代立论，以中国封建制度的兴衰为主线来为中国历史划分发展阶段；李季以"亚细亚生产方式"填补说立论，以"亚细亚生产方式"在中国的历史演变为中国历史划分发展阶段；胡秋原和陈邦国则以"氏族社会"替代说立论，即把"氏族社会"看作是继原始社会之后的另一个社会形态，用以"消解"或"替代"奴隶制社会的一种观点。

必须指出，这种把"氏族社会"从原始社会分离出来变成与之相续的另一个社会形态的观点，是犯了历史常识性的错误。因为"氏族社会"其实就是原始社会。恩格斯说："氏族是以血缘为基础的人类社会的自然形成的原始形式。"③ 而胡、陈所说的"氏族社会"是"以氏族为单位的一种社会组织"④。显然，这就是恩格斯所说的"人类社会"的"原始形式"即原始社会。可见，他们硬是从原始社会分离出所谓"氏族社会"以取代奴

---

① 陈邦国：《中国历史发展的道路》，《读书杂志》第1卷，上海神州国光出版社1931年版，第4—5（合刊）。
② 陈邦国：《中国历史发展的道路》，《读书杂志》第1卷，上海神州国光出版社1931年版，第4—5（合刊）。
③ 恩格斯：《马克思〈资本论〉（第1卷）第3版注》，《马克思恩格斯全集》第23卷，第390页。
④ 陈邦国：《中国历史发展的道路》，《读书杂志》第1卷，上海神州国光出版社1931年版第4—5（合刊）。

隶制社会，无论是从历史的层面还是从理论的层面来看，都是错误的，而由这种错误的立论所推演出来的中国历史的发展阶段必然是颠倒了历史发展的顺序。因此，没有正确的规定历史发展的全部过程的不是郭沫若，而是他们自己。

三 在中国封建制社会及其解体问题上所反映的中国历史的发展道路观

关于中国封建制社会及其解体问题既涉及时间问题，也涉及其后的历史走向问题。对于上述问题的回答基本上存在着两大派，即以郭沫若、吕振羽为代表的鸦片战争解体论和以陶希圣、李季为代表的春秋战国解体论。

郭沫若、吕振羽等人认为，自周秦以来，中国一直是封建社会，至鸦片战争才告解体，从此，中国历史进入半殖民地半封建社会。有关这方面的情况，我们在论述郭沫若、吕振羽关于中国历史发展阶段论时已经说过，在此从略。这里，我们想着重论述的是陶希圣、李季等人的观点。必须指出，他们关于这个问题的观点，在具体提法上不尽相同，但是，在总的方向上则是一致的。概要地说：中国封建制社会崩溃于春秋战国，结束于秦统一中国，秦以后至鸦片战争前，中国已非封建社会，而是"商业资本主义社会"或"前资本主义社会"。陶希圣、李季、陈邦国等人力主此说。

最早提出此说的是陶希圣[①]。他说："春秋战国时代，是中国社会史的一个关键；中国社会在这个时候结束了封建制度"。[②] 又说："春秋战国时代是社会变革的时期，社会变革的实际，却不过是封建制度的分解"。[③] 为了证成上述论断，他还列举了春秋战国时代封建制度崩溃的"五个特

[①] 陶希圣关于中国封建社会的存续兴衰所持的是一种实用主义的观点：当他为了否定中国奴隶制社会的历史存在时，就鼓吹中国封建制度永恒论；当他为了反对中国近代社会的半殖民地半封建性质时，就鼓吹春秋战国封建制度解体论。所以，他可以在同一年出版的不同书里，对同一问题发表截然相反的观点。

[②] 陶希圣：《中国社会之史的分析》，引自《读书杂志》第4卷，第4—5期（合刊）。

[③] 陶希圣：《中国社会与中国革命》，第255页。

征"。① 显然，这些"特征"，其实都属于封建制度末期的现象，而不足以反映封建制度的本质特征。封建制度的本质特征是：自然经济占统治地位，自然经济统治下的农民作为土地的附属物被固定在土地上以供土地所有者的超经济剥削，从中榨取农民的剩余劳动。可见，陶希圣对于中国封建制度崩溃的研判，实质上，是用封建制度的现象研究代替对封建制度的本质研究，其错误是不言而喻的。

不仅如此，陶希圣还把"封建制度崩坏的过程"看作是"商业资本主义"发展的过程，实际上，是把"封建制度崩坏"的原因归结为"商业资本"的发展。不过，他又认为，"商人资本的独立发达，决不能造成资本主义的生产制"，而只造成"前资本主义社会"，即既非"完整的封建制度"，又非"资本主义的生产制"②的"社会构成"。他有时把这种"社会构成"称之为"后封建制度"③。1932年，他又把上述的历史走向改名为"先资本主义社会"。然而，无论是"前资本主义社会"或"后封建制度"，还是"先资本主义社会"，其名虽异，其实则同，都是把封建社会末期的历史现象当作"新的社会构成"。这不仅是对历史的"牵强附会"④，更是对历史的编造。

在中国封建制社会的解体及其历史走向问题上，李季有着与陶希圣相似的看法。他断言：中国封建社会在周代末年解体后至鸦片战争前为"前资本主义的生产方法的时代"⑤。必须指出：他所说的"前资本主义的生产方法"，一方面，既把它看作是"一种过渡时代的生产方法，含有以前各种生产方法的残余"，特别是"亚细亚生产方法的残余"；另一方面，又把它看作是"特殊的社会构成"，而从他为这个"特殊的社会构成"所列举

---

① 这"五个特征"包括：（1）等级关系的崩坏；（2）战争的连续；（3）社会纽带的松懈；（4）个人及社会阶级对社会再建之无力；（5）士人阶级的勃兴及官僚制度的成立（陶希圣：《中国社会与中国革命》，第255—258页）。
② 陶希圣：《中国社会与中国革命》，第96页。
③ 同上书，第195页。
④ 何干之：《中国社会史问题论战》，第216页。
⑤ 李季：《中国社会史论战批判》，引自何干之《中国社会史问题论战》，第203页。

的"特点"① 来看，正如何干之所说，都属于封建制社会末期的现象，既不能作为"否认封建社会存在的根据"，也不能作为"承认前资本主义生产方法存在的证据"。② 可见，与陶希圣一样，这不仅是对历史的"牵强附会"，更是对历史的编造。

至于陈邦国，他不仅重复陶希圣的说法，断言"秦的统一是商业资本的统一"，"不是代表封建"，而且还提到"中国没有由商业资本转变到工业资本的原因"，主要是由于"地理因素"所造成，致使"商品转运受了限制"，"阻止了市场的扩大"。在这种情况下，"资本的原始积累的出路走上了另一条道路。于是，又开始了土地集中，农民破产，手工业破坏……末了，农民又暴动起来"，"自秦以后没有跳出那'循环'的圈以外"。③ 与陶希圣一样，他认为"商业资本"的发展导致中国封建制社会的崩溃而走向"商业资本主义社会"；更由于"地理条件"的原因使"商业资本"的发展"走上了另一条道路"，即不是流向"工业资本"，而是转向传统农业的土地投入，结果使中国历史陷入"循环"的"怪圈"。这是陈邦国所描绘的"自秦以后""中国历史发展的道路"。

必须指出：陈邦国的上述观点涉及对于中国历史上的商业资本的评价问题。如所周知，历史上的商业资本是旧生产方式的破坏者而不是新生产方式的建设者。就是说，它只对旧生产方式起分解的作用；而这种分解作用的力度又取决于旧生产方式的坚固性及其内部结构的状况。至于这种分解作用将会导致怎样的结果，产生出什么样的新生产方式，与其说是取决于商业资本，不如说是取决于旧生产方式的性质。显然，在对商业资本的评价问题上，陈邦国是犯了无限夸大商业资本历史作用的错误，以致把商业资本变成一种新的生产方式，一种"新的社会构成"——"商业资本主义社会"。这与陶希圣、李季所谓的"前资本主义社会"或"先资本主义社会"一样，都是对历史的编造。

---

① 这些特点，举要地说：(1) 小农业与家庭工业的直接结合，构成一个地方小市场的网；(2) 高利贷资本和商人资本占优势；(3) 农工的破产流为贫民和生产工具的集中；(4) 向来各种生产方法残余的存在，等等（详见何干之：《中国社会史问题论战》，第206—207页）。

② 何干之：《中国社会史问题论战》，第207页。

③ 陈邦国：《中国历史发展的道路》。

从陶希圣、李季等人在中国封建制社会解体问题上所持的观点来看，尽管有"前资本主义社会"、"先资本主义社会"、"后封建社会"和"商业资本主义社会"等不同的提法，但是，在编造历史的意图和方法上则是相同的：

一是，他们武断地把中国封建制社会的解体完全归因于"商业资本"的发展，旨在证明中国封建制社会早已在周代末年崩溃；二是，他们"牵强附会地"把封建制社会末期的现象当作是"新的社会构成"的证据，旨在篡改秦朝以后中国历史的走向；三是，他们无限夸大"商业资本"的历史作用，旨在否定鸦片战争前中国社会的封建性质。由此可见，他们之所以编造历史，篡改历史，是有着明确的政治指向的，这就是：从根本上否定中国民主革命的反封建性质，达到取消中国革命的政治目的。

通过对20世纪30年代中国社会史问题论战的考察，不难看出：这场论战所反映的中国历史发展道路观，归根到底，是两种对立的历史观即唯物史观和唯心史观的对立与论争，论争的实质是：马克思的社会形态学说是否适用于中国历史实际。以郭沫若、吕振羽为代表的唯物史观派肯定马克思的社会形态学说适用于中国历史实际。他们运用马克思的生产方式理论和历史发展阶段性理论研究中国历史发展过程，坚持中国历史发展的阶段性与世界历史发展总进程的一致性，认为中国历史进程是社会形态变迁的过程，它经历了原始公社制社会、奴隶制社会、封建制社会诸发展阶段，而在具体的实现形式上又有自己的特点，如中国奴隶制属于"初期国家的奴隶制"，它没有经过后期阶段就进入封建制社会；中国封建制社会有初期领主制和后期专制主义之分；至近代，由于西方列强的侵略，中国没有走向资本主义，而是逐步沦为半殖民地半封建社会，等等。这样，他们就在坚持历史发展的统一性同时，坚持历史发展的多样性。

以陶希圣、李季为代表的唯心史观派否定马克思的社会形态学说对于中国历史的适用性。他们借口中国历史的特殊性反对用马克思的生产方式理论研究中国的原始社会、奴隶制社会和封建制社会，反对用马克思的历史发展阶段性理论划分中国历史发展阶段，否定中国有过原始公社制社会和奴隶制社会，而用所谓"亚细亚生产方式"取代奴隶制社会，用所谓"前资本主义社会"或"先资本主义社会"和"商业资本主义社会"取代鸦片战争前的中国封建制社会。总之，他们可以为了某种政治需要而随心所欲地编造历史，将中国历史排除在世界历史发展的总进程之外，用所谓"中国历史特殊论"否定世界历史发展的统一性，最终从根本上否定马克思主义适用于中国国情。这是他们关于中国历史的发展道路观的要害所在。然而，在这场论战中，唯物史观并没有被它的论敌所驳倒；恰恰相反，通过这场论战，唯物史观得到了更广泛的传播和认同，取得了这场论战的话语权，巩固了自己的地位。如果说，20 世纪 30 年代以前，充斥中国古史论坛的是以陶希圣为代表的唯心史观派的话语；那么，通过这场论战，陶希圣们的时代已经成为过去，代之而起的是以郭沫若为代表的唯物史观派，从此，开始了中国马克思主义历史学的胜利进军。继郭沫若的《中国古代社会研究》之后，吕振羽于 1934 年和 1936 年先后撰写了《史前期中国社会研究》和《殷商时代的中国社会》，运用唯物史观对中国的原始公社制社会、奴隶制社会和封建制社会的历史进行了系统的整理和总结，用以说明中国社会的发展与世界历史的发展是同一过程。1938 年，翦伯赞出版了《历史哲学教程》，专门阐发唯物史观的基本原理。1939 年，侯外庐发表了《中国社会史导论》，专门阐发马克思的生产方式理论及其对于中国历史研究的指导意义。

总之，通过 30 年代的中国社会史问题论战使马克思主义与中国历史实际得到了进一步的结合，从而促进了中国马克思主义历史学的发展。它突出表现为：40 年代以马克思主义为指导重新构建中国历史解释体系，包括：中国古代社会史解释体系和中国通史解释体系。这是中国马克思主义历史学发展的重要标志。

第三节 中国历史解释体系的新构建与中国历史发展道路研究的体系化

一 中国古代社会史解释体系的新构建与中国文明起源路径的新探索

20 世纪 40 年代，中国古代社会史解释体系的新构建，首先表现在运用马克思的亚细亚生产方式理论重新解释中国古代社会的历史进程，构建以探索中国古代文明起源的具体路径为主线的中国古代社会史新体系。其重要研究成果，当以侯外庐的《中国古代社会史论》①一书最具代表性。

侯外庐从事中国古代社会研究，据他本人说，"是有依据的"：一是"步着"王国维和郭沫若的"后尘"，即借鉴他们整理、研究中国古史资料的成果和考证辨伪的治学方法；二是"继承亚细亚生产方式论战的绪统"，即对30年代中国社会史问题论战中的"主要关键"进行严密的思考和理论的分析，特别是对论战中的各种理论倾向进行实事求是的评判，因此，就有可能在更高的起点上来回答论战中争议性最大的焦点和难点。他关于研究中国古代社会的"三个原则"，即"弄清楚亚细亚生产方式的理论"、"谨守考证辨伪的治学方法"和"把中国古代散沙般的资料"与"马克思主义历史科学的古代发展规律，作一个统一的研究"，就是在总结30年代那场论战的经验教训基础上提出来的。这"三个原则"的实质，归结到一点，就是：既要遵循着社会发展规律的"普遍性"，又要判别具体的社会发展的"具体路径"，从而实现马克思主义"历史科学中关于古代社会的规律的中国化"②。由于在中国古代社会研究中始终贯彻这"三个原则"，因此，使侯外庐的《中国古代社会史论》在理论研究和实证研究的结合上有可能达到新的高度，在构建中国古代社会史解释体系方面具有新的特色。

侯外庐这部著作的最大特色是：将马克思的亚细亚生产方式理论同中国古代社会研究结合起来，着重从亚细亚生产方式的性质入手探索中国古代文明起源的具体路径。其所以如此，按照侯外庐的说法是因为亚细亚生产方式"关系到研究中国古代社会的一个至关重要的问题。如果不懂得生产方式，不弄清亚细亚生产方式究竟是什么，就不可能科学地判明中国古代社会的性质"③。当然，也不可能探明中国古代文明起源的具体路径，因为这两者有着不可分割的内在联系。

---

① 侯外庐：《中国古代社会史论》，写于1940年，1942年成书，原名《中国古典社会史》；1943年又对该书内容加以扩充，改名《中国古代社会史》；1954年修订该书时，改用今名，1955年由人民出版社出版修订版。

② 以上引文均见侯外庐《中国古代社会史论·自序（1946年）》，（香港）生活·读书·新知三联书店1979年版。

③ 侯外庐：《韧的追求》，生活·读书·新知三联书店1985年版，第115页。

如所周知，亚细亚生产方式问题是马克思在研究古代世界的过程中作为与古希腊、罗马即"古典的古代"相比较而存在的问题提出来的。由于对问题的性质和指向理解上的歧异，遂引发了20世纪20年代以来的一场国际性大争论。争论各方可谓见仁见智，众说纷纭，莫衷一是。对于这个争论不休而又至关重要的问题，侯外庐在经过十多年的探索之后，于40年代初提出了与历来诸说有别的新说——"路径说"，即认为亚细亚生产方式是中国社会进入文明的路径。根据侯外庐的研究，在马克思和恩格斯的经典文献中，所谓"古典的古代"、"亚细亚的古代"都是指的奴隶制社会。然而，两者进入文明的路径却不相同。换言之，"亚细亚生产方式"和"古典的古代""是同一个历史阶段的两条路径"[1]。如果用恩格斯提出的"家族、私产、国家"三项做文明路径的指标；那么，"古典的时代"是从家族到私产再到国家，国家代替了家族；"亚细亚的古代"是由家族到国家，国家混合在家族里面，叫作"社稷"。因此，前者是新陈代谢，新的冲破了旧的，是"革命的路线"；后者却是新陈纠葛，旧的拖住了新的，是"维新的路线"[2]。中国古代文明起源的路线走的就是这样一条"维新的路线"。从这条"维新的路线"来看，中国古代文明起源的路线是不经过"私产"而径直迈向"国家"的。如果说，"国家是文明社会的概括"[3]；那么，中国社会由氏族公社进入文明社会的路径是不经过私有制阶段的。不仅如此，与"古典的古代"国家起源的路径相比，中国古代国家是在保存"氏族遗制"的情况下产生的。由此不难看出中国古代文明起源路径的特点来。

首先，是土地所有制形态不像"古典的古代"那样，由氏族公社共有制转化为私人所有制，而是由氏族公社共有制转化为氏族贵族国有制[4]。《诗经·小雅》所说的"公田"，就是指的氏族贵族即"公族"、"公孙"的

---

[1] 侯外庐：《中国古代社会史论》，（香港）生活·读书·新知三联书店1979年版，第29页。
[2] 侯外庐：《中国古代社会史论》，第32页。
[3] 恩格斯：《家庭、私有制和国家的起源》，《马克思恩格斯选集》第4卷，人民出版社1995年版，第176页。
[4] 侯外庐：《中国古代社会史论》，第101页。

土地①。由于氏族贵族是国家的统治阶级，因此，氏族贵族土地所有制，其实质，就是土地国有制。可见，土地私有制的缺乏正是中国古代文明起源的"维新路径"的主要特点。

其次，是"氏族遗制"的保存。这不仅表现在"国家混合在家族里面"，形成奴隶制的宗法政治，而且还表现在"族人分赐的制度"上，即以"家室"为单位的劳动力集体所有制形式上，而这"正是集团的氏族奴隶制"，即恩格斯所说的"古代东方是家内奴隶制"。因为恩格斯所说的"家内"，并非指不事生产的仆役，而是指家族的集团②。中国古文献中关于周代的"赐家"、"赐室"，春秋时代的"分室"、"兼室"和"鬻室"的记载，可与恩格斯的上述论断相对应。

再次，是城市与农村的特殊的统一。这是与"古典的古代"相对而言的。"古典的古代"，其城市是在土地私有制下建立起来的，因而有其经济基础。中国则不然，城市是"宗子维城"制，是宗法的而非经济的，但它却统治着"鄙野农村"，因而形成"城市与农村不可分裂的统一体"③。究其原因，侯外庐认为，是"氏族遗制"的保留："在上的氏族贵族掌握着城市，在下的氏族奴隶住在农村，两种氏族纽带结成一种密切的关系，却不容易和土地连结"，因而"形成了城市和农村特殊的统一"④。

从以上的分析来看，马克思的亚细亚生产方式理论是侯外庐研究中国古代社会，尤其是他探索中国古代文明起源路径及其特点的根本依据，而"氏族遗制"的保存则是我们了解他所提出的中国古代文明起源路径性质特点的关键所在。侯外庐称他的中国古代社会研究是"马克思关于亚细亚生产方式的'理论延长工作'"⑤。据我的理解，所谓"理论延长"就是将马克思这一理论"延长"到对于中国古代社会的研究，特别是"延长"到对于中国古代文明起源路径的研究，从理论上对亚细亚生产方式的内涵作出新的解释，从中国古代文明起源路径的新视角作出新的探索，因而为中

---

① 同上书，第115页。
② 同上书，第29—30页。
③ 侯外庐：《中国古代社会史论》，第120页。
④ 同上书，第30页。
⑤ 侯外庐：《韧的追求》，第230页。

国古代社会史研究开创了新局面。

二 中国通史解释体系的新构建与中国历史发展道路问题的新阐释

20世纪40年代，中国历史解释体系的新构建还突出表现在中国通史解释体系的建设上。其中，最重要的贡献是：根据马克思的社会形态学说把中国历史进程看作是社会形态变迁的过程，着力研究社会形态变迁的内在根源及其实现形式，从而构建起以中国历史的发展道路为主线的全新的中国通史解释体系。范文澜、吕振羽在此时期完成的中国通史著作是这方面的代表作[①]。其最大特色是：把中国历史的进程看作是社会形态变迁的过程，并把探求这一变迁过程及其规律作为研究中国历史和撰写中国通史的目的。用范文澜的话说就是："我们要探求中国社会循着怎样的道路向前发展"，而我们所需要的是"显示这社会发展法则的中国通史"[②]。这里，范文澜把"探求中国社会"的发展道路同"显示社会发展法则"即社会发展规律联系起来，说明探求中国社会发展道路是为了揭示社会发展规律，认清社会发展的前进方向。在范文澜看来，这既是我们研究中国历史的根本目的，也是他主编的中国通史区别于以往中国史书的根本标志。

既然中国历史的进程是社会形态变迁的过程，那么，为了"探求中国社会发展法则"就必须从社会形态变迁的角度考察中国历史的进程。有鉴于此，范著将中国历史进程按社会形态的变迁划分为五个时代：原始公社时代（禹以前）；原始公社逐渐解体到奴隶占有制度时代（夏、商）；封建制度开始及其演变时代（西周—春秋战国）；中央集权的封建国家成立及其统一与分裂时代（秦汉—南北朝）；封建社会螺旋式发展到西方资本主义入侵时代（隋唐至鸦片战争）。其中，范文澜又将中国封建制社会分为：西周封建制和秦朝以后中央集权的封建制两个时期，以及封建制度发展时代（唐），封建制度进一步发展时代（北宋），封建制度高度发展时代

---

① 范文澜主编：《中国通史简编》上下册，1941年出版，1948年再版；吕振羽：《简明中国通史》上册，1941年出版；下册，1947年出版；1954年再版。翦伯赞于此时期撰著的《中国史纲要》仅完成先秦和秦汉两卷，属未完成的中国通史著作，在此暂不论。

② 范文澜：《中国通史简编·序（1941年）》，华北新华书店1948年版。

（明）和封建制度停滞时代（清）等四个阶段。

与范著一样，吕著特别强调"把握"历史规律对于研究中国历史和撰写中国通史的极端重要性，指出：必须"把中国史看成同全人类的历史一样，作为一个有规律的社会发展的过程来把握"，认为这是该书不同于"从来的中国通史著作""最重要"的一点[①]。在吕振羽看来，这个"有规律的社会发展的过程"就是社会形态变迁的过程。因此，他将中国近代以前的历史进程看作是：原始公社制（商朝以前）、奴隶制（商朝）和封建制（西周—清）三种社会形态变迁的过程。其中，又将原始公社制分为前期（传说的燧人氏到伏羲氏）和后期（传说的神农氏到尧舜禹），封建制分为初期（西周）和后期专制主义时期（秦朝至清代）；在西周与秦朝之间，是春秋战国诸侯争霸和"七雄"并峙时期，即由初期封建制向后期专制主义封建制过渡时期；秦朝以后的专制主义封建制又经历了发展（两汉）、分裂（三国魏晋南北朝）、再建和发展（隋唐）以及由复兴到崩溃（明清）的过程；在再建与复兴之间是五代、两宋和辽金元时期，即民族矛盾扩大和少数民族统治时期。

综观范文澜和吕振羽的中国通史，他们都把鸦片战争以前的中国历史看作是原始公社制、奴隶制和封建制三种社会形态变迁的过程；而在历史分期问题上，他们都主张夏以前原始社会说、夏代过渡阶段说、商代奴隶社会说和西周封建社会说以及秦朝以后专制主义中央集权封建社会说。他们所要"探求"的中国社会发展过程或发展道路，实质上，是上述三种社会形态变迁的过程和每一社会形态内部不同时期、不同阶段的转变过程及其实现形式。在他们看来，上述三种社会形态的变迁既是人类历史发展必经的阶段，也是中国历史发展的必由之路，它深刻反映了人类社会发展的一般规律。由此可见，从社会形态变迁的角度探求中国历史的发展道路，从中发现历史发展的规律，的确是范文澜和吕振羽的中国通史著作的最大特色。

---

① 吕振羽：《简明中国通史·序（1941年）》，人民出版社1955年版。

三　马克思主义的历史方法论与中国通史解释体系的新构建

范文澜和吕振羽的中国通史解释体系还有一大特色，就是：把中国历史的进程看作是"历史的共同性与特殊性"相统一的实现过程，并着力探求"历史的共同性"在中国历史进程中的实现形式，从而将马克思主义的历史方法论同中国通史解释体系的构建紧密结合起来。

关于"历史的共同性与特殊性"问题是范文澜在该书的《序》中提出来的。他说："只有真正了解了历史的共同性与特殊性"，"才能真正把握社会发展的基本法则，顺利地推动社会向一定目标前进"①。吕振羽则从撰写中国通史的要求出发，提出：要"力避原理原则式的叙述和抽象的论断"②，强调必须从中国历史实际而不是从"原理原则"出发来研究中国历史进程问题。这与范文澜关于"历史的共同性与特殊性"的观点是一致的。他们的上述观点或要求，实质上，是关于历史研究的方法论问题，即研究中国历史必须坚持历史的统一性与多样性相统一的原则，并着力探求历史的统一性在中国历史进程中的实现形式。他们的中国通史解释体系正是根据这一方法论原则构建的。

例如，关于中国古代文明起源路径与商代奴隶制社会的特点问题。

如上所述，他们都主张商代奴隶社会说，而把商以前的夏代看作是由原始公社制向奴隶制转变的时期，即"财产公有和私有的转变时代"③，认为夏代晚期是"氏族制度没落"时期④。范文澜进而指出：由于受当时"生产力发展非常缓慢"的影响，"对旧传的公社制度不能作更多的破坏"，因此，商代奴隶制社会"依然保存很大的"公社制度的"残余"⑤。就是说，由夏代以前的原始公社制向商代奴隶制的转变是在保存着氏族遗制的情况下进行的。据此，吕振羽具体分析了商代奴隶制社会的主要特点。概要地说：一是，家族财产所有制"代替氏族财产制"，"公社内各家族既是

---

①　范文澜主编：《中国通史简编·序》。
②　吕振羽：《简明中国通史·序》。
③　范文澜主编：《中国通史简编》，第 26 页。
④　吕振羽：《简明中国通史》，第 66 页。
⑤　范文澜主编：《中国通史简编》，第 44 页。

生产的单位",又是"生产物""直接所有的单位",奴隶是"各家族的私有财产"①;二是,实行"土地国有",即"部族所有的原则"。在商族"邦畿"内,以"国家"的名义将土地分给各公社,各公社再分给各家族使用,各家族则向国家缴纳一定的税额;在被征服的异族土地上,除由殷人直接占领外,"其余则在名义上宣布为国有,但仍由原住的异族实行自治,保其氏族公社组织,而只需向殷朝国家担负税贡"②;三是,农村公社代替氏族公社成为社会的基层组织,称"邑"。它"本质上,是由自由民与奴隶两个阶级构成的",但仍然保持着氏族制的血缘纽带联系③。他认为,上述特点使商代奴隶制"具备着'亚细亚的'一些特性",因而使商代奴隶制没有达到"高度发展的奴隶制"④。

由此可见,就历史的统一性而言,中国历史同样经历着由原始公社制向奴隶制转化的过程。然而,中国实现这一转化的形式即文明起源的路径却与西方的古希腊、罗马进入文明社会的路径不同:后者是在彻底冲破血缘关系的情况下,走着由"氏族—家庭—私有制—国家"的路径;中国则是在保存氏族遗制的情况下,超越私有制阶段而由氏族公社共有制—"部族所有制"(即国有制)—国家的路径,因而赋予了中国奴隶制不同于西方奴隶制的上述若干特点。在这里,我们看到了历史的多样性在中国历史进程中的具体反映和表现。

又如,关于中国封建制的特点及其由"初期"向"后期"转化的历史途径和历史走向问题。

从世界历史进程来看,封建制是继奴隶制之后的另一种社会形态。中国历史进程也不例外,它同样经历着由奴隶制到封建制的社会形态变迁的过程。只是与西方的历史相比,中国封建制的历史要早得多和长得多,其实现变迁的形式也更具特色。

范文澜和吕振羽认为,中国封建制经历了由西周封建制即"初期封建

---

① 吕振羽:《简明中国通史》,第77页。
② 同上书,第78页。
③ 同上书,第79页。
④ 同上书,第110页。

制"①向秦朝开始的"中央集权"②的封建制，亦称"后期的专制主义的封建制"③转化的过程，而春秋末战国初则是这"两段历史的剧变时代"④。与西方的封建制历史相比，这不能不是中国封建制的一大特色。

首先，必须指出：他们的中国封建说并非以"封邦建国"的传统封建观立论，也与西方的"封君封臣"的封建政治观有别。就是说，他们并非从政治制度的层面，而是从生产方式即从经济制度的层面立论。唯其如此，他们把西周封建制即"初期封建制"界定为基于"贵族领主的土地所有制"的封建制，把秦朝以后的封建制即"后期的专制主义封建制"界定为基于"地主的土地所有制"⑤的封建制。众所周知，土地所有制问题是马克思关于封建生产方式理论的核心问题。因此，用土地所有制形式作为区分封建制不同形态的根据，应该说，是抓住了封建制问题的关键。虽然对于他们的西周封建说，史学界历来存在着争议，但是，从土地所有制入手研究历史上的封建制问题仍然不失其方法论的意义。

其次，他们的中国封建说涉及西周封建制的起源及其产生的路径问题。对此，他们的看法是不一致的。具体言之，范文澜认为，周人居豳时期尚处在奴隶制阶段，迁岐山后，尤其是到了文王时期，为了安置大批"归附平民"，便将土地按公田和私田分给他们耕种，公田收获归地主，私田收获归耕者。这样，就产生了新的生产方式——封建生产方式。这说明"灭殷前"，周人"已开始踏上封建社会的阶段"⑥。换言之，西周封建制起源于文王时期，它是通过周人自行改变土地所有制形式和剥削方式的路径而由奴隶制转化为封建制的。吕振羽则认为，周人直至"武王革命"时，尚处在"文明入口"处，其生产力也低于殷人。在这种情况下，周人既不能把大量的殷人吸收到他们的原始公社里来，也不能用他们的原始公社的秩序去约束殷人，更不能用奴隶制去统治公社成员和"起义"的奴隶，而

---

① 吕振羽：《简明中国通史》，第109页。
② 范文澜主编：《中国通史简编》，第171页。
③ 吕振羽：《简明中国通史》，第210页。
④ 范文澜主编：《中国通史简编》，第102页。
⑤ 同上书，第115页。
⑥ 范文澜主编：《中国通史简编》，第47—48页。

为了"胜殷",周人便不得不"在殷朝国家的废墟上"建立"新制度"——封建制度①。可见,在吕振羽看来,西周封建制既非起源于周人内部的"自行改制",也非对殷人制度的继承,而是商周两种不同社会形态即原始公社制与奴隶制互相碰撞的产物。显然,对周人来说,这是一种历史的"跨越",即由原始公社制"跨越"奴隶制阶段而径直进入封建制社会。因此,如果把范文澜的中国封建起源论和路径说概括为"周人内部生成论"和"周人自行改制说";那么,吕振羽的中国封建起源论和路径说则可以概括为"商周社会形态碰撞论"和"周人历史跨越说"。上述两种中国封建起源论和路径说孰是孰非,另当别论。但是,他们试图从中国历史实际出发着力探求中国封建制的起源及其产生路径的多样性,无疑是历史的统一性与多样性相统一的原则在中国历史研究中的具体贯彻和运用。

再次,他们的中国封建说也涉及中国封建制的特点及其由"初期"向"后期"转变的历史途径问题。范文澜指出:西周封建制是"宗法封建两个制度的混合制"②。吕振羽进而指出:所谓宗法,是指爵位和土地财产的继承为"家族世袭的长子继承制";所谓封建,是指土地的占有系由天子、诸侯、大夫、士依次分封而构成的"等级从属制"。③ 由此可见,西周封建制是宗法与封建相互依存、相得益彰的宗法封建制。从中可以看到:氏族遗制的血缘关系对于西周封建制的深刻影响。

至于秦朝开始的"后期封建制",如上所述,他们一致认为是基于"地主的土地所有制"的封建制。其土地占有已经不像贵族领主那样,是按爵位或身份的等级分封得来的,而主要是通过土地买卖的途径取得的。范文澜认为,这种土地私有制在春秋末年就已经出现,至战国时代而完全确立。与此同时,春秋末年以来各国实行的军功爵制,即按战功赏赐爵位和田宅的制度,也是产生地主土地所有制的另一途径④。吕振羽进而指出:

---

① 吕振羽:《简明中国通史》,第109—110页、114页。
② 范文澜主编:《中国通史简编》,第100页。
③ 吕振羽:《简明中国通史》,第119页。
④ 范文澜主编:《中国通史简编》,第128页。

这种土地占有形态，早在秦国的商鞅变法就通过"名田制"予以承认；秦朝建立后更将这一制度推向全国，从而在全国范围内确认了"名田制"下的地主土地所有制的合法性。不仅如此，原先占有封地的贵族也通过"名田制"而变成了新的地主[①]。

可见，在他们看来，中国封建制由"初期"向"后期"转变的过程是封建土地所有制形式由贵族领主所有制向地主所有制转变的过程。这一转变的途径，主要是通过土地买卖和军功爵制实现的，而"名田制"的实施则标志着封建国家通过法律形式对地主土地所有制的最终确认。

封建土地所有形式的转变必然引起政权管理形式的改变，即由原来的领主分封制向中央集权的郡县制转变。吕振羽说：这是基于"名田制"的地主土地占有形态不能像领主那样，各自组成独立的政权去管理，而只能组织联合机关去管理，并要求有一个强有力的全国统一政权。这样，便产生了中央集权制下的郡县制及其官僚制度[②]。在这里，不难看到：经济基础在形式上的变化是怎么样影响到政治统治在管理形式上的变化的。必须指出：这种中央集权的政治制度一直是秦汉以来中国封建社会的基本政治制度，而在西方只有到了封建制社会晚期才出现上述情况。

又次，他们的中国封建说最终还涉及其历史走向问题，即与资本主义生产方式的关系问题。他们通过对明末历史实际的分析，首次在中国通史研究领域提出"资本主义生产的萌芽"问题。范文澜在分析了明末经济发展状况时联系到西学的传入，指出：明末士大夫对于西学的译介和研究说明当时统治阶级中至少有一部分人是敢于接受外来文化的。因此，他设想：如果没有清朝的统治，也许资本主义生产方式可能在中国正常地发展起来[③]。就是说，根据明末封建制社会的历史发展趋势，中国是有可能走上资本主义的发展道路的。吕振羽更从明末"自由商人"出现的角度分析了"资本主义生产的萌芽"问题，指出：随着自由商人原始资本积累的增高，内外市场的扩大，大量得以自由出卖的贱价劳动力不断由农村流入城

---

① 吕振羽：《简明中国通史》，第229页。
② 同上书，第232—233页。
③ 范文澜主编：《中国通史简编》，第1010页。

市，以及社会一般生产力与技术的进步必然引起"资本主义生产的萌芽"，这在纺织部门表现得尤为明显①。虽然清朝的统治曾一度阻碍了资本主义生产萌芽的发展，但是，到鸦片战争前的嘉道年间，中国社会内部又重新出现了较明末进一步发展和较高形式的资本主义生产②。就是说，根据鸦片战争前中国社会内部所发生的新变化，其历史前景是走向资本主义。可是，西方列强的侵略打断了这一历史发展进程。以上是从他们对于"资本主义生产的萌芽"所做的分析中得出的历史结论。这一历史结论再次体现了历史的统一性与多样性相统一的原则：一方面，"资本主义生产的萌芽"在中国封建制社会内部的出现，说明中国历史存在着由封建制生产方式向资本主义生产方式转化的可能性；另一方面，西方列强的侵略又使这一可能性始终无法变成现实性，而最终沦为半殖民地半封建社会。如果说，前者所反映的是历史的统一性；那么，后者所反映的是历史的特殊性即多样性。

综上所述，如果说，中国历史解释体系的新构建是马克思主义与中国历史实际相结合的产物；那么，范文澜和吕振羽的中国通史著作则是首次在中国通史领域实现这种结合的具体成果。不仅如此，他们这些具体成果因其上述的重大特色而使其所构建的中国通史解释体系具有新的形态，即唯物史观的新形态。它具体表现为：以社会形态的变迁作为中国历史分期的根本标准，以生产方式的变革作为社会形态变迁的内在根源，以生产力与生产关系、经济基础与上层建筑之间的矛盾作为中国历史上诸社会形态的基本矛盾，并以着力探求这一社会基本矛盾在不同社会形态中的历史特点及其转化途径作为中国通史的研究重点。这样，他们就从历史观和方法论对传统的中国通史进行了根本的改造，实现了中国通史领域在研究方向上的根本转变。在中国马克思主义历史学的发展史上，这是继郭沫若的《中国古代社会研究》之后又一开拓性的贡献，对新中国成立后中国马克思主义历史学的发展产生了广泛而深刻的影响。

---

① 吕振羽：《简明中国通史》，第726页。
② 同上书，第756页。

第四节　中国马克思主义历史学主导地位的确立与中国历时发展道路研究的深化

一　中国马克思主义历史学主导地位的确立

新中国的成立开始了中国历史学发展的崭新时期，即中国马克思主义历史学主导地位确立的时期。它标志着在历史研究中以马克思主义为指导，以唯物史观为理论基础，特别是运用马克思的社会形态学说研究中国历史进程已经为广大历史学工作者所认同，成为历史研究的主流意识。

众所周知，在新中国成立前的半个世纪里，历史学界居于主导地位的，是近代实证史学。毫无疑问，近代实证史学的进化论历史发展观及其重证据的实证研究方法曾经有力地推动中国历史学由传统向近代的转型，从而实现了对中国传统史学的近代化改造。这是近代实证史学的历史功绩。然而，近代实证史学的历史观，从根本上说，是唯心史观。因此，一旦涉及历史的深层次问题，如历史的本质问题，历史发展的根源问题、动力问题、规律问题，历史的统一性与多样性问题，乃至中国历史上的社会形态变迁及其特点问题，中国历史的发展道路问题等，近代实证史学便无法做出正确的回答，或者干脆回避，不予回答。事实证明：只有以马克思主义为指导，以唯物史观为理论基础的中国马克思主义历史学才能从社会形态变迁的角度对历史的深层次问题做出科学的回答。

新中国成立初期，在全国范围内开展的对于历史唯物论的学习和宣传，对于形形色色的历史唯心论的分析和批判，为确立中国马克思主义历史学的主导地位奠定了思想理论基础。广大历史学工作者通过学习和批判，提高了马克思主义理论水平，普遍认识到：人类历史的进程是社会形态变迁的过程，而生产方式的变革则是社会形态变迁的内在根据和思想观念变化的基础；自古以来，中国就是一个多民族的国家，从原始公社崩溃以后，它经历了奴隶制社会、封建制社会和半殖民地半封建社会；中国封建制社会的主要矛盾是农民阶级与地主阶级之间的矛盾，农民起义和农民战争是封建社会阶级斗争的最高形式，是推动历史发展的真正动力；中国封建制社会内部商品经济的发展孕育了资本主义萌芽，如果没有外国资本主义的入侵，中国也会缓慢地发展到资本主义社会；鸦片战争后，中国逐步沦为半殖民地半封建社会，从此，帝国主义和中华民族的矛盾、封建主义和人民大众的矛盾成为近代中国社会的主要矛盾，从而决定了近代中国革命的性质必然是反帝反封建的民主革命。这是中国马克思主义历史学关于中国历史的主导思想，并成为广大历史学工作者的基本认识。在此基础上，历史学界曾就若干重大的历史理论问题展开了热烈的讨论，而最备受关注的是：中国古代史分期问题、中国封建土地所有制形式问题、中国封建制社会的农民战争问题、中国资本主义萌芽问题和汉民族形成问题等五个事关中国历史研究发展的重大理论问题。其中，关于中国古代史分期、中国封建土地所有制形式和中国资本主义萌芽等问题的讨论与本节的主题关系尤为密切，它们从不同的角度和层面反映了新中国在中国历史的发展道路研究方面的深化。其主要表现分述如下：

二 中国奴隶制与封建制的分期及其转化路径

新中国成立后，关于中国古代史分期的讨论，实质上，是关于中国奴隶制与封建制的分期问题。这场讨论的特点是：以承认中国奴隶制与封建制的历史存在为前提，而问题的关键在于如何确定两者的时间界限，即中国奴隶制终结于何时和中国封建制开始于何时。新中国成立前，历史学界较为流行的观点是范文澜、吕振羽等人[①]主张的西周封建说，认为中国奴隶制终于商代，封建制始于西周，称为"初期封建制"。其主要根据，从生产方式来说，是由领主土地所有制代替氏族贵族的土地所有制；在领主土地上从事生产的是农奴而不是奴隶；其主要剥削形态是力役地租，等等（详见本章第三节）。

新中国成立后，关于中国奴隶制与封建制的分期讨论有了新的进展，出现了新的分期说，如春秋封建说，战国封建说、秦朝统一封建说、西汉封建说、东汉封建说和魏晋封建说等。上述诸说，尤以战国封建说、西汉封建说和魏晋封建说，在探讨中国奴隶制向封建制转化的路径问题上更具

---

① 翦伯赞在20世纪40年代初撰写的《中国史纲》第1卷《先秦史》也持西周封建说。

特色。

（一）战国封建说

战国封建说是郭沫若于1952年出版的《奴隶制时代》一书中首先提出来的。它以承认西周是奴隶社会而非封建社会为前提。其要点有三：

一是，西周奴隶社会的奴隶是"种族奴隶"。认为西周初，分封给鲁公、康叔、唐叔的"殷民六族"、"殷民七族"、"怀姓九宗"，都是殷之遗民或原属于殷人的"种族奴隶"，周初通过分封把他们"转手"成为"周人的种族奴隶"[1]。这些"种族奴隶"耕种原有的土地，交纳地租和服力股，看似农奴，实则更似"国家奴隶"，这是周人统治"农业奴隶的一种更省事而有效的方式"。

二是，西周的土地制度是"王室所有"，即国有。认为"井田制"是土地国有制的"骨干"，它既是作为诸侯和百官"俸禄的等级单位"，又是作为"课验""耕种奴隶""勤惰"的"计算单位"。诸侯和百官对分赐的土地只有享有权而无私有权[2]。

三是，从"千耦其耘"、"十千维耦"来看，西周井田制是一种大规模集体耕作制度，实施强迫性的监督劳动。在井田上耕作的"众人"或"庶人"可以被当作货物或牲畜来买卖。认为他们实质上是一种"耕种奴隶"。[3]

战国封建说的中心问题是：由奴隶制向封建制转化的路径问题。它以生产力的提高作为由西周奴隶制向战国封建制转化的根本路径，认为这一转化开始于春秋战国之际，即春秋为奴隶社会的末期，战国为封建社会的初期[4]。其重要标志是：作为奴隶主土地国有制的井田制开始崩溃和封建地主土地私有制开始确立。其具体实现形式是：增辟私田，扩大私田面积，促使井田制瓦解，从而实现土地制度由奴隶主国有制向封建地主私有制的转变和社会形态由奴隶制向封建制的转化。这相对于此前的西周封建说而言，显然是一种新见解。

---

[1] 郭沫若：《奴隶制时代》，中国人民大学出版社2005年版，第20页。
[2] 同上书，第21页。
[3] 同上书，第22页。
[4] 郭沫若：《奴隶制时代》，第30页。

（二）西汉封建说

西汉封建说是侯外庐在 1956 年发表的论文：《论中国封建制的形成及其法典化》中提出来的。

侯外庐的西汉封建说有两个显著特色：

一是，提出中国奴隶制与封建制分期的新标准——"法典化"标准。他所说的"法典化"，是指"统治阶级的一系列的法律手续所固定起来的形式"[①]。他认为，封建制从产生、形成到确立有一个过程，即封建化过程。他将这一过程定在"战国末以至秦汉之际"。具体地说：秦孝公商鞅变法已有"封建因素的萌芽"，至秦朝建立，表明奴隶制正为封建制所代替，经汉初的一系列的法律形式，如叔孙通制礼、萧何立法、张苍章程等，到汉武帝的"法度"，封建制才"典型"地完成，即"封建生产方式作为主导倾向统驭了社会的全性质"。这是侯外庐用"法典化"的分期标准对中国封建化过程所作的诠释。从中可以看出：封建制法典化是中国封建制度最终确立的标志，而这正是侯外庐的西汉封建说的重要理论根据之一。

二是，提出从历史发展道路的角度来研究历史分期问题。他认为研究中国奴隶制与封建制的分期问题，关键在于分析："从古代的奴隶制怎样转化而为中世纪的封建制，中国的封建化过程及其特殊的转化路径是采着什么形态。"这是侯外庐的西汉封建说的又一重要的理论根据。值得指出的是：侯外庐明确地提出要分析两种"转化路径"，即奴隶制向封建制的转化路径和中国封建化的路径。

侯外庐所说的第一种"转化路径"，即战国以来，中国奴隶制向封建制的"转化路径"始终是围绕着自然经济由"传统"到"法典化"这一主线展开的。认为它由战国时期的商鞅变法开其端，经秦汉之际的"半官半法典"化阶段，至汉代租调制的"法律化"而最终实现了这一转化。

侯外庐所说的第二种"转化路径"是指"全国范围内封建关系法律化过程"。从侯外庐对于中国封建化过程的分析来看，这一过程的实质是：封建土地国有制的法典化过程，它是通过对皇族地主的土地所有权、领主

---

① 侯外庐：《论中国封建制的形成及其法典化》，《历史研究》，1956 年第 8 期。凡以下引文未注明出处者，均见于此文。

和地主的土地占有权以及农民的土地使用权三种土地所有制形式的法律规定而实现的。这一过程始于秦代商鞅变法，经秦汉之际的领主制，至汉武帝的土地国有制的法律规定而告完成。这是侯外庐为我们所展现的中国封建化的历史道路。

（三）魏晋封建说

魏晋封建说是新中国成立后在中国古代史分期讨论中异军突起的新的历史分期说。此说以魏晋时期为中国奴隶制与封建制分期的界标，即夏、商、周、秦、汉是奴隶制社会，魏晋以后才是封建制社会。与西周封建说或战国封建说乃至秦汉封建说相比，魏晋封建说也可以称为中国封建社会晚出说。此说的提出，显然是受到 50 年代初，苏联历史学界关于古代东方史研究的影响。正如有学者指出：此说试图"从世界史的角度重新探讨中国古代史分期问题[①]"。尚钺、王仲荦、日知（方志钝）、何兹全、王思治等学者是持此说的主要代表。

1954 年，尚钺主编的《中国历史纲要》一书虽对中国奴隶制与封建制分期问题持审慎态度，"不敢轻从一般的说法"[②]，尽量避免对中国古代史分期做定性的判断，但是，从作者对于"历史事件、现象和人物的产生和发展的叙述"中，仍然可以看出作者对于古史分期的意见；即殷商以前是原始公社制时期；殷商西周是原始公社瓦解、奴隶制萌芽时期；春秋战国是奴隶制确立时期；秦汉是奴隶制发展时期；三国晋代是中国封建制确立时期。该书还试图从史实与理论的结合上阐明作者关于上述分期的根据所在。因此，尚钺主编的《中国历史纲要》不失为最早以专著的形式系统论述魏晋封建说的研究成果。如果从我们所要探讨的主题即中国历史的发展道路来看，明确地把中国奴隶制的发展道路及其向封建制过渡的路径问题与魏晋封建说联系起来，则应以王仲荦为代表。他于 1956 年在《文史哲》发表了《关于中国奴隶社会的瓦解及封建关系的形成问题》[③] 的长篇文章，系统阐发这一看法。

[①] 林甘泉、田人隆、李祖德：《中国古代史分期讨论五十年（1929—1979 年）》，第 365 页。
[②] 尚钺主编：《中国历史纲要·编者的话》，人民出版社 1954 年版。
[③] 《文史哲》，1956 年第 3、4、5 期。以下引文凡未注明出处者均见此文。

首先，关于中国奴隶制的发展道路问题。王仲荦指出：中国奴隶制的发展经历了由"原始奴隶制"到"较发展的奴隶制"两个阶段。在第一阶段，中国奴隶制社会的最大特点是：同时存在着"两种基本结构，即农村公社和未获得发展的原始奴隶制"。由于农村公社长期保存着"氏族关系"和"公有制的残余，主要是土地的共有"，又"由于生产力水平的限制"，农村公社成员的劳动，其目的主要在于生产使用价值而不在于"创造价值"，因此，商品货币关系不发展，"私有财产"和"私有奴隶"也自然不发展。这就决定了这一阶段的奴隶制只能属于"原始奴隶制"。

王仲荦认为，中国奴隶制由第一阶段向第二阶段的转变始于春秋战国之际，而以"秦制辕田，开阡陌"（前 350 年）为其标志。这是"生产力增长的结果"，它促使农村公社的瓦解。农村公社开始解体引起了债务奴隶的出现，从而把原始的奴隶制推向较发展的奴隶制。但是，"终汉之世"，"只能说古代中国债务奴隶制的发展"，"而始终没有像"古希腊、罗马那样，发展成典型的奴隶制，即劳动奴隶制。

由此可见，王仲荦的中国奴隶制"两阶段"说提出了一条不同于古希腊、罗马的奴隶制发展道路即原始奴隶制的发展道路，而生产力的增长、农村公社的瓦解、私有制的发展、债务奴隶的出现，则是中国奴隶制由"原始奴隶制"向"较发展的奴隶制"转化的主要途径；债务奴隶制既促进了"较发展的奴隶制"的发生，又阻碍了它的充分发挥，从而使中国奴隶制始终停留在"不发展的"阶段。

其次，关于中国奴隶制向封建制过渡的路径问题。王仲荦指出：中国奴隶制向封建制过渡是奴隶制危机不断加深以至总崩溃，封建关系的新因素孕育、滋长和形成的过程。奴隶制危机最严重的问题是流民问题。流民的出路，或"沦为债务奴隶"，或"沦为依附农民"，或参加起义军，或被招募为"屯田客"，而最后这一条出路更成为中国奴隶制向封建制过渡的实现形式。曹魏的屯田制就是这样一种实现形式，它带有国家隶农制的性质。"这种国家隶农形态"作为一种"过渡剥削形式"，最后为西晋的"占田制"所代替。西晋的占田制使"屯田客"恢复为"州郡领民——自耕小农的身份"，从而成为"封建政府变相的农奴"。

总之，王仲荦的魏晋封建说关于中国奴隶制向封建制过渡，首先是经历了由"原始奴隶制"向"较发展的奴隶制"的阶段转化，然后再经由曹魏屯田制即"国家隶农形态"的过渡，最后为西晋的"占田制"即"国家农奴制"所取代，才实现向封建制的转化的。这是王仲荦的魏晋封建说所展示的中国奴隶制与封建制的发展道路观。

三 中国封建制发展的三种道路

新中国成立后，关于中国封建土地所有制形式问题的讨论始终围绕着封建土地国有制与封建地主土地所有制何者在中国封建制社会中占支配地位的问题展开。这既是事关中国封建生产关系的根本问题，更是事关中国封建制的历史发展道路的根本问题。对于这后一个问题的回答，大体可以归纳为三种看法，即：封建土地国有制道路、封建地主土地所有制道路以及上述两者交替行进的道路。

第一种历史发展道路即封建土地国有制道路，是侯外庐于1954年发表在《历史研究》的论文：《中国封建社会土地所有制形式的问题——中国封建社会发展规律商兑之一》[①]中首先提出来的。随后，他又相继发表文章，进一步阐发上述观点[②]。

首先，他所说的封建土地国有制是指"皇族土地所有制"或"皇权垄断的土地所有制"即"君主是主要的土地所有者"而言，认为"秦汉以来这种土地所有制形式是以一条红线贯串着全部封建史，其所以说是主要的，因为这种关系是居于支配的地位，并不是说此外没有其他占有权的存在。"这样，他就在事实上肯定了自秦汉以来，中国封建制走着一条土地国有制的道路。如果说，侯外庐前面所说的中国封建化路径，其实质是封建土地国有制的法典化，它标志着中国封建制的最终确立；那么，他在这里所说的中国封建制的历史发展道路，则是上述中国封建化路径的延长，即贯串于中国封建社会发展的全过程。

其次，为了论证封建土地国有制道路贯穿于中国封建制社会发展的全

[①] 《历史研究》1954年第1期。以下引文凡未注明出处者均见此文。
[②] 侯外庐：《论中国封建制的形成及其法典化》，《历史研究》，1956年第8期；《关于封建主义生产关系的一些普遍原理》，《新建设》，1959年第4期。

过程，侯外庐着重分析了这种土地所有制在前后阶段的表现形式，指出：在前一阶段（秦汉至唐中叶），它"以军事的政治的统治形式为主"，分为"不完全制度化"和"制度化"两种形式。汉之垦田、屯田、公田、营田，属于前者；魏晋之屯田、占田，北魏、北齐、北周、隋、唐之均田，属于后者。在后一阶段，它"以经济的所有形式为主（军事屯田除外）"，唐中叶两税制开其端，至宋元明的官田、皇田、官庄、皇庄是其"制度化"。表现在剥削形态上，前一阶段是"以实物地租为外表而实质上以劳役地租为主要的形态"；后一阶段则是"以实物地租为主要的形态，并配合着屯田制度的劳役地租形态"。至清初，"更名田"的立法，则可以作为"废除皇有或官有的土地所有制去看待"。由此可见，从秦汉开始的这条封建土地国有制道路一直贯穿到明末清初。唯其如此，它才成为中国封建制社会占支配地位的形式。必须指出：侯外庐关于封建土地国有制的理论是建立在对于封建主义所有权性质的认识上的。他认为，封建制社会的土地所有权的历史特征在于：它的"非运动"性质；"运动的"或"自由的土地私有权""不能任意用之于封建制社会"，"这是属于封建主义普遍规律的原理"，同样适用于中国封建制社会史[①]。尤其是"研究中国封建制社会的特征及其发展的途径时"，更是如此。根据这一"普遍原理"来考察中国封建土地所有权，地主和农民就只有"占有权"和"使用权"而没有所有权。这样，侯外庐就从理论上排除了封建地主土地所有权存在的可能性，更遑论其支配地位了，因而也就不存在封建地主土地所有制的发展道路了。

第二种历史发展道路即封建地主土地所有制道路。从当时讨论的情况来看，胡如雷的观点更具针对性和代表性[②]。胡如雷指出："中国封建土地所有制包括国家土地所有制及地主土地所有制，而占支配地位的却是地主

[①] 侯外庐：《封建主义生产关系的普遍原理与中国封建主义》，《侯外庐集》，中国社会科学出版社 2001 年版，第 141 页。

[②] 详见胡如雷《试论中国封建社会的土地所有制形式——对侯外庐先生意见的商榷》，《光明日报》，1956 年 9 月 13 日；《如何正确理解封建主义生产方式》，《新建设》1960 年第 2 期。1979 年，他更从社会形态的角度系统阐明封建地主土地所有制是中国封建社会形态的经济基础这一主题，出版专著：《中国封建社会形态问题研究》，生活·读书·新知三联书店 1979 年版。

土地所有制。"① 而所谓"国家土地所有制"是指"地主政权代表了全部地主阶级（包括皇族）的土地所有制"，"皇族""只是地主阶级中虽然地位很高，但人数很少的一个集团"，所以"皇族土地所有制"不能与"国家土地所有制"等同。这样，他就从概念的内涵把"皇族"与"国家"、"皇族土地所有制"与"国家土地所有制"即"土地国有制"作了区隔，分别开来。其主要论据有三：

一是，从地租的分配原则来看。认为"我国封建社会的剩余生产物绝大部分是当作私租归地主阶级占有的"，国家所占有的赋税只占"全部剩余生产物中"的"较少"部分。

二是，从国有土地的性质特点来看。认为"历代均田制的推行""并不说明国有土地是绝对的"。因为国家所"均"之"田"是"私有土地以外的无主土地"，地主的私有土地并未因此而发生动摇。毋宁说，"均田制本身就是土地国有向土地私有转变的通路，永业田的私有及全部受田的合法或违法的出售，均最后使地主土地所有制重新又发展起来"。

三是，从国有土地的数量来看。认为历代的国有土地，如屯田、营田、公田、官田、官庄、皇庄等，虽有相当数量，但在全国垦田面积中，还是绝对的少数，不仅如此，历代国家的赋税，如汉之田赋，晋之户调，唐之租调均是对民间土地的征敛，与国家直接掌握的官田无涉；而唐中叶以后，国家实行按户等、土地征收赋税的税制即两税法，则是地主土地所有制发展的结果。

总之，就封建土地所有制的"经济实现"而言，"占支配地位"的是"地主土地所有制"而不是"皇族土地所有制"，"国家土地所有制"是在地主土地所有制的基础上产生的历史现象，从而也就只能成为它的"补充形态"。既然胡如雷肯定了地主土地所有制在中国封建社会中一直居于支配地位，那么，他就在事实上承认了中国封建社会的发展走着地主土地所有制的道路。

第三种历史发展道路即上述两者交替行进的道路。就是说，贯串中国封建制社会发展全过程的，既不是封建土地国有制道路，也不是封建地主

---

① 胡如雷：《试论中国封建社会的土地所有制形式》，以下凡未注明出处者均见此文。

土地所有制道路，而是这两种道路交替互动，各走一段。这是我们在分析了李埏《论我国的"封建的土地国有制"》[①] 一文之后所归纳出来的一种新的历史发展道路观。

必须指出：李埏对于侯外庐的封建土地国有论的"基本论点"深表赞同，但是，他仅指"封建的土地国有制曾在我国封建主义时期存在的说法"而言，并未涉及这种所有制"居于支配地位"的问题。同时，他认为，"把我国的土地国有制名之为皇族土地所有制"一语"不够确切"，因为"皇族"是一个地主集团，可以包括"君王"在内，但不能等于"国家"。更重要的是，他不仅提出了"大土地占有制"问题，还提出"大土地所有制"问题，指出两者的差别主要表现在"土地所有权上"。大土地所有者"是有土地有权的"，其土地主要是"通过自由买卖或其他兼并的方式，而不是由于赏赐"；"他们可以永久地、排他地独占土地"；"他们不仅在人数上，而且在垄断土地的面积总和上"，较之大土地占有者"为数更多"，认为"这种土地占有形式是我国封建社会构成的主要基础之一"。显然，他所说的"大土地所有制"实则地主土地所有制。在他看来，"大土地占有制"是在"土地国有范围以内存在"，而"大土地所有制"即地主土地所有制则不在此列，与土地国有制并存。那么，何者居于支配地位呢？他没有明说。不过，从以下的分析中，我们仍然可以找到问题的答案。

首先，他认为，秦统一后，"大封建土地所有制""利用统一政权对私有财产的庇护"，"通过制度化了的土地买卖或其他特权，向国有土地进攻"，"这就使国家土地所有制相对缩小"。

其次，每次农民大起义沉重打击了大土地所有者和占有者，使原来被他们垄断的土地"解放"出来而成为"无主荒地"。新建立的王朝窃取农民起义的果实将"无主荒地"作为国有土地，或以份地的形式授予农民去占有和使用，或以直接经营的形式征调军民去屯种。这样，就使"在前一时期已经式微"的"土地国有制复苏"了。这种情形，在西汉、东汉、唐

---

① 李埏：《论我国的"封建的土地国有制"》，《历史研究》1956年第8期。以下引文凡未注明出处者均见此文。

代、明初,都反复出现过。又如,元末,承宋代庄园经济发达之后,"大土地占有制和所有制盛极一时",而"土地国有制"已经是"其命如线"了;可是到了明初,"官田"、"军屯"、"民屯"等国有土地,又"以空前的规模出现了"。

从李埏以上的分析来看,封建土地国有制和地主土地所有制,在中国封建社会的发展过程中是互为消长的,而封建土地国有制之"屡次绝而复苏"正好表明它并非一直居于支配的地位,因此,也就不可能成为贯串于中国封建制社会的全过程的发展道路。在李埏看来,中国封建社会的发展道路既不是土地国有制,也不是地主土地所有制,而是两者的交替互动。因此,我们可以把李埏提出的中国封建制发展的第三条道路简称为:两种封建土地所有制形式互动的道路。

四 中国资本主义萌芽讨论的近代意义

新中国成立后,我国学术界关于中国资本主义萌芽的讨论是由1954年关于《红楼梦》产生的社会历史背景及其性质的讨论引发而来的。这场讨论最终同中国历史的走向问题即中国历史能否走向近代以及如何走向近代的问题联系起来。侯外庐最早提出这一问题,指出:从16世纪以来,中国的历史没有像欧洲那样走向资本主义社会,但是,这并不能否认中国封建社会已存在解体过程,处在资本主义的形成过程。关键在于:既在封建社会的母胎内产生了资本主义的萌芽形态,又在发展过程中未能走进近代的资本主义世界,这即是如马克思说的,既为旧的所苦,又为新的发展不足所苦,死的抓住活的。认为对于从明代以来的这种新旧矛盾,既要看到中国封建社会内部旧传统的顽固性,又要看到资本主义形成过程这一新的因素。至于资本主义形成过程所处的阶段性,他认为,因为国内经济发展的不平衡性,某些地区居于农业劳动和手工业劳动分离的阶段,即第一阶段;有的已进入城市手工工场业形成的阶段,即第二阶段;有的正处于由第一阶段向第二阶段发展的过渡阶段;有某些地区却依然没有走进第一阶段[①]。

---

① 侯外庐:《中国思想通史》第5卷,人民出版社1956年版,第16页。

他进而指出：封建社会的解体和资本主义的萌芽必然引起阶级关系的变化，出现了城市反对派，包括中等阶级的反对派和平民反对派，而在思想上，则是启蒙思想的兴起。他们用中古神学的方式来表现人性概念和世界观的要求。这既有适应历史发展的进步因素，又有受传统思想束缚的因素①。

邓拓则从《红楼梦》产生的社会历史背景的角度分析了 18 世纪上半期中国社会的状况，指出：这是封建社会开始分解、资本主义经济因素正在萌芽的时期。其标志是：在封建经济内部生长着新的生产力和生产关系的萌芽，代表着资本主义关系萌芽的新兴市民社会力量有了发展和市民思想明显地抬头②，其看法与侯外庐大体一致。

翦伯赞则从 18 世纪上半期农业、手工业和商业所发生的变化分析了资本主义萌芽的具体表现：一是，在农业生产关系中出现了土地的两极分化；二是，部分土地变成商品，从封建租佃制转向商业性的农业经营，农业无产者由封建租佃关系中的奴主关系转化为契约关系的雇佣劳动者；三是，农业经营的商业化、专门化，扩大了商品交换关系；四是，实物地租向货币地租过渡；五是，在手工业中出现了商业资本渗入手工业生产；六是，由于商业资本与手工业生产的结合使原有的一些工商业中的城市在新的历史条件下重新发展起来，成为新兴的工商业市镇③。

尚钺则从明中叶以来农业、手工业的新变化分析了这一时期资本主义萌芽的发展程度，指出：就丝织业、棉纺织业和陶瓷业的结构上看，已经都是资本主义的经营方式。但就工人的性质说，除资本外，还有奴役，封建关系的媒介等，因而还带着浓厚的工役雇佣的性质。从这一时期江南地区的农业生产关系来看，农业经营基本上已采取了资本主义制。这是城市手工业、制造业的发展渗入农村的必然结果④。

黎澍则指出：许多关于资本主义萌芽的论文脱离了资本主义发展所需要的条件，把非商品生产和商品生产混淆，把农奴式劳动当作雇佣劳

---

① 同上书，第 23 页。
② 邓拓：《论〈红楼梦〉的社会背景和历史意义》，《人民日报》，1955 年 1 月 9 日。
③ 翦伯赞：《论十八世纪上半期中国社会经济的性质——兼论〈红楼梦〉中所反映的社会经济情况》，《北京大学学报》，1955 年第 2 期。
④ 尚钺：《中国资本主义生产因素的萌芽及其增长》，《历史研究》，1955 年第 3 期。

动，把农村副业的行会手工业当作工场手工业，从商业资本引出工业资本主义，表现了显著的片面性。他认为，这里存在着对于中国资本主义萌芽问题的基本估计问题。他承认清朝社会经济比明朝向前推移了一步。然而，清朝不是工场手工业独立形成的时期，因为这是指资本主义生产取得进一步统治地位而言，而这样的时期，在中国历史上从来没有出现过。不仅如此，在清朝，农业和家庭手工业的分离还是非常个别、非常轻微的现象。农业和家庭手工业的统一还是很牢固的，所以，到19世纪中叶，外国大工业产品才在中国遭遇到顽强的抵抗。总之，他承认在清朝的商品生产中，资本主义萌芽现象的存在和逐渐增长，然而发展很缓慢，说这个发展在明清时期就是很快，并且在上层建筑的许多部分如此灵敏地反映出来，那就未免言之过甚。可以看出，黎澍对于明清时期的资本主义萌芽的估计是不高的，它仅仅是一种"现象"，而且范围极其有限。即使如此，他仍然认为，如果没有外国资本主义的影响，中国也将发展到资本主义社会[①]。

由此可见，新中国成立后不久开展的这场关于中国资本主义萌芽问题的讨论，尽管在"萌芽"出现的时间确定上或对"萌芽"发展程度的估计上，看法不尽一致，但是，在肯定中国封建社会的后期已经出现资本主义萌芽的问题上，则是一致的。更重要的是，这场讨论，最终是同中国历史是否走向近代、如何走向近代的问题联系起来的，而这正是这场讨论的近代意义所在。

第五节　新时期中国历史学的全面发展与中国历史发展道路研究的新进展

一　中国历史学的全面发展

我们所说的新时期是指改革开放以来的30年。改革开放的30年是中国历史学全面发展的时期。这不仅表现在打破理论"禁区"和史学"禁

[①] 黎澍：《关于中国资本主义萌芽问题的考察》，《历史研究》，1956年第4期。

区",加强史学理论建设,深化重大史学理论问题的研究方面,也表现在根据中国历史学全面发展的需要进行史学研究的结构性调整,开拓新的研究领域、建设新的分支学科、关注新的研究热点方面,还表现在提出新的研究课题、转换新的研究视角,从理论到方法进行新的探索方面。特别是,在马克思主义指导下,用唯物史观进一步构建中国历史解释体系,从社会形态变迁的角度重新探索中国历史的发展道路方面,更取得了新的进展。

研究领域的大幅度拓宽是新时期中国历史学最显著的特点之一。其中,社会史的研究更是引人注目。它将田野调查、口述史学等方法引入历史研究,以人类社会生活为其研究重点,从日常生活深入到社会心态,从婚姻家庭扩展到生活方式,从上层社会深入到基层社区,从社会控制延伸到社会流动等,从而为人们展现出一幅动态的充满活力的社会场景,大大丰富了社会史研究的内容。

根据中国历史上不同地区在社会经济、政治、文化等领域发展不平衡性特点,加强区域史的研究,尤其是对于中国边疆史、西域史和徽州史的研究,更备受重视,从而为全面了解中国国情,促进社会全面进步提供了重要的历史依据。

随着改革开放,西方文化大举传入。它对中国文化造成了极大的冲击,中国文化的前途和命运成为每个中国学人关注的焦点,因而使文化史研究成为20世纪80年代中期以来历史研究的新热点。中西文化关系及其比较、传统文化与现代化的关系乃至新儒家等问题成为这一时期文化史研究的重点。尽管期间曾经出现过民族文化虚无主义和文化保守主义的倾向,但是,从总体上看,它加深了人们对中国文化特质的认识,有助于正确处理中西文化关系和传统文化与现代化的关系,因而具有正面的意义。

这一时期还加强了有关中国制度史、经济史、思想史、史学史和历史地理等学科的研究,出版了一批有重要学术价值的研究成果。

研究方法的多样化和中外学术交流的加强以及研究手段的更新有力地推动了中国历史学的全面发展。

综上所述,新时期的中国历史学无论是研究领域和研究内容,还是研究方法和研究手段,都得到了拓展、充实和更新,从而使历史研究呈现出多层次、多视角、全方位发展的新局面。这是新时期中国历史学的重要特点，也是新时期中国历史学的重要成就。

二 用唯物史观进一步构建中国历史解释体系

用唯物史观进一步构建中国历史解释体系，是新时期中国历史学的又一重要特点和重要成就，也是新时期关于中国历史的发展道路研究取得新进展的重要方面，它主要反映在这一时期出版的若干有代表性的中国通史著作方面。例如，郭沫若主编、中国社会科学院历史研究所《中国史稿》编写组修订的《中国史稿》（7册），范文澜主编、蔡美彪等续编的《中国通史》（10卷），翦伯赞主编、邓广铭等修订的《中国史纲要》（上下册）[①]和白寿彝任总主编的《中国通史》（12卷）等。

众所周知，以马克思主义为指导的中国历史解释体系的构建始于20世纪30年代初，郭沫若开其端；40年代，范文澜、吕振羽、翦伯赞、侯外庐等承其绪。他们通过中国古代社会史和中国通史等历史著作具体构建中国历史的解释体系。他们所构建的中国历史解释体系的基本特点是：运用唯物史观，特别是作为其基本理论构成的马克思的社会形态学说重新解释中国历史，把中国历史进程看作是社会形态变迁的过程，把生产方式的矛盾运动看作是社会形态变迁的内在根源和动力，并以此为指导线索贯串中国历史全过程，由此形成对于中国历史的新认识，构建了对于中国历史认识的新体系，即以马克思主义为指导的中国历史解释体系。他们所构建的中国历史解释体系是马克思主义与中国历史实际相结合的产物，而他们用以阐释这一新体系的著作则成为这一结合的具有开创性的研究成果。

新中国成立后，他们继续完善早已开始的中国历史解释体系的构建工作，修订原来的历史著作或重编新的历史著作。"文化大革命"前，他们的修订或续编、新编工作，除吕振羽的《简明中国通史》和侯外庐的《中国古代社会史论》于50年代修订完成外，郭沫若、范文澜、翦伯赞等的修订、续编或新编的中国通史工作，因众所周知的原因而中断。

---

① 参加翦伯赞主编的《中国史纲要》的修订者有：吴荣曾、田余庆、吴宗国、邓广铭、许大龄、林华国等。

改革开放以来,上述诸老的未竟工作,在其原来的合作者或后继者的努力下,沿着他们所开辟的研究道路,遵循着他们所确立的指导原则继续完成他们业已开始的中国通史的修订、续编或新编的工作,从而为新时期中国马克思主义历史学的发展作出了重要的贡献。

白寿彝任总主编的《中国通史》是新时期坚持以马克思主义为指导构建中国历史解释体系的新力作。这部被誉为"20世纪中国历史学界的压轴之作",即多卷本《中国通史》,集全国二百多位老中青历史学工作者多年潜心研究之功,堪称中国马克思主义历史学最新成果。其最大特点是:始终坚持马克思的社会形态学说的基本理论和基本方法,从生产方式到政治上层建筑和意识形态对中国社会历史进程进行了全方位的考察、分析和研究,如实地把中国社会历史进程看作是社会形态变迁的过程,始终贯串着社会形态变迁这一指导线索,指出:自有文字记载始,中原地区即进入奴隶社会,而此前为原始社会。夏代是原始社会向奴隶社会的过渡阶段;商周是奴隶社会;春秋战国是奴隶制向封建制过渡的阶段;秦朝完成了社会形态的过渡而进入封建社会;秦汉是封建社会的成长时期;三国两晋南北朝隋唐是封建社会的发展时期;五代至元末是封建社会的进一步发展时期;明清是封建社会的衰老时期;自1840年至1949年新中国成立前是半殖民地半封建社会时期。虽然这部多卷本的《中国通史》在大的历史时段的划分上沿用传统的提法,如远古时代、上古时代、中古时代和近代,但是,就各历史时段的内涵来看,则是以社会形态作为划分历史时期的根据。在构建以马克思主义为指导的中国历史解释体系过程中,它还注意吸收20世纪在考古学、民族学和历史学等方面的研究成果,重新审视史学研究中的热点和难点,提出自己的新看法。在史书体裁方面,它创立了由序说、综述、典志、传记四部分组成的综合体,从而使书所反映的内容更具多层面、多角度、全方位的特点。唯其如此,我们认为,这部多卷本的《中国通史》不仅是对中国马克思主义历史学的优良传统的继承和发扬,而且更把老一辈马克思主义历史学家所开创的中国历史解释体系提高到一个新的阶段,代表了新时期中国历史学的最新成就。

三 三种"早期国家"说与中国文明起源的三种路径

新时期,中国历史发展道路研究的新进展的另一重要表现是:从"早期国家"的新视角探讨中国文明起源的路径。它之所以成为新时期中国历史研究的一个新的热点,既与国内新的考古发现有关,也与 20 世纪后半期国外的"早期国家"研究热有关。

众所周知,恩格斯关于"国家是文明社会的概括"[①] 这一经典的论断,历来为中外学界所认同,认为这是由原始社会进入文明社会的一个里程碑式的标志。然而,国家的形成并非一蹴而就;在它形成之前有一个漫长的演变过程,在不同的发展阶段,呈现出不同的形态或模式,这就是西方学界所说的"早期国家"问题。20 世纪 80 年代以来,国内开始研究西方的早期国家理论,并从这一新视角探讨中国文明起源的路径。

回顾新时期的中国历史学,有三种"早期国家"说对中国文明起源路径提出了新的看法:

一是,"酋邦"说。谢维扬首先提出这一看法。他指出:所谓"早期国家"是指从原始社会直接演化而来的最初阶段,有着中央集权的最高权力中心和行政及政治管理机构,产生了社会分层或阶级分化,有领土观念和国家意识形态等[②];而从"早期国家"发生和发展的进程来看,有两种模式,即:直接从氏族社会演化而来的"氏族模式"和从氏族社会解体后出现的"酋邦社会"中演化而来的"酋邦模式"[③]。中国文明的起源也经历了"早期国家"的阶段,它是由"酋邦社会"演化而来的,因此,称为"酋邦模式"。其历史进程是:由酋邦时期演变出夏朝国家,这是中国早期国家的发生期;经商朝至周朝而进入鼎盛时期,这是中国早期国家的典型期;春秋战国是早期国家向成熟的国家形态转型期;秦朝国家的建立则标志着中国早期国家的终结和新的专制主义国家的出现[④]。由于中国的早期

---

① 恩格斯:《家庭、私有制和国家的起源》,《马克思恩格斯选集》第 4 卷,人民出版社 1995 年版,第 176 页。
② 谢维扬:《中国早期国家》,浙江人民出版社 1995 年版,第 51 页。
③ 同上书,第 69 页。
④ 谢维扬:《中国早期国家》,第 474 页。

国家是经由"酋邦社会"演化而来的,因此,我们可以把谢维扬关于中国文明起源的路径称之为"酋邦"路径。

二是,"聚落形态"说。王震中首倡此说。他认为,"早期国家"理论的提出,特别是酋邦模式的发现,是当代人类学、民族学的重要成就,而根据这一理论和模式对中国早期国家的演进划分时期或阶段不失为研究中国文明起源路径的一种新视角、新观点。不过,这一理论模式仅仅是从文化人类学的角度对史前社会所做的概括和说明,而是否符合史前社会的实际,还有待于考古学的检验。因此,他提出必须加强考古学的研究,实现文化人类学与考古学相结合,才能真正达到历史与逻辑的统一。因为加强考古学研究,特别是加强考古遗迹中的聚落遗址研究可以为我们提供有关社会形态的大量信息。他指出,考古发现表明:不同时期的聚落有着不同的形态特征,而通过对不同聚落形态特征的研究可以发现其演进的轨迹,划分其演进的阶段,建立其社会形态的演进模式。据此,他提出,中国文明起源的具体历程可以概括为:社会尚未分层的农耕聚落形态—开始分化和分层了的原始宗邑聚落形态—已形成文明的城邑国家形态;而最后一阶段即城邑国家文明形成于夏王朝之前的前王朝时期,相当于考古学所称的龙山时代和古史传说中的颛顼、尧、舜、禹时代。这一时期属于早期城邑国家发生和形成时期,其特点是:家族—宗族组织与政治权力同层同构,宗族组织结构中的主支与分支同政治权力上的隶属关系相一致,至西周则表现为"君权与宗权的合一"。因此,中国文明起源路径属于"维新式起源"的路径①。应该说,通过考古研究,从原始聚落形态演变的角度探讨中国文明起源的路径,提出"三阶段"或"三形态"说,是作者独到的见解。

三是,"部落国家"说。何兹全主张此说。其要点:(1)由部落到国家是一个长期发展过程,在国家起源问题上划出一个"早期国家"阶段是符合历史实际的②;(2)西周春秋时期,是中国历史上由部落到国家的转化时期,称为"早期国家时期",认为在国家形成之前,中国历史曾经有过"早期国家"阶段;(3)中国的早期国家是在部落的不平结合的基础

---

① 王震中:《中国文明起源的比较研究》,陕西人民出版社 1994 年版,第 6—9、11 页。
② 何兹全:《中国古代社会》,北京师范大学出版社 2007 年版,第 510—512 页。

上，在部落对部落的征服基础上建立起来的，可以称之为"部落国家"，它属于国家形成的初期或萌芽期[1]；（4）中国的早期国家从一开始就是"城邦国家"，它是以城为主体加上近郊组成的政治组织体，城邦居民（称"国人"）有管理城邦事务的权利[2]。不过，与西方古代的城邦国家不同，它不是独立的，而是有着上下的统属关系，实行"国"、"野"的輔国制度，领土观念模糊；春秋时期属于由城邦国家向领土国家的过渡时期[3]，认为东西方都有过"城邦国家"的历史，只是在城邦的独立程度和居民参与管理的权力大小上有所不同而已；（5）部落转化为国家的主要标志在于：地缘关系代替了血缘关系，地区组织代替了氏族组织；单纯的氏族酋长权力转化为王权；出现了为王权服务的群僚及其政治机构、兵及其军事组织以及为维护王权统治的牢狱等，认为用上述标志来衡量，西周春秋时期正处于国家的形成过程中，即由部落组织向国家转变的时期[4]。

据上所述，我们可以将作者关于中国国家起源的路径省称为"部落国家"的路径，而这种"部落国家"是在征服基础上建立的，实质上，是一种不平等的部落联盟。因此，作者的"部落国家"说又可以称为"部落联盟"说。这与马克思主义的国家起源论是相一致的。不过，作者把中国的"部落国家"视为"城邦国家"并同西方的城邦国家进行比较，指出其独特性，则是作者在早期国家理论方面的创见。

四 历史分期与中国古代社会的发展道路

如果说，从"早期国家"的角度重新探索中国文明起源的路径是新时期中国历史学在方法论方面的新亮点；那么，从历史分期的角度重新探索中国古代社会的发展道路则是新时期中国历史学在课题研究方面的新视角。这是新时期关于中国历史的发展道路研究新进展的又一重要表现。我们所说的中国古代社会是指介于原始公社制社会与封建制社会之间的奴隶

---

[1] 同上书，第29页。
[2] 同上书，第91页。
[3] 同上书，第93—95页。
[4] 同上书，第83页。

制社会;所说的发展道路是指由原始公社制社会到奴隶制社会和由奴隶制社会到封建制社会的转变路径或实现形式。因此,新时期关于中国古代社会的发展道路的探讨,既同中国文明起源即国家起源的路径有关,也同中国古代社会的发展模式即中国奴隶制社会的特点有关,更同中国历史分期即原始公社制与奴隶制、奴隶制与封建制的分期有关。可以这样说,有什么样的中国历史分期说和中国古代社会的发展模式,就会有什么样的中国古代社会的发展道路观。以新时期修订再版的两部中国通史著作为例①。

郭沫若主编的《中国史稿》主张夏代中期奴隶社会说,春秋过渡时期说和战国封建说。与此历史分期说相应,其中国古代社会的发展道路观可以表述如下:

一是,从传说中的黄帝时代,经尧舜禹直到夏代前期,是从血缘性的氏族部落到地域性的部落联盟的过渡时期②;从夏启到少康重建夏朝,是我国历史上第一个奴隶制国家确立时期③。

二是,中国奴隶制国家是在私有制出现的前提下,通过部落战争性质的改变实现由部落联盟向国家转化的④。

三是,商周奴隶制社会的特点:(1)奴隶主贵族土地国有制是其经济基础,井田制是其实现形式,大规模的奴隶集体劳动是其耕作制度,贡税是奴隶主贵族榨取奴隶劳动的剥削形式,奴隶形似农奴,实则是一种利用传统的社会组织形式控制奴隶的更省事而有效的办法⑤;(2)阶级构成保留着氏族制的残余,如奴隶主贵族是由原始社会末期父权制大家族长转化

---

① 新时期修订再版的两部中国通史著作是:郭沫若主编的《中国史稿》和翦伯赞主编的《中国史纲要》。之所以没有包括范文澜主编的《中国通史简编》(新时期续编后,全书改名《中国通史》),是因为我们所讨论的中国古代社会的发展道路问题只限于唐代以前的相关历史,而范著《简编》唐五代以前部分已于1965年修订出版,不在我们讨论的范围之内,故不论。郭沫若主编的《中国史稿》除第一册外,其余各册都在新时期修订出版。考虑到所讨论问题的历史连续性,故将第一册放在新时期与其他相关内容一并论述。
② 郭沫若主编:《中国史稿》第1册,人民出版社1976年版,第129页。
③ 同上书,第140页。
④ 同上书,第134—136页。
⑤ 郭沫若主编:《中国史稿》第1册,人民出版社1979年版,第246页。

而来的，奴隶或由战俘，或由平民转化而来，或由征服转化而来的"种族奴隶"①，因而保留着更多的氏族遗制；（3）宗法制与等级分封制相结合，实行家国一体、"宗子维城"的政治体制②。

四是，春秋时期是奴隶制向封建制转化时期，生产力的发展为这种转化创造了物质基础，使一家一户为单位的小生产成为可能。实现上述转化的路径有三：（1）通过各国内部新旧势力即"公室"与"私室"的斗争加速了新的社会阶级即地主阶级的形成过程③；（2）通过各国的变法剥夺了旧奴隶主贵族的经济、政治特权，实现了土地所有制和剥削方式的改变，确立了封建地主土地所有制，促进了以一家一户为生产单位的个体小农生产的发展④；（3）通过兼并战争实现封建国家的统一⑤。这样，由奴隶制国家起源开始，经夏商周三代的发展演变，春秋战国时期的制度性社会改革，至秦朝封建统一国家的建立，中国古代社会的发展道路终于走完了自己的历程。

翦伯赞主编的《中国史纲要》主张夏代奴隶社会说，西周封建领主制说，春秋战国过渡时期说，秦汉封建地主制说。与此历史分期说相应，其中国古代社会发展道路观可以表述如下：

一是，夏朝是通过王位世袭制的确立而实现由部落联盟向奴隶制国家的转变的⑥。

二是，商朝奴隶制国家：对内，依靠宗法关系统治其族众，实行"七十而助"的带封建性的力役地租剥削；对外，通过分封邦伯、委派侯甸控制地方和边陲，实行内外服制的统治，因而具有封建、宗法和分封等特点⑦。

三是，西周封建领主制既是中国封建制社会的初期阶段，也是中国奴隶制向封建制转变的必经阶段。

---

① 同上书，第173页。
② 同上书，第263—264页。
③ 同上书，第352页。
④ 同上书，第14—15页。
⑤ 郭沫若主编：《中国史稿》第2册，第109—110页。
⑥ 翦伯赞主编：《中国史纲要》上册，人民出版社1995年版，第11—12页。
⑦ 翦伯赞主编：《中国史纲要》上册，第36—39页。

四是，西周封建领主制是按宗法关系实行土地层层分封的土地等级所有制，井田制是其实现形式，劳动地租是其剥削方式。

五是，春秋战国时期是封建领主制向封建地主制转变的时期。这种转变是通过废除封建领主土地所有制，承认土地私有和买卖的合法性实现的[1]。因此，中国古代社会的发展道路在经历了三次转变之后，即：由部落联盟通过王位世袭制的路径一变而为奴隶制国家，又通过宗法分封的路径二变而为封建领主制，再通过制度性社会改革的路径三变而为封建地主制，才最终走完了自己的路程的。

如果说，新时期修订再版的中国通史著作是在原来的历史分期说基础上对中国古代社会的发展道路进行新的探索；那么，新时期的中国通史新著则是在综合原来历史分期说的基础上，根据新的发现而提出关于中国古代社会的发展道路的新说。其中，最具新意的代表作应首推白寿彝总主编的《中国通史》。

白寿彝总主编的《中国通史》主张夏代过渡阶段说，商周早期奴隶社会说，战国过渡时期说，秦朝统一封建说。与此历史分期说相应，该书提出关于中国古代社会的发展道路新说。其要点如下：

一是，夏代不是奴隶制国家形成时期，而是处在由原始社会向阶级社会的过渡阶段[2]，商汤灭夏后才建立起中国第一个奴隶制国家[3]。

二是，中国国家形成的路径不同于希腊、罗马，而是在氏族社会内部已发展起来的阶级对立中作为征服外国广大领土的直接结果产生的[4]；夏禹传子制度的出现并不意味着国家的形成，而只是反映父系家长制的形成和部落联盟的军事民主制开始向君主世袭制转化[5]。

三是，商周奴隶制属于早期奴隶制，其特点是：（1）在公社还没有解体的情况下进入国家阶段；（2）国家的古代公社所有制即井田制具有明显的从公有到私有的过渡性质；（3）过渡性的公社所有制决定了商周奴隶制

---

[1] 同上书，第 67—72 页。
[2] 白寿彝总主编：《中国通史》第 3 卷，上海人民出版社 1994 年版，第 169 页。
[3] 同上书，第 227 页。
[4] 同上书，第 229 页。
[5] 白寿彝总主编：《中国通史》第 3 卷，第 204—205 页。

的发展模式是早期奴隶制,它表现为:公社组织尚存,生产中占主导地位是公社公民,而不是奴隶。

四是,针对西周封建说以生产者主要是公社农民并非奴隶而反对西周奴隶社会说的观点,提出判定西周社会是奴隶制社会的标准:既要看奴隶的数量多少,更要看奴隶制的发生发展对阶级关系的发展变化所起的作用和奴隶制的剥削是否占主导地位[1]。

五是,战国时期是中国奴隶制向封建制转变的过渡时期,其转变的路径是:社会生产力的提高,古代公社的解体,土地所有制由公有向私有的转化,公社农民的分化,或转化为小土地所有者,或变成丧失土地的佃农,贵族和其他土地占有者转化为新的地主土地所有者[2]。

六是,秦朝的统一是中国古代社会历史发展的重大转折,标志着奴隶制的终结和封建制在全国范围内的最终确立[3]。

从上述的要点来看,最具新意的不仅在于该书提出商周奴隶制的早期性,也不仅在于它为这一早期性所做的说明,而且还在于提出了一个判定商周社会是奴隶制社会的标准,从而使该书关于中国古代社会的发展道路观既不同于西周封建说,也有别于战国封建说。

新时期,在探讨中国古代社会的发展道路问题方面的力作是何兹全的《中国古代社会》一书[4],名曰:"中国古代社会",就是旨在探讨中国古代社会渊源流变的过程,因此,堪称是一部探讨中国古代社会发展道路的历史专著。从历史分期来看,该书认为夏、商、周是中国古代由原始奔向文明的三大族群体,同处在由氏族社会到阶级社会的过渡阶段;西周春秋时期是部落到国家的转化时期,即早期国家时期;战国秦汉是交换经济占优势,城市支配农村的时代,即古代社会时期;汉魏之际,是中国"封建"开始时期[5]。与此历史分期相对应,该书提出中国古代社会的发展道路新

---

[1] 同上书,第167—171页。
[2] 同上书,第454—465页。
[3] 白寿彝总主编:《中国通史》第5卷,第173—174页。
[4] 该书于1991年由河南人民出版社出版,2006年收入中华书局出版的《何兹全文集》第3卷,北京师范大学出版社于2007年出新1版。
[5] 何兹全:《中国古代社会》,北京师范大学出版社2007年版,第520—521页。

说，其要点有二：

一是，周灭商后，商周两族的关系是不平等的部落关系，但绝不是奴隶主和奴隶的关系。通过征服，商周两族所建立的国家是正由氏族部落向国家过渡的早期国家，可以称之为"部落国家"[①]。就是说，中国国家的形成是经由"部落国家"阶段转化而来的。

二是，战国秦汉的中国古代社会是"私家主体社会"，它是沿着城市商业交换经济发展、土地兼并、农民破产流亡为奴隶这条线发展的，这是私家经济、私家社会而不是国家经济、皇权经济的社会；而由古代社会走向中世纪社会则是沿着自由民和奴隶的依附化、城市经济的衰落、自然经济的盛行这一条线实现的，这是私家主体社会的变化，国家经济只是跟着走[②]。其中，城市经济的兴衰是贯串中国古代社会的一条主线。这是作者对于中国古代社会的发展道路所做的新概括。

值得提出的是：与建国初期的魏晋封建说相比，作者的汉魏之际封建说，从理论到实证，不乏新意，而最大的新意则莫过于不再用"奴隶社会"而改用"私家主体社会"重新为中国古代社会"正名"。之所以作此改变，据作者说，是因为"奴隶社会"一词不足以说清楚中国古代社会阶级构成的复杂性。认为就阶级形态而言，中国古代社会既有军功贵族、豪富家族，又有既依靠豪强，又有独立人格的宾客，还有庞大的奴隶群和自由民，而并非只有奴隶主和奴隶。其中，豪富家族、宾客、自由民、佃农和奴隶又是战国秦汉的社会主体。因此，即使战国秦汉时期是中国历史上奴隶数量最多的时期，能否就叫作奴隶社会，作者表示怀疑。一句话，作者认为"奴隶社会"这个名词不科学，最好是"束之高阁"[③]，弃而不用，而提出一个新名词或新概念，叫作"私家主体社会"。

如所周知，关于中国历史上是否有过奴隶制社会的问题，历来就存在着争论，迄今仍未止息。作为一个学术问题，见仁见智，是正常现象，不足为怪。问题是：学术问题上的仁智之见应有助于认清历史现象，把握历

[①] 同上书，第29页。
[②] 何兹全：《中国古代社会·序言》。
[③] 何兹全：《中国古代社会》，第271页。

史本质。我们对于作者研究中国古代社会的功力是十分敬服的。但是，对于他放弃"奴隶社会"而改用"私家主体社会"，则期期以为不可。因为经作者这么一改，无助于人们认清中国古代社会的本质，反而模糊了人们对其本质的认识。究其原因，问题就出在"私家主体社会"这一提法上。因为作者用"私家主体社会"取代"奴隶社会"势必模糊了中国古代社会的主要矛盾——奴隶主与奴隶两大阶级之间的矛盾，而这是判定该社会性质的根本依据。如果我们的理解没有错，作者所说的"私家主体社会"实指以私有制为基础的社会，即恩格斯所说的"文明时代的三大时期所特有的三大奴役形式"[①]：奴隶制、封建制和资本主义三种社会形态。那么，"私家主体社会"究竟属于哪个时期、哪种奴役形式呢？可见，用"私家主体社会"取代"奴隶社会"来为中国古代社会"正名"对于我们的研究不是深化了，而是泛化了、模糊化了，因而无助于人们认清中国古代社会的真正本质。这是我们所不敢苟同的。

五 重开中国资本主义萌芽讨论的新亮点

资本主义萌芽是马克思在论述资本主义原始积累问题时提出来的，他称之为"资本主义生产的最初萌芽"。从马克思的论述中，我们可以看到如下特点：

一是，强调资本主义萌芽的出现与由原始积累所引起的"劳动者的奴役状态"的改变二者之间的内在联系，因为"劳动者的奴役状态是产生雇佣工人和资本家的发展过程的起点"；而强制地使"生产者与生产资料分离"，从而变成一无所有的雇佣劳动者更是"首要的因素"。资本主义萌芽的出现正是从这种"分离"开始的。

二是，强调"劳动者的奴役状态"改变的社会史意义，指出："这种奴役状态"在"形式"上的"变换"就是"封建剥削转化为资本主义剥削"的开始，而资本主义萌芽的出现正是以这一"转化"为"起点"的。

三是，强调资本主义萌芽发展道路的多样性和过程的长期性。根据马

[①] 恩格斯：《家庭、私有制和国家的起源》，《马克思恩格斯选集》第4卷，人民出版社1995年版，第176页。

克思对于西欧历史的研究，从资本主义萌芽的出现到"资本主义时代"的开始，其间经历了两个世纪（14—16世纪）。这一过程，在"不同的国家"带有"不同的色彩"，经历着"不同的阶段"。就是说，它可以有不同的实现形式，经历着不同的发展道路[①]。

新时期，我国学术界重开关于中国资本主义萌芽问题的讨论就是根据马克思的上述理论结合中国历史实际展开的[②]。如果说，80年代以前关于这一问题的讨论，重点是对于中国资本主义萌芽发展程度的评价；那么，新时期关于这一问题的讨论，重点是对于中国资本主义萌芽的发展道路的探讨。这是新时期关于中国资本主义萌芽讨论的新视点。

首先，是关于资本主义萌芽的定性、定位问题。多数学者认为，资本主义萌芽是指资本主义生产关系的原始状态，即在封建社会末期出现的雇佣剥削关系的最初形态。它指的是一种生产关系，具有延续性、导向性、不可逆转性。持这种看法的学者都主张明清资本主义萌芽说[③]。

主张明清说的学者还把研究的重点放在中国资本主义萌芽发展道路问题上。一种意见认为，中国农业资本主义萌芽首先是从富裕农民的雇工经营开始的，始于明中叶。至清代前期，在地主经济中又开始产生了农业资本主义萌芽。它们表明了中国农业资本主义萌芽两条不同的发展道路[④]。有学者进而指出：从"农民经济"中演化出的资本主义生产关系受旧的影响少些，发展也快些，是"革命的道路"；从"地主经济"中演化出的资本主义生产关系受旧的影响更多些，发展也缓慢些，是"保守的道路"。

---

① 详见马克思：《资本论》第1卷《所谓原始积累》，《马克思恩格斯全集》第44卷，人民出版社2001年版，第820—823页。
② 新中国成立后，关于中国资本主义萌芽的讨论，大的有两次：第一次是1954年由《红楼梦》的讨论而引发的对于明清时期资本主义萌芽问题的争论，持续至60年代初；第二次开始于70年代末80年代初，持续到80年代末。
③ 详见李文治《明清时代中国农业资本主义萌芽》，载《明清时代的农业资本主义萌芽问题》，中国社会科学出版社1983年版；张寿彭：《"两汉资本主义萌芽"说质疑》，《辽宁师范学院学报》1982年第1期；吴承明：《关于中国资本主义萌芽的几个问题》，《文史哲》1985年第5期。
④ 李文治：《明清时代中国农业资本主义萌芽》。

这两条道路，在明清时期同时存在，相互联系，相互制约[①]。有学者更指出：农民经济中演化出来的资本主义萌芽存在着两条发展道路，即：佃农雇工向富农雇工经营转化和由自耕农雇工向富农雇工经营转化的道路；前者是"保守"的道路，后者是"革新"的道路。不仅如此，在"地主经济"中演化出来的资本主义萌芽也存在着两条发展道路，即：由传统的租佃地主向经营地主的局部转化和由富农向经营地主转化的道路；前者是"保守的道路"，后者是"革新的道路"[②]。

必须指出，在关于中国农业资本主义萌芽的发展道路的讨论中，尽管对其具体评价在看法上不尽一致，但是，有一点是共同的，即认为其发展缓慢。究其原因，主要是"以地主制经济为核心的封建土地所有制的严重束缚"和建立在这一经济基础上的封建国家政权的"残酷统治"。具体地说：一是，"佃农对土地只有使用权而无占有权"，自耕农赋税负担繁重，"经营土地因雇工盈利过低"而转向土地出租，从而"使封建土地所有制不断地再生"；二是，封建国家"积极维护封建租佃制和封建雇佣制，防止和压制资本主义生产关系的发生"[③]。还有学者分析说：由于土地买卖和地权转移非常频繁，因此导致原始富农和经营地主因地位"不稳"而"产生不易发展更难"[④]。

总之，这一时期关于中国资本主义萌芽问题的讨论从理论与史实的结合上证明了中国封建社会后期已经孕育着资本主义生产关系的新因素，其表现形式是多样的，其实质则是一致的，即属于封建生产方式向资本主义生产方式转化的最初形态。尽管由于中国封建制的特点，而使这种转化过程极其缓慢，但是，如果没有外力的干涉；那么，按其自然历史进程是一定会逐步走向近代，实现由封建生产方式向资本主义生产方式的转化的。应该说，这是新时期，关于中国资本主义萌芽发展道路问题讨论的社会史

[①] 魏金玉：《关于中国农业资本萌芽的几个问题》，《中国资本主义萌芽问题讨论文集》，江苏人民出版社1983年版。

[②] 罗仑：《关于清代山东农业资本主义萌芽发生的道路问题》，引自田居俭、宋元强编：《中国资本主义萌芽》（上），第84页。

[③] 李文治：《明清时代中国农业资本主义萌芽》。

[④] 吴量恺：《试论鸦片战争前清代农业资本主义萌芽缓慢发展的主要原因》，《清史论丛》，第3辑，中华书局1983年版。

意义所在。

六 新时期中国历史学发展的隐忧

回顾新时期中国历史学走过的历程，可以清楚地看到：无论是用唯物史观进一步构建中国历史解释体系，或是用"早期国家"理论重新探索中国文明起源的路径，还是从历史分期的角度重新审视中国古代社会的发展道路，都无不与社会形态的变迁联系起来，着力探求这一变迁过程的阶段性特点及其实现形式，而这是中国历史的发展道路研究题中应有之义。它构成新时期中国历史学在通史、断代史和专史等研究领域的重要内容和主要线索，因而成为新时期中国历史学的一个重要特点。

然而，我们不能不看到：新时期中国历史学的发展也存在着令人不安的隐忧，这就是：出现了与上述发展方向相背离的学术倾向或学术思潮，我们称之为历史研究的非社会形态化思潮。这是一种把社会形态排除在历史研究的视野之外，不再成为历史研究对象的史学思潮。如果说，中国历史的发展道路是专门研究中国历史上社会形态变迁过程的阶段性特点及其实现形式；那么，历史研究的非社会形态化思潮则反其道而行之，它不再把中国历史进程看作是社会形态变迁的过程，不再把社会形态变迁的过程看作是有规律可循的过程，因而，也不再把中国历史的发展道路看作是社会形态变迁的符合历史发展规律的实现形式或表现形式。显然，这是同马克思社会形态学说背道而驰的。

如众所知，马克思社会形态学说是马克思根据唯物史观的基本原理研究人类历史进程的社会发展学说。正是因为有了马克思这一学说，唯物史观才成为被人类社会历史所证实了的科学真理。

根据马克思社会形态学说，人类社会历史进程是社会形态变迁的过程，正是社会形态的变迁使人类社会历史进程呈现出阶段性来，而促使社会形态变迁的根源则在于生产方式的内部矛盾性，在于生产力与生产关系之间的矛盾和冲突。因此，生产方式理论和社会形态历史分期法就成为马克思这一学说的基本理论和基本方法。新时期，历史研究的非社会形态化思潮所竭力非难的正是马克思的生产方式理论和社会形态历史分期法。早在 20 世纪 80 年代后期，中国史坛兴起的这股非社会形态化思潮就是以证伪五种社会形态说的形式出现的。这种证伪主要集中在三点：一是，竭力将五种社会形态说与马克思本人的思想进行切割，试图证明五种社会形态说不是马克思的思想，而是斯大林按照自己的观点套改马克思思想的产物；二是，竭力将五种社会形态说与人类社会历史进行切割，试图证明五种社会形态说不是马克思根据经验历史所做的归纳，而是马克思根据逻辑必然性所做的演绎，因此，是一种缺乏历史实证的"理论假说"；三是，竭力将五种社会形态与中国历史进行切割，或者更确切地说，将以私有制为基础的"文明时代的三大时期"——奴隶制、封建制和资本主义同中国历史进行切割，否定中国历史同上述社会形态的联系，试图以此证明研究中国历史应该"超越"社会形态而另辟蹊径，走非社会形态化的道路。

20世纪90年代以来，国内史坛这股非社会形态化思潮更由原来侧重于理论的证伪转向历史体系的重构。其主要表现：

一是，不再用生产方式理论分析社会历史现象。例如，不再从生产力与生产关系的角度考察社会、经济、政治、阶级、国家的状况；或者只讲生产力水平，不讲生产关系状况；只讲具体经济制度，不讲所有制形式的属性；只讲社会阶层划分，不讲社会阶级结构分析；只讲政权形式的特点，不讲国家形态的阶级实质，等等。这样，就否定了生产方式的研究在历史研究中的基础性地位。

二是，不再把生产方式的变革看作是社会历史发展的根本动力或内在根源，而把"人类的相互作用"（指民族的迁徙、外部的征服）的"互动论"看作是社会历史发展的根本动力。这样，就用社会历史发展的外因论取代了社会历史发展的内因论，从根本上否定了生产方式在社会历史进程中的主导地位，因而生产方式的变革也就不再成为研究人类社会历史发展的主线。

三是，不再把社会形态的变迁作为历史分期的标准或根据，而代之以朝代的更迭、国家形态的演变、文化形态的转型等政治标准或文化标准。这样，人类社会历史的进程就不再是社会形态变迁的过程，而是政治、文化演变的过程。

四是，在研究方法上，重个案、轻整体，重微观、轻宏观，重狭义的社会史研究，轻广义的社会史研究，激烈地反对宏大的叙事方法，片面地强调细化的研究方法。这样写出来的中国历史不能给人们提供关于历史的整体认识,更谈不上对于历史规律的把握。

由此可见,历史研究的非社会形态化,其矛头所向是马克思社会形态学说及其基本理论和基本方法即生产方式理论和社会形态历史分期法。试想:如果否定了马克思的生产方式理论和社会形态历史分期法,马克思社会形态学说岂不名存实亡?而以其为基本理论构成的唯物史观及其在历史研究中的指导地位岂不成了一句空话?无数的经验事实告诉我们:在历史研究领域,不是唯物史观占主导地位,就是唯心史观占主导地位,二者必居其一;共处双赢的骑墙态度是行不通的。一旦唯物史观成了一句空话,唯心史观势必乘虚而入。那么,整个历史研究就要改变方向,整个中国历史就要重新改写,而几十年来,马克思主义历史学家所创建的中国马克思主义历史学就要被断送。这难道不是现阶段中国历史学发展的最大隐忧吗?凡是关心中国历史学前途和命运的人,都应该有这样的忧患意识,始终保持清醒的头脑,才不至于迷失方向而上了非社会形态化思潮的当。

为了澄清被这股史学思潮搞乱了的思想理论是非以正视听,就必须揭露这股史学思潮用以证伪五种社会形态说的种种"论据"的虚假性,认清这股史学思潮的危害性,坚持马克思社会形态学说的基本理论和基本方法研究中国历史,深入探求中国历史的发展道路,维护和巩固唯物史观在历史研究中的指导地位,从而使我国的历史研究始终沿着马克思主义的正确方向发展,这是我们研究中国历史的发展道路的目的所在,也是我们用很大篇幅来回顾中国历史的发展道路研究状况的缘由所在。[①]

[①] 详见卢钟锋:《马克思的社会形态学说与中国历史研究》,《马克思主义研究》2008 年第 8 期;《从历史研究现状看加强马克思主义指导的必要性和紧迫性》,《光明日报》2005 年 7 月 26 日;《马克思的社会形态学说在当今所面临的挑战》,《云梦学刊》2004 年第 3 期。

第三章　研究中国历史发展道路的理论与方法

综观20世纪中国马克思主义历史学的发展历程，可以清楚地看到：无论是30年代对于中国历史发展道路的初步探索，或是40年代对于中国历史发展道路的体系构建，还是50—60年代对于中国历史发展道路研究的深化，乃至新时期对于中国历史发展道路研究的新进展，都是在唯物史观的指导下进行的，都是由于运用马克思社会形态学说的理论和唯物辩证法而取得的。尽管研究中国历史的发展道路可以有不同的理论和方法，但是，经验的历史表明：唯有马克思社会形态学说的理论和唯物辩证法才是科学的理论和方法。而这是由我们所要探索的中国历史发展道路的研究对象与内容的性质特点所决定的。

第一节　中国历史发展道路的研究对象、内容与性质

一　研究对象

中国历史的发展道路是社会形态的变迁在中国这一特定的历史时空的实现形式。其研究对象与任何科学研究的对象一样，是由其本身的特殊的矛盾性决定的。为说明问题起见，我们的讨论将从分析人类历史进程的本质入手，因为它们之间有着内在的联系。

根据唯物史观，探讨人类历史的本质问题必须从这样的基本前提出发：我们所说的历史是"人们创造"的历史，而人们为了能够创造历史，首先必须能够生活；为了能够生活，就需要衣、食、住以及其他的东西。"因此，第一个历史活动就是生产满足这些需要的资料，即生产物质生活

本身"。马克思和恩格斯称这是"一切历史活动的基本条件","全部人类历史的第一个前提",① 构成人类全部活动的基础。② 总之,在唯物史观创始人看来,人们创造历史的基本前提或首要前提"不在于他们有思想,而在于他们开始生产自己的生活资料"③。换句话说,历史的创造不是始于人们有思想,而是始于人们的物质生活资料的生产。认清这一点对于我们分析人类历史进程的本质问题,至关重要。它告诉我们:人类历史进程的本质不应该到精神领域中,而应该到物质生产领域即物质生活资料的生产过程中去探求。这是探讨人类历史进程的本质唯一正确的途径。从中我们可以得到这样的基本认识:

第一,认识人类历史进程的本质,关键在于认清物质生活资料生产的本质属性。

马克思说:人们为了生产自己的生活资料"便发生一定的联系和关系",他称之为"社会生产关系",而"生产关系总和起来"就构成"所谓社会",即构成一个代表一定历史发展阶段的、独具特征的社会形态。"古典古代社会、封建社会和资产阶级社会"就是"这样的生产关系的总和"、"分别代表着历史发展中的一个特殊阶段"的社会形态④。这说明物质生活资料的生产不是单个人的行为,而是人们的社会行为,它只有在人们相互间形成一定的生产关系的条件下才能进行。可见,物质生活资料生产的本质属性在于它的社会性,而这种社会性最终又表现为一定的生产关系以及由生产关系的总和所构成的一定的社会形态。

第二,为生产物质生活资料而形成的生产关系以及由生产关系的总和所构成的社会形态并非静止不变,而是发展变化的,故只具历史的暂时性。

马克思和恩格斯说:生产关系以及由其总和所构成的社会形态是"随

---

① 马克思、恩格斯:《德意志意识形态》,《马克思恩格斯选集》第1卷,人民出版社1995年版,第67页。
② 恩格斯:《在马克思墓前的讲话》,《马克思恩格斯选集》第3卷,人民出版社1995年版,第776页。
③ 马克思、恩格斯:《德意志意识形态》,《马克思恩格斯选集》第1卷,第67页。
④ 马克思:《雇佣劳动与资本》,《马克思恩格斯选集》第1卷,第345页。

着物质生产资料、生产力的变化和发展而变化和改变的"①。因此,"一切依次更替的历史形态都只是人类社会由低级到高级的无穷发展进程中的暂时阶段"②。从中我们可以看到:社会形态作为一种"历史状态",其历史的暂时性是显而易见的。这是物质生产资料和生产力的发展、变化的必然结果,而历史上社会形态之由低级到高级的依次更替,其源亦盖于此。

第三,历史上社会形态的依次更替表明:人类历史的进程,本质上,是社会形态变迁的过程。究其原因,归根到底,在于生产力的发展以及由此而引起的物质生产资料所有关系的改变。一句话,其源盖于生产力与生产关系之间的矛盾性。如果说,中国历史发展道路的研究对象是由其本身的特殊矛盾性决定的;那么,生产力与生产关系之间的矛盾性就是决定该研究对象的特殊的矛盾性。

总之,通过对人类历史存在的首要前提的分析,应该得出如下结论:人类历史的进程,本质上,是社会形态变迁的过程;中国历史的进程,作为人类历史进程的不可分割的组成部分,也不例外。中国历史的发展道路只不过是社会形态的变迁过程在中国这一特定的历史时空的实现形式而已。因此,研究这一实现形式以及探求决定这一实现形式的特殊的矛盾性应该成为中国历史发展道路的研究对象。

二 研究内容

研究对象决定研究内容。从中国历史的发展道路的研究对象来看,其研究内容的确定,关键在于对社会形态的内涵及其变迁过程的理解和把握。

社会形态是唯物史观的基本概念,用以标示人类社会历史存在的具体形式。这是马克思根据唯物史观的基本原理对人类社会历史的存在样式所做的科学概括,首见于他的名著《路易·波拿巴的雾月十八日》(1852)。在该书中,马克思把粉碎封建制度的基础而后建立起来的"现代的资产阶

---

① 马克思:《雇佣劳动与资本》,《马克思恩格斯选集》第1卷,第345页。
② 恩格斯:《路德维希·费尔巴哈和德国古典哲学的终结》,《马克思恩格斯选集》第4卷,第217页。

级社会"称为"新的社会形态"。① 相对于"现代的资产阶级社会"而言，我们可以把被资产阶级推翻的封建制度称为"旧的社会形态"。可见，社会形态指的是一种社会制度。

那么，马克思是怎样从人类社会历史的存在样式中概括出"社会形态"这一基本概念来呢？对此，列宁在论述《资本论》的方法时曾有过精辟的分析。他说：马克思所采用的方法"就是从社会生活的各种领域中划分出经济领域，从一切社会关系中划分出生产关系，即决定其余一切关系的基本的原始的关系"，而一旦人们"分析物质的社会关系"，即"人们在交换产品时彼此发生"的"生产关系"，"立刻就有可能看出重复性和常规性，把各国制度概括为社会形态这个基本概念"。又说："只有把社会关系归结为生产关系，把生产关系归结为生产力的水平，才能有可靠的根据把社会形态的发展看作自然历史过程。"②

根据列宁的分析，马克思的社会形态概念有两个要点：一是，肯定生产关系在社会形态中的地位。所以，列宁说它是"决定其余一切关系的基本的原始的关系"；二是，强调社会形态的发展是"自然历史过程。"换句话说，社会形态的发展不是什么精神力量的推动，而是客观规律作用的结果。这就是唯物史观所发现的"生产关系一定要适合生产力性质"的规律。所谓"把生产关系归结为生产力的水平"正是反映了这一客观规律的本质要求，因而才成为社会形态的发展是"自然历史过程"的"可靠的根据"。由此可见，社会形态发展的"自然历史过程"，实质上，是生产力与生产关系的辩证运动过程，即生产方式内部矛盾运动的过程。

必须指出，列宁关于马克思社会形态概念要点的分析，是符合马克思本人的一贯思想的。这可以在《德意志意识形态》、《哲学的贫困》、《雇佣劳动与资本》、《共产党宣言》、《路易·波拿巴的雾月十八日》、《政治经济学批判》和《资本论》等一系列经典著作中找到与上述相关问题的论述。有关这方面的情况，我们将在论述马克思社会形态学说时做进一步的考察

---

① 《马克思恩格斯全集》第11卷，人民出版社1995年版，第132页。
② 列宁：《什么是"人民之友"以及他们如何攻击社会民主党人？》，《列宁选集》第1卷，人民出版社1995年版，第6—8页。

和说明。

通过以上对社会形态概念的分析,我们不难确定中国历史发展道路的研究内容:

第一,社会形态作为一种社会制度,它应该是经济社会形态、政治社会形态和社会意识形态三者的历史辩证的统一,表现为经济基础与上层建筑相统一的多层次的社会结构。对于上述三个层面的研究应该成为中国历史的发展道路的基本内容。其中,经济社会形态是构成社会形态的基础,决定社会形态的性质,制约着社会生活、政治生活和精神生活的过程,因此,它应该成为中国历史的发展道路研究的首要内容。

第二,根据马克思关于社会形态的发展是"自然历史过程"的思想,社会形态的变迁,实质上,是生产力与生产关系的辩证运动过程,即生产方式内部矛盾运动的过程。那么,研究社会形态变迁的根源,即从生产方式的内部矛盾性,从生产力与生产关系之间的矛盾和冲突中说明引起生产方式变革的原因,应该成为贯串中国历史的发展道路全过程的一条基本线索。

第三,生产方式是指人们借以进行物质生活资料生产的方式,它表现为人们相互间所形成的社会生产关系。因此,研究社会形态变迁的根源即生产方式变革的重点应该放在生产关系方面,特别是生产资料所有制以及劳动者与生产资料相结合的形式方面。这应该成为中国历史的发展道路研究的重中之重。

第四,至于构成社会形态的其他层面,如政治社会形态和社会意识形态,则应该把研究的重点放在如何反映生产方式的变革方面。其中,政治社会形态,应该以研究不同历史时期国家形态的特征和阶级关系的变化的重点。社会意识形态则应以研究不同历史时期社会思潮的特征及其与官方统治思想的关系为重点。

总之,研究中国历史的发展道路必须以经济、政治和社会意识三形态为基本内容,始终围绕生产方式变革这一主线展开,突出社会形态各层面如何反映生产方式变革这一重点,着力揭示社会形态的变迁在不同历史时期的实现形式及其主要特点。只有这样,才能更好地体现中国历史发展道路的时空特色来。

三 问题的性质

综上所述，中国历史的发展道路既然以社会形态的变迁及其实现形式为研究对象，着力探求其变迁的内在根源及其性质特点；那么，就不难看出：中国历史的发展道路问题是一个历史哲学问题。

所谓历史哲学，顾名思义，就是对历史问题进行哲学的思考，对历史的本质、历史的根源、历史的规律等事关历史发展的根本问题进行哲学的阐释。而关于中国历史的发展道路研究正是建立在对上述根本问题的认识基础上的。可见，就问题的性质而言，中国历史的发展道路属于历史哲学问题。

中国历史发展道路问题的性质要求我们的研究应该于实证研究的基础上更重在理论的阐释。具体地说，就是：在实证研究的基础上，从社会形态变迁的角度提出问题、分析问题、说明问题，从而求得对于社会形态变迁的实现形式和性质特点的理论认识。

从研究过程来看，中国历史的发展道路研究要求先"史"后"论"，即在实证研究的基础上，对史实进行理论分析，最后上升到理论的高度，进行理论概括和总结。然而，从叙述方法来看，则应先"论"后"史"，即根据实证研究所得到的理论认识，提出论题，理清思路，然后围绕论题和思路展开论述，证之以史实。这种叙述方法，简化成一个公式就是：以"论"为纲，以"史"证"论"，融"史""论"于一体。这种叙述方法，我们姑且称之为史论体的叙述方法，以与通史、断代史和专门史相区别。如果从认识论的高度来看，整个中国历史发展道路研究的全过程，经历了由具体到一般，再由一般到具体的两个认识阶段。我们相信：沿着上述的认识路线，关于中国历史发展道路的研究将会逐步接近于客观真理的认识。

第二节 中国历史发展道路研究与马克思社会形态学说

一 研究中国历史发展道路的理论基础

根据以上分析，无论是从研究对象还是从研究内容来看，中国历史的发展道路研究始终是围绕着社会形态及其变迁这一主线展开的，着力探求其变迁的内在根源和实现形式；而对于事关中国历史发展道路的根本问题，只有从生产力与生产关系的辩证运动中，即从生产方式的内部矛盾运动中才能找到正确的答案。这就告诉我们：中国历史的发展道路研究必须以唯物史观为指导，以马克思社会形态学说为理论基础。

众所周知，人类历史的发展规律是马克思的伟大发现。恩格斯说：由于马克思这一伟大的发现，"唯心主义从它的最后的避难所——即历史观中被驱逐出去了，一种唯物主义的历史观被提出来了，用人们的存在说明他们的意识，而不是像以往那样用人们的意识说明他们的存在这样一条道路已经找到了"[1]。可见，唯物史观是关于人类历史发展规律的学说，它为正确认识人类社会历史进程开辟了新的途径，从而也为我们研究中国历史的发展道路指明了方向。

"用人们的存在说明他们的意识"这条正确的认识路线，是从唯物史观的下述原理出发的："生产以及随生产而来的产品交换是一切社会制度的基础"，"所以，一切社会变迁和政治变革的终极原因，不应当到人们的头脑中"，"而应当到生产方式和交换方式的变更中去寻找；不应当到有关的时代的哲学中去寻找，而应当到有关的时代的经济中去寻找"[2]。唯物史观这一基本原理应该成为中国历史发展道路研究的指导线索。

唯物史观关于生产方式变革的基本原理告诉我们：生产力是人类社会历史发展中最革命的因素，它是生产关系变革的原动力，因而也是社会形态变迁的内在根源。这是由生产力的性质特点决定的。生产力的最大特点在于：它是"一种既得的力量，是以往的活动的产物"。就是说，它是人类世代累积起来的"实践能力"或"应用能力"[3]。因此，后一世代的生产力必然高于前一世代的生产力。这就决定了生产力的发展过程必然呈现出不断由低一级向更高一级的上升运动的过程。正是生产力这一不断发展的

---

[1] 恩格斯：《反杜林论》，《马克思恩格斯选集》第3卷，第365页。
[2] 恩格斯：《社会主义从空想到科学的发展》，《马克思恩格斯选集》第3卷，人民出版社1995年版，第740—741页。
[3] 《马克思致帕·瓦·安年科夫（1846年12月28日）》，《马克思恩格斯选集》第4卷，人民出版社1995年版，第532页。

上升运动的本质属性决定了生产关系的变革以及社会形态的变迁必然是由低一级向高一级依次更替的过程。马克思社会形态学说就是根据唯物史观的基本原理研究社会形态变迁过程而做出的理论概括和总结。正是因为有了马克思这一学说，唯物史观才成为被人类社会历史所证实了的科学真理。从这个意义上说，马克思社会形态学说是关于人类社会历史发展的学说，即关于社会形态变迁及其规律的学说。显然，不研究社会形态的变迁就无法了解人类社会历史的进程，揭示人类社会的发展规律，更遑论正确认识不同国家和民族的历史发展道路了。

研究社会形态问题对于研究全部历史的极端重要性，早在一百多年前，恩格斯就已经明确地指出：

必须重新研究全部历史，必须详细研究各种社会形态存在的条件，然后设法从这些条件中找出相应的政治、私法、美学、哲学、宗教等的观点。在这方面，到现在为止只做出了很少的一点工作，因为只有很少的人认真地这样做过[①]。

在这里，恩格斯把研究社会形态问题同重新研究全部历史联系起来，是因为此前人们对于历史的研究不是从社会形态存在的条件出发，而是从政治、法律、哲学、宗教等社会现象出发，从而颠倒了社会存在与社会意识两者之间的关系。"重新研究全部历史"，就是要求把人类历史重新置于社会形态存在的条件之上，如实地把人类历史进程看作是社会形态变迁的过程。由此可见，是否用社会形态重新研究全部历史关系到历史研究中坚持不坚持唯物史观指导的根本问题，关系到能不能把被唯心史观颠倒了的历史重新颠倒过来的大是大非问题，因而也关系到中国历史的发展道路研究是否以马克思社会形态学说为理论基础的原则问题。

二 研究中国历史发展道路的基本方法

如果说，唯物史观是研究中国历史发展道路的指导思想，马克思社会形态学说是研究中国历史发展道路的理论基础；那么，唯物辩证法则是研

[①] 《恩格斯致康·施米特（1890年8月5日）》，《马克思恩格斯选集》第4卷，第692页。

究中国历史发展道路的基本方法。这是因为马克思和恩格斯创立的唯物辩证法是关于事物发展一般规律的学说，它要求从事物的相互联系中，从事物的发展变化中观察问题、分析问题、研究问题。研究中国历史的发展道路问题也不例外。列宁高度评价由马克思和恩格斯所创立的唯物辩证法对于研究社会形态变迁的方法论意义。他说："马克思和恩格斯称之为辩证方法（它与形而上学相反）的，不是别的，正是社会学中的科学方法，这个方法把社会看作处在不断发展中的活的机体（而不是机械地结合起来因而可以把各种社会要素随便配搭起来的一种什么东西），要研究这个机体，就必须客观地分析组成该社会形态的生产关系，研究该社会形态的活动规律和发展规律。"①

显然，列宁之所以强调唯物辩证法是社会科学研究的"科学方法"以及它对于研究社会形态变迁的方法论意义，是因为它把社会看作是一个处在不断发展中的、由各种社会要素有机结合起来的活的机体，即由生产关系组成的社会形态。因此，对于社会形态的研究，就必须把它看作是处于不断发展和变迁的过程，并把它看作是有规律可循的过程。这就是前面已经指出的"生产关系一定要适合生产力性质"的规律。所谓"客观地分析组成该社会形态的生产关系"，就是要如实地把社会形态变迁的过程看作是生产力与生产关系之间的矛盾运动过程，从中揭示其固有的规律和特点。应该说，这是社会形态变迁的一般规律或普遍规律，它反映了历史发展的统一性。可见，历史发展的统一性，实质上，是历史发展规律的普遍性。这是列宁所强调的唯物辩证法对于研究社会形态变迁的方法论意义的第一层含义。

然而，根据唯物辩证法关于事物发展的法则，历史发展的统一性即历史规律的普遍性是寓于历史发展的多样性即历史规律的特殊性之中的。换句话说，历史发展的统一性即历史规律的普遍性是不能离开历史发展的多样性即历史规律的特殊性而独存的；毋宁说，前者是以后者的存在为前提的，是对后者的抽象。

---

① 列宁：《什么是"人民之友"以及他们如何攻击社会民主党人?》，《列宁选集》第 1 卷，人民出版社 1995 年版，第 32 页。

关于历史发展的统一性与多样性的问题,马克思在论述资本原始积累的历史时曾经有过精辟的分析:"对农业生产者即农民的土地的剥夺,形成全部过程的基础。这种剥夺的历史在不同的国家带有不同的色彩,按不同的顺序,在不同的历史时代,通过不同的阶段。"[①] 在这里,马克思既指出了资本原始积累历史发展过程的统一性,即对农民土地的剥夺,又揭示了这种剥夺的历史在不同国家和不同历史时代的不同的实现形式。这是历史发展的统一性与多样性在资本原始积累的历史研究中的具体贯彻和运用。因此,列宁说:"世界历史发展的一般规律,不仅丝毫不排斥个别发展阶段在发展的形式或顺序上表现出特殊性,反而是以此为前提的。"[②] 这就告诉我们:在肯定社会形态变迁过程及其规律的统一性和普遍性同时,还应该看到因时空的不同、条件的差异而在其实现形式上的多样性和特殊性。这是列宁所强调的唯物辩证法对于研究社会形态变迁的方法论意义的第二层含义。

由此可见,唯物辩证法之所以是研究中国历史发展道路的基本方法,归根到底,是因为它对于研究社会形态的变迁具有方法论的意义,即它要求把历史发展的统一性与多样性作为研究社会形态的变迁及其实现形式的原则,在肯定社会形态变迁的统一性时,承认其实现形式的多样性。这是唯物辩证法关于事物发展的一般规律在社会形态变迁的研究中的具体贯彻和运用,它之所以成为研究中国历史发展道路的基本方法,是不言而喻的。

第三节 马克思的社会形态学说与生产方式理论

一 马克思社会形态思想的历史考察

讨论马克思的生产方式理论必须从他关于社会形态思想的形成过程入手。因为马克思的生产方式理论是以他的社会形态思想为前提的。

[①] 马克思:《资本论(第一卷)》,《马克思恩格斯全集》第44卷,人民出版社2001年版,第823页。

[②] 列宁:《论俄国革命》,《列宁选集》第4卷,人民出版社1995年版,第776页。

如上所述，社会形态概念首见于马克思的《路易·波拿巴的雾月十八日》一书。但是，他关于社会形态的思想早已有之。这可从他与恩格斯合著的《德意志意识形态》这部唯物史观的奠基之作见其一斑。

该书名为《德意志意识形态》，就是通过批判以青年黑格尔派为代表的德国意识形态脱离"德国现实"、脱离"他们自身的物质环境"而高谈所谓"意识的一切产物"的虚妄，第一次系统地阐明社会存在决定社会意识、生产力决定交往形式（即生产关系）、历史的发展和所有制的更替根源于生产力与交往形式之间的矛盾运动等一系列的唯物史观基本原理。马克思关于社会形态的思想正是在阐明唯物史观的基本原理过程中产生的。

我们说过，社会形态作为一种社会制度是经济社会形态、政治社会形态和社会意识形态三者的历史的辩证的统一，表现为经济基础与上层建筑相统一的多层次的社会结构。其中：经济社会形态是构成社会形态的基础，决定社会形态的性质，制约着政治形态和意识形态等上层建筑，在《德意志意识形态》一书中，社会形态思想是以"市民社会"的形式表现出来的。

马克思和恩格斯说："市民社会"这一用语，虽然是在 18 世纪产生的，"但是这一名称始终标志着直接从生产和交往中发展起来的社会组织。这种社会组织在一切时代都构成国家的基础以及任何其他的观念的上层建筑的基础"[1]。又说："在过去一切历史阶段上受生产力制约同时又制约生产力的交往形式，就是市民社会。"[2] 而"思想、观念、意识的生产最初是直接与人们的物质活动，与人们的物质交往，与现实生活的语言交织在一起的"，"是人们物质行动的直接产物。表现在某一民族的政治、法律、道德、宗教、形而上学等的语言中的精神生产也是这样。"[3] 他们由此得出结论，认为这种唯物史观就在于："从直接生活的物质生产出发阐述现实的生产过程，把同这种生产方式相联系的，它所产生的交往形式即各个不同阶段上的市民社会理解为整个历史的基础，从市民社会作为国家的活动描述市民社会，同时从市民社会出发阐明意识的所有各种不同理论的产物和

---

[1] 马克思、恩格斯：《德意志意识形态》，《马克思恩格斯选集》第 1 卷，第 130—131 页。
[2] 同上书，第 87—88 页。
[3] 同上书，第 72 页。

形式，如宗教、哲学、道德等等，而且追溯它们产生的过程。"①

从马克思和恩格斯关于市民社会的论述来看，有两点值得注意：

一是，他们所说的"市民社会"既指的"交往形式"，又指的"社会组织"，具有经济和政治及意识形态的双重性质。就经济的性质而言，"市民社会"是国家和观念等上层建筑的经济基础；就政治及意识形态的性质而言，"市民社会"又是它们由以实现的形式，故说"从市民社会作为国家的活动描述市民社会，同时从市民社会出发阐明意识的所有各种不同理论的产物和形式"。可见，他们所说的"市民社会"已经具备了构成后来称之为"社会形态"的三要素，即经济形态、政治形态和意识形态的雏形并表现为经济基础与上层建筑相统一的多层次的社会结构。随后，马克思在致安年柯夫的信里更明白无误地把"市民社会"径称为"社会制度"，指出："在生产、交换和消费发展的一定阶段上，就会有一定的社会制度"，"一句话，就会有一定的市民社会"，而把"政治国家"看作是"市民社会的正式表现"。② 可见，这一时期，马克思主义创始人关于"市民社会"的论述已经包含着后来他们把社会形态看作是一种社会制度的思想。说明社会形态的思想是与唯物史观的创立同步的，是这一历史观的重要思想理论。

二是，他们所说的"市民社会"作为"交往形式"，既受生产力制约，又制约着生产力。实际上，是把"市民社会"看作是生产力与生产关系的辩证统一，是生产方式内部矛盾运动的产物，从而反映了"市民社会"与生产方式之间的内在的本质联系。正是这种内在的本质联系奠定了生产方式在"市民社会"中的基础地位，故说"把同这种生产方式相联系的""市民社会理解为整个历史的基础"。

必须指出，在唯物史观创立时期，马克思主义创始人关于"市民社会"与生产方式相联系的思想在马克思后来的著作《路易·波拿巴的雾月十八日》和《政治经济学批判·序言》中都得到了进一步的发展。具体地

---

① 同上书，第92页。
② 《马克思致巴·瓦·安年柯夫（1846年12月28日）》，《马克思恩格斯选集》第4卷，第320页。

说：一是，用"社会形态"概念取代"市民社会"的用语。把它看作是涵盖经济、政治和意识形态的一种社会制度，从而克服了这一18世纪用语的历史局限；二是，用"经济社会形态"具体阐发社会形态的内涵，把历史上依次更替的生产方式看作是"经济的社会形态"依次演进的几个时代，表明生产方式即是经济社会形态。由于经济社会形态属于社会形态这一多层次的社会结构的底层结构，因而就决定了生产方式在社会形态中的基础地位。可见，经济社会形态的提出不仅具体阐发了马克思关于社会形态的思想，而且揭示了生产方式与社会形态的本质关系。这是正确理解和把握马克思的生产方式理论的关键。因为马克思的生产方式理论，归根到底，是关于生产方式与社会形态的本质关系的理论。

二 马克思的生产方式理论：关于社会形态本质的理论

生产力方式理论是马克思社会形态学说的基本理论。这一理论不仅赋予社会形态以生产方式的内涵，而且深刻地揭示了生产方式与社会形态之间的本质关系。

生产方式与社会形态之间的本质关系，主要表现在两个方面：其一，生产方式是构成社会形态的基础，因而也是构成整个社会历史的基础；其二，生产方式的变革是社会形态变迁的根源，因而也是社会历史发展的根本动力。如果前者称为社会形态基础论，后者称为社会形态变迁根源论；那么，马克思的生产方式理论则是这两论的统称。

必须指出，生产方式与社会形态之间的本质关系是由生产方式的内涵及其性质特点决定的。生产方式的原义是指"人们用以生产自己的生活资料的方式"，始见于《德意志意识形态》。它是马克思和恩格斯在阐明人类历史存在的首要前提即"生活资料的生产"[①]时，作为唯物史观的基本理论而提出来的。因此，生产方式的内涵应该是对于物质生产过程的本质联系的具体反映，而生产方式理论则是对于这一具体反映的抽象。

马克思关于物质生产过程的一系列论述有助于我们对生产方式的内涵

[①] 《马克思恩格斯选集》第1卷，第67页及页下注1。

及其理论的理解和把握。他说:"人们在生产中不仅仅同自然界发生关系,而且也互相影响。他们只有以一定的方式共同活动和互相交换其活动,才能进行生产。为了进行生产,人们相互之间便发生一定的联系和关系;只有在这些社会联系和社会关系的范围内,才会有他们对自然界的关系,才会有生产。"① 又说:"人们是在一定的生产关系中"生产物质生活资料和发生"一定的社会关系"的。"社会关系和生产力密切相联。随着新生产力的获得,人们改变自己的生产方式,随着生产方式即谋生的方式的改变,人们也就会改变自己的一切社会关系。"②

如所周知,马克思所说的"人们对自然界的关系"是指人类改造自然的能力即生产力;而他所说的"社会关系"是指人类在生产过程中的共同活动和交换其活动而发生的关系即生产关系。根据马克思的观点,物质生产过程中所发生的两种关系表现为生产力和生产关系。这两者"密切相联"、相互制约是"物质生产的一定形式"的产物,故说:"从物质生产的一定形式产生:第一,一定的社会结构;第二,人对自然的一定关系"。③生产力与生产关系的"密切相联"和相互制约,不仅表现在:生产力只有在生产关系的范围内才能存在,而且还表现在:"人对自然的关系"一旦在生产关系的范围内成为现实的生产力,它就会制约生产关系的发展和变化,更表现在:它们作为"物质生产的一定形式"即生产方式的产物所发生的变化必然引起"一切社会关系"的改变。换句话说,必然引起社会形态的变迁。可见,生产方式在社会形态中的基础地位和决定作用。所以,马克思紧接着说:"人们的国家制度和人们的观念由这两者决定。因而,人们的精神生产的方式也由这两者决定。"④ 说明生产方式作为社会形态的基础对于政治形态和意识形态等上层建筑所起的决定性作用。唯其如此,恩格斯把"人们生产生活资料和彼此交换产品……的方式""视之为社会

---

① 马克思:《雇佣劳动与资本》,《马克思恩格斯选集》第 1 卷,第 344 页及页下注 23。
② 马克思:《哲学的贫困》,《马克思恩格斯选集》第 1 卷,第 124 页。
③ 马克思:《剩余价值理论》,《马克思恩格斯全集》第 33 卷,人民出版社 2004 年版,第 346 页。
④ 马克思:《剩余价值理论》,《马克思恩格斯全集》第 33 卷,第 346 页。

历史的决定性基础",[1] 指出:"每一时代的社会经济结构形成现实基础,每一个历史时期的由法的设施和政治设施以及宗教的、哲学的和其他的观念形式所构成的全部上层建筑,归根到底都是应由这个基础来说明。"[2]

在阐明生产方式的理论内涵之一即社会形态基础论时,尤其要指出构成生产方式基本要素的生产关系及其所有制的理论意义。马克思说:"在不同的所有制形式上,在生存的社会条件上,耸立着由各种不同情感、幻想、思想方式和世界观构成的整个上层建筑。"强调了所有制形式对于人们的精神生活的基础地位。正因为所有制在生产方式中更具基础性的意义,所以,马克思和恩格斯把"宣告现代资产阶级所有制必然灭亡"作为《共产党宣言》的任务[3],把"废除资产阶级的所有制"作为"共产主义的特征",甚至把"共产党人"的理论概括为一句话:"消灭私有制"。[4] 由此可见,所有制问题在马克思生产方式理论中的重要地位。

社会形态变迁根源论是马克思的生产方式理论又一重要内容,它是对于生产方式内部的矛盾性即生产力与生产关系的矛盾运动所作的理论概括。

社会形态变迁根源论是唯物史观关于生产力决定生产关系,经济基础决定上层建筑这一基本原理在研究社会形态变迁问题上的具体运用。综上所述,在生产力与生产关系的矛盾运动中,生产力是最革命的因素,是生产关系变革的原动力,而这是由生产力的不断发展的本质属性决定的。当生产关系不能适应生产力不断发展的性质时,它就由生产力发展的形式变成生产力的桎梏,从而引起社会形态的变迁。因此,我们只能根据马克思所说,"从社会生产力和生产关系之间的现存冲突中去解释"社会形态变迁的原因[5],如实地把社会形态的变迁看作是生产力与生产关系即生产方式内部矛盾运动的过程,把生产方式由其内部的矛盾性而引起的变革看作是社会形态变迁的根源。

---

[1] 《恩格斯致瓦·博尔吉乌斯(1894年1月25日)》,《马克思恩格斯选集》第4卷,第731页。
[2] 恩格斯:《反杜林论》,《马克思恩格斯选集》第3卷,第365页。
[3] 马克思恩格斯:《共产党宣言》,《马克思恩格斯选集》第1卷,第251页。
[4] 同上书,第286页。
[5] 马克思:《政治经济学批判·序言》,《马克思恩格斯选集》第2卷,第33页。

三 生产方式理论提出的社会认识史意义

我们说，马克思社会形态学说是研究中国历史发展道路的理论基础，这是因为它是关于社会形态变迁及其规律的学说，而中国历史发展道路又是以社会形态变迁的实现形式为研究对象的；同时，这也是因为它赋予社会形态以生产方式的内涵，从而为判定社会形态的性质，探求社会形态变迁的根源提供了理论根据。这对于长期为唯心史观所统治的资产阶级社会学和历史学来说，实具有颠覆性的革命意义。由于生产方式理论的提出，原来被头脚倒置的人类社会历史才从根本上颠倒了过来。

毋庸讳言，西方近代的社会学和历史学在人类社会历史研究方面曾经进行过有益的探索，提出过若干有价值的思想。例如，关于社会有机体的思想，关于历史进化论的思想，关于历史因果律的思想，等等。然而，正如列宁所指出："以往的历史理论"至多只是"描述了历史过程的个别方面"[①]，因而它们没有、也不可能深刻地揭示历史过程的本质，从物质生活资料的生产来考察历史过程，把历史过程看作是由生产方式的变革所引起的社会形态变迁的过程。即使是18世纪的法国启蒙学者，也不例外。虽然他们是最早批判欧洲封建制度的一批思想斗士，因而成为行将到来的法国资产阶级革命的思想先导，但是，他们全部的批判关注点是在封建政治制度、法律制度和教会制度等层面，没有、也不可能深入到封建制度赖以存在的基础即经济制度的层面。这样，就决定了他们不可能把封建制度作为一种社会形态，从生产方式的角度对封建经济制度进行深刻的批判。19世纪以来，西方某些历史学家关于封建制度的研究开始把它看作是一种社会形态。但是，他们没有、也不可能从生产方式及其变革的角度研究社会形态及其变迁过程。上述这一切的思想局限，归根到底，是由于他们的唯心史观所使然。

人类认识史表明：从生产方式及其变革的角度研究社会形态及其变迁过程只有在马克思发现了唯物史观并用以研究人类社会历史，从而创立了

---

① 列宁：《卡尔·马克思》，《列宁选集》第2卷，人民出版社1995年版，第425页。

社会形态学说之后才成为可能。所以，列宁说："发现唯物主义历史观，或者更确切地说，把唯物主义贯彻和推广运用于社会现象领域"，就"消除了以往的历史理论的两个主要缺点"：一是，"没有探索社会关系体系发展的客观规律，没有把物质生产的发展程度看作这些关系的根源"；二是，没有"研究群众生活的社会条件以及这些条件的变更。"又说：只有马克思才"指出了对各种社会经济形态的产生、发展和衰落过程进行全面而周密的研究的途径"，"揭示了物质生产力的状况是所有一切思想和各种不同趋向的根源"。一句话，只有马克思才"指出了科学地研究历史这一极其复杂、充满矛盾而又是有规律的统一过程的途径"[①]。根据列宁以上论述，"全面而周密"地研究社会形态变迁的最佳途径，或者说，"科学地研究历史"这个既复杂、矛盾而"又是有规律的统一过程"的最佳途径，就是：从"生产力的状况"、从"物质生产的发展程度"入手，把它们看作是构成社会形态的"社会关系体系"的根源。换句话说，就是从生产力与生产关系即生产方式的状况切入探求社会形态所以变迁的根本原因。

由此可见，马克思社会形态学说之所以是中国历史发展道路研究的理论基础，是因为它提出了从生产方式切入研究社会形态及其变迁的途径，故而从根本上有别于"以往的历史理论"，这正是马克思的生产方式理论提出的社会认识史意义所在。

第四节 马克思社会形态学说与历史发展阶段性理论

一 历史发展阶段性理论的哲学前提和生产力根据

历史发展阶段性理论是马克思社会形态学说又一重要理论。它同样是我们研究中国历史的发展道路必须遵循的理论原则。如果说，生产方式理论是关于社会形态的基础论和社会形态变迁的根源论；那么，历史发展阶段性理论则是具体研究这两论在人类历史发展过程中的实现形式。

---

① 列宁：《卡尔·马克思》，《列宁选集》第2卷，第425页。

根据马克思的生产方式理论，社会形态的基础是生产力与生产关系的对立统一所构成的生产方式，而由生产方式内部的矛盾和冲突而引起的变革则是社会形态变迁的内在根源。正是由于社会形态的变迁才使人类历史进程呈现出阶段性来。从中我们可以看到：生产方式的变革、社会形态的变迁和历史发展的阶段性三者之间的内在联系：历史发展的阶段性源于生产力与生产关系之间的矛盾和冲突，源于生产方式的内部矛盾所引起的变革并通过社会形态的变迁而实现的。因此，社会形态的变迁就成为历史发展阶段的根本标志。

必须指出，马克思的历史发展阶段性理论有其哲学前提，即："一切发展，不管其内容如何，都可以看做一系列不同的发展阶段，它们以一个否定另一个的方式彼此联系着……任何领域的发展不可能不否定自己以前的存在形式。"[①]

马克思所说的这一哲学前提告诉我们：一切事物的发展都表现为一系列不同的发展阶段，并通过否定之否定的方式，由后一个存在形式否定前一个存在形式的方式加以实现。既然马克思在这里所说的是"一切发展"、"任何领域的发展"，那么，当然也应该包括历史领域的发展在内，即把人类历史进程同样看作是一系列不同的发展阶段，而这是有其生产力根据的，必须从生产力的性质特点加以说明。

关于生产力的性质特点，前面我们已经做了简要的论述，这里再做进一步的说明。

首先，生产力的性质特点，在于它的发展过程是连续性和阶段性的辩证统一的过程。就其连续性来说，生产力作为人们从事物质生产的一种"应用能力"，"是一种既得的力量，是以往的活动的产物"。后一代人总是在继承并利用前一代人已经取得的生产力的前提下开始新的物质生产的。马克思说："由于这一简单的事实，就形成人们的历史中的联系，就形成人类的历史……"[②] 可见，正是生产力这种世代相承的连续性决定了人类

[①] 马克思：《道德化的批评和批评化的道德》，《马克思恩格斯全集》第4卷，人民出版社1958年版，第329页。

[②] 《马克思致帕·瓦·安年科夫（1846年12月28日）》，《马克思恩格斯选集》第4卷，第532页。

历史发展的连续性。就其阶段性来说，由于生产力这种"应用能力"是人们世代累积起来的产物，因此，就决定了后一世代的生产力必然高于前一世代的生产力，从而使生产力的发展呈现出世代性或阶段性来。马克思说："在人们的生产力发展的一定状况下，就会有一定的交换和消费形式。在生产、交换和消费发展的一定阶段上，就会有相应的社会制度……"①可见，在生产力发展的连续性中已经蕴含着生产力发展的阶段性。

其次，生产力的性质特点，还在于它的发展过程同时也是一个持续不断向上提升的过程。生产力这一特性决定了它在生产方式中是最活跃、最革命的因素，是推动生产方式变革和社会形态变迁的决定性力量。用马克思的话来说，就是："随着新生产力的获得，人们改变自己的生产方式，随着生产方式……的改变，人们也就会改变自己的一切社会关系。"②恩格斯把这种社会形态的变迁，或者说，"社会制度中的任何变化"都看作是"新的生产力的必然结果"③。可见，正是由于生产力的持续不断的上升运动决定了生产方式的变革、社会形态的变迁每一次都处于较先前更高的阶段上，从而使历史发展的阶段性呈现出螺旋式上升运动的趋势，即表现为后一阶段高于前一阶段的必然趋势。所以，恩格斯说："一切依次更替的历史状态，都只是人类社会由低级到高级的无穷发展进程中的暂时阶段。"④这是人类历史进程的总趋势，是由生产力的性质特点决定的。历史发展阶段性理论，就是马克思根据生产力的性质特点，从生产力与生产关系的矛盾运动即生产方式的内部矛盾性的角度具体研究人类历史进程而后做出的科学总结。马克思关于人类历史进程是五种社会形态（即原始公社制、奴隶制、封建制、资本主义和共产主义社会形态）的变迁过程，省称"五形态说"或五阶段说，就是这一科学总结的具体成果。

---

① 《马克思致帕·瓦·安年科夫（1846年12月28日）》，《马克思恩格斯选集》第4卷，第329页。
② 马克思：《哲学的贫困》，《马克思恩格斯选集》第1卷，第142页。
③ 恩格斯：《共产主义原理》，《马克思恩格斯选集》第1卷，第238页。
④ 恩格斯：《路德维希·费尔巴哈与德国古典哲学的终结》，《马克思恩格斯选集》第4卷，第217页。

二　历史发展阶段性理论与五种社会形态说

我们说，历史发展阶段性理论是马克思关于人类历史进程的科学总结，而他提出的五种社会形态说则是这一科学总结的具体成果。对此，有的学者并不认同。他们说：马克思本人从未提出过五种社会形态说，而只提出过"三大社会形态说"，即人类社会的发展表现为前资本主义社会、资本主义社会和共产主义社会三大社会形态的依次更替（省称"三形态说"），认为相对于传统的"五形态说"，"三形态说""更符合马克思研究社会形态问题或历史分期的原意"。

这里涉及一个事实判断的问题，即马克思是否提出过五种社会形态说，"三形态说"相对于传统的"五形态说"是否"更符合马克思研究社会形态问题"的"原意"，或者更确切地说，哪个更符合马克思研究社会形态问题的目的要求。对于这个问题只要我们回顾一下马克思主义发展史，读一读马克思在各个历史时期与此相关的论著，是不难解决的。

马克思主义发展史告诉我们：19 世纪 40 年代是马克思和恩格斯创立唯物史观时期，也是马克思开始从事于资产阶级政治经济学批判工作的时期。这一时期，马克思关于社会形态问题的相关论著，主要有：《德意志意识形态》（1845—1846）、《哲学的贫困》、《雇佣劳动与资本》（1847）、《共产党宣言》（1848）等。50 年代是马克思完成《政治经济学批判》写作的重要时期，也是马克思和恩格斯开始关注印度等东方国家社会历史问题的时期。其时，马克思的相关论著，主要是：《不列颠在印度的统治》，与恩格斯关于印度等东方国家社会历史问题的通信（1853）、《政治经济学批判》前半部分的《资本主义生产以前的各种形式》（1858）及其后半部分的《序言》（1859）等。60 年代是马克思在《政治经济学批判》的基础上撰著《资本论》的重要时期，也是马克思对以私有制为基础的最后一个社会形态——资本主义社会形态进行深入系统批判和总结的时期。其时，马克思的相关论著，主要是《资本论》，特别是第一卷的《所谓原始积累》和第三卷《论地租》等篇章。70—80 年代初是马克思总结巴黎公社历史经验的重要时期，也是马克思重点研究以公有制为基础的社会形态——原始社会和共产主义社会以及探索历史发展"跨越性"问题的重要时期。其时，马克思的相关论著，主要是：《法兰西内战》（1871）、《哥达纲领批判》（1875）、《历史学笔记》（1878—1881）和关于俄国问题的通信（1877—1881）等。

从上述马克思的相关论著中，我们应该得到哪些基本认识呢？

第一，从唯物史观创立之日起，五种社会形态问题就被提出来了。由马克思和恩格斯合著的《德意志意识形态》这部唯物史观的奠基之作，首先从所有制的角度对人类历史发展过程进行了阶段性的划分，并同相应的社会形态联系起来。例如，他们根据生产力决定生产关系这一唯物史观的基本原理分析了资本主义生产以前先后出现的三种所有制形式，即第一种所有制形式"部落所有制"、第二种所有制形式"古典古代的公社所有制和国家所有制"、第三种所有制形式"封建的或等级的所有制"的特点，指出：这三种所有制形式是同生产力的发展水平和由此所决定的分工的发展程度相适应的。在第一种所有制形式的阶段上，"分工很不发达，仅限于家庭中现有的自然形成的分工的进一步扩大"，"社会结构只限于家庭的扩大"即父权制的部落首领、部落成员和潜在于家庭中的奴隶制；在第二种所有制形式的阶段上，"分工已经比较发达"、"城乡之间的对立已经产生"、"公民和奴隶之间的阶级关系已经充分发展"；在第三种所有制形式的阶段上，"作为直接进行生产的阶级而与共同体对立的，已经不是与古典古代的共同体相对立的奴隶，而是小农奴。"[①] 根据马克思和恩格斯对上述三种所有制形式所做的分析，显然，它们是分属于原始公社制、奴隶制和封建制三种社会形态的所有制。唯其如此，他们在分析第二、三种所有制形式时，分别同希腊、罗马的奴隶制和日耳曼的封建制并提。至于第一种所有制形式，从其社会结构来看，奴隶制只是"潜在于家庭中"，尚未发展成现实的奴隶制，显然是属于原始社会的父权制阶段。如果再联系他们对于"资产阶级社会"的现实批判和对于"未来的共产主义"的历史必然性的论述，那么，我们有充分根据地说：早在《德意志意识形态》一书中，马克思就已经提出五种社会形态的问题了。这说明"五形态说"的提

---

① 《马克思恩格斯选集》第1卷，第68—70页。

出是与马克思创立唯物史观同步的,是唯物史观题中应有之义。

第二,从唯物史观的创立直至逝世前夕,马克思从未中断过对五种社会形态问题的研究,只是在不同历史时期研究的重点和角度有所不同而已。从中可以看到:马克思的"五形态说"有一个不断发展完善和理论深化的过程。这个过程,大体可分为两个阶段:19世纪40—50年代是其不断发展和完善的阶段;19世纪60—80年代初,是其理论不断深化的阶段。具体地说:

从19世纪40至50年代,马克思研究五种社会形态的重点是资本主义生产以前的三种社会形态。例如,继《德意志意识形态》之后,马克思在《哲学的贫困》中,从"社会关系和生产力密切相联"的角度提出"手推磨产生的是封建主的社会,蒸汽磨产生的是工业资本家的社会"[1],阐明了生产力的发展同封建主义和资本主义两种社会形态产生的内在联系。在《雇佣劳动与资本》中,马克思从"生产关系的总和构成所谓社会"的角度提出划分历史阶段和区分社会形态的根本标准,指出:"古典古代社会、封建社会和资产阶级社会都是这样的生产关系总和,而其中每一个生产关系的总和同时又标志着人类历史发展的一个特殊阶段。"[2] 在《共产党宣言》中,马克思从社会阶级结构的角度阐明了自有文字记载以来的人类历史的四种社会形态:古罗马的奴隶制、中世纪的封建制、现代的资产阶级社会和终将代替"资产阶级旧社会"的共产主义社会。[3] 在《不列颠在印度的统治》中,马克思从自然经济的角度分析了印度历史上"特殊的社会制度,即所谓村社制度"产生的经济根源,并把它同"奴隶制度的污痕"[4]联系起来。在《资本主义生产以前的各种形式》中,马克思又从所有制的角度考察了资本主义生产以前的历史发展,分析了与"原始共同体"相适应的"原始所有制"发展过程中的三种形式,即"亚细亚的所有制"、"古典古代的所有制"和"日耳曼的所有制",揭示了东西方历史由原始社会

---

[1] 《马克思恩格斯选集》第1卷,第142页。
[2] 同上书,第345页。
[3] 同上书,第272、294页。
[4] 《马克思恩格斯全集》第12卷,人民出版社1998年版,第141、143页。

进入奴隶制社会和封建制社会的不同路径和特点。① 这是对前资本主义时期东西方社会形态的变迁及其实现形式的新探索。在《政治经济学批判·序言》中，马克思在系统阐明唯物史观基本原理的基础上，首次从生产方式变革的角度全面考察了人类历史进程，把它按"亚细亚的、古代的、封建的和现代资产阶级的生产方式"划分为四个阶段，分别代表着"经济的社会形态演变的几个时代"②，即亚细亚生产方式、古典奴隶制、中世纪封建制和现代资产阶级等四个历史时代。虽然人们对于"亚细亚生产方式"的社会属性说法不一，但是，从马克思的表述来看，它处于历史发展序列的开端，是古典奴隶制的前行阶段，因而有学者称它为"社会经济的原始形态"③。如果再加上《德意志意识形态》和《共产党宣言》多次提到的共产主义社会形态，那么，这是马克思从生产方式变革的角度首次明确和系统地提出的历史发展阶段的"五形态说"或"五阶段说"。由此可见，从《德意志意识形态》首次提出五种社会形态问题，中经从不同角度对社会形态变迁的探索，直到《序言》从生产方式变革的角度对人类历史进程进行全面的考察而提出"经济的社会形态演进的几个时代"，我们可以把19世纪40—50年代看作是马克思的历史发展阶段性理论即"五形态说"不断发展和完善的阶段。

从19世纪60至80年代初是"五形态说"的理论深化阶段，它表现为马克思对于五种社会形态的研究转向重点深入。例如，在60年代，马克思的研究重点是资本主义社会形态。在《资本论》中，马克思精辟地论述了资本产生的历史条件、资本形成的过程、资本在生产和流通领域中的运用及其规律和特点，从而深刻地揭示了资本主义社会形态的本质特征及其终将为共产主义社会形态取代的历史必然性。在70至80年代初，马克思的研究重点有两个：一是原始公社制社会形态。为此，马克思研究了有关人类社会早期阶段的历史，如毛勒的《日耳曼公社史》、摩尔根的《古代社会》、柯瓦列夫斯基的《公社土地占有制，其解体的原因、进程和结

---

① 《马克思恩格斯全集》第30卷，人民出版社1995年版，第466—476页。
② 《马克思恩格斯选集》第2卷，第33页。
③ 《世界上古史纲》编写组：《亚细亚生产方式——不成其为问题的问题》，《历史研究》1980第2期。

果》等。这些研究不但没有推翻马克思此前所做的关于人类社会早期阶段是原始公社制社会形态的结论，反而用新的事实证明了这个结论的无比正确性。二是共产主义社会形态。为此，马克思在《法兰西内战》一书中深刻地总结了巴黎公社的历史经验，指出："工人阶级不能简单地掌握现成的国家机器，并运用它来达到自己的目的"①，而必须建立"工人阶级的政府"，巴黎公社就是这样的"政治形式"②，"它既是行政机关，同时也是立法机关"③。在《哥达纲领批判》中，马克思深入探讨了共产主义社会的问题。他根据生产力发展水平和社会物质财富的增长程度，首次将共产主义划分为第一阶段和高级阶段两个阶段，指出这两个阶段实行不同的分配原则：在共产主义的第一阶段实行"按劳分配"的原则，在共产主义高级阶段实行"按需分配"原则；在高级阶段，脑力劳动和体力劳动的对立将随之消失，劳动由"仅仅是谋生手段"变成了"生活的第一需要"，个人将得到"全面发展"④，等等。这是马克思对共产主义社会形态理论的丰富和发展，从而深化了人们对于共产主义的认识。

总之，对"五形态说"发展过程的考察表明：马克思关于五种社会形态的研究贯串于他一生的理论创造活动全过程，倾注了他毕生的精力和心血。事实告诉我们："五形态说"不仅是马克的思想，而且是构成马克思全部思想学说不可分割的重要组成部分。

第三，马克思研究社会形态问题的目的在于：发现人类历史发展的基本规律，揭示人类历史进程的基本走向，证明人类历史的进程是五种社会形态依次更替的过程及其最终走向共产主义社会的历史必然性。具体地说：

马克思发现的人类历史发展基本规律是指"生产关系一定要适合生产力性质"的规律。根据这一规律：生产力不断发展的本质属性决定了它是生产方式中最活跃、最革命的因素。当生产关系不适合生产力性质时，就

---

① 《马克思恩格斯选集》第 3 卷，第 52 页。
② 同上书，第 59 页。
③ 《马克思恩格斯选集》第 3 卷，第 55 页。
④ 同上书，第 305 页。

由生产力发展的形式变成生产力的桎梏，从而引起生产关系的变更，由更适合生产力性质的新生产关系代替业已成为生产力桎梏的旧生产关系；而随着生产关系即经济基础的变革，全部庞大的上层建筑也或迟或早地发生变革。于是，导致社会形态的依次更替。从中我们可以看到：人类历史发展的基本规律是怎样决定生产方式内部的矛盾运动过程的，而生产方式内部的矛盾运动过程又是怎样表现为五种社会形态的依次更替的。马克思的"五形态说"就是对上述问题所做的理论概括，具体体现了马克思关于历史发展阶段性理论的基本思想。

必须指出，马克思的"五形态说"是着眼于世界历史的全局，从整个人类历史发展总进程的角度提出来的，而不是根据某个民族或国家的局部历史立论的。因此，它丝毫不排除局部历史的发展因受外部环境的影响而可能出现的"越次"情况。例如，同是出自"原始共同体"，同是经由"原始所有制"发展而来，但是，希腊、罗马在"原始共同体"瓦解后是沿着正常的途径"依次"进入奴隶制社会的，而日耳曼则在"原始共同体"瓦解后因"遇到"了罗马帝国内部"生产力的影响"而"跨越"奴隶制阶段径直进入封建社会。近代以来，因受资本主义势力日益扩张的影响，一些民族或国家的历史发展也出现历史跨越的情况。马克思在论述19世纪俄国历史发展时，曾经就农村公社的"二重性"及其所处"历史环境"的特殊性提出跨越"资本主义制度的卡夫丁峡谷"问题，指出：能否实现历史的跨越，"一切都取决于它所处的历史环境"[①]。可见，具体到每个民族或国家的历史发展是否按五种社会形态"依次"更替，还是"越次"更替，归根到底，应视其所处的历史环境而定。这说明：五种社会形态的"越次"更替是有条件的，是以其"依次"更替为前提的。因此，承认五种社会形态的"越次"更替不仅不与其"依次"更替相矛盾，反而更显示其历史必然性。如果说，马克思研究《资本论》的最终目的是为了揭示资本主义社会的经济运动规律；那么，他研究五种社会形态依次更替的最终目的，则是为了揭示人类历史发展的基本规律，证明资本主义及其以

[①] 马克思：《给维·伊·查苏利奇的复信草稿——三稿》，《马克思恩格斯全集》第19卷，人民出版社1963年版，第451页。

前诸社会形态的历史暂时性和共产主义终将取得最后胜利的历史必然性。马克思晚年之所以研究历史的跨越性问题也是为了同一目的，旨在证明：不管历史如何"跨越"，全人类终将走向共产主义社会。这是我们研究马克思的"五形态说"应有的基本认识和结论。在明确了马克思研究五种社会形态问题的目的之后，就不难回应上述关于"三形态说"相对于"五形态说""更符合""马克思研究社会形态问题"的"原意"这种说法了。

三 关于"三形态说"

"三形态说"是马克思在《政治经济学批判》"货币章"中论述交换价值的历史时提出来的，他指出：一切产品和活动之转化为交换价值既要以生产中的人"一切固定的依赖关系的解体为前提"，又要以"生产者相互间的全面的依赖关系为前提"。他进而分析了交换价值产生前后上述依赖关系的表现形式及其走向，由此提出三大"社会形式"：第一大形式是"人的依赖关系"。"在这种形式下，人的生产能力只是在狭小的范围内和孤立的地点上发展着"；第二大形式（又称"第二阶段"）是"以物的依赖性为基础的人的独立性"。"在这种形式下，才形成普遍的社会物质交换"；第三大形式（亦称"第三个阶段"）是"建立在人全面发展和他们共同的、社会的生产能力成为从属于他们的社会财富这一基础上的自由个性"。又说："第二阶段为第三阶段创造条件。因此，家长制的、古代的（以及封建的）状态随着商业、奢侈、货币、交换价值的发展而没落下去，现代社会则随着这些东西一道发展起来。"[①] 国内有些学者将马克思所说的"三大形态"化约为"人的依赖关系"的社会形态、"物的依赖关系"的社会形态和"自由个性"的社会形态，并把这三种社会形态分别归结为"前资本主义社会"、"资本主义社会"和"共产主义社会"。这就是"三形态说"的由来。他们之所以把马克思在论述交换价值的历史时提出的"三大形式"或"三个阶段"概括为"三形态说"，是为了证明"三形态说"相对于"传统的""五形态说""更符合马克思研究社会形态问题"的"原意"，

---

① 《马克思恩格斯全集》第30卷，人民出版社1995年版，第104页。

试图用"三形态说"取代"五形态说"在历史发展阶段性理论中的地位。如何看待国内某些学者的上述说法和用意呢？他们的说法和用意是否有事实根据和理论根据呢？

首先，必须指出：他们主张用"三形态说"取代"五形态说"的关注点，不在于这"两说"所共同包含的资本主义和共产主义两种形态，而在于用"三形态说"中的所谓"前资本主义社会形态"取代"五形态说"中的原始公社制、奴隶制和封建制的社会形态，认为这种"取代""更符合"马克思的"原意"。

事实果真如此吗？我们的回答是：事实并非如此。因为马克思从来没有把资本主义以前的三社会形态笼统地、不加分别地归结在"前资本主义社会形态"名下，也从来没有把"前资本主义"作为独立的社会形态而与资本主义、共产主义两社会形态并提作为人类历史发展过程的三阶段之一；恰恰相反，凡是马克思论述资本主义以前的历史总是根据具体情况进行具体分析，并同相应的社会形态和历史阶段联系起来。这只要重温前面已经提到的《德意志意识形态》对于"资产阶级社会"以前三种所有制的定性分析和《政治经济学批判》对于"资本主义生产以前的各种形式"的定性分析就清楚了。在这些论著中，我们看到：马克思既没有用所谓的"前资本主义所有制"来取代对于"部落所有制"、"古典古代的公社所有制和国家所有制"以及"封建的或等级的所有制"的定性分析，也没有用所谓"资本主义生产以前"的"一般形式"来取代对于"各种形式"（"亚细亚的所有制形式"、"古典古代的所有制形式"和"日耳曼的所有制形式"）的定性分析。即使是根据交换价值的历史对人的主体性发展过程划分为三阶段，马克思也没有用所谓"前资本主义阶段"来取代对于"家长制的"、"古代的"和"封建制的"三"状态"的区分。可见，断言用"三形态说"取代"五形态说""更符合马克思研究社会形态问题"的"原意"是缺乏事实根据的。

为什么马克思从来没有把"前资本主义"作为独立的社会形态用以取代原始公社制、奴隶制和封建制三社会形态而径直与资本主义社会形态、共产主义社会形态鼎足为三呢？从根本上说，这是因为马克思关于社会形态的思想是建立在生产方式理论基础上的。根据这一理论，生产方式是构成社会形态的基础，决定社会形态的性质，而生产方式内部生产力与生产关系之间的矛盾运动过程则决定着社会形态变迁的过程并表现为五种社会形态的依次更替。"五形态说"就是对于人类历史进程即社会形态变迁过程所做的概括和总结。由于生产方式是生产力与生产关系的具体的、历史的和辩证的统一，因此，就决定了社会形态必然是具体的、发展变化的有机体，是一定的生产力和一定的生产关系相结合的产物。生产方式这一特性决定了社会形态的具体性，它只能是由一定的生产方式所构成的一定的社会形态，而不是"一般"的社会形态，像"前资本主义"这种"一般"的社会形态是不存在的。唯其如此，马克思从来没有用所谓"前资本主义社会形态"取代资本主义以前的三社会形态。

这里，问题的关键在于："三形态说"所根据的理论基础与建立在生产方式理论基础上的"五形态说"不同，前者是根据交换价值的理论从人的主体性的角度来解释社会形态的。因此，有学者说：马克思的"三形态说"是以"人的精神自由度作为基准"的。其实，这只是说对了问题的一半，而且是最不重要的一半。因为马克思不是孤立地、脱离生产力的发展水平去谈论"人的精神自由度"的；恰恰相反，他根据"人的精神自由度"而提出的"三形态说"是建立在生产力发展水平的基础之上的。例如，"人的依赖关系"是建立在"人的生产能力"只"在狭小的范围内和孤立的地点上发展"的基础上的，是与人的生产能力十分低下的情况相适应的；"物的依赖关系"是随着人的生产能力的提高、交往范围的扩大并"形成普遍的社会物质交换"而发展起来的；"自由个性"即"人的全面发展"则是建立在"社会的生产能力成为从属于他们的社会财富这一基础上"的。就是说"人的全面发展"是建立在生产力和生产资料等社会财富的社会公有制的基础上的。可见，"人的精神自由度"，归根到底，取决于生产力的发展程度，取决于生产方式的性质。这说明"三形态说"最终仍必须以"五形态说"的生产方式理论为根据。

总而言之，"三形态说"相对于"五形态说"虽然都属于历史发展阶段性理论，从不同的角度和不同的历史层面反映了马克思关于历史发展阶段的观点，但是，由于两说的理论根据不同，因此，不能互相取代，更不能用"三形态说"取代"五形态说"，因为这种"取代说"缺乏理论依据；

相反地,"三形态说"最后仍必须以"五形态说"的理论根据为依归。唯其如此,正确的态度应该是坚持历史发展阶段的"五形态说",而把"三形态说"作为"五形态说"的补充。这才是符合实际的科学态度。

第四章　中国历史发展道路的相关理论问题与基本思路

在明确了研究中国历史发展道路的理论和方法之后，接下来的问题是：如何根据马克思的社会形态学说和历史发展的统一性与多样性的唯物辩证法对中国历史发展道路的相关理论问题与基本思路进行再探索和再认识。

中国历史发展道路的相关理论问题与基本思路是根据这样的总体认识提出来的：人类历史的进程是社会形态变迁的过程，而中国历史的发展道路则是社会形态变迁的过程在中国特定的历史时空的实现形式，具体反映了历史发展的统一性与多样性的唯物辩证法。它主要包括：关于"亚细亚生产方式"的社会性质与中国文明起源的路径问题；关于"古典的古代""亚细亚古代"与中国古代奴隶制的历史进程问题；关于欧洲中世纪的封建制与中国封建制社会的发展道路问题；关于历史的跨越性与中国社会向近代转型的途径问题等。

上述相关理论问题一直是中国马克思主义历史学所面对的问题。新中国成立后，上述问题曾经是广大历史学工作者关注和研究的重点。其中，不乏共识，也有争议，许多问题至今仍悬而未决。有鉴于此，我们将在已有研究的基础上，对上述理论问题和中国历史发展道路的基本思路做进一步的考察和探索。

第一节　"亚细亚生产方式"的社会性质问题

一　关于《政治经济学批判·序言》的主旨

"亚细亚生产方式"是马克思主义历史学的重大理论问题之一，也是马克思社会形态学说的重要组成部分。其重要性在于：它直接同人类历史进程的两大问题，即五种社会形态的依次更替和东西方历史的发展道路问题紧密联系在一起。中国历史的发展道路既然是社会形态的变迁过程在中国特定的历史时空的实现形式，那么，它自然不能、也无法回避这一重大理论问题。

如所周知，"亚细亚生产方式"这一理论概念始见于马克思的《政治经济学批判·序言》（1859）。它与"古代的、封建的和现代资产阶级的生产方式"被"看作是经济的社会形态演进的几个时代"，且名列前茅，成为经济社会形态演进过程的开端。如果说，"古代的、封建的和现代资产阶级的生产方式"分属于奴隶制、封建制和资本主义的经济社会形态，那么，"亚细亚生产方式"应属于哪一种经济社会形态？其社会性质应如何确定？

回顾历史，这是一个长期争论不休而又终无定论的老大难问题。尽管如此，如果从理论和实证的结合上审视有关这一问题的各种主张或说法，如原始社会说、奴隶社会说或东方奴隶社会说，封建社会说或东方专制主义说，东方特殊社会说或混合社会形态说（指涵盖奴隶制和封建制诸生产方式因素在内的一种社会形态），等等；那么，我们认为，原始社会说是更切实而近真。所谓切实，就是更切合马克思社会形态学说史的实际；所谓近真，就是更贴近马克思提出这一理论概念的原意。

为了说明我们的观点，首先必须从分析这一理论概念的出处——马克思《政治经济学批判·序言》（以下简称《序言》）的主旨入手。

马克思的《序言》是首次对唯物史观关于生产力决定生产关系、经济基础决定上层建筑这一基本原理所做的经典概括和表述。他从生产方式内部矛盾性的角度深刻阐明了因生产方式的变革而引起的经济社会形态演变的过程，由此提出了以"亚细亚的、古代的、封建的和现代资产阶级的生产方式"为标志的经济社会形态"演进的几个时代"，旨在说明：人类历史上依次更替的经济社会形态，归根到底，是生产力与生产关系之间的矛盾和冲突的结果，是生产关系一定要适合生产力性质的历史客观规律所使然。就是说，马克思在《序言》中所阐明的唯物史观基本原理是对整个人类社会而言的，所揭示的历史客观规律是贯串人类历史发展的全过程的，是历史的普遍规律。因此，马克思在《序言》中所说的经济社会形态，既包括对抗形式，也包括非对抗形式，而不是像有的学者所说仅限于对抗形式，因而只能把"亚细亚生产方式"理解为属于对抗形式的经济形态。如果此说能够成立，那么，人类文明时代所经历的就不是三大对抗形式，而是四大对抗形式。显然，这是同恩格斯关于"文明时代的三大时期所特有的三大奴役形式"[①]的论断相背离的。不过，主张"对抗形式说"的学者大多是持"奴隶社会说"，认为"亚细亚生产方式"是与古代生产方式并列同属于奴隶制的经济社会形态。虽然"奴隶社会说"避免了同恩格斯的"三大奴役形式"的论断相矛盾，但却有违马克思《序言》的主旨。马克思在《序言》里明确地说："亚细亚的、古代的……生产方式"是"经济社会形态演进的几个时代。"既然是"演进的几个时代"，那么，就正好表明："亚细亚的"和"古代的"生产方式不是同一历史发展阶段，而是前后相续的两个历史发展阶段；否则，就不存在"依次演进"的问题了。可见，主张"亚细亚生产方式"同属于奴隶制经济社会形态的"并列说"与马克思《序言》的主旨是相左的。相比之下，"亚细亚生产方式原始社会说"更能体现马克思《序言》的主旨。因为根据《序言》的经济社会形态依次演进说，"亚细亚生产方式"作为古代奴隶制生产方式的演进阶段理应属于非对抗形式的经济社会形态，即马克思和恩格斯后来所说的"原始共产主义"的经济社会形态，省称原始社会经济形态。

二 原始社会说的历史前提

我们主张"原始社会说"有一个前提，就是：马克思在《序言》里提出"亚细亚生产方式"时，对原始社会的社会结构、财产关系和土地制度等问题已经有所了解、有所认识，而不是像有的学者所说，要等到读了摩尔根《古代社会》一书即1877年之后才对原始社会有了明确的认识。我们这样说是有马克思对于苏格兰的盖尔人克兰制度的研究为证的。

按马克思对于苏格兰盖尔人克兰制度的研究见于1853年写的《萨特

[①] 指古代的奴隶制、中世纪的农奴制和近代的雇佣劳动制，详见恩格斯：《家庭、私有制和国家的起源》，《马克思恩格斯选集》第4卷，第176页。

伦德公爵夫人和奴隶制》一文①。该文指出：苏格兰长达三个世纪（16—19世纪初）的"圈地"过程就是把盖尔人的氏族财产"强行"变成"首领"财产的过程，把盖尔人"自古以来的氏族土地""篡夺"为"首领""私人土地的过程。"其实质是：变盖尔人克兰制度即氏族制度为雇佣奴隶制度。为了正确理解这种"篡夺"，就必须弄清盖尔人克兰制度的氏族性质。

根据马克思的分析，盖尔人克兰制度的氏族性质有两大特点：

一是，克兰即氏族。在氏族内部，"所有成员都属于同一亲系"；克兰首领的权力"只限于在血缘亲属之内行使"；氏族成员之间有着"血缘关系"，但也存在着"地位上的差别，正像所有古代亚洲的氏族公社一样"。

二是，克兰即氏族的土地和财产属于氏族公有。就是说，只有"氏族的公有财产"，而没有"现代意义上的私有财产"和私有土地，正如俄国农民公社一样，土地只属于整个公社，而不属于个别农民。

上述两大特点表明：克兰制度，实质上，是以氏族为基本单位的原始氏族公社制度。如果说，"氏族是以血缘为基础的人类社会的自然形成的原始形式"②；那么，氏族制度则是人类社会最初的社会制度。克兰制度就是属于这样的社会制度。更确切地说，在苏格兰"圈地"运动之前，盖尔人一直过着原始社会的氏族生活：血缘关系是人们相互关系的基础，财产关系为氏族公有制，土地制度为氏族所有制。克兰氏族制度性质的蜕变始于1688年之后建立氏族军队。从此，贡税成了氏族首领收入的主要来源。首领对于氏族族长来说，处于领主地位，而族长对于氏族成员来说，则成了农场主。这一"篡夺"的过程，至1811年以后才彻底完成。

从马克思关于克兰制度的原始社会性质及其演变过程的论述中可以看到：以血缘为基础的氏族制度是原始社会的基本制度，故原始社会又称"原始氏族社会"③，而这一基本制度是建立在氏族土地公有制基础之上的，因此，氏族制度的演变必然从改变氏族土地公有制开始。氏族土地公有

---

① 《马克思恩格斯全集》第8卷，人民出版社1961年版，第569—576页。
② 马克思：《资本论》第1卷，《马克思恩格斯全集》第44卷，人民出版社2001年版，第407页（50a）。
③ 恩格斯：《共产党宣言·1888年英文版序言》，《马克思恩格斯选集》第1卷，第257页。

制，恩格斯称之为"原始土地公有制"①，表明它是原始社会土地所有制的基本形式，也是"历史起源的社会基础"②。

必须指出，马克思关于氏族土地公有制的思想早在唯物史观创立之初（1845—1846）就已经提出来了。只因受当时历史科学水平的限制，故对"氏族"和"部落"这两个术语的含义尚未能做出精确的界定，而当时所说的"部落"实指渊源于共同祖先的人类共同体，即建立在血缘基础上的一种社会结构，具有后来所谓"氏族"和"部落"的双重含义。所以，马克思和恩格斯在《德意志意识形态》论述所有制的历史形式时，使用"部落所有制"这一当时通行的术语是完全可以理解的。他们把"部落所有制"称作"第一种所有制形式"就含有"氏族所有制"的意谓，正好显示这种所有制的原始性质。它是与原始社会的生产力水平、社会分工状况相适应的，其主要特点是：物质资料的生产以渔猎为主，还辅以农耕；分工仅限于家庭内部的自然形成的、"纯生理基础"的"自然分工"；社会结构仅限于家庭的扩大，包括父权制的部落首领、部落成员和奴隶③，等等。

可见，他们所说的"部落所有制"的"部落"实指由血缘相近的几个氏族组合而成的父权制氏族公社；"部落所有制"就是父权制氏族公社所有制。这种所有制与克兰的氏族土地所有制，可谓名异而实同，或者说，这两种所有制至多只有形式的差异而无实质的区别。

总而言之，早在马克思提出"亚细亚生产方式"这一理论概念之前，他已经通过：先是对"部落所有制"，后是对克兰制度的研究，了解和认识到原始社会的性质特点即氏族制度的原始性质和氏族土地制度的公有性质。这是我们主张"亚细亚生产方式原始社会说"的认识论前提，也是切合马克思社会形态学说的历史实际的。

三 原始社会说的理论根据

那么，"原始社会说"又何以更贴近或符合马克思的"亚细亚生产方

---

① 恩格斯：《共产党宣言·1883年德文版序言》，《马克思恩格斯选集》第1卷，第252页。
② 马克思恩格斯：《共产党宣言》，《马克思恩格斯选集》第1卷，第272页注2。
③ 《马克思恩格斯选集》第1卷，第68—69页。

式"这一理论概念的原意呢？这需要从所有制问题说起。

如所周知，所有制作为生产关系的第一要素，既是生产方式的核心，也是决定生产方式性质的关键因素。因此，马克思高度评价所有制在"使社会结构区分为各个不同的经济时期"① 方面的作用，认为它是区分经济社会形态的历史发展阶段的重要依据。可见，所有制问题对于确定生产方式性质的极端重要性。探讨"亚细亚生产方式"的社会性质也应作如是观。就是说，应该从分析生产方式的核心即所有制入手以达到对其社会性质的正确认识。

"亚细亚生产方式"的核心，马克思称为"亚细亚的所有制"即"原始的公社所有制"②。这里，问题的关键在于对"原始公社"的理解。马克思在论述各种原始公社解体的历史时说："把所有的原始公社混为一谈是错误的；正像地质的形成一样，在这些历史的形成中，有一系列原生的、次生的、再次生的等等类型。"③ 那么，这里所说的"原始公社"究竟属于其中哪一种类型呢？有学者认为，马克思所说的"原始公社"是指"农村公社"，因为马克思在谈到"原始的公社所有制"时，是将"亚细亚的"和"印度的公社所有制"相并提的④，而"印度的公社所有制"是属于农村公社的所有制，所以，"亚细亚的所有制"也应属于农村公社所有制。其实，这是对马克思将"亚细亚的"和"印度的公社所有制"并提的误解。马克思将上述两者并提是仅就"土地公有制"而言。因为农村公社的"一个基本特征，即土地公有制"，所以，才把印度的村社土地所有制与"亚细亚的所有制"并提。但是，这并非表明：上述两者处在原始公社历史发展的同一个层次或同一个阶段上。马克思说：印度的农村公社"往往是古代形态的最后阶段或最后时期。"又说：农村公社时期"是从公有制

---

① 马克思：《资本论》第2卷，《马克思恩格斯全集》第45卷，人民出版社2003年版，第44页。
② 马克思：《政治经济学批判（1859—1860年）》，《马克思恩格斯全集》第13卷，人民出版社1962年版，第22页，注1。
③ 马克思：《给维·伊·查苏利奇的复信草稿——初稿》，《马克思恩格斯全集》第19卷，人民出版社1963年版，第432页。
④ 马克思：《政治经济学批判（1859—1860年）》，《马克思恩格斯全集》第13卷，第22页，注1。

到私有制、从原生形态到次生形态的过渡时期。"不仅如此,"所有较早的原始公社都是建立在自己社员的血统亲属关系上的",而农村公社则"割断了这种牢固而狭窄的联系"①。可见,农村公社虽然仍属于原始公社的范畴,但是,相对于"较早的原始公社"就要晚出得多,属于原始公社晚期的产物,不是纯粹的原生形态,而是包含次生形态因素的过渡形态。有鉴于此,我们认为,马克思所说的"亚细亚的所有制"不属于农村公社所有制,而是属于"较早的原始公社"所有制,即马克思所说的"古代亚洲的氏族公社"所有制。主要根据有二:

(一)"亚细亚的所有制"是"原始的所有制"的"第一种形式"。相对于"古典古代的所有制形式"和"日耳曼的所有制形式","亚细亚的所有制"在时间上要早出得多,在公有制程度上也要高得多。因此,在时间顺序上,马克思将后两者排在"亚细亚的所有制"之后,分别称为"原始的所有制"的"第二种形式"和"第三种形式",并对这三种所有制形式的公有制程度进行了比较:在第一种形式即"亚细亚的形式"下,公社成员是"共同财产的共有者","不存在个人所有,只有个人占有";在第二种形式即"古典古代的形式"下,公社土地一部分为"公社本身支配",一部分为"单个的"公社成员所私有,因而存在着土地财产公社所有和私人所有"这种双重的形式";在第三种形式即"日耳曼的所有制形式"下,"公社所有制仅仅表现为个人所有制的补充","在这种情况下,个人所有制表现为公社所有制的基础"②。可见,在这三种"原始的所有制"形式中,"亚细亚的所有制"公有制程度最高。这是与一切文明民族的历史初期"人类素朴天真"的土地财产观念即"都把土地当作共同体的财产"③的观念相一致的。

(二)"亚细亚的所有制"是以"自然形成的共同体"作为"第一个前提"④。所谓"自然形成的共同体"是指在"血缘、语言、习惯"等方面具

---

① 马克思:《给维·伊·查苏利奇的复信草稿——初稿》,《马克思恩格斯全集》第19卷,第434—435页。
② 马克思:《政治经济学批判(1857—1858年)》,《马克思恩格斯全集》第30卷,第470—477页。
③ 同上书,第466页。
④ 同上。

有"共同性"的"群体",包括氏族和部落。它们不是"共同占有(暂时的)和利用土地的结果,而是其前提"①。换言之,是先有"共同体",然后才有"共同占有";对于"单个的人"来说,也是如此,即"只有""作为这个共同体的成员,才能把自己看成所有者或占有者"②。在这种情况下,人们"都把土地当作共同体的财产"就是十分自然的事。因此,只有"共同体的"所有制即"原始的公社所有制"而不存在个人的土地财产私有制。这是"亚细亚的所有制"的基本特征。唯其如此,马克思将"亚细亚的所有制"即"原始的公社所有制"称为"所有制的原始形式"。

必须指出,虽然"亚细亚的所有制"名为"亚细亚",但是,它作为"所有制的原始形式",无论是东方还是西方都曾经存在过。所以,马克思在看了毛勒关于马尔克、乡村等制度的著作以后,写信告诉恩格斯说:"我提出的欧洲各地的亚细亚的或印度的所有制形式都是原始形式,这个观点在这里(虽然毛勒对此毫无所知)再次得到了证实。"③ 就是说,马克思关于"亚细亚的所有制"作为"所有制的原始形式"也存在于"欧洲各地"的观点,早在毛勒的著作问世之前就已经提出来了。毛勒的著作只是"再次""证实"了马克思此前提出的上述观点而已。正是"亚细亚的所有制"即"原始的公社所有制"的性质决定了"亚细亚生产方式"只能是属于原始社会的生产方式,而"亚细亚生产方式"的原始社会性质表明:"亚细亚生产方式"不是东方所专有的历史特性,而是东西方所共有的历史共性。这种历史共性正好体现了历史发展的统一性。

既然如此,为何还要冠以"亚细亚的"前置词呢?应该说,这与19世纪50年代以后,马克思开始关注东方社会问题,特别是与研究"亚细亚的"、尤其是印度的"原始的公社所有制"问题有关。马克思的研究结果表明:这种"原始形式"虽然是一切文明民族的历史初期都发生过,但是,东方要早于西方,并且只有在"亚细亚"或在印度那里才能为我们提

---

① 马克思:《政治经济学批判(1857—1858年)》,《马克思恩格斯全集》第30卷,第466页。
② 同上。
③ 《马克思致恩格斯(1868年3月14日)》,《马克思恩格斯全集》第32卷,人民出版社1974年版,第43页。

供"这种形式的一整套图样,虽然其中一部分只留下残迹了"①。可见,无论是从发生学的角度,还是从完整性的角度来看,"亚细亚的所有制"作为"所有制的原始形式"较之于"古典的古代所有制形式"和"日耳曼的所有制形式"是更具典型性和代表性。

然而,问题至此并未完结。例如,有学者以马克思在论述"亚细亚的所有制"问题时,将"大多数亚细亚的基本形式"同"东方专制制度"联系起来为由而否定"亚细亚的所有制"的"原始的公社所有制"性质,认为"亚细亚生产方式"是属于奴隶制或东方专制主义的生产方式。对此,应作何解释呢?

不可否认,马克思在论述"亚细亚的所有制"时,特别考察了这一"原始的公社所有制"在东方专制制度下的历史演变,即由以东方公社为代表的"共同体"所有制向以东方专制君主代表的"统一体"所有制的历史演变。但是,这种历史演变并没有从根本上改变东方公社对于土地占有的实质。为什么?因为东方公社对于土地的"实际占有"的前提"并不是劳动的产物,而是表现为劳动的自然的或神授的前提。"所以,尽管土地所有制形式变为"统一体"的"专制君主"所有,而作为"共同体"的公社则变为"世袭的占有者",然而,由于公社的"世袭占有"是"共同的占有"②,不是私人的占有,因此,没有发生像克兰首领那样据氏族公社财产为己有的"篡夺"。就是说,东方公社作为"自然形成的共同体",它对于土地财产的"共同占有"也是"自然的或神授的"这一特性并不因为在东方专制制度下而改变。马克思把东方公社的这一特性称为"古代类型的公社""天赋的生命力",认为这种"原始公社"的"天赋的生命力""比希腊、罗马社会,尤其是现代资本主义社会的生命力要强得多",因此,它在"经历了中世纪的一切波折"之后,仍"一直保存到今天"③。而在所有的"原始公社"中,"亚细亚形式必然保持得最顽强也最长久",因为"亚细亚形式的前提"是"单个人对公社来说不是独立的,生产的范围限

---

① 马克思:《政治经济学批判(1859—1860年)》,《马克思恩格斯全集》第13卷,第22页注1。
② 马克思:《政治经济学批判(1857—1858年)》,《马克思恩格斯全集》第30卷,第466页。
③ 马克思:《给维·伊·查苏利奇的复信草稿——初稿》,《马克思恩格斯全集》第19卷,第432—433页。

于自给自足，农业和手工业结合在一起，等等"①。

由此可见，"亚细亚的所有制"作为"原始的公社所有制"的典型形态，在东方专制制度下，并没有改变其"原始的所有制"的性质。因此，任何试图将"亚细亚生产方式"的原始社会性质说成是奴隶制或东方专制制度的生产方式的做法，都是违背马克思提出这一理论概念的原意的。

第二节 "亚细亚生产方式"与中国文明起源的路径问题

一 "亚细亚生产方式"的历史共性与东西方文明起源路径的历史个性

必须指出，我们强调"亚细亚生产方式"作为人类社会早期阶段的历史共性，并不否认它在所有制的实现形式上东西方存在着不同的历史个性；相反地，强调前者的历史共性是以承认后者的历史个性为前提的。因为根据历史辩证法，历史共性只存在于历史个性之中，而历史个性则只不过是历史共性的表现形式或实现形式罢了。人类历史表明：世界上没有离开历史个性而独存的历史共性，也没有不表现历史共性的"纯粹"的历史个性。毋宁说，历史共性与历史个性统一于历史过程之中，二者犹如表里之须臾不可分离。因此，只有具体深入地研究历史个性才能更充分地展现历史共性，认识和把握历史共性。可见，我们强调"亚细亚生产方式"的历史共性丝毫也不反对具体深入地研究东西方在所有制实现形式上的历史个性；恰恰相反，这是认识和把握"亚细亚生产方式"的历史共性的必然要求。唯其如此，马克思在指出"亚细亚生产方式"的历史共性的同时，还着重分析东西方在所有制的实现形式上的历史个性。这突出地表现在马克思对于雇佣劳动的前提的研究方面。

马克思指出："雇佣劳动的前提，首要的是，劳动者同他的天然的实验场即土地相脱离，从而自由的小土地所有制解体，以及以东方公社为基础的公共土地所有制解体。"② 又说："雇佣劳动"以"自由劳动"为首要

---

① 马克思：《政治经济学批判（1857—1858 年）》，《马克思恩格斯全集》第 30 卷，第 478 页。
② 同上书，第 465 页。

前提，而"自由劳动"只有当"劳动者同他的天然的实验场即土地相脱离"时才有可能。然而，想要劳动者同他的土地相脱离而成为"一无所有"的"自由劳动者"，就必须让劳动者同他与土地相结合的两种所有制形式即"自由的小土地所有制"和"以东方公社为基础的公共土地所有制""解体"。这是马克思在研究了雇佣劳动的前提之后得出的结论。为了说明这一结论，马克思不得不回过头去研究所有制的历史，特别是"所有制的原始形式"。因为劳动者之变为"一无所有的""自由劳动者"，"这本身是历史的产物"[①]，所以，必须从所有制的历史源头做出说明。为此，马克思开始了对"原始的所有制"及其实现形式的研究。

马克思的研究表明："原始的所有制"，实质上，是"原始共同体"的所有制。它表现为原始共同体与同它相联系的"对自然界的所有权"的"原始统一"[②]。所谓"原始统一"，是就"人类素朴天真地把土地当作共同体的财产"而言的。至于每一个人，只有当他"作为这个共同体的成员"时，"才能把自己看成所有者或占有者"[③]。这说明原始共同体是"原始的所有制"的前提。对于共同体的成员来说，也是如此。他只有以共同体为"中介"才能成为土地的所有者，而"孤立的个人是完全不可能有土地财产的。"[④] 可见，正是人类早期的"生存方式"造就了共同体同它的土地所有权的"原始统一"，产生了共同体成员对于土地所有权的"素朴天真"的观念，而正因为这种"原始统一"才使原始共同体所有制成为"所有制的原始形式"。

马克思的研究还表明：虽然原始共同体的所有制是"原始的所有制"的本质属性和东西方"所有制的原始形式"，但是，由于东西方的原始共同体"生存方式"不同，因而在原始共同体所有制的实现形式上存在着差异性，出现了不同的所有制形式，这就是马克思在论述雇佣劳动的前提时所说的两种形式："自由的小土地所有制"和"以东方公社为基础的公共

---

① 马克思：《政治经济学批判（1857—1858年）》，《马克思恩格斯全集》第30卷，第466页。
② 同上书，第488页。
③ 同上书，第466页。
④ 同上书，第477页。

土地所有制"。显然，前者是指西方关于原始共同体所有制的实现形式或发展道路；后者是指东方关于原始共同体所有制的实现形式或发展道路。

马克思指出，东方的原始共同体的"生存方式"是"定居"的"生存方式"，西方的原始共同体则过着"动荡的历史生活"①。显然，这是一种非定居的"生存方式"。两种不同的生存方式产生了两种不同社会后果：东方公社的定居生存方式保证原始共同体这种社会结构的稳固性及其内部相互关系的稳定性，有利于维护公社在血缘、语言、习惯等方面的共同性，从而强化了个人对于公社的依存性和从属关系。所以，马克思说：在这种情况下，"共同体是实体，而个人则只不过是实体的偶然因素，或者是实体的纯粹自然形成的组成部分"②。就是说，个人对于共同体不是独立的；他只有"作为这个共同体的成员，才能把自己看作所有者或占有者"。正因为如此，在东方公社那里不存在属于个人的"自由的小土地所有制"，而只能存在"公社的公共土地所有制"。从中，我们可以看到：定居的生存方式是怎样造就"东方公社的公共土地所有制"形式的。

西方的原始共同体所有制形式即"自由的小土地所有制"则是"原始部落更为动荡的历史生活"的"产物"。③ 如果说，东方公社的公共土地所有制是其定居的生存方式的产物；那么，西方原始共同体的"自由的小土地所有制"则是其非定居的生存方式的产物。这是因为非定居的生存方式导致共同体即部落内部结构及其相互关系的不稳定性。正如马克思所说："部落的纯粹自然形成的性质由于历史的运动、迁徙而受到的破坏越大，部落越是远离自己的原来住地而占领异乡的土地，因而进入全新的劳动条件并使个人的能力得到更大的发展——部落的共同性质越是对外界表现为并且必然表现为消极的统一体——那么，单个人变成归他和他的家庭单独耕作的那小块土地——的私有者的条件就越具备。"④ 在这里，马克思精辟地分析了非定居的生存方式给西方的原始共同体所带来冲击：它破坏了原

---

① 马克思：《政治经济学批判（1857—1858）》，《马克思恩格斯全集》第 30 卷，第 465 页。
② 同上书，第 468 页。
③ 同上书，第 468 页。
④ 同上书，第 469 页。

来"纯粹自然形成的"共同体的共同性,使共同体由"实体"变为"消极的统一体",使个人摆脱了对共同体的依存性和从属关系而成为"自由的小土地私有者"。可见,非定居的生存方式是怎样造就了西方的"自由的小土地私有者"的。

总之,"以东方公社为基础的公共土地所有制"是原始共同体所有制的东方实现形式,而"自由的小土地所有制"则是原始共同体所有制的西方实现形式。这两种不同的实现形式导致了东西方在文明起源问题上走着不同的路径。

所谓文明起源的路径是指构成文明诸要素由量变到质变的过程及其实现形式。恩格斯曾经对此做过深刻的分析,从经济、政治和社会等领域揭示出其中的文明要素。概要地说:在经济领域,是土地私有制的产生和作为社会经济单位的个体家庭的出现;在政治领域,是阶级对立的产生和公共权力的设立;在社会领域,是按地区而非按血缘关系划分的基层组织的产生和城市与乡村的分离,等等。而国家则是上述文明要素的概括和总结。所以,恩格斯在分析了构成文明诸要素之后,又分别考察了西方"国家在氏族制度的废墟上兴起的三种主要形式",即雅典形式、罗马形式和德意志形式,指出:"雅典是最纯粹、最典型的形式:在这里,国家是直接地和主要地从氏族社会本身内部发展起来的阶级对立中产生的";在罗马,国家是在平民战胜了氏族贵族,"炸毁了旧的血族制度"之后,"在氏族制度的废墟上面建立"的;在德意志,国家是"直接从征服广大外国领土中产生的",而氏族制度则以"改变了的、地区的形式,即以马尔克制度的形式"保存了下来[①]。显然,上述三种形式代表了西方在国家的形成问题上的三种路径:雅典形式是从氏族社会内部发展起来的"内发式"的路径,罗马形式是从氏族外部发展起来的"外发式"的路径,德意志形式是通过对外征服而发展起来的"扩张式"的路径。可见,上述三个西方国家在文明起源路径上虽然都具有相同的起点,即都以"自由的小土地所有制"作为通往文明社会的出发点,但是,在国家的形成问题上则走着不同

[①] 恩格斯:《家庭、私有制和国家的起源》,《马克思恩格斯选集》第4卷,第169—170页。

的路径。

如果说，在文明起源路径上具有相同起点的西方，在国家形成问题上尚且存在着不同的实现形式或路径；那么，从一开始就与西方具有不同起点的东方，尤其是作为东方文明古国的中国，在文明起源路径上又具有什么样的特点呢？这是我们必须面对和回答的问题。为此，我们将对中国原始聚落形态与文明起源的路径问题进行考察和分析。

二 中国原始聚落形态与文明起源的路径

用马克思主义研究中国文明起源问题始于20世纪20年代后期，郭沫若开其端。他在《中国古代社会研究》一书中径直称该书是"恩格斯的《家庭、私有制和国家的起源》的续篇"。就是说，是接着恩格斯的书写的。所谓"接着写"，就是以恩格斯的研究方法为指导写出恩格斯"未曾提及一字的中国的古代"。[1] 随后，吕振羽、翦伯赞、范文澜和侯外庐等，也在中国古代社会史和中国通史的研究中继续探讨这个问题。侯外庐的《中国古代社会史论》一书更以此为论题，自称他的研究是"马克思关于亚细亚生产方式的'理论延长工作'"。[2] 所谓"理论延长工作"，就是遵循马克思主义理论与中国古代历史实际相结合的原则，把对于"亚细亚生产方式"理论的研究"延长"到对于中国文明起源路径的研究。侯外庐对问题所做的新解，将这方面的研究引向了深入。新中国成立后，特别是20世纪80年代以来，关于中国文明起源的研究又有新的重大进展。这主要表现在转换研究视角方面，即根据马克思的社会形态学说，运用人类学与考古学相结合的方法，从原始聚落形态的新视角研究中国文明起源的路径，并取得了积极的研究成果。[3] 这是对20世纪60年代以来盛行于西方

---

[1] 郭沫若：《中国古代社会研究·自序（1929年）》，科学出版社1960年新一版，第5页。
[2] 侯外庐：《韧的追求》，生活·读书·新知三联书店1985年版，第230页。
[3] 从聚落形态的角度研究中国史前时期的社会状况始于20世纪80年代后期，严文明的《中国新石器时期聚落形态的考察》一文（1989）是这方面的代表作。而运用人类学与考古学相结合的方法，从聚落形态的角度系统研究中国文明起源路径问题，则应首推王震中。他在《中国文明起源的比较研究》一书（1994）中，首次提出中国文明起源路径的"聚落三形态说"，作为一家之言，深受同行专家的重视。本书关于中国文明起源路径的观点即持此说。

人类学界的"早期国家"理论,特别是其中的"酋邦说"所做的回应。

我们认为,从中国原始聚落形态的角度研究中国文明起源的路径切合马克思关于生存方式决定文明起源路径的思想,印证了"亚细亚生产方式原始社会说"。

根据考古发现:中国原始聚落形态是以原始农耕经济为基础的。在距今七八千年前的黄河流域、辽河流域以及长江中下游和华南地区的文化遗址中已经分别发现了农作物的遗存和与此相应的聚落遗址。农耕只有在定居的情况下才能进行,聚落只有在定居的情况下才能存续。上述情况表明:我们的先民很早就过着定居的生活,从事农耕生产活动。当时,农业生产在整个社会经济生活中已居于主导地位,形成了以农耕为主的综合经济。因此,我们可以把建立在农耕经济基础上的原始聚落形态的出现看作是中国原始共同体开始过着定居的生活方式或生存方式的主要证据,并以此作为研究中国文明起源路径的切入点。

马克思说:"一旦人类终于定居下来,这种原始共同体就将随种种外界的,即气候的、地理的、物理的等等条件,以及他们的特殊的自然性质——他们的部落性质——等等,而或多或少地发生变化。"[①] 那么,定居的生存方式对于中国原始聚落共同体究竟带来何种变化呢?

(一)平等的内聚式的聚落形态的诞生

如众所知,随着定居而来的是人口的增加和聚落规模的扩大。从已发现的聚落遗址来看,小规模的聚落面积从4000平方米到1万平方米不等,大规模的聚落面积高达8万平方米,而聚落的人口则由几十人到三四百人不等。更重要的是,通过聚落的布局,我们可以了解到其内部结构和社会组织关系,以及由此而构成的较为完整的聚落形态。

早期聚落形态可以内蒙古兴隆洼聚落为代表。从房屋类型和布局所呈现的社会结构来看,它是由若干个核心家庭组成一个家族,再由若干家族组成一个氏族,最后由几个氏族构成聚落共同体。不仅如此,聚落内部有居于聚落中心部位的在100平方米以上的大型房子,可能是用于集会、议

---

① 马克思:《政治经济学批判(1857—1858年)》,《马克思恩格斯全集》第30卷,第466页。

事、举行某些仪式的公共场所。这样，整个聚落布局呈现为内聚式聚落结构。这种内聚式聚落结构，是按家庭—家族—氏族—聚落共同体，这样的结构层次，由小到大、分层组合而成，但各层级之间的关系是平等的。各层级之间只有血缘远近，而无地位的高下、财产多寡的区别。毋宁说，这是以血缘为纽带联结在一起的原始聚落共同体，是原始社会最基本的组织结构。从内聚式聚落结构来看，家庭是聚落形态的基本单位。不过，这与文明社会的一夫一妻制的小家庭有本质的区别：后者是建立在私有制基础上的父家长制的家庭形式，而前者则是类似于恩格斯所说的"对偶制家庭"，即在一定的家庭范围内，一个男子在许多妻子中有一个"主妻"，一个女子，在许多丈夫中有一个"主夫"，他们共同组成以"共产制家户经济"为基础的家庭。它"意味着妇女在家内的统治"①。中国原始聚落共同体与上述情况颇为相似。从距今四五千年前的陕西西安半坡和临潼姜寨遗址的随葬工具来看，这一时期，农业和手工业生产由男女共同承担；生活随葬品男女大体相等或女性居多，土地资源呈现出原始聚落共同体所有，家庭占有使用。从聚落区划与设施的功能来看，这一时期，人们习惯于聚族而居，死后聚族而葬；储藏设施相对独立，物品集中存放，说明这一时期的原始聚落共同体实行共产共享的消费原则。

总之，从上述平等的内聚式聚落形态的内部结构、婚姻家庭关系、男女分工状况，乃至土地所有制和消费原则等方面来看，这一时期应属于原始社会母系氏族公社阶段或介于母系和父系氏族公社之间的过渡阶段。

事实表明：农耕经济的稳定性要求与之相适应的定居的生存方式，而定居的生存方式保证了原始聚落共同体内部社会结构的稳固性和个人与家庭、家族相互关系的稳定性。在这种情况下，只有原始聚落共同体的共产制经济和共享制消费，而不存在个人和家庭所有制经济。如果说，"亚细亚生产方式"的原始社会性质最终决定于它的"亚细亚的所有制"即"原始的公社所有制"的原始性质；那么，我们可以把中国原始聚落共同体所有制看作是"亚细亚的所有制"的最古老的形式。

---

① 恩格斯：《家庭、私有制和国家的起源》，《马克思恩格斯选集》第4卷，第43、46页。

（二）不平等的中心聚落形态的继起

继平等的内聚式聚落形态而起的，是不平等的中心聚落形态，它发生在公元前 3500—前 3000 年之间。这是中国原始聚落形态发展的重要阶段，也是中国由原始社会开始向文明社会转变的重要时期。与前一时期平等的内聚式聚落形态相比，这一时期聚落形态的明显特点是：分化的出现。

首先，是聚落布局的分化，出现了中心聚落与半从属聚落的不同等级。中心聚落在含有亲属关系的聚落群中，既是政治、军事、文化和宗教的中心，也是贵族的聚集地；半从属聚落则多为一般的居民点。与此同时，父系家族相对独立性形式开始出现。与聚落布局相联系，聚落面积也比前一时期大几倍至十几倍。如大汶口聚落遗址面积达 80 多万平方米。作为中心聚落的标志性建筑物是庙堂式的大房子。它似乎是宗族的公房，即以某一强宗为中心的众多同性和同盟宗族相聚的宗邑所在地。强宗是宗族结构中的主支，它以强大的军事、经济实力为后盾，以部落神的直系后裔为依据，掌握了整个部落的军事指挥权、宗教祭祀权和族权。其所在地自然成为部落政治、军事、经济、宗教和文化中心，因此，后世称为"宗邑"。以强宗为首的中心聚落的出现，说明在具有亲属关系的氏族内部已经萌发了类似于后世的"大宗"和"小宗"的等级差别。

其次，是聚落内部出现财富和社会地位的分化，存在着不同的等级和阶层。以大汶口的墓葬为例。按墓地形制、葬品的种类和质量，可分大中小三类。它们反映出墓主身份的尊卑、财富的多寡。说明当时已存在贵族与平民的社会分层。这是以父权制家族—宗族为基础的社会分层。我们认为，中国文明的起源，从阶级的分化到财富的积累与集中，都与父权制大家族的出现以及家族—宗族制的形成和发展密切相关。这是中国文明起源的重要历史特点。

与前一时期平等的内聚式聚落形态相比，这一时期聚落形态的另一个显著特点是：以祭祀为特征的宗教中心的出现。在辽西发现的属于红山文化后期的牛河梁神庙和东山嘴社坛是祖先崇拜的产物。中国史书有关于"国之大事，在祀与戎"的记载。这里所说的"祀"，是指祭祀之"祀"，包括：宗庙之祀和天地社稷之祀。宗庙之祭代表着祖先崇拜，同时也表明当时已经存在着血缘、世系方面的亲疏关系，这是家族和宗族组织中尊卑等级关系的基础。社稷之祭所反映的是人们的地域关系和社会关系。通过社稷之祭可以在神圣的宗教名义下，将血缘和非血缘关系的人们维系在一起。当时，各聚落的酋长或宗族长通过宗庙和社稷的祭祀不但可以扩大和提升自己的权力，而且还使这种权力神圣化。因为大型的宗教祭祀活动代表着聚落的利益，具有全民的社会功能。

由此可见，辽西神庙和社坛的发现既为我们揭示了神权的社会功能与人类早期社会公共权力产生的关系，也为我们展示了中国早期国家形成的具体路径。

（三）都邑或城邑形态的出现

都邑或城邑形态是早期国家的物化形式，是继宗邑形态即中心聚落形态发展而来的新形态。

中国的城邑最早出现于公元前 3000—前 2000 年，相当于考古学的龙山时代，历史文献记载的夏王朝之前的颛顼、尧、舜、禹时代。

考古发现表明：龙山时代，在黄河、长江流域，犹如星罗棋布，涌现出一批城邑，如山东章丘的城子崖、河南登封的王城岗、湖南天门的石家河、内蒙古凉城的老虎山、湖南沣县的城头山等。这些城邑连同周围的若干农村地区形成了中国早期国家。其规模从 2 万平方米到 20 万平方米不等。从城邑遗址的文化遗存来看，有夯土、城墙、战车、兵器、宫殿、宗庙、陵寝、祭祀的法器、礼器、祭祀遗址以及手工业作坊、小型住宅与手工工具等。宫殿、宗庙和祭祀遗址，象征着当时的城邑是统治权和神权的中心；手工业作坊和手工工具，说明当时的城邑已经出现了农业与手工业的社会分工，也是城邑得以发展的、除农业以外的另一个重要的经济支柱。

城邑的发展是建国营都的过程，它充分显示了人力、物力、资源的高度集中，而要实现这种高度集中，就必须有管理机构和权力系统。可见，城邑的出现固然与战争有关，但是，更与管理机构和权力系统的建立有关。这种管理机构与权力系统一旦建立就具有统御全社会力量并带有某种强制性的特点，因而初步具备了某种国家的职能。

国家作为文明社会的概括，是经济、政治、社会诸文明要素的集中体现。中国早期国家的形成也不例外,且有其特色。

公元前2500—前2000年的山西襄汾陶寺遗址作为中原龙山文化,具有一定的代表性。从墓址来看,其墓型有大、中、小三类。大型墓的随葬品,有象征特权的一套重要礼器,说明墓主人执掌着"国之大事"的"祀与戎"即祭祀和征伐的国家与社会的重要职能,大型墓的墓主人已经不是部落的首领,而是早期国家的统治者。从中型墓主的随葬品来看,其数量和质量虽不及大型墓主,但也颇可观,说明墓主与大型墓主关系密切,应是当时的贵族。至于小型墓,人数最多,占总墓数80％以上,有的仅有一两件随葬品,更多的是一无所有;墓中尸骨,有的缺失手和足,有的头骨被砍伤,说明他们是地位底下,甚至无人身权的被统治者。陶寺墓址告诉我们:大型墓主人既是早期国家的统治者,又是父权制大家族的总代表。在当时的父权制大家族内部已经出现贵族和奴仆即统治与被统治的阶级对立。但是,这种阶级对立是在家族—宗族结构内,具有血缘谱系的特点,因而为这种阶级对立蒙上了一层温情脉脉的面纱。不仅如此,陶寺墓型的分类还可以看到当时聚落与聚落之间存在着明显的贫富两极分化和统治与服从的社会不平等关系。这是私有制产生和发展的必然的结果。与此相联系,是形成了聚落之间的主从关系以及最早的都邑与乡村的关系,从而为城乡的分离铺平了道路,奠定了基础。必须指出,陶寺墓葬的情况表明:当时聚落之间和聚落内部的贫富分化是由父权制家族内财富占有的悬殊及其等级阶层来体现的,阶级的发生是与父权制家族组织结构以及父权的上升紧密相联系的。由此形成的统治结构必然是与父权制家族相联系,因而出现了家族—宗族组织与政治权力同层同构的情况,它表现为:宗族组织中主支与分支的关系与政治权力的隶属关系相适应,宗统与君统相结合,政治身份的继承与宗主身份的世袭相一致。这种家族—宗族组织与政治权力同层同构,是中国早期国家形态的重要特点。

与夏商周的统一王朝的国家形态相比,龙山时代的都邑形态更带有小国分立的地方特点。随着夏王朝的建立,作为国家的政治中心开始形成。至此,中国文明起源的路径在经历了平等的内聚式的聚落形态—不平等的中心聚落形态—都邑或城邑的聚落形态(省称"聚落三形态")之后,终于走进了王朝形态的国家文明时代。同西方关于国家形成的路径相比，中国国家形成的路径具有渐进式的特点。就是说，中国是在保存家族—宗族这种原始聚落遗制的情况下，由早期国家逐渐转化为王朝形态的国家。因此，是一种维新式的国家形成路径。

第三节　中国古代奴隶制类型及其向封建制社会过渡的历史途径问题

一　"古典古代"与"亚细亚古代"的历史共性与个性

探讨中国古代奴隶制类型必须从"古典古代"与"亚细亚古代"说起，因为中国古代奴隶制与"古典古代"、"亚细亚古代"属于同一历史范畴。

在马克思主义经典文献里，"古典古代"是古代希腊罗马奴隶制的省称而与"亚细亚古代"相对待。从历史发展阶段来看，无论是"古典古代"还是"亚细亚古代"，都属于继原始社会之后的奴隶制社会，同处于中世纪封建制社会的前行阶段。

如所周知，马克思主义诞生以前，人们通常把人类历史分为"史前时期"和"成文史时期"。只有马克思主义创始人才赋予人类历史上述时期以社会形态的新内涵，第一次把"史前时期"称为"原始共产主义社会"，省称原始社会或原始公社制社会，而把此后的历史时期依次称为古代奴隶制、中世纪封建农奴制和近代资本雇佣劳动制，即恩格斯所说的"文明时代的三大时期"。[①] 就人类历史进程而言，古代奴隶制，无论是"古典古代"还是"亚细亚古代"奴隶制都属于"文明时代"的第一时期。马克思更把"文明时代"第一时期的古代奴隶制径直同"古代国家"的存在联系起来，指出：这是"古代国家借以存在的天然基础"[②]。

问题是：同属"文明时代"第一时期，"古典古代"和"亚细亚古代"

[①] 恩格斯：《家庭、私有制和国家的起源》，《马克思恩格斯选集》第4卷，第176页。
[②] 马克思：《评"普鲁士人"的"普鲁士国王和社会改革"一文》，《马克思恩格斯全集》第1卷，人民出版社1956年版，第479页。

奴隶制究竟有何历史共性与个性？

恩格斯说："亚细亚古代和古典古代，阶级压迫的主要形式是奴隶制，也就是说，群众不仅被剥夺了土地，甚至连他们的人身也被占有。"[①] 可见，无论是东方的古代还是西方的古代，劳动群众不仅丧失了生产资料，而且更重要的是，他们的人身被占有，完全丧失了人身权。这是东西方古代奴隶制的本质属性，也是东西方古代奴隶制的历史共性。

必须指出，东西方古代奴隶制的上述本质属性和历史共性是由当时的生产力水平决定的。恩格斯说："当人的劳动的生产率还非常低，除了必要生活资料只能提供很少的剩余的时候，生产力的提高、交往的扩大、国家和法的发展、艺术和科学的创立，都只有通过更大的分工才有可能"，"这种分工的最简单的完全自发的形式，正是奴隶制。"这种奴隶制就是建立在奴隶主对奴隶的人身占有的基础之上的。因为在劳动生产率非常低的条件下，奴隶劳动所能提供的只是"很少的"剩余产品。如果奴隶主不完全占有奴隶的人身，那么，他就无法从奴隶身上榨取出更多的剩余产品来满足其奢欲。尽管奴隶主对奴隶剩余劳动的榨取是通过对奴隶的人身占有实现的，其手段是野蛮和残酷的，但是，正如恩格斯所说：这对奴隶来说，"也是一种进步"，因为作为奴隶来源的战俘以前都是被杀掉，更早的时候甚至被吃掉，"现在至少能保全生命了。""保全生命"就是"保全"了奴隶的劳动力，而"最初的经济进步就在于利用奴隶劳动来提高和进一步发展生产"。所以，"在当时的情况下，采用奴隶制是一个巨大的进步"[②]。总之，东西方古代奴隶制是建立在对奴隶人身占有基础之上的。奴隶制这一本质属性有其存在的历史合理性和必然性，对于人类历史过程来说，无疑是一种进步。

如果说，奴隶人身被占有是奴隶制的本质属性，是东西方古代奴隶制的历史共性；那么，由于奴隶经济的生产目的不同而使东西方古代奴隶制在其实现形式上具有不同的历史个性，因而出现了两种不同形的奴隶制，

---

① 恩格斯：《美国工人运动》，《马克思恩格斯选集》第4卷，第391页。
② 恩格斯：《反杜林论》，《马克思恩格斯选集》第3卷，第524—525页。

即恩格斯所说的"东方的家庭奴隶制"和"古典古代的劳动奴隶制"①。根据马克思的分析,"东方的家庭奴隶制"即"家长制"奴隶制,是"以生产直接生活资料为目的的奴隶制度","古典古代的劳动奴隶制"即古希腊罗马奴隶制,则是"以生产剩余价值为目的的奴隶制度"。② 如何理解马克思和恩格斯所揭示的东西方古代奴隶制的历史特点或历史个性呢?

长期以来,学术界对上述问题的理解持论不一,概言之,主要有阶段论和类型论。阶段论认为,马克思和恩格斯所说的"东方的家庭奴隶制"和"古典古代的劳动奴隶制"分别代表奴隶制发展的不同阶段:前者代表奴隶制发展的早期阶段,后者代表奴隶制发展的发达阶段或成熟阶段。其主要理由是:前者的奴隶只从事家内劳动而不从事物质资料的生产劳动,只有后者的奴隶才从事生产劳动,所以称为"劳动奴隶制",而只有劳动奴隶制才是发达的奴隶制或成熟的奴隶制。

类型论认为,马克思和恩格斯所揭示的东西方古代奴隶制的历史特点或历史个性不是代表奴隶制发展的不同阶段,而是代表奴隶制发展的两种不同类型或不同形式。我们赞同类型论的观点,主要论据有三:一是,恩格斯在谈到德意志人给罗马世界注入新的活力时指出:这些新的活力"都是野蛮时代的东西";而"由于这种野蛮状态他们还没有达到形成了的奴隶制:既没有达到古典古代的劳动奴隶制,也没有达到东方的家庭奴隶制"。③ 可见,无论是西方"古典古代的劳动奴隶制"还是"东方的家庭奴隶制"都属于"形成了的奴隶制",它们只存在着类型的差别,而不存在阶段性的差别。二是,区分东西方古代奴隶制不同历史个性或不同类型的标准,是马克思所说的"奴隶制经济的生产目的":"以生产直接生存资料为目的的奴隶制度"形成了"家长制的"即"东方的家庭奴隶制";"以生产剩余价值为目的的奴隶制"则形成了"古典古代的劳动奴隶制"④。可见,由于奴隶制经济的生产目的性不同才导致了东西方古代奴隶制实现形

---

① 恩格斯:《家庭、私有制和国家起源》,《马克思恩格斯选集》第4卷,第157页。
② 马克思:《资本论》,第3卷,《马克思恩格斯全集》第46卷,人民出版社2003年版,第370页。
③ 恩格斯:《家庭、私有制和国家的起源》,《马克思恩格斯选集》第4卷,第153页。
④ 马克思:《资本论》第3卷,《马克思恩格斯全集》第46卷,第370页。

式的差异，形成了两种不同类型的奴隶制。三是，既然奴隶制经济的生产目的性决定了东西方古代奴隶制的不同类型和不同的实现形式，那么，阶段论者用奴隶劳动的不同种类，来解释东西方奴隶制的不同特点，尤其是把"东方的家庭奴隶制"解释为以奴隶的"家内劳动"为特点的奴隶制，显然有违恩格斯的原意，也与马克思的上述论断相左，因而在理论上是不能成立的。

如众所知，社会的存在和发展是以社会生产为前提的，而要进行社会生产就必须实行生产者和生产资料相结合。马克思说："实行这结合的特殊方式和方法，使社会结构区分为各个不同的经济时期。"① 奴隶制社会就是属于这样的经济时期，它是生产者（奴隶）与生产资料（土地）实行相结合的"特殊方式和方法"。事实表明：只有奴隶与生产资料相结合才能进行奴隶制生产，而只有奴隶制生产才能保证奴隶制社会的存在和发展。奴隶的"家内劳动"属于非生产性劳动，因此，它不是、也不可能成为奴隶制社会存在和发展的前提和基础。诚然，在奴隶制度下，奴隶劳动既有非生产性的"家内劳动"，也有生产性的劳动即物质资料的生产。但是，无论是"东方的家庭奴隶制"还是西方"古代的劳动奴隶制"，它们的存在和发展都是建立在物质资料生产的基础上的，而奴隶与生产资料的相结合则是奴隶制社会生产的基本形式。离开奴隶与生产资料相结合的奴隶制生产，奴隶制社会是无法存在的。因此，阶段论者用"家内劳动"来解释"东方的家庭奴隶制"，在理论上是不能成立的，在历史上也不存在只有"家内劳动"而无物质资料生产的奴隶制社会。

二 关于中国古代奴隶制类型问题

上述马克思和恩格斯关于人类历史进程的社会形态分期和"古代国家""天然基础"的思想以及关于"古典古代"与"亚细亚古代"的历史共性与个性的分析，对于我们研究中国历史的发展道路、探索中国古代奴隶制类型具有指导意义。

---

① 马克思：《资本论》第2卷，《马克思恩格斯全集》第45卷，人民出版社2003年版，第44页。

如前所述，中国文明起源路径是由平等的内聚式的聚落形态经不平等的中心聚落形态向都邑（城邑）聚落形态逐渐转化的过程。这一过程，实质上，是由"史前时期"的原始社会逐渐向"文明时代"的奴隶制社会转化的过程。夏王朝的建立标志着王朝形态的国家文明时代的到来。根据马克思关于"古代国家""天然基础"的思想，夏王朝作为中国历史上第一个"古代国家"，它赖以生存的"天然基础"自然是奴隶制。在夏王朝奴隶制国家成立的前行阶段即早期国家阶段，我们可以看到"史前时期"的原始社会向"文明时代"的奴隶制社会转化的过程，如社会发生贫富两极分化、家族—宗族长由全体族人的"公仆"蜕变成为"主人"、战败部落臣服于战胜部落、战败者沦为战胜者的奴隶等。奴隶制就是在上述的转化过程中产生的。《礼记·礼运》篇关于"天下为家"和《左传》关于"夏有乱政而作禹刑"[①]的记载，反映了中国社会自夏王朝开始由"天下为公"的原始公社制向"天下为家"的奴隶占有制转化并用法律形式予以确认的历史事实。

由夏王朝开始的中国古代奴隶制经夏商两朝的早期阶段，至西周而进入全盛阶段。那么，与"古典古代"、"亚细亚古代"相比，夏、商、西周的中国古代奴隶制又有何历史共性和个性呢？

我们说，中国古代奴隶制与"古典古代"及"亚细亚古代"属于同一个历史范畴，是指它们都属于同一历史发展阶段即奴隶制阶段而言。因此，它们都具有相同的奴隶制本质属性，即都通过对奴隶的人身占有来实现对奴隶的剩余劳动的最大值及其剩余产品的最大量的榨取，而这种榨取又都是建立在奴隶与生产资料相结合的基础上，即在奴隶进行物质资料生产的过程中实现的。这是中国古代奴隶制的历史共性。

然而，从奴隶制类型来看，中国古代奴隶制显然有别于"古典古代"即古希腊罗马的奴隶制。这不仅表现在奴隶制经济的生产目的性，即以生产剩余价值为目的方面，而且还表现在由原始公社制向奴隶制过渡的实现途径方面，即不是像"古典古代"那样，通过商品货币和商业发展的途径

---

① 《左传·昭公六年》。

实现的，而是在保存氏族遗制的条件下，通过奴隶和土地国有化途径实现的。就奴隶制经济的生产目的性而言，中国古代奴隶制与"以生产直接生存资料为目的"的"亚细亚古代"即"东方的家庭奴隶制"属于同一类型。然而，在所有制形式上，中国古代奴隶制则有着自己的历史特色。

如众所知，所有制的内涵包括生产者和生产资料两大因素，它们构成生产方式的基础。在奴隶制社会形态中，生产者（奴隶）和生产资料（土地）的奴隶主所有制是构成奴隶制生产方式的基础。从历史上看，所有制有三种形式，即私人所有制、集体共有制和国家所有制。中国古代奴隶制在所有制方面也同样存在着上述属三种形式，而以奴隶制国家所有制为基本形式，占支配地位。因此，中国古代奴隶制属于国有奴隶制类型。

中国古代奴隶制这一历史特色自有文字记载的商朝就已经存在。如甲骨文多次出现"众"、"众人"和"王众"的记载。"众"或"众人"来源于殷商统治集团对方国、部族的征服，从而使他们集体沦为征服者奴役的对象，因人数众多，故以"众"和"众人"专称。他们被征服后仍留在原地，聚族而居，保存着原来的血族组织，是一种特殊类型的奴隶。"王众"即"王有"之"众"，表明"众人"为商王所专有，是一种国家奴隶。他们在商王室经营的土地上，由王室官吏实行监督劳动。甲骨文有"〖王〗大令众人曰协田"的记载，说明"众人"是在商王的命令之下为"王田"即国有土地进行强制性的集体协作劳动——"协田"的。从"众人"的身份和劳动性质来看，他们应属于在"王有"土地上进行强迫劳动的"王有"奴隶。可见，从一开始，商朝就实行国有奴隶和国有土地相结合的特殊的方式——国有奴隶制生产方式。

由商朝开始的国有奴隶制至西周而得到进一步的发展。这主要表现在国有奴隶和国有土地结构上的变化。

一是，相当大一部分国有奴隶和国有土地归王室所有即"王有"并直接经营管理。其实现形式有二：（1）在国都或王城近郊经营"大田"或"藉田"农场，实现"藉田制"；（2）在"郊"外、"野"内的"三遂"或"六遂"，实行"授田制"。

二是，更多的国有奴隶和国有土地，由公、卿、大夫等各级奴隶主贵族实行等级占有。他们定期向王室或国家贡纳一定数量的产品。这种贡纳是西周国有奴隶制由以实现的经济形式。

三是，以国有奴隶的劳动为基础的农业经济成分和手工业经济成分，在西周奴隶制经济中占主导地位。

综观夏、商、西周，尤其是商周时期的奴隶制可以清楚地看到：中国古代奴隶制属于国有奴隶制类型，其历史特征概要地说：

一是，生产者（奴隶）和生产资料（土地）的"王有"（国有）制与层层分封的奴隶主贵族等级占有制相结合。国有制与等级占有制通过贡纳分别得到贯行和体现：一方面，国家利用贡纳制行使对奴隶和土地的所有权；另一方面，各级奴隶主贵族通过履行贡纳制的义务，从国家那里取得奴隶和土地的占有权和使用权。

二是，以奴隶劳动为基础，以强制性的集体协作劳动为特征的"藉田制"和"授田制"是国有奴隶制榨取奴隶剩余劳动的两种农业经济形式。其中的"藉田制"更是夏商西周三朝奴隶主统治集团榨取农业奴隶剩余劳动的基本形式，而"授田制"则与西周奴隶制国家的"国""野"行政区划相适应[①]，体现了西周奴隶主统治集团关于"体国经野"的治国理政思想，从经济的层面为实现这一治国理政思想提供制度的保证。

三是，无论是"国中"的"藉田制"还是"野内"的"授田制"，从事农业生产的劳动者都是国有奴隶。他们或为周初征四方"以役西土"的"俘人"，或为被征服的整个方国或部族集体沦为奴隶的"土著"。前者多用于"国中"的"藉田制"，称为"农夫"，后者多用于"野内"的"授田制"，称为"野人"或"遂人"。他们一般都有"家庭"，其后代仍为奴隶。

四是，"藉田制"下的"农夫"与"授田制"下的"遂人"，他们都是用王有或国有的土地和工具从事生产，其剩余劳动和必要劳动在时空上没有分开。所不同者，"授田制"下的"遂人"是按"夫"授田。不过，他们既不是以"夫"为单位、也不是以"家"为单位，而是以"邑"为单位，在"里宰"的组织、指挥下进行"合耦"耕作。这说明："授田制"

[①] 西周时期的"国""野"行政区划是以王城或国都的近郊为界："近"郊之内称"国"，行"大田制"，由王室和诸侯公室直接经营管理；郊外至卿、大夫的封地"都鄙"之间称"野"，行"授田制"，由官府经营管理。

的"遂人",由于他们的人身被占有,因此,他们在授田上的劳动不是独立的,而是被迫进行强制性的集体协作劳动;他们的授田也绝非其私产,而是奴隶制国家榨取奴隶剩余劳动的一种经济形式。可见,他们这种国有奴隶的身份并未因"授田制"而改变。

这里,必须澄清两个认识上的误区:一是,认为奴隶不应该有家庭;二是,认为奴隶不应该有家产,特别是土地。否则,就不是奴隶,而是封建制下的农奴。

我们认为,分清奴隶或者农奴的身份,关键在于他们的人身是否被完全占有。由于奴隶人身被完全占有,因此,连同其家庭成员和家产也都被占有。在这种情况下,他们既没有人身权,也没有属于自己的财产。农奴则不然。由于他们的人身不被完全占有,他们的家人虽仍为农奴,但不像奴隶那样被当作物品任意处置;相反地,他们可以有自己的经济,有自己的财产。之所以存在着上述的认识误区,主要是受到古希腊罗马奴隶制的影响,因为在"古典古代",奴隶是不允许有家庭和财产的。然而,世界古代史告诉我们:在希腊世界,各城邦的奴隶制并非全都如此。例如,斯巴达的"黑劳士"就是有家庭的"授产"奴隶。古代东方的巴比伦也有类似情况,奴隶主贵族往往把土地分成小块交给奴隶自行耕种,然后定期向奴隶收取一定数额的产品。相比之下,中国古代奴隶制不但有着古斯巴达和古巴比伦奴隶制的类似情况,而且更具典型性。这是由于中国古代奴隶制走的是一条奴隶和土地的国有化途径,而这条国有化途径又是通过夏商西周三朝对周边方国和部落的征服之后实现的。这里,我们所说的夏商西周三朝对周边方国和部族的征服就是通过暴力的手段对被征服者的全体及其土地一并加以夺取,这样产生的奴隶制必然保存着被征服者原来的某些生存方式,包括家庭和财产的形式。可见,在夏、商、西周的国有奴隶制下,奴隶之保存着家庭和财产的形式是同奴隶国有化途径的实现形式密切相关的。这也是中国古代奴隶制的一大历史特性。

三 中国奴隶制社会向封建制社会过渡的历史途径

春秋战国时期是中国奴隶制社会由盛而衰,向封建制社会过渡的时期。同一切社会形态的变迁一样,其根源在于生产方式内部的矛盾性,在于生产力与生产关系的矛盾与冲突。中国奴隶制社会之由盛而衰是由于奴隶制生产关系已经不能适应生产力发展的需要而由生产力发展的形式变成生产力的桎梏的必然结果。

众所周知,中国奴隶制时代又称青铜时代。这是因为其时的物质生产力是以青铜制工具为主要标志。战国时期,随着冶铸生铁技术的发明,铁制工具开始在生产领域逐步推广使用,生产力得到了进一步的发展。这就使以一家一户为生产单位的小农生产和独立的小手工业生产成为可能,从而为封建制生产方式的广阔基础——小农业与家庭手工业相结合的自给自足的自然经济占统治地位创造了必要的物质前提。由生产力的发展而引起的生产方式的变革有力地推动了奴隶制生产关系向封建制生产关系的过渡。然而,这一过渡的实现形式或途径与西方同一历史时期相比,既有其相同的共性,更有其不同的特性。

在西方,古代奴隶制同样经历着由盛而衰并向封建制转化的过程。恩格斯在论述罗马帝国晚期奴隶制衰亡过程时指出:"以奴隶劳动为基础的大庄园经济,已不再有利可图",而"小规模经营"则成为"唯一有利的形式"。"帝国繁荣时代的庞大的生产已收缩为小农业和小手工业,这种小农业和小手工业都不能容纳大量奴隶了",[①]因而"作为直接进行生产的阶级""已经不是古典古代的……奴隶,而是小农奴。"[②]这说明西方古代奴隶制的大庄园生产已经不得不让位于小农业和小手工业的封建制小生产。奴隶制生产方式的灭亡和封建制生产方式之代兴是历史的必然。

必须指出,在西方,由奴隶制生产方式向封建制生产方式转化一般采取"强制"和"自愿地废除"两种方式。蛮人的征服加速了上述这一转化过程。马克思和恩格斯说:罗马帝国晚期衰落的情况"以及受其制约的进行征服的组织方式,在日耳曼人的军事制度的影响下,发展了封建所有制"。[③]又说:日耳曼人的"军事组织","在征服之后,由于在被征服国家

---

① 恩格斯:《家庭、私有制和国家的起源》,《马克思恩格斯选集》第4卷,第149—150页。
② 马克思、恩格斯:《德意志意识形态》,《马克思恩格斯选集》第1卷,第70页。
③ 同上。

内遇到的生产力的影响才发展为真正的封建制度的"。① 这种因征服而发展起来的"真正的封建制度"有两大特点：一是，从罗马帝国晚期发展起来的、以小农奴为直接生产者的"小规模经营"的耕作方式成为封建制小生产的主要形式；二是，从日耳曼人的军事组织发展而来的土地占有的等级结构以及与之有关的武装扈从制度又使新兴的封建贵族掌握了支配农奴的权力，从而形成了封君封臣的政治关系和封建领主与农奴的阶级关系。

由此可见，西方古代奴隶制向封建制转化的过程，实质上，是由奴隶制的大庄园生产向封建制的小生产转化的过程，而在蛮人征服之前，这一转化过程就已经开始了。只是蛮人的征服加速了这一转化过程，并在一定程度上改变了这一转化过程的实现形式而已。

考察中国古代奴隶制向封建制转化的过程，如果以国有奴隶制的大田生产的主要形式——"藉田制"之被迫废止为开端，那么，它可以追溯到西周末年周宣王的"不藉千亩"。周宣王"不藉千亩"表明：西周奴隶主统治集团开始意识到原来国有奴隶的强制性的集体大生产因不再"有利可图"而无法维持下去了，于是，只好被迫停止施行。这种情况同罗马帝国晚期的奴隶制生产危机颇为相似，只是在时间上要早得多。

由西周末年开始的国有奴隶制生产危机经春秋战国时期的变法改革和夺权斗争，至秦朝的建立，终于完成了由奴隶制社会向封建制社会的过渡。与西方相比，虽然这一过渡具有相同的历史内涵，同属于由奴隶制社会形态向封建制社会形态的变迁，但是，完成这一过渡的历史途径却中西有别。如上所述，西方是通过外部征服的历史途径完成这一过渡的，中国则是通过内部自行变革的历史途径完成这一过渡的。

所谓内部自行变革的历史途径，是指春秋战国时期各诸侯国内部由新兴政治势力的代表人物利用国家政权力量实行自上而下的社会经济政治改革而言。这条内部自行变革的历史途径，其最大特色是：从改变所有制开始的经济改革与从改变政权形式开始的政治改革相辅而行。前者通过废除世卿世禄制，实行按军功赐爵赏田宅的军功爵制，打破了此前"无功可以得显贵"的奴隶主贵族对于国有土地和奴隶的世袭垄断和特权占有，扶植

---

① 同上书，第126页。

了一批按军功"得显贵"的军功地主,从而为封建土地所有制代替奴隶主土地国有制,发展封建所有制提供了制度保证。后者通过废除西周以来的分封制,实行设郡置县的郡县制,将地方行政权力收归中央,实现中央对地方的垂直统治,变地方分权制为中央集权制,从而为建立专制主义中央集权的封建国家奠定了政权基础。

必须指出,中国奴隶制社会向封建制社会过渡的历史途径并非一帆风顺,而是交织着新旧两派政治势力之间变革与反变革、夺权与反夺权的激烈斗争,而斗争的结局是以封建土地所有制取代奴隶主土地国有制、新兴封建统治阶级取代没落奴隶主统治阶级而告终。

根据以上分析,春秋战国时期的变法改革,实质上,是一场制度性的社会经济、政治的深刻变革。这场变革的深刻性就在于:它是立足于经济基础的变革,从改变所有制关系开始,进而推动政治上层建筑领域的变革,从而为新的封建经济制度的确立和发展保驾护航,提供政治保证。从中,我们可以看到:中国奴隶制社会向封建制社会过渡的历史途径是封建生产方式直接从奴隶制社会中产生、形成的历史途径,反映了封建制生产关系适合封建制社会生产力性质这一客观事实,表明中国奴隶制社会向封建制社会过渡是一个不以人的主观意志为转移的自然历史过程,具有不可逆转的必然趋势。由于这一过渡是在不受外部环境影响、相对独立的历史时空中,即不是通过外因的作用,而是通过内因的质变实现的,因此,相对于西方的外部征服的历史途径而言,中国封建制社会产生的历史途径,显然更具历史的常态而非历史的变态。认清这一点,对于我们正确认识中国封建制社会的类型、性质和特点,实有方法论的启示意义。

第五章 研究中国历史发展道路的当代意义与学术理论价值

在 21 世纪初,我们把关于中国历史的发展道路问题提上了学术研究的议事日程是出于对历史研究的现状和未来深入思考的结果。对于历史研究现状的深入思考使我们相信:研究中国历史的发展道路问题具有鲜明的时代意义和重大的学术理论价值。为了说明我们的观点就需要从分析历史研究的现状切入。

第一节 历史研究的现状

一 历史研究的基本面

我们所说的历史研究的现状,是指改革开放以来国内史学界研究的状况。其中也包括对新中国十七年史学研究的评价。如何看待历史研究的现状是关系到史学研究的方向问题。在这个问题上,我们认为,必须抓根本,坚持两点论。抓根本,就是要紧紧把握住用马克思主义指导历史研究这条基本线索,认真分析在这方面的状况,既要看到成绩,也要看到存在问题。这样做,也就坚持了两点论。

改革开放以来,广大历史学工作者在马克思主义指导下,特别是在党的"解放思想,实事求是"思想线路指引下,在打破理论禁区、深化对重大历史理论问题的探讨、拓展研究领域、进行结构性调整和多学科的综合研究等方面,都取得了重大进展,产生了一批重要的研究成果。其中,在总结前人研究成果,利用新发现的文献资料和考古学的最新成就,根据唯物史观的基本理论和基本方法重构中国历史解释体系方面,更是成绩斐然，从而开创了历史研究的新局面。应该说，这是改革开放以来历史研究的基本面。

与此同时，对于新中国十七年史学研究状况的评价也是改革开放以来历史研究必须认真面对的问题。因为它同样关系到史学研究的方向问题。对此，广大历史学工作者有一个共识，认为新中国十七年史学研究取得了无可争辩的新成就，而最重要的一点是：坚持唯物史观指导历史研究，特别是运用马克思社会形态学说的生产方式理论和历史发展阶段性理论开展关于中国历史重大理论问题的研讨。其中，尤以中国古代史分期问题、中国封建土地所有制形式问题、中国农民战争问题、中国资本主义萌芽问题和汉民族形成问题等的研讨更为深入，成果更为突出，曾经被誉为新中国史学研究的"五朵金花"。通过对上述重大问题的研讨拓宽了历史研究的领域，深化了对中国历史本质的认识，进一步加强了中国马克思主义历史学体系建设，从而为确立马克思主义在历史研究领域的指导地位奠定了坚实的基础。而上述史学研究新成就的取得又是同老一辈马克思主义历史学家的积极倡导、正确引领和广大历史学工作者的辛勤努力分不开的。

必须指出，新中国关于若干重大历史理论问题的研讨是运用唯物史观指导历史研究的具体实践。对于广大历史学工作者来说，这是一个学习、理解、认识的过程。其间，不可避免地会出现这样或那样的偏颇，主要是形式化问题，即：在运用唯物史观研究中国历史过程中，有时局限于对马克思主义的个别词句、个别结论的解读上，而缺乏对其做整体的把握和精神实质的理解，因而出现了某种教条化、片面性的偏颇。尽管如此，若同这一时期史学研究的新成就相比，这只是支流，并非主流。

上述对于后十七年史学研究状况的评价同样构成了改革开放以来历史研究的基本面的重要部分。

二 历史研究存在的主要问题

然而，我们也应该清醒地看到：改革开放以来，在历史研究的基本面之外也存在着值得重视的问题。这就是：受国外非马克思主义、反马克思主义史学思潮的影响，国内史学界中原已存在的淡化马克思主义、背离马克思主义、乃至否定马克思主义的倾向，一个时期以来又有所抬头，直接

危害着史学研究的健康发展,产生了不容忽视的负面影响。这主要表现在:

(一)"超越"唯物史观

唯物史观是马克思的伟大发现。这一唯物史观的要旨是:"用人们的存在说明他们的意识。"[1] 这就在人类历史上第一次找到了正确认识世界的途径。正是由于唯物史观的发现并运用于研究人类社会历史,才使历史学成为科学,才使历史研究成为科学的研究。因此,新中国成立以来,唯物史观理所当然地成为历史研究的指导思想和广大历史学工作者的共识。

不过,改革开放以来,受国外纷至沓来的各种错误史学思潮的影响,国内史学界也掀起了一股不大不小的浪潮,名曰:"超越"唯物史观,试图以此否定唯物史观在历史研究中的指导地位。"超越"什么呢?概言之,一曰:"超越""社会存在决定社会意识"这一唯物史观的基本原理,断言:"社会意识决定社会存在是普遍的","是可以超越社会存在的";二曰:"超越""生产力决定生产关系这个规律",断言:"这个规律""纯粹是一种思辨的思维运动";三曰:"超越"经济基础与上层建筑的"形象说法",断言:这两个概念"不属严格的历史概念",无助于"严密的科学的历史分析"。可见,上述所要"超越"的都属于唯物史观的基本原理和基本概念,其实质是彻底否定。试想:如果唯物史观的基本原理和基本概念被彻底否定了,那么,唯物史观岂不成了有名无实的摆设?而历史研究中坚持马克思主义的指导岂不成了一句空话!

(二)否定马克思社会形态学说

马克思社会形态学说是关于社会形态变迁及其规律的学说。这是马克思运用唯物史观系统考察人类历史进程所作的理论概括和科学总结,是唯物史观不可分割的重要组成部分。由于马克思这一学说的创立,唯物史观才成为被社会历史所证明了的科学真理。因此,反对唯物史观的人总是把攻击的矛头指向马克思这一学说,反映到历史研领域就表现为非社会形态化思潮的泛起。这股思潮的最大特点,是把社会形态排除在历史研究的视

---

[1] 恩格斯:《反杜林论》,《马克思恩格斯选集》第3卷,第365页。

阈之外，使之不再成为历史研究的对象，目的在于挑战唯物史观，对抗马克思社会形态学说。

如前所述，历史研究的非社会形态化思潮始于20世纪80年代后期。起初，它是以"证伪"马克思的五种社会形态说的形式出现的。

如众所知，五种社会形态说（以下省称"五形态说"）是马克思社会形态学说的重要组成部分。如果说，马克思社会形态学说是他运用唯物史观系统考察人类历史进程所作的理论概括和科学总结，那么"五形态说"则是他在这方面的具体成果。因此，反对唯物史观的人为了否定马克思这一学说总是从"证伪""五形态说"入手。这种"证伪"有种种表现，概言之：

一是，"肢解"马克思，即把马克思社会形态学说"肢解"成两个互不相干的部分，认为前期的马克思侧重于研究社会形态变迁的普遍规律，所以提出"五形态说"；后期的马克思侧重于研究社会形态的特殊规律，所以提出东方社会的发展道路问题，"超越""卡夫丁峡谷"问题等，试图用后期的马克思否定前期的马克思，以证明"五形态说"不是马克思的一贯思想。

二是，"肢解"马克思主义，即将马克思、恩格斯、列宁、斯大林在这一问题上的思想观点人为地对立起来。最典型的莫过于将"五形态说"歪曲成为斯大林按照自己的观点"套改"马克思思想的产物，而与马克思无关，不能把它强加在马克思头上，试图以此否定"五形态说"是马克思的思想。

三是，抽象肯定，具体否定，即抽象肯定"五形态说"是马克思提出来的，但它只是一种"逻辑概念"而不是对经验历史的总结，因此，既无历史根据，也不符合中国历史实际，试图以此反对用"五形态说"套改"中国历史的传统做法"。

上述种种表现，归根到底，就是试图通过"证伪""五形态说"达到彻底否定马克思社会形态学说的目的，并用以证明研究中国历史应该"超越""五形态说"而另辟蹊径，走非社会形态化的道路。

开始于20世纪80年代后期的这股非社会形态化思潮，90年代后期以来，其表现形式又有所变化：由原来侧重于理论观点的"证伪"转向历史解释体系的重构。我们曾经把它概括为四个特点，即：不再用生产方式理论分析历史现象，从根本上否定生产方式在历史研究中的基础地位；不再把生产方式的变革看作是社会历史发展的根源或内在动力，否定生产方式的变革是研究人类社会历史发展的基本线索；不再把社会形态的变迁作为历史分期的标准或根据，而代之以政治的或文化的历史分期标准，否认人类社会历史进程是社会形态变迁的过程；不再采用宏大的叙事方法，而是片面强调细化的研究方法，等等①。总之，如果按照上述非社会形态的路子走下去，历史研究将有重蹈旧辙、陷入传统史学、实证史学乃至后现代史学的窠臼之虞，而唯物史观在历史研究领域中的指导地位势必被削弱，乃至被边缘化。

（三）抹煞新中国十七年史学研究的新成就

如上所述，新中国十七年史学研究的新成就是有目共睹的，只要尊重事实，不怀偏见，是会做出客观公正的评价的。遗憾的是，在这一时期对于新中国十七年史学研究状况的评价中存在着一种全盘抹煞新中国十七年史学研究新成就的倾向。例如，有人过分夸大建国后十七年史学研究存在问题的严重性，甚至不加分析，以偏赅全，把运用唯物史观过程中出现的问题归结为唯物史观自身的问题，以致把唯物史观的基本原理和基本概念当作"教条"来"超越"，把马克思社会形态学说的基本理论当作"僵化的理论误区"来否定。又如，有人以"客观"、"公正"相标榜，鼓吹"学术中立"、"淡化意识形态"，把新中国十七年关于若干重大史学理论问题的讨论一概指斥为"背后怀有政治意图"的"意识形态纷争"，是学术问题政治化的产物，竭力贬低上述讨论的学术价值，全盘否定新中国十七年史学研究成就的科学性。有人甚至借此大做文章，鼓吹"理论无用论"，主张史学研究"回到乾嘉去"。在有的人看来，以马克思主义为指导的史学理论研究不是"真学问"，只有采用清代乾嘉考据学方法研究历史才是"真学问"，试图从根本上改变建国后史学研究的马克思主义方向。

由此可见，改革开放以来，历史研究领域中确实存在着淡化马克思主

---

① 详见本书第一篇"导论"第二章第五节。

义、背离马克思主义、乃至否定马克思主义的倾向。尽管其表现形式不同，但是，在否定马克思社会形态学说，竭力将历史研究引向非社会形态化，从根本上改变历史研究的马克思主义方向这个大是大非问题上，可谓殊途同归。这种情况应该引起我们的警觉和注意。

第二节 回应非社会形态化思潮的挑战

回应非社会形态化思潮的挑战是我们在认真分析了历史研究的现状之后，针对其中存在的主要问题而提出来的。

问题既明，其义自见。从上述历史研究存在的主要问题来看，无论是"超越"唯物史观，还是否定马克思社会形态学说和抹煞建国后十七年史学研究的新成就，都有一个共同的指向，就是：借"反思"之名，行反对之实，竭力将历史研究引向非社会形态化，从根本上改变历史研究的马克思主义方向。因此，回应历史研究中的非社会形态化思潮的挑战就成为研究中国历史的发展道路的当代意义所在。

如上所述，非社会形态思潮是以"伪证""五形态说"的形式首先向马克思社会形态学说发难的。因此，我们对这一思潮的回应自然也应从这里开始。

所谓"证伪"，说到底，就是否定"五形态说"是马克思的思想，指控它是缺乏经验历史根据的"纯逻辑概念"，因此是主观的"假设"，而非客观的科学真理。

关于"五形态说"是不是马克思的思想，这首先不是一个价值判断问题，而是一个事实判断问题。因此，我们曾经从马克思主义发展史的角度进行了辨析和论证。我们的结论是：从唯物史观的创立直至逝世前夕，马克思从未中断过对五种社会形态问题的研究，只是在不同历史时期研究的重点和角度有所不同而已。从中可以看到：马克思的"五形态说"有一个不断发展完善和理论深化的过程。19世纪40—50年代是其不断发展、完善的阶段，19 世纪 60—80 年代初是其理论不断深化的阶段。[①] 这说明"五形态说"是马克思的一贯思想。

至于马克思的"五形态说"究竟是主观的"假设"还是客观的科学真理，这同样首先是一个事实判断的问题。只要是稍微尊重历史和现实的人都不能不承认：马克思所说的五种社会形态是人类历史上曾经存在过或正在经历着的客观事实。马克思的历史功绩在于，他是人类思想史上第一位提出生产方式理论并用以说明社会形态的存在和发展、揭示社会形态变迁的规律、指出人类历史进程基本走向的伟大思想家。马克思的"五形态说"正是建立在生产方式理论基础上的关于社会历史发展的理论，并随着唯物史观的丰富和发展而不断完善和深化，因而成为唯物史观不可分割的重要组成部分。尽管马克思对于"五形态说"的研究重点因时而异，但是，他旨在阐明五种社会形态依次更替是人类历史进程基本走向的思想则是贯彻于其全部理论创造活动的始终的。马克思晚年对于东方社会发展道路的研究并非像有的学者所说是"历史观的变革"，而是唯物史观的深化。因为这是马克思在肯定人类历史进程的统一性的前提下，对东方社会实现这种统一性的具体形式所作的探索，是对唯物史观的丰富和发展。

我们研究中国历史的发展道路就是秉承马克思的上述思想，把人类历史进程看作是社会形态变迁的过程，着重探索社会形态的变迁过程在中国特定历史时空中的实现形式。这对于历史研究中的非社会形态化思潮来说，无疑是有力的回应。

第三节　发扬中国马克思主义历史学的优良传统

研究中国历史发展道路的当代意义不仅是对于非社会形态化思潮的挑战所作的有力回应，而且也是对于中国马克思主义历史学优良传统的继承和发扬。这个优良传统，最根本的就是：始终坚持马克思主义与中国历史实际相结合的研究方向，旨在实现历史研究的马克思主义化和马克思主义

---

① 详见本书第一篇"导论"第三章第四节。

历史研究的中国化。为了坚持这一研究方向和实现这一研究宗旨，中国马克思主义历史学的几代学人作出了重大的贡献。

20世纪30年代是中国马克思主义历史学的创建时期。这一时期，马克思主义与中国历史实际相结合的特点是：在唯物史观指导下，运用马克思社会形态学说的生产方式理论，特别是马克思主义创始人的国家起源论研究中国史前社会和古代社会。郭沫若的《中国古代社会研究》（1930）就是马克思主义与中国古代历史实际相结合的开山之作。他运用恩格斯《家庭、私有制和国家的起源》的理论和方法分析、研究甲骨卜辞、青铜铭文和《诗》、《书》等先秦文献资料，从中勾勒出中国历史由殷商到西周乃至春秋战国的发展过程：西周以前是原始公社制社会，西周是奴隶制社会，春秋以后是封建制社会，从而构建起首个以生产方式变革为主线、以社会形态变迁为历史分期标志的中国古代社会史新体系。继郭沫若之后，另一位将马克思主义与中国历史实际相结合的开创者是吕振羽。他在《史前期中国社会研究》（1934）和《殷周时代的中国社会》（1936）两书中，根据唯物史观的生产力理论分析中国古代神话传说、考古资料和先秦文献资料，首次提出殷代以前原始社会说、殷代奴隶社会说和西周封建社会说。尤其是，他的殷代以前原始社会说更是"给无人过问的史前时期整理出一个粗略的系统"，[①] 揭示出中国原始社会由"原始群团阶段、氏族社会阶段"，而氏族社会又分母系和父系两个阶段这样一个依次演进的历史过程[②]，从而构建起首个以生产力发展为基础、以原始共同体不同形态依次演进为主线的中国原始社会史新体系。

在讨论这一时期马克思主义与中国历史实际相结合的特点时，还要提到这一时期的中国社会史论战。这场论战的实质，集中到一点，就是：马克思主义是否适用于中国社会历史实际。对此，假马克思主义者和反马克思主义者持否定态度。他们鼓吹"中国历史特殊论"，认为中国是所谓的"亚细亚生产方法社会"或"东方专制社会"或"前资本主义社会"，否认中国历史存在过奴隶社会和封建社会。这是历史研究中最早出现的非社会形态化思潮。马

---

① 吕振羽：《史前期中国社会研究·初版自序》，生活·读书·新知三联书店1980年版。
② 吕振羽：《史前期中国社会研究》，生活·读书·新知三联书店1980年版，第18页。

克思主义历史家则从理论与实证的结合上证明中国历史同样经历了原始社会、奴隶社会和封建社会的变迁过程，肯定马克思主义对于中国历史的适用性，从而对这一时期历史研究中的非社会形态化思潮作出了有力的回应。

与此同时，为了更好指导历史研究，马克思主义历史学家还加强马克思主义理论建设。例如，郭沫若翻译唯物史观的奠基之作《德意志意识形态》（1938），翦伯赞撰写历史研究的方法论专著《历史哲学教程》（1938），侯外庐与王思华合译马克思《资本论》三卷本（1938），为历史研究提供马克思主义哲学和政治经济学的理论根据。

由此可见，自从中国马克思主义历史学创立之日起，它就在同一切反马克思主义思潮的斗争中形成了重视马克思主义理论建设、坚持马克思主义与中国历史实际相结合、实现历史研究科学化的优良传统，并贯串于中国马克思主义历史学发展的过程，在不同时期赋予以不同的时代特色。有关这方面的情况，我们曾经作过详细的论述。这里，我们仅就这一优良传统的时代特色，再做一简要的补充和说明：

（一）在20世纪40年代，这一优良传统主要表现在中国古代史和中国通史解释体系的构建上。

侯外庐的《中国古代社会史论》（1942—1946）是这一时期构建中国古代史解释体系的代表作。其最大特色是：将马克思的亚细亚生产方式理论同中国古代社会史研究相结合，从"亚细亚生产方式"的性质入手着力构建以探索中国文明起源的具体路径为主线的中国古代社会史新体系。这个新体系以首倡中国文明起源"维新"路径说而著称于世，从而实现马克思主义历史科学"关于古代社会的规律的中国化"[①]。

范文澜主编的《中国通史简编》（1941）和吕振羽的《简明中国通史》（1941—1947）是马克思主义与中国通史建设相结合的开山之作。这两部中国通史的最大贡献是：根据马克思社会形态学说把中国历史进程看作是社会形态变迁的过程，着力探求社会形态变迁的内在根源及其实现形式，从而构建起以中国历史的发展道路为主线的中国通史解释体系。这一中国

---

① 侯外庐：《中国古代社会史论·自序（1946年）》，生活·读书·新知三联书店1979年版。

通史解释体系的最大特点:一是,把近代以前的中国历史进程看作是原始公社制、奴隶制和封建制三种社会形态变迁的过程,着力探求这一过程的规律及其实现形式;二是,把这一过程的规律及其实现形式看作是"历史的共同性与特殊性"相统一的过程,从而为实现马克思主义历史科学的中国化进行了有益的探索;三是,探索中国历史进程的规律及其实现形式的过程也是批判非社会形态化思潮的过程,从而坚持了唯物史观的指导,捍卫了马克思社会形态学说。

(二)新中国十七年是中国马克思主义历史学指导地位确立时期

这一时期,马克思主义与中国历史实际相结合的特点是:在中国通史建设和史学理论建设方面都有了新的进展。在中国通史建设方面,是尚钺主编的《中国历史纲要》(1954)的问世。这是继范文澜和吕振羽的以西周封建说构建中国历史解释解体系之后,以魏晋封建说构建的中国历史解释体系。在史学理论建设方面,是围绕中国历史发展道路的相关理论问题展开的讨论,主要有:中国古代史分期问题、中国封建土地所有制形式问题、中国奴隶社会和封建社会的类型、特点及其发展阶段问题、中国资本主义萌芽问题等。对于上述相关理论问题的讨论,尽管观点互异,歧见迭出,但是都有一个共同点,即:在唯物史观指导下,从理论与实证的结合上论证马克思社会形态学说对于中国历史的适用性,从而深化了对马克思这一学说的基本理论——生产方式理论和历史发展阶段性理论的认识,促使马克思主义与中国历史实际的进一步结合以及马克思主义在历史研究领域的进一步中国化。这对于历史研究中由来已久的非社会形态化思潮无疑是有力的批判。

(三)改革开放以来的历史新时期是中国历史研究全面发展时期

马克思主义与中国历史实际相结合就是在这一新形势下得到坚持、贯彻和发扬的,因而具有新的时代特色:

一是,从新的理论角度重构中国历史解释体系,这是马克思主义与中国历史实际相结合的新特色。例如,郭沫若主编的《中国史稿》(7册修订本)运用唯物史观的生产力理论分析战国时期的生产力发展状况,提出战国封建说作为构建中国历史解释体系的理论根据,又根据毛泽东《矛盾论》分析封建生产关系的主要矛盾方面,提出封建地主土地所有制是中国封建社会经济基础说。这是继西周封建说和魏晋封建说之后又一中国封建社会新说——战国封建说，也是继封建土地国有制之后又一中国封建社会类型说——封建地主土地所有制说。又如，白寿彝总主编的《中国通史》在总结此前历史分期说的基础上，根据新的考古发现和文献资料，提出商周早期奴隶社会说和秦朝统一封建社会说重构新的中国历史解释体系。

二是，根据新情况，提出新问题，转换研究视角，重新开展关于中国文明起源路径和中国资本主义萌芽等史学理论问题的探讨。在中国文明起源路径问题上，根据马克思主义国家起源论重新审视西方"早期国家说"，从考古学与文化人类学相结合的角度系统考察中国史前时期的发展模式，提出中国文明起源三路径说——"酋邦说"、"部落国家说"和"聚落形态说"，而尤以"聚落形态说"更富新意。它既是对马克思主义国家起源论的继承和发展，也是对西方"早期国家说"的积极回应，从而在中国文明起源路径问题上进一步促进了马克思主义与中国历史实际相结合。在中国资本主义萌芽问题上，根据马克思关于资本原始积累理论分析明清时期的历史实际，把研究重点放在探索中国农业资本主义萌芽，特别是农业资本主义萌芽的发展道路方面，提出中国农业资本主义萌芽发展道路的"农民经济演化论"和"地主经济演化论"，认为前者走的是"革命的道路"，后者走的是"保守的道路"。这是根据中国历史实际对中国资本主义萌芽问题所作的新论证，也是马克思的资本主义萌芽理论的中国化。

综观中国马克思主义历史学优良传统在不同时期的时代特色，可以清楚地看到：马克思主义与中国历史实际相结合的过程是不断探索社会形态的变迁在中国特定时空中的实现形式的过程，即不断探求中国历史的发展道路的过程；这个过程也是不断批判历史研究中的非社会形态化思潮、克服其所造成的不良后果的过程。由此可见，发扬中国马克思主义历史学的优良传统是我们研究中国历史的发展道路题中应有之义。由于我们是在非社会形态化思潮重新泛起的今天从事这项研究的，因此，其当代意义更是不言而喻。

第四节　坚持唯物史观指导历史研究的马克思主义方向

在当前，坚持唯物史观指导历史研究的马克思主义方向尤其具有重大的现实意义。从历史研究的现状中，我们可以看到：无论是否定马克思的社会形态学说，还是抹煞新中国十七年史学研究的新成就，最终目的都是为了反对唯物史观在历史研究中的指导地位。至于"超越"唯物史观更是径直把攻击的矛头指向唯物史观的基本原理和基本概念。如上所述，"超越论"者公然声称"社会意识决定社会存在是普遍的"、"生产力决定生产关系的规律"是"纯粹的""思辨的思维运动"、"经济基础"与"上层建筑"只是"形象的说法"而不是"严密的科学的历史分析"，等等，试图以此否定唯物史观基本原理和基本概念及其所揭示的历史规律的客观实在性和科学真理性，从根本上颠倒社会存在与社会意识的主从关系，抹煞唯物史观与唯心史观之间的质的规定性。其结果必然是用唯心史观取代唯物史观在历史研究中的指导地位，改变历史研究的马克思主义方向。

对于"超越论"者的最好回答是社会实践。因为唯物史观的基本原理来源于社会实践，是对社会实践的科学概括和总结。唯物史观关于社会存在决定社会意识的基本原理，从哲学的意义上说，是旨在说明物质与精神两者之间的辩证关系：首先是"物质变精神"，而在一定条件下，"精神"可以变"物质"。"超越论"者的错误在于：不懂得"物质与精神"、"社会存在与社会意识"之间的辩证关系，以至于无限夸大、膨胀"精神"、"社会意识"对于"物质"与"社会存在"的反作用，使之成为独立于"物质"与"社会存在"之外的"绝对"，从而把"物质变精神"和"精神变物质"的辩证运动过程割裂开来，对立起来，用"精神变物质"来否定"物质变精神"，否认"精神"来源于"物质"、"社会意识"来源于"社会存在"，最终走向了唯心论，陷入了唯心史观。

从生产实践的意义上说，唯物史观所说的"社会存在"，首先是指物质生活资料的生产和由此而形成的社会生产关系。社会实践表明：人类历史存在的首要前提是个人的存在，而个人的存在首先必须解决吃、喝、住、穿等问题。一句话，必须首先从事物质生活资料的生产，人的思想和社会意识只能是产生于物质生活资料的生产过程。换言之，是先有物质生产，然后才有精神生产。所以，马克思和恩格斯指出：这种唯物史就在于：它"从直接生活的物质生产出发阐述现实的生产过程，把同这种生产方式相联系的、它所产生的交往形式，即各个不同阶段上的市民社会，理解为整个历史的基础"。又说：它"不是从观念出发来解释实践，而是从物质实践出发来解释观念的形成"①。这样一来，"唯心主义从它的最后的避难所即历史观中被驱逐出去了，一种唯物主义的历史观被提出来了，用人们的存在说明他们的意识，而不是像以往那样用人们的意识说明他们的存在这样一条道路已经找到了"。②列宁进一步从生产力与生产关系的角度阐明生产方式作为"整个历史的基础"的社会形态含义。他说："只有把社会关系归结于生产关系，把生产关系归结于生产力的水平，才有可靠的根据把社会形态的发展看作自然历史过程。③"对于人们每天都在经历着的生产实践和生活实践这种司空见惯的事实，唯心史观论者视而不见，听而不闻；对于由生产方式的矛盾运动而引起的社会形态变迁的"自然历史过程"，"超越论"者更是熟视无睹。这只能表明：他们不懂得生产方式的运动规律对于正确认识社会历史发展的科学意义。

从社会形态的意义上说，经济基础与上层建筑是根据马克思的生产方式理论对于社会结构所作的科学分析，两者之间的决定与被决定的关系，是"社会存在决定社会意识"这一唯物史观基本原理在社会历史领域中的具体贯彻和运用。根据这一基本原理，经济基础是指社会的物质生活，上层建筑是指社会的政治生活和精神生活；是先有社会的物质生活而后才有社会的政治生活和精神生活。这是马克思主义创始人运用唯物史观对纷繁复杂的社会历史现象所作的高度概括，是建立在"严密的科学的历史分析"基础之上的，是严格的科学概念和历史概念。怎么可以把他们贬斥为只是一种"形象的说法"而无科学性可言呢？可见，这只能表明："超越论"者丝毫不懂得"经济基础与上层建筑"的科学含义，更遑论对这一科学含义在理解社会形态构成方面的认识论意义了。

面对历史研究存在的问题，为了坚持唯物史观，关键在于：一方面，必须揭露"超越论"者在这个问题上所散布的种种言论的错误实质，还唯

---

① 马克思、恩格斯：《德意志意识形态》，《马克思恩格斯选集》第1卷，第91—92页。
② 恩格斯：《社会主义从空想到科学的发展》，《马克思恩格斯选集》第3卷，第739页。
③ 列宁：《什么是"人民之友"以及他们如何攻击社会民主党人?》，《列宁集选》第1卷，人民出版社1995年版，第89页。

物史观以本来的面貌；另一方面，必须加强马克思社会形态学说的研究，重申这一学说在历史研究中，特别是在中国历史发展道路的研究中的理论基础地位，而这是由马克思社会形态学说的内涵和中国历史发展道路的研究对象的特性所决定的。

如上所述，马克思的社会形态学说是关于社会形态变迁及其规律的学说，是马克思运用唯物史观基本原理系统考察人类社会历史进程而后作出的科学总结，因而是唯物史观的基本理论构成。由于有了马克思这一学说，唯物史观才成为被社会历史所证明了的科学真理。

马克思社会形态学说的内涵有两个要点：一是，人类历史进程是社会形态变迁的过程，其根源或动力在于生产方式的变革；二是，由生产方式的变革所引起的社会形态的变迁使人类历史进程呈现出阶段性来，而因生产方式内部矛盾的特性决定了历史阶段性只具暂时性，历史的发展才具绝对性，并表现为由低一级向更高一级递进的发展态势。这两个要点，由前者形成了生产方式理论，由后者形成了历史发展阶段性理论。它们构成了马克思社会形态学说的两大基本理论。显然，这是唯物史观关于社会存在决定社会意识的基本原理在社会历史领域中的具体贯彻和运用，深刻地反映了"生产关系必须适合生产力性质"的历史客观规律。因此，自从中国马克思主义历史学创立以来，生产方式理论和历史发展阶段性理论一直是研究中国历史进程、构建中国历史解释体系的基本理论，也正因为如此，它们势必成为历史研究中非社会形态思潮攻击的重点，目的在于把马克思社会形态学说边缘化，使其不再成为历史研究的理论基础。在这种情况下，我们重启对于中国历史发展道路的研究就有重申其作为历史研究的理论基础地位的现实意义。因为中国历史的发展道路是以探求社会形态的变迁及其在中国特定的历史时空中的实现形式为研究对象的。这一研究对象要求把中国历史进程看作是社会形态变迁的过程，要求从生产方式内部的矛盾性探求其变迁的根源和实现形式。为了回答上述问题就必须根据马克思社会形态学说的生产方式理论和历史发展阶段性理论做出解释。从中，我们可以看到，坚持唯物史观的指导，重申马克思社会形态学说的理论基础地位与研究中国历史发展道路三者之间的内在联系。

综上所述，坚持唯物史观指导历史研究必须以马克思的社会形态学说为理论基础；在非社会形态化思潮重新泛起的情况下，重启中国历史的发展道路研究，就具有重申马克思社会形态学说在历史研究中的理论基础地位的重大现实意义和学术理论价值。

（未刊稿）

第二编

社会形态与历史和文明

关于"亚细亚生产方式"的社会性质与中国文明起源的路径问题

"亚细亚生产方式"是马克思根据唯物史观的基本原理研究人类早期历史而提出的理论概念。长期以来，由于对这一理论概念的内涵理解不一而争论不已。大体可分为"五形态"体系内说和"五形态"体系外说。本文主张"五形态"体系内说的"原始社会说"，认为此说更切合马克思社会形态学说史的实际，更贴近马克思提出这一理论概念的原意，并根据马克思关于原始共同体生存方式的思想，结合中国文明起源的历史实际进行新的阐释和论证。

"亚细亚生产方式"是马克思根据唯物史观的基本原理研究人类早期历史而提出的理论概念。长期以来，因对该理论概念的内涵理解不一而歧见迭出，争论不已，莫衷一是。这场争论，如果从1930年代中国社会史问题论战算起，迄今已近一个世纪。这场世纪的争论大体可分为：新中国成立前和新中国成立后两个时期。新中国成立前的二十年，这场争论始终围绕着"亚细亚生产方式"的社会性质问题展开，虽众说纷纭，但基本上可归结为："五形态"体系内和"五形态"体系外两说。原始社会说、奴隶社会说、东方奴隶社会说或早期奴隶社会说、东方封建社会说等，可称为"五形态"体系内之说；独特形态说、东方专制主义说或贡纳制说、前资本主义说或混合形态说等，可称为"五形态"体系外之说。可见，新中国成立前这场争论，归根到底，是"五形态说"与"非五形态说"之争，它关系到马克思的"五形态说"是否适用于人类历史进程的根本理论问题。

新中国成立后，这场世纪的争论在新的历史条件下又有了新的进展。这主要表现在：关于"亚细亚生产方式"问题的讨论更加注重对其理论内涵的研究同马克思主义发展史结合起来，更加注重对其社会性质的研究同东西方文明起源路径、特别是同中国文明起源的路径问题结合起来，因此大大拓展和深化了关于"亚细亚生产方式"问题研究的广度和深度。然而，一个时期以来，受国内外历史研究领域中的非社会形态思潮的影响，这场世纪的争论已逐渐淡出，"亚细亚生产方式"问题不再是历史研究关注的热点。有鉴于此，本文试图通过转换研究视角，重启对于这一历史问题的探讨：一、从历史与逻辑相统一的角度重新考察马克思提出"亚细亚生产方式"这一理论概念的历史前提和思想内涵；二、从原始所有制的不同实现形式的角度重新探讨东西方历史的发展道路；三、从原始共同体生存方式与中国原始聚落形态演变相结合的角度重新研究中国文明起源的路径。

一　马克思《政治经济学批判·序言》的主旨

"亚细亚生产方式"是马克思主义历史学的重大理论问题之一，也是马克思社会形态学说的重要组成部分。其重要性在于：它直接同人类历史进程的两大问题，即五种社会形态的依次更替和东西方历史的发展道路问题紧密联系在一起。中国历史的发展道路既然是社会形态的变迁过程在中国特定的历史时空的实现形式，那么，它自然不能、也无法回避这一重大理论问题。

众所周知，"亚细亚生产方式"这一理论概念始见于马克思的《政治经济学批判·序言》（1859）。它与"古代的、封建的和现代资产阶级的生产方式"被"看作是经济的社会形态演进的几个时代"，且名列前茅，成为经济社会形态演进过程的开端。如果说，"古代的、封建的和现代资产阶级的生产方式"分属于奴隶制、封建制和资本主义的经济社会形态，那么，"亚细亚生产方式"应属于哪一种经济社会形态？其社会性质应如何确定？

回顾历史，这是一个长期争论不休而又终无定论的老大难问题。尽管如此，如果从理论和实证的结合上审视有关这一问题的各种主张或说法，如原始社会说，奴隶社会说或东方奴隶社会说，封建社会说或东方专制主义说，东方特殊社会说或混合社会形态说（指涵盖奴隶制和封建制诸生产方式因素在内的一种社会形态），等等；那么，我们认为，原始社会说[①]是更切实而近真。所谓切实，就是更切合马克思社会形态学说史的实际；所谓近真，就是更贴近马克思提出这一理论概念的原意。

为了说明我们的观点，首先必须从分析这一理论概念的出处——马克思《政治经济学批判·序言》（以下简称《序言》）的主旨入手。

马克思的《序言》是首次对唯物史观关于生产力决定生产关系、经济基础决定上层建筑这一基本原理所做的经典概括和表述。他从生产方式内部矛盾性的角度深刻阐明了因生产方式的变革而引起的经济社会形态演变的过程，由此提出了以"亚细亚的、古代的、封建的和现代资产阶级的生产方式"为标志的经济社会形态"演进的几个时代"，旨在说明：人类历史上依次更替的经济社会形态，归根到底，是生产力与生产关系之间的矛盾和冲突的结果，是生产关系一定要适合生产力性质的历史客观规律所使然。就是说，马克思在《序言》中所阐明的唯物史观基本原理是对整个人类社会而言的，所揭示的历史客观规律是贯串人类历史发展的全过程的，是历史的普遍规律。因此，马克思在《序言》中所说的经济社会形态，既包括对抗形式，也包括非对抗形式，而不是像有的学者所说仅限于对抗形式，因而只能把"亚细亚生产方式"理解为属于对抗形式的经济形态。如果此说能够成立，那么，人类文明时代所经历的就不是三大对抗形式，而是四大对抗形式。显然，这是同恩格斯关于"文明时代的三大时期所特有

---

① 郭沫若首倡此说。他在《中国古代社会研究》（1930）一书中认为，"亚细亚生产方式"是指"古代的原始共产社会"。然而，在此后20年里，国内学术界的主流意见不是"原始社会说"，而是"东方奴隶社会说"。新中国成立后，关于"亚细亚生产方式"问题有三次大的讨论：20世纪50年代初、60年代初和70年代末80年代初。其间，"原始社会说"在时隔20年后又"昔日重现"。对此，许多学者纷纷发表相关论文予以肯定。其中，童书业的《论"亚细亚生产方法"》（《文史哲》1950年第1卷第4期）、田昌五的《马克思、恩格斯论亚洲古代社会问题》（《历史论丛》1964年第1期）和《世界上古史纲》编写组的《亚细亚生产方式——不成其为问题的问题》（《历史研究》1980年第2期）等，可以视为"原始社会说"在新中国成立后三个时期的代表力作。

的三大奴役形式"①的论断相背离的。不过,主张"对抗形式说"的学者大多是持"奴隶社会说",认为"亚细亚生产方式"是与古代生产方式并列同属于奴隶制的经济社会形态。虽然"奴隶社会说"避免了同恩格斯的"三大奴役形式"的论断相矛盾,但却有违马克思《序言》的主旨。马克思在《序言》里明确地说:"亚细亚的、古代的……生产方式"是"经济社会形态演进的几个时代"。既然是"演进的几个时代",那么,就正好表明:"亚细亚的"和"古代的"生产方式不是同一历史发展阶段,而是前后相续的两个历史发展阶段;否则,就不存在"依次演进"的问题了。可见,主张"亚细亚生产方式"同属于奴隶制经济社会形态的"并列说"与马克思《序言》的主旨是相左的。相比之下,"亚细亚生产方式原始社会说"更能体现马克思《序言》的主旨。因为根据《序言》的经济社会形态依次演进说,"亚细亚生产方式"作为古代奴隶制生产方式的前行阶段理应属于非对抗形式的经济社会形态,即马克思和恩格斯后来所说的"原始共产主义"的经济社会形态,省称原始社会经济形态。

总之,我们之所以强调讨论"亚细亚生产方式"的社会性质必须从分析《序言》的主旨入手,是因为只有从《序言》主旨的高度去理解和把握才能认清《序言》所阐明的几种生产方式依次更替的世界历史性质,才不至于把这几种生产方式依次更替的世界历史过程狭隘化为只适用于西欧地区的历史过程,也不至于把"亚细亚生产方式"从其他几种生产方式中游离出来孤立地就"亚细亚"论"亚细亚"。若此,则是无从准确地为"亚细亚生产方式"进行历史定位,因而也无从准确地认清"亚细亚生产方式"的社会性质的。

马克思之所以把"亚细亚生产方式"看作是其他几种生产方式的前行阶段,强调它作为"经济的社会形态演变的几个时代"的前驱先路,至少说明两点:一是,马克思的历史眼光的世界性。就是说,他在考察几种生产方式的依次更替时,其目光并未停留在西方,而是同时面向东方,因为"亚细亚"就在世界的东方。显然,马克思这种从东西方的角度考察生产

---

① 指古代的奴隶制、中世纪的农奴制和近代的雇佣劳动制,详见恩格斯:《家庭、私有制和国家的起源》,《马克思恩格斯选集》第4卷,人民出版社1995年版,第176页。

方式依次更替过程的眼光是面向世界历史进程的世界性眼光。二是,"亚细亚生产方式"的原始性。所谓原始性,是指"亚细亚生产方式"属于人类社会最初的生产方式。下面我们将会看到:"亚细亚生产方式"的原始性就在于它的所有制是马克思所说的"古代亚洲的氏族公社"所有制。建立在这种所有制基础上的社会形态,显然属于原始公社制即氏族制的社会形态。

对此,有学者提出质疑:"原始社会"与"原始的公社所有制"是两个不同的概念,不能混同。不错,这是两个不同的概念,各有其内涵和外延,不可混同。但是,不要忘了,马克思在《序言》中是把几种生产方式的依次更替作为"经济的社会形态演进的几个时代"定位的。"亚细亚生产方式"自然也不例外。既然"亚细亚生产方式"属于一定的"经济的社会形态",那么,它的所有制也属于一定的"经济的社会形态"。可见,在《序言》所规定的特定前提下,由"原始的公社所有制"或"亚洲的氏族公社"所有制得出"亚细亚生产方式"属于原始社会的结论并不违背马克思的原意。

必须指出,"亚细亚生产方式"的原始所有制形式并非亚洲所独有,而是也存在于"欧洲各地"。这就表明:亚细亚的原始所有制以及由此所构成的"亚细亚生产方式"是东西方都曾经历过的人类社会的早期阶段,之所以用"亚细亚"命名,只不过是为了说明它的原发性。因此,把"亚细亚生产方式"定性为原始社会不仅于理有据,而且于史有源。

二 原始社会说的历史前提

我们主张"原始社会说"有一个前提,就是:马克思在《序言》里提出"亚细亚生产方式"时,对原始社会的社会结构、财产关系和土地制度等问题已经有所了解、有所认识,而不是像有的学者所说,要等到读了摩尔根《古代社会》一书即1877年之后才对原始社会有了明确的认识。我们这样说是有马克思对于苏格兰的盖尔人克兰制度的研究为证的。

按马克思对于苏格兰盖尔人克兰制度的研究见于1853年写的《萨特

伦德公爵夫人和奴隶制》一文①。该文指出：苏格兰长达三个世纪（16—19世纪初）的"圈地"过程就是把盖尔人的氏族财产"强行"变成"首领"财产的过程，把盖尔人"自古以来的氏族土地""篡夺"为"首领""私人土地的过程"。其实质是：变盖尔人克兰制度即氏族制度为雇佣奴隶制度。为了正确理解这种"篡夺"，就必须弄清盖尔人克兰制度的氏族性质。

根据马克思的分析，盖尔人克兰制度的氏族性质有两大特点：

一是，克兰即氏族。在氏族内部，"所有成员都属于同一亲系"；克兰首领的权力"只限于在血缘亲属之内行使"；氏族成员之间有着"血缘关系"，但也存在着"地位上的差别，正像所有古代亚洲的氏族公社一样"。

二是，克兰即氏族的土地和财产属于氏族公有。就是说，只有"氏族的公有财产"，而没有"现代意义上的私有财产"和私有土地，正如俄国农民公社一样，土地只属于整个公社，而不属于个别农民。

上述两大特点表明：克兰制度，实质上，是以氏族为基本单位的原始氏族公社制度。如果说，"氏族是以血缘为基础的人类社会的自然形成的原始形式"②；那么，氏族制度则是人类社会最初的社会制度。克兰制度就是属于这样的社会制度。更确切地说，在苏格兰"圈地"运动之前，盖尔人一直过着原始社会的氏族生活：血缘关系是人们相互关系的基础，财产关系为氏族公有制，土地制度为氏族所有制。克兰氏族制度性质的蜕变始于1688年之后建立氏族军队。从此，贡税成了氏族首领收入的主要来源。首领对于氏族族长来说，处于领主地位，而族长对于氏族成员来说，则成了农场主。这一"篡夺"的过程，至1811年以后才彻底完成。可见，对于苏格兰的盖尔人来说，1688年之后是其克兰制度由氏族制度蜕变为奴隶制度的关键性年份：此前，盖尔人处于原始氏族社会阶段；此后，盖尔人转入奴隶制社会阶段。所谓"克兰不外是按军队方式组织起来的氏

---

① 《马克思恩格斯全集》第8卷，人民出版社1961年版，第569—576页。
② 马克思：《资本论》第1卷，《马克思恩格斯全集》第44卷，人民出版社2001年版，第407页（50a）。

族",^① 指的是1688年以后的情况。至于克兰公社里还有贡税的问题，也应作如是观。

从马克思关于克兰制度的原始社会性质及其演变过程的论述中可以看到：以血缘为基础的氏族制度是原始社会的基本制度，故原始社会又称"原始氏族社会"[②]，而这一基本制度是建立在氏族土地公有制基础之上的，因此，氏族制度的演变必然从改变氏族土地公有制开始。氏族土地公有制，恩格斯称之为"原始土地公有制"[③]，表明它是原始社会土地所有制的基本形式，也是"历史起源的社会基础"[④]。

必须指出，马克思关于氏族土地公有制的思想早在唯物史观创立之初（1845—1846）就已经提出来了。只因受当时历史科学水平的限制，故对"氏族"和"部落"这两个术语的含义尚未能做出精确的界定，而当时所说的"部落"实指渊源于共同祖先的人类共同体，即建立在血缘基础上的一种社会结构，具有后来所谓"氏族"和"部落"的双重含义。所以，马克思和恩格斯在《德意志意识形态》论述所有制的历史形式时，使用"部落所有制"这一当时通行的术语是完全可以理解的。他们把"部落所有制"称作"第一种所有制形式"就含有"氏族所有制"的意谓，正好显示这种所有制的原始性质。它是与原始社会的生产力水平、社会分工状况相适应的，其主要特点是：物质资料的生产以渔猎为主，还辅以农耕；分工仅限于家庭内部的自然形成的、"纯生理基础"的"自然分工"；社会结构仅限于家庭的扩大，包括父权制的部落首领、部落成员和奴隶[⑤]，等等。

可见，他们所说的"部落所有制"的"部落"实指由血缘相近的几个氏族组合而成的父权制氏族公社；"部落所有制"就是父权制氏族公社所有制。这种所有制与克兰的氏族土地所有制，可谓名异而实同，或者说，这两种所有制至多只有形式的差异而无实质的区别。

---

① 马克思：《萨特伦德公爵夫人和奴隶制》，《马克思恩格斯全集》第8卷，人民出版社1961年版，第572页。
② 恩格斯：《共产党宣言·1888年英文版序言》，《马克思恩格斯选集》第1卷，人民出版社1995年版，第257页。
③ 恩格斯：《共产党宣言·1883年德文版序言》，《马克思恩格斯选集》第1卷，第252页。
④ 马克思恩格斯：《共产党宣言》，《马克思恩格斯选集》第1卷，第272页注2。
⑤ 《马克思恩格斯选集》第1卷，第68—69页。

总而言之，早在马克思提出"亚细亚生产方式"这一理论概念之前，他已经通过：先是对"部落所有制"，后是对克兰制度的研究，了解和认识到原始社会的性质特点即氏族制度的原始性质和氏族土地制度的公有性质。这是我们主张"亚细亚生产方式原始社会说"的认识论前提，也是切合马克思社会形态学说的历史实际的。

三　原始社会说的理论根据

那么，"原始社会说"又何以更贴近或符合马克思的"亚细亚生产方式"这一理论概念的原意呢？这需要从所有制问题说起。

如众所知，所有制作为生产关系的第一要素，既是生产方式的核心，也是决定生产方式性质的关键因素。因此，马克思高度评价所有制在"使社会结构区分为各个不同的经济时期"[①] 方面的作用，认为它是区分经济社会形态的历史发展阶段的重要依据。可见，所有制问题对于确定生产方式性质的极端重要性。探讨"亚细亚生产方式"的社会性质也应作如是观。就是说，应该从分析生产方式的核心即所有制入手以达到对其社会性质的正确认识。

"亚细亚生产方式"的核心，马克思称为"亚细亚的所有制"即"原始的公社所有制"[②]。这里，问题的关键在于对"原始公社"的理解。马克思在论述各种原始公社解体的历史时说："把所有的原始公社混为一谈是错误的；正像地质的形成一样，在这些历史的形成中，有一系列原生的、次生的、再次生的等等类型"[③]。那么，这里所说的"原始公社"究竟属于其中哪一种类型呢？有学者认为，马克思所说的"原始公社"是指"农村公社"，因为马克思在谈到"原始的公社所有制"时，是将"亚细亚的"

[①] 马克思：《资本论》第2卷，《马克思恩格斯全集》第45卷，人民出版社2003年版，第44页。

[②] 马克思：《政治经济学批判》，《马克思恩格斯全集》第13卷，人民出版社1962年版，第22页注1。

[③] 马克思：《给维·伊·查苏利奇的复信草稿——初稿》，《马克思恩格斯全集》第19卷，人民出版社1963年版，第432页。

和"印度的公社所有制"相并提的①，而"印度的公社所有制"是属于农村公社的所有制，所以，"亚细亚的所有制"也应属于农村公社所有制。其实，这是对马克思将"亚细亚的"和"印度的公社所有制"并提的误解。马克思将上述两者并提是仅就"土地公有制"而言。因为农村公社的"一个基本特征，即土地公有制"，所以，才把印度的村社土地所有制与"亚细亚的所有制"并提。但是，这并非表明：上述两者处在原始公社历史发展的同一个层次或同一个阶段上。马克思说：印度的农村公社"往往是古代形态的最后阶段或最后时期"。又说：农村公社时期"是从公有制到私有制、从原生形态到次生形态的过渡时期"。不仅如此，"所有较早的原始公社都是建立在自己社员的血统亲属关系上的"，而农村公社则"割断了这种牢固而狭窄的联系"②。可见，农村公社虽然仍属于原始公社的范畴，但是，相对于"较早的原始公社"就要晚出得多，属于原始公社晚期的产物，不是纯粹的原生形态，而是包含次生形态因素的过渡形态。有鉴于此，我们认为，马克思所说的"亚细亚的所有制"不属于农村公社所有制，而是属于"较早的原始公社"所有制，即马克思所说的"古代亚洲的氏族公社"所有制。主要根据有二：

（一）"亚细亚的所有制"是"原始的所有制"的"第一种形式"。相对于"古典古代的所有制形式"和"日耳曼的所有制形式"，"亚细亚的所有制"在时间上要早出得多，在公有制程度上也要高得多。因此，在时间顺序上，马克思将后两者排在"亚细亚的所有制"之后，分别称为"原始的所有制"的"第二种形式"和"第三种形式"，并对这三种所有制形式的公有制程度进行了比较：在第一种形式即"亚细亚的形式"下，公社成员是"共同财产的共有者"，"不存在个人所有，只有个人占有"；在第二种形式即"古典古代的形式"下，公社土地一部分为"公社本身支配"，一部分为"单个的"公社成员所私有，因而存在着土地财产公社所有和私人所有"这种双重的形式"；在第三种形式即"日耳曼的所有制形式"下，

---

① 马克思：《政治经济学批判》，《马克思恩格斯全集》第13卷，人民出版社1962年版，第22页注1。
② 马克思：《给维·伊·查苏利奇的复信草稿——初稿》，《马克思恩格斯全集》第19卷，人民出版社1963年版，第434—435页。

"公社所有制仅仅表现为个人所有制的补充","在这种情况下,个人所有制表现为公社所有制的基础"①。可见,在这三种"原始的所有制"形式中,"亚细亚的所有制"公有制程度最高。这是与一切文明民族的历史初期"人类素朴天真"的土地财产观念即"都把土地当作共同体的财产"②的观念相一致的。

（二）"亚细亚的所有制"是以"自然形成的共同体"作为"第一个前提"③。所谓"自然形成的共同体"是指在"血缘、语言、习惯"等方面具有"共同性"的"群体",包括氏族和部落。它们不是"共同占有（暂时的）和利用土地的结果,而是其前提"④。换言之,是先有"共同体",然后才有"共同占有";对于"单个的人"来说,也是如此,即"只有""作为这个共同体的成员,才能把自己看成所有者或占有者"⑤。在这种情况下,人们"都把土地当作共同体的财产"就是十分自然的事。因此,只有"共同体的"所有制即"原始的公社所有制"而不存在个人的土地财产私有制。这是"亚细亚的所有制"的基本特征。唯其如此,马克思将"亚细亚的所有制"即"原始的公社所有制"称为"所有制的原始形式"。

必须指出,虽然"亚细亚的所有制"名为"亚细亚",但是,它作为"所有制的原始形式",无论是东方还是西方都曾经存在过。所以,马克思在看了毛勒关于马尔克、乡村等制度的著作以后,写信告诉恩格斯说:"我提出的欧洲各地的亚细亚的或印度的所有制形式都是原始形式,这个观点在这里（虽然毛勒对此毫无所知）再次得到了证实。"⑥ 就是说,马克思关于"亚细亚的所有制"作为"所有制的原始形式"也存在于"欧洲各地"的观点,早在毛勒的著作问世之前就已经提出来了。毛勒的著作只是"再次""证实"了马克思此前提出的上述观点而已。正是"亚细亚的所有

---

① 马克思:《政治经济学批判》,《马克思恩格斯全集》第 30 卷,第 470—477 页。
② 同上书,第 466 页。
③ 同上。
④ 同上。
⑤ 同上。
⑥ 《马克思致恩格斯（1868 年 3 月 14 日）》,《马克思恩格斯全集》第 32 卷,人民出版社 1974 年版,第 43 页。

制"即"原始的公社所有制"的性质决定了"亚细亚生产方式"只能是属于原始社会的生产方式,而"亚细亚生产方式"的原始社会性质表明:"亚细亚生产方式"不是东方所专有的历史特性,而是东西方所共有的历史共性。这种历史共性正好体现了历史发展的统一性。

既然如此,为何还要冠以"亚细亚的"前置词呢?应该说,这与19世纪50年代以后,马克思开始关注东方社会问题,特别是与研究"亚细亚的"、尤其是印度的"原始的公社所有制"问题有关。马克思的研究结果表明:这种"原始形式"虽然是一切文明民族的历史初期都发生过,但是,东方要早于西方,并且只有在"亚细亚"或在印度那里才能为我们提供"这种形式的一整套图样,虽然其中一部分只留下残迹了"[1]。可见,无论是从发生学的角度,还是从完整性的角度来看,"亚细亚的所有制"作为"所有制的原始形式"较之于"古典的古代所有制形式"和"日耳曼的所有制形式"是更具典型性和代表性。

然而,问题至此并未完结。例如,有学者以马克思在论述"亚细亚的所有制"问题时,将"大多数亚细亚的基本形式"同"东方专制制度"联系起来为由而否定"亚细亚的所有制"的"原始的公社所有制"性质,并由此断言:"亚细亚生产方式"是属于奴隶制或东方专制主义的生产方式。对此,应作何解释呢?

不可否认,马克思在论述"亚细亚的所有制"时,特别考察了这一"原始的公社所有制"在东方专制制度下的历史演变,即由以东方公社为代表的"共同体"所有制向以东方专制君主为代表的"统一体"所有制的历史演变。但是,这种历史演变并没有从根本上改变东方公社对于土地占有的实质。为什么?因为东方公社对于土地的"实际占有"的前提"并不是劳动的产物,而是表现为劳动的自然的或神授的前提"。所以,尽管土地所有制形式变为"统一体"的"专制君主"所有,而作为"共同体"的公社则变为"世袭的占有者",然而,由于公社的"世袭占有"是"共同的占有"[2],不是私人的占有,因此,没有发生像克兰首领那样据氏族公社

---

[1] 马克思:《政治经济学批判(1859—1860年)》,《马克思恩格斯全集》第13卷,第22页注1。
[2] 马克思:《政治经济学批判(1857—1858年)》,《马克思恩格斯全集》第30卷,第466页。

财产为己有的"篡夺"。就是说，东方公社作为"自然形成的共同体"，它对于土地财产的"共同占有"也是"自然的或神授的"这一特性并不因为在东方专制制度下而改变。马克思把东方公社的这一特性称为"古代类型的公社""天赋的生命力"，认为这种"原始公社"的"天赋的生命力""比希腊、罗马社会，尤其是现代资本主义社会的生命力要强得多"，因此，它在"经历了中世纪的一切波折"之后，仍"一直保存到今天"[①]。而在所有的"原始公社"中，"亚细亚形式必然保持得最顽强也最长久"，因为"亚细亚形式的前提"是"单个人对公社来说不是独立的，生产的范围限于自给自足，农业和手工业结合在一起，等等"[②]。

然而，这一切只能说明"亚细亚的所有制"由于它的"原始的公社所有制"的性质，因此，从一开始就是非对抗性的经济社会形态的所有制，并构成非对抗性经济社会形态的基础。不过，由于"亚细亚的所有制"的顽强生命力，它不仅可以构成非对抗性的经济社会形态的基础，而且还可以保存在奴隶制社会乃至封建制社会里，成为对抗性的经济社会形态的不占支配地位的所有制形式，只是处于从属地位而已。唯其如此，"亚细亚的所有制"可以继续存在于东方专制制度的对抗性社会里。但是，我们不能因此而否认它的原始所有制的性质，更不能由此断言"亚细亚生产方式"属于对抗性形式的生产方式。因为《序言》所说的"亚细亚生产方式"指的是"经济的社会形态演变"的一个时代，代表着历史发展的一个阶段，而"亚细亚的所有制"当它作为支配形式而成为"亚细亚生产方式"的所有制时，是代表着历史发展的一个阶段即原始社会阶段的。可见，任何试图将"亚细亚生产方式"的原始社会性质说成是奴隶制或东方专制制度的生产方式的做法，都不符合马克思提出这一理论概念的原意。

[①] 马克思：《给维·伊·查苏利奇的复信草稿——初稿》，《马克思恩格斯全集》第19卷，第432—433页。
[②] 马克思：《政治经济学批判（1857—1858年）》，《马克思恩格斯全集》第30卷，第478页。

四 "亚细亚生产方式"的历史共性与东西方文明起源路径的历史个性

必须指出,我们强调"亚细亚生产方式"作为人类社会早期阶段的历史共性,并不否认它在所有制的实现形式上东西方存在着不同的历史个性;相反地,强调前者的历史共性是以承认后者的历史个性为前提的。因为根据历史辩证法,历史共性只存在于历史个性之中,而历史个性则只不过是历史共性的表现形式或实现形式罢了。人类历史表明:世界上没有离开历史个性而独存的历史共性,也没有不表现历史共性的"纯粹"的历史个性。毋宁说,历史共性与历史个性统一于历史过程之中,二者犹如表里之须臾不可分离。因此,只有具体深入地研究历史个性才能更充分地展现历史共性,认识和把握历史共性。可见,我们强调"亚细亚生产方式"的历史共性丝毫也不反对具体深入地研究东西方在所有制实现形式上的历史个性;恰恰相反,这是认识和把握"亚细亚生产方式"的历史共性的必然要求。唯其如此,马克思在指出"亚细亚生产方式"的历史共性的同时,还着重分析东西方在所有制的实现形式上的历史个性。这突出地表现在马克思对于雇佣劳动的前提的研究方面。

马克思指出:"雇佣劳动的前提,首要的是,劳动者同他的天然的实验场即土地相脱离,从而自由的小土地所有制解体,以及以东方公社为基础的公共土地所有制解体。"① 又说:"雇佣劳动"以"自由劳动"为首要前提,而"自由劳动"只有当"劳动者同他的天然的实验场即土地相脱离"时才有可能。然而,想要劳动者同他的土地相脱离而成为"一无所有"的"自由劳动者",就必须让劳动者同他与土地相结合的两种所有制形式即"自由的小土地所有制"和"以东方公社为基础的公共土地所有制""解体"。这是马克思在研究了雇佣劳动的前提之后得出的结论。为了说明这一结论,马克思不得不回过头去研究所有制的历史,

---

① 马克思:《政治经济学批判》,《马克思恩格斯全集》第 30 卷,第 465 页。

特别是"所有制的原始形式"。因为劳动者之变为"一无所有的""自由劳动者","这本身是历史的产物"①,所以,必须从所有制的历史源头做出说明。为此,马克思开始了对"原始的所有制"及其实现形式的研究。

马克思的研究表明:"原始的所有制",实质上,是"原始共同体"的所有制。它表现为原始共同体与同它相联系的"对自然界的所有权"的"原始统一"②。所谓"原始统一",是就"人类素朴天真地把土地当作共同体的财产"而言的。至于每一个人,只有当他"作为这个共同体的成员"时,"才能把自己看成所有者或占有者"③。这说明原始共同体是"原始的所有制"的前提。对于共同体的成员来说,也是如此。他只有以共同体为"中介"才能成为土地的所有者,而"孤立的个人是完全不可能有土地财产的"④。可见,正是人类早期的"生存方式"造就了共同体同它的土地所有权的"原始统一",产生了共同体成员对于土地所有权的"素朴天真"的观念,而正因为这种"原始统一"才使原始共同体所有制成为"所有制的原始形式"。

马克思的研究还表明:虽然原始共同体的所有制是"原始的所有制"的本质属性和东西方"所有制的原始形式",但是,由于东西方的原始共同体"生存方式"不同,因而在原始共同体所有制的实现形式上存在着差异性,出现了不同的所有制形式,这就是马克思在论述雇佣劳动的前提时所说的两种形式:"自由的小土地所有制"和"以东方公社为基础的公共土地所有制"。显然,前者是指西方关于原始共同体所有制的实现形式或发展道路;后者是指东方关于原始共同体所有制的实现形式或发展道路。

马克思指出,东方的原始共同体的"生存方式"是"定居"的"生存方式",西方的原始共同体则过着"动荡的历史生活"⑤。显然,这是一种非定居的"生存方式"。两种不同的生存方式产生了两种不同社会后果:

---

① 同上书,第466页。
② 马克思:《政治经济学批判》,《马克思恩格斯全集》第30卷,第488页。
③ 同上书,第466页。
④ 同上书,第477页。
⑤ 同上书,第465页。

东方公社的定居生存方式保证原始共同体这种社会结构的稳固性及其内部相互关系的稳定性，有利于维护公社在血缘、语言、习惯等方面的共同性，从而强化了个人对于公社的依存性和从属关系。所以，马克思说：在这种情况下，"共同体是实体，而个人则只不过是实体的偶然因素，或者是实体的纯粹自然形成的组成部分"①。就是说，个人对于共同体不是独立的；他只有"作为这个共同体的成员，才能把自己看作所有者或占有者"。正因为如此，在东方公社那里不存在属于个人的"自由的小土地所有制"，而只能存在"公社的公共土地所有制"。从中，我们可以看到：定居的生存方式是怎样造就"东方公社的公共土地所有制"形式的。

西方的原始共同体所有制形式即"自由的小土地所有制"则是"原始部落更为动荡的历史生活"的"产物"。② 如果说，东方公社的公共土地所有制是其定居的生存方式的产物；那么，西方原始共同体的"自由的小土地所有制"则是其非定居的生存方式的产物。这是因为非定居的生存方式导致共同体即部落内部结构及其相互关系的不稳定性。正如马克思所说："部落的纯粹自然形成的性质由于历史的运动、迁徙而受到的破坏越大，部落越是远离自己的原来住地而占领异乡的土地，因而进入全新的劳动条件并使个人的能力得到更大的发展——部落的共同性质越是对外界表现为并且必然表现为消极的统一体——那么，单个人变成归他和他的家庭单独耕作的那小块土地——的私有者的条件就越具备。"③ 在这里，马克思精辟地分析了非定居的生存方式给西方的原始共同体所带来冲击：它破坏了原来"纯粹自然形成的"共同体的共同性，使共同体由"实体"变为"消极的统一体"，使个人摆脱了对共同体的依存性和从属关系而成为"自由的小土地私有者"。可见，非定居的生存方式是怎样造就了西方的"自由的小土地私有者"的。

总之，"以东方公社为基础的公共土地所有制"是原始共同体所有制的东方实现形式，而"自由的小土地所有制"则是原始共同体所有制的西

---

① 同上书，第468页。
② 马克思：《政治经济学批判》，《马克思恩格斯全集》第30卷，第468页。
③ 同上书，第469页。

方实现形式。这两种不同的实现形式导致了东西方在文明起源问题上走着不同的路径。

所谓文明起源的路径是指构成文明诸要素由量变到质变的过程及其实现形式。恩格斯曾经对此做过深刻的分析，从经济、政治和社会等领域揭示出其中的文明要素。概要地说：在经济领域，是土地私有制的产生和作为社会经济单位的个体家庭的出现；在政治领域，是阶级对立的产生和公共权力的设立；在社会领域，是按地区而非按血缘关系划分的基层组织的产生和城市与乡村的分离；等等。而国家则是上述文明要素的概括和总结。所以，恩格斯在分析了构成文明诸要素之后，又分别考察了西方"国家在氏族制度的废墟上兴起的三种主要形式"，即雅典形式、罗马形式和德意志形式，指出："雅典是最纯粹、最典型的形式：在这里，国家是直接地和主要地从氏族社会本身内部发展起来的阶级对立中产生的"；在罗马，国家是在平民战胜了氏族贵族，"炸毁了旧的血族制度"之后，"在氏族制度的废墟上面建立"的；在德意志，国家是"直接从征服广大外国领土中产生的"，而氏族制度则以"改变了的、地区的形式，即以马尔克制度的形式"保存了下来[①]。显然，上述三种形式代表了西方在国家的形成问题上的三种路径：雅典形式是从氏族社会内部发展起来的"内发式"的路径，罗马形式是从氏族外部发展起来的"外发式"的路径，德意志形式是通过对外征服而发展起来的"扩张式"的路径。可见，上述三个西方国家在文明起源路径上虽然都具有相同的起点，即都以"自由的小土地所有制"作为通往文明社会的出发点，但是，在国家的形成问题上则走着不同的路径。

如果说，在文明起源路径上具有相同起点的西方，在国家形成问题上尚且存在着不同的实现形式或路径；那么，从一开始就与西方具有不同起点的东方，尤其是作为东方文明古国的中国，在文明起源路径上又具有什么样的特点呢？这是我们必须面对和回答的问题。为此，我们将对中国原始聚落形态与文明起源的路径问题进行考察和分析。

[①] 恩格斯：《家庭、私有制和国家的起源》，《马克思恩格斯选集》第4卷，第169—170页。

五　中国原始聚落形态与文明起源的路径

用马克思主义研究中国文明起源问题始于20世纪20年代后期，郭沫若开其端。他在《中国古代社会研究》一书中径直称该书是"恩格斯的《家庭、私有制和国家的起源》的续篇"。就是说，是接着恩格斯的书写的。所谓"接着写"，就是以恩格斯的研究方法为指导写出恩格斯"未曾提及一字的中国的古代"。① 随后，吕振羽、翦伯赞、范文澜和侯外庐等，也在中国古代社会史和中国通史的研究中继续探讨这个问题。侯外庐的《中国古代社会史论》一书更以此为论题，自称他的研究是"马克思关于亚细亚生产方式的'理论延长工作'"。② 所谓"理论延长工作"，就是遵循马克思主义理论与中国古代历史实际相结合的原则，把对于"亚细亚生产方式"理论的研究"延长"到对于中国文明起源路径的研究。侯外庐对问题所做的新解，将这方面的研究引向了深入。新中国成立后，特别是20世纪80年代以来，关于中国文明起源的研究又有新的重大进展。这主要表现在转换研究视角方面，即根据马克思的社会形态学说，运用人类学与考古学相结合的方法，从原始聚落形态的新视角研究中国文明起源的路径，并取得了积极的研究成果。③ 这是对20世纪60年代以来盛行于西方人类学界的"早期国家"理论，特别是其中的"酋邦说"所做的回应。

我们认为，从中国原始聚落形态的角度研究中国文明起源的路径切合马克思关于生存方式决定文明起源路径的思想，印证了"亚细亚生产方式原始社会说"。

根据考古发现：中国原始聚落形态是以原始农耕经济为基础的。在距

---

① 郭沫若：《中国古代社会研究·自序（1929年）》，科学出版社1960年新一版，第5页。
② 侯外庐：《韧的追求》，生活·读书·新知三联书店1985年版，第230页。
③ 从聚落形态的角度研究中国史前时期的社会状况始于20世纪80年代后期，严文明的《中国新石器时期聚落形态的考察》一文（1989）是这方面的代表作。而运用人类学与考古学相结合的方法，从聚落形态的角度系统研究中国文明起源路径问题，则应首推王震中。他在《中国文明起源的比较研究》一书（1994）中，首次提出中国文明起源路径的"聚落三形态说"，作为一家之言，深受同行专家的重视。本文关于中国原始聚落形态的论述即采用了王震中此书的基本观点和材料，并根据马克思关于原始共同体生存方式的思想，从原始聚落形态的角度对中国文明起源的路径问题进行新的阐释。

今七八千年前的黄河流域、辽河流域以及长江中下游和华南地区的文化遗址中已经分别发现了农作物的遗存和与此相应的聚落遗址。农耕只有在定居的情况下才能进行，聚落只有在定居的情况下才能存续。上述情况表明：我们的先民很早就过着定居的生活，从事农耕生产活动。当时，农业生产在整个社会经济生活中已居于主导地位，形成了以农耕为主的综合经济。因此，我们可以把建立在农耕经济基础上的原始聚落形态的出现看作是中国原始共同体开始过着定居的生活方式或生存方式的主要证据，并以此作为研究中国文明起源路径的切入点。

马克思说："一旦人类终于定居下来，这种原始共同体就将随种种外界的，即气候的、地理的、物理的等等条件，以及他们的特殊的自然性质——他们的部落性质——等等，而或多或少地发生变化。"[①] 那么，定居的生存方式对于中国原始聚落共同体究竟带来何种变化呢？

（一）平等的内聚式的聚落形态的诞生

如众所知，随着定居而来的是人口的增加和聚落规模的扩大。从已发现的聚落遗址来看，小规模的聚落面积从 4000 平方米到 1 万平方米不等，大规模的聚落面积高达 8 万平方米，而聚落的人口则由几十人到三四百人不等。更重要的是，通过聚落的布局，我们可以了解到其内部结构和社会组织关系，以及由此而构成的较为完整的聚落形态。

早期聚落形态可以内蒙古兴隆洼聚落为代表。从房屋类型和布局所呈现的社会结构来看，它是由若干个核心家庭组成一个家族，再由若干家族组成一个氏族，最后由几个氏族构成聚落共同体。不仅如此，聚落内部有居于聚落中心部位的在 100 平方米以上的大型房子，可能是用于集会、议事、举行某些仪式的公共场所。这样，整个聚落布局呈现为内聚式聚落结构。这种内聚式聚落结构，是按家庭—家族—氏族—聚落共同体，这样的结构层次，由小到大、分层组合而成，但各层级之间的关系是平等的。各层级之间只有血缘远近，而无地位的高下、财产多寡的区别。毋宁说，这

---

① 马克思：《政治经济学批判》，《马克思恩格斯全集》第 30 卷，第 466 页。

是以血缘为纽带联结在一起的原始聚落共同体，是原始社会最基本的组织结构。从内聚式聚落结构来看，家庭是聚落形态的基本单位。不过，这与文明社会的一夫一妻制的小家庭有本质的区别：后者是建立在私有制基础上的父家长制的家庭形式，而前者则是类似于恩格斯所说的"对偶制家庭"，即在一定的家庭范围内，一个男子在许多妻子中有一个"主妻"，一个女子，在许多丈夫中有一个"主夫"，他们共同组成以"共产制家户经济"为基础的家庭。它"意味着妇女在家内的统治"。[①] 中国原始聚落共同体与上述情况颇为相似。从距今四五千年前的陕西西安半坡和临潼姜寨遗址的随葬工具来看，这一时期，农业和手工业生产由男女共同承担；生活随葬品男女大体相等或女性居多，土地资源呈现出原始聚落共同体所有，家庭占有使用。从聚落区划与设施的功能来看，这一时期，人们习惯于聚族而居，死后聚族而葬；储藏设施相对独立，物品集中存放，说明这一时期的原始聚落共同体实行共产共享的消费原则。

总之，从上述平等的内聚式聚落形态的内部结构、婚姻家庭关系、男女分工状况，乃至土地所有制和消费原则等方面来看，这一时期应属于原始社会母系氏族公社阶段或介于母系和父系氏族公社之间的过渡阶段。

事实表明：农耕经济的稳定性要求与之相适应的定居的生存方式，而定居的生存方式保证了原始聚落共同体内部社会结构的稳固性和个人与家庭、家族相互关系的稳定性。在这种情况下，只有原始聚落共同体的共产制经济和共享制消费，而不存在个人和家庭所有制经济。如果说，"亚细亚生产方式"的原始社会性质最终决定于它的"亚细亚的所有制"即"原始的公社所有制"的原始性质；那么，我们可以把中国原始聚落共同体所有制看作是"亚细亚的所有制"的最古老的形式。

（二）不平等的中心聚落形态的继起

继平等的内聚式聚落形态而起的，是不平等的中心聚落形态，它发生在公元前3500—前3000年之间。这是中国原始聚落形态发展的重要阶段，

[①] 恩格斯：《家庭、私有制和国家的起源》，《马克思恩格斯选集》第4卷，第43、46页。

也是中国由原始社会开始向文明社会转变的重要时期。与前一时期平等的内聚式聚落形态相比，这一时期聚落形态的明显特点是：分化的出现。

首先，是聚落布局的分化，出现了中心聚落与半从属聚落的不同等级。中心聚落在含有亲属关系的聚落群中，既是政治、军事、文化和宗教的中心，也是贵族的聚集地；半从属聚落则多为一般的居民点。与此同时，父系家族相对独立性形式开始出现。与聚落布局相联系，聚落面积也比前一时期大几倍至十几倍。如大汶口聚落遗址面积达80多万平方米。作为中心聚落的标志性建筑物是庙堂式的大房子。它似乎是宗族的公房，即以某一强宗为中心的众多同姓和同盟宗族相聚的宗邑所在地。强宗是宗族结构中的主支，它以强大的军事、经济实力为后盾，以部落神的直系后裔为依据，掌握了整个部落的军事指挥权、宗教祭祀权和族权。其所在地自然成为部落政治、军事、经济、宗教和文化中心，因此，后世称为"宗邑"。以强宗为首的中心聚落的出现，说明在具有亲属关系的氏族内部已经萌发了类似于后世的"大宗"和"小宗"的等级差别。

其次，是聚落内部出现财富和社会地位的分化，存在着不同的等级和阶层。以大汶口的墓葬为例。按墓地形制、葬品的种类和质量，可分大中小三类。它们反映出墓主身份的尊卑、财富的多寡。说明当时已存在贵族与平民的社会分层。这是以父权制家族—宗族为基础的社会分层。我们认为，中国文明的起源，从阶级的分化到财富的积累与集中，都与父权制大家族的出现以及家族—宗族制的形成和发展密切相关。这是中国文明起源的重要历史特点。

与前一时期平等的内聚式聚落形态相比，这一时期聚落形态的另一个显著特点是：以祭祀为特征的宗教中心的出现。在辽西发现的属于红山文化后期的牛河梁神庙和东山嘴社坛是祖先崇拜的产物。中国史书有关于"国之大事，在祀与戎"的记载。这里所说的"祀"，是指祭祀之"祀"，包括：宗庙之祀和天地社稷之祀。宗庙之祭代表着祖先崇拜，同时也表明当时已经存在着血缘、世系方面的亲疏关系，这是家族和宗族组织中尊卑等级关系的基础。社稷之祭所反映的是人们的地域关系和社会关系。通过社稷之祭可以在神圣的宗教名义下，将血缘和非血缘关系的人们维系在一起。当时，各聚落的酋长或宗族长通过宗庙和社稷的祭祀不但可以扩大和提升自己的权力，而且还使这种权力神圣化。因为大型的宗教祭祀活动代表着聚落的利益，具有全民的社会功能。

由此可见，辽西神庙和社坛的发现既为我们揭示了神权的社会功能与人类早期社会公共权力产生的关系，也为我们展示了中国早期国家形成的具体路径。

（三）都邑或城邑形态的出现

都邑或城邑形态是早期国家的物化形式，是继宗邑形态即中心聚落形态发展而来的新形态。

中国的城邑最早出现于公元前3000—前2000年，相当于考古学的龙山时代，历史文献记载的夏王朝之前的颛顼、尧、舜、禹时代。

考古发现表明：龙山时代，在黄河、长江流域，犹如星罗棋布，涌现出一批城邑，如山东章丘的城子崖、河南登封的王城岗、湖南天门的石家河、内蒙古凉城的老虎山、湖南澧县的城头山等。这些城邑连同周围的若干农村地区形成了中国早期国家。其规模从2万平方米到20万平方米不等。从城邑遗址的文化遗存来看，有夯土、城墙、战车、兵器、宫殿、宗庙、陵寝、祭祀的法器、礼器、祭祀遗址以及手工业作坊、小型住宅与手工工具等。宫殿、宗庙和祭祀遗址，象征着当时的城邑是统治权和神权的中心；手工业作坊和手工工具，说明当时的城邑已经出现了农业与手工业的社会分工，也是城邑得以发展的、除农业以外的另一个重要的经济支柱。

城邑的发展是建国营都的过程，它充分显示了人力、物力、资源的高度集中，而要实现这种高度集中，就必须有管理机构和权力系统。可见，城邑的出现固然与战争有关，但是，更与管理机构和权力系统的建立有关。这种管理机构与权力系统一旦建立就具有统御全社会力量并带有某种强制性的特点，因而初步具备了某种国家的职能。

国家作为文明社会的概括，是经济、政治、社会诸文明要素的集中体现。中国早期国家的形成也不例外，且有其特色。

公元前2500—前2000年的山西襄汾陶寺遗址作为中原龙山文化，具有一定的代表性。从墓址来看，其墓型有大、中、小三类。大型墓的随葬品，有象征特权的一套重要礼器，说明墓主人执掌着"国之大事"的"祀与戎"即祭祀和征伐的国家与社会的重要职能，大型墓的墓主人已经不是部落的首领，而是早期国家的统治者。从中型墓主的随葬品来看，其数量和质量虽不及大型墓主，但也颇可观，说明墓主与大型墓主关系密切，应是当时的贵族。至于小型墓，人数最多，占总墓数80%以上，有的仅有一两件随葬品，更多的是一无所有；墓中尸骨，有的缺失手和足，有的头骨被砍伤，说明他们是地位底下，甚至无人身权的被统治者。陶寺墓址告诉我们：大型墓主人既是早期国家的统治者，又是父权制大家族的总代表。在当时的父权制大家族内部已经出现贵族和奴仆即统治与被统治的阶级对立。但是，这种阶级对立是在家族—宗族结构内，具有血缘谱系的特点，因而为这种阶级对立蒙上了一层温情脉脉的面纱。不仅如此，陶寺墓型的分类还可以看到当时聚落与聚落之间存在着明显的贫富两极分化和统治与服从的社会不平等关系。这是私有制产生和发展的必然的结果。与此相联系，是形成了聚落之间的主从关系以及最早的都邑与乡村的关系，从而为城乡的分离铺平了道路，奠定了基础。必须指出，陶寺墓葬的情况表明：当时聚落之间和聚落内部的贫富分化是由父权制家族内财富占有的悬殊及其等级阶层来体现的，阶级的发生是与父权制家族组织结构以及父权的上升紧密相联系的。由此形成的统治结构必然是与父权制家族相联系，因而出现了家族—宗族组织与政治权力同层同构的情况，它表现为：宗族组织中主支与分支的关系与政治权力的隶属关系相适应，宗统与君统相结合，政治身份的继承与宗主身份的世袭相一致。这种家族—宗族组织与政治权力同层同构，是中国早期国家形态的重要特点。

　　与夏商周的统一王朝的国家形态相比，龙山时代的都邑形态更带有小国分立的地方特点。随着夏王朝的建立，作为国家的政治中心开始形成。至此，中国文明起源的路径在经历了平等的内聚式的聚落形态—不平等的中心聚落形态—都邑或城邑的聚落形态（省称"聚落三形态"）之后，终于走进了王朝形态的国家文明时代。同西方关于国家形成的路径相比，中国国家形成的路径具有渐进式的特点。就是说，中国是在保存家族—宗族这种原始聚落遗制的情况下，由早期国家逐渐转化为王朝形态的国家。因此，是一种维新式的国家形成路径。

（原载《历史研究》2011年第2期）

马克思的社会形态学说与中国历史研究

一 问题的提出

坚持用马克思的社会形态学说研究历史就是历史研究中坚持与发展唯物史观的重要体现,就是坚持科学的历史观与方法论。因为马克思的社会形态学说是马克思根据唯物史观的基本原理研究人类社会历史进程而作出的理论概括和科学总结。马克思的社会形态学说,严格地说,是关于人类社会历史发展的学说。正是因为有了马克思这一学说,唯物史观才成为被人类社会历史所证实了的科学真理。因此,在历史研究中,任何离开马克思这一学说的言行都意味着对唯物史观的背离,更遑论坚持与发展唯物史观了。马克思这一学说之所以用"社会形态"命名,是因为它始终坚持用社会形态学说研究历史,把人类社会历史进程看作是社会形态变迁的过程;正是社会形态的变迁使人类社会历史进程呈现出阶段性来。原始公社制社会、奴隶制社会、封建制社会、资本主义社会和共产主义社会,就是人类社会历史进程必经的五个发展阶段、五种社会形态。显然,不研究社会形态的变迁就无法了解人类社会历史的进程、发现人类社会历史的规律,更谈不上把握人类社会历史的正确走向了。研究社会形态问题的极端重要性,早在一百多年前,恩格斯就已明确指出:"必须重新研究全部历史,必须详细研究各种社会形态存在的条件,然后设法从这些条件中找出相应的政治、私法、美学、哲学、宗教等等的观点。在这方面,到现在为止只作出了很少的一点工作,因为只有很少的人认真地这样做过。"[①] 在这

---

① 《马克思恩格斯选集》第 4 卷,人民出版社 1995 年版,第 692 页。

里，恩格斯把研究社会形态同重新研究全部历史联系起来，因为这关系是否坚持唯物史观的基本原理的根本问题。重温恩格斯这段话对于我们今天的历史研究工作仍然有着十分重要的指导意义。

新中国成立以来，随着马克思主义历史学主导地位的确立，以唯物史观为指导，用马克思的社会形态学说研究历史一直是广大历史学工作者的共识。在时隔半个世纪之后，我们之所以重提这个早已成为共识的话题，是因为出现了与上述共识相背离的情况，这就是历史研究中的非社会形态化。

二 历史研究中的非社会形态化及其主要表现

历史研究中的非社会形态化，是指把历史上的社会形态排除在历史研究的视野之外，不再成为历史研究对象的一种史学思潮。不管主张这种非社会形态化的人主观愿望如何，作为一种史学思潮，其实质是挑战唯物史观，对抗马克思的社会形态学说。值得指出的是，历史研究的非社会形态化并不是什么新东西，而是由来已久。在国外，早在20世纪前半叶，盛行于西方史坛的"中国历史停滞论"就是其典型代表。为了证实这一理论，理论的鼓倡者硬是将近代西方列强侵华前的中国社会统称为"传统社会"。在这样的"传统社会"里，只有"乡村社会"和"城镇社会"的地区划分，而不存在社会形态的历史变迁。这样，他们就用"传统社会"这个极其宽泛的概念把中国历史上不同社会形态给"泛化"掉了。实际上，这是用"传统社会"来取代对中国历史上不同社会形态的研究，因而社会形态自然不再成为历史研究的对象。既然在西方侵华前中国历史始终停留在"传统社会"阶段，那么，他们所鼓倡的"中国历史停滞论"也就"持之有故，言之成理"了。20世纪后半叶继起的"中国历史循环论"，则是以中国封建王朝的轮流交替或秦朝以后国家的治乱交替为立论的依据。实际上，这是一种用封建政权的更迭或国家的统一与分裂这种政治现象作为历史研究的对象，而排斥对于封建社会形态研究的政治史观。它与"中国历史停滞论"一样，同属历史研究中的非社会形态化。20世纪80—90年代崛起的后现代史学，以"历史是反理论的"为由激烈地反对将历史理论化或模式化。在后现代史学家看来，历史只不过是由"稍纵即逝"、不具确定性和关联性的历史事件拼结而成的，其间既无共性，更无规律可言，有的只是一堆历史的"碎片"。后现代史学的"历史碎片论"，实际上是用对个别历史事件的孤立研究来取代对历史的整体研究。20世纪90年代以来，西方史坛这股非社会形态化思潮愈演愈烈。与全球化浪潮相呼应的全球经济史观，以公开挑战马克思的社会形态学说的姿态出现。它借口"转换"研究视角，用所谓的"世界体系的结构和进程"来取代对于各国、各民族的社会形态研究，反对用生产方式研究社会历史，攻击"关于生产方式的整个讨论"是毫无意义的闲扯，指责马克思关于社会经济形态演进的历史阶段划分是纯粹的意识形态虚构，根本没有事实依据和科学根据。而这些对马克思的社会形态学说的指控，又都是在"转换"研究视角以反对欧洲中心论的名义下进行的，因而就更具欺骗性和蛊惑性。

在国内，历史研究中的非社会形态化开始于20世纪80年代后期，较之西方兴起的这股思潮，显然要晚出得多。其理论形态或表现形式也与西方不同，它是以证伪五种社会形态说的形式出现的。这种证伪主要集中在三点：一是竭力将五种社会形态说与马克思本人的思想进行切割，试图证明五种社会形态说不是马克思的思想，而是斯大林按照自己的观点套改马克思思想的产物；二是竭力将五种社会形态说与人类社会历史进行切割，试图证明五种社会形态说不是马克思根据经验历史所做的归纳，而是马克思根据逻辑必然性所做的演绎，因此是一种缺乏历史实证的"理论假说"；三是竭力将五种社会形态说与中国历史进行切割，将以私有制为基础的"文明时代的三大时期"——奴隶制、封建制和资本主义同中国历史进行切割，否定中国历史与上述社会形态的联系，试图以此证明研究中国历史应该"超越"社会形态问题而另辟蹊径，走非社会形态化的道路。开始于80年代后期中国史坛的这股非社会形态化思潮，90年代以来，其势头有增无减。它突出表现为，由原来侧重于理论观点的证伪转向历史体系的重构。从近年来已经出版的若干中国历史著作来看，这个非社会形态化的中国历史体系有如下几个特点。

一是，不再用生产方式理论分析社会历史现象。例如，不再从生产力与生产关系的角度考察社会、经济、政治、阶级、国家的状况；或者只讲生产力水平,不讲生产关系状况;只讲具体经济制度,不讲所有制形式的属性;只讲社会阶层划分,不讲社会阶级结构分析;只讲政权形式的特点,不讲国家形态的阶级实质,等等。这样,就否定了生产方式的研究在历史研究中的基础性地位。

二是,不再把生产方式的变革看作是社会历史发展的根本动力或内在根源,而把"人类的相互作用"(指民族的迁徙、外部的征服)的"互动论"看作是社会历史发展的根本动力。这样,就用社会历史发展的外因论取代了社会历史发展的内因论,从根本上否定了生产方式在社会历史进程中的主导地位,因而生产方式的变革也就不再成为研究人类社会历史发展的基本线索。

三是,不再把社会形态的变迁作为历史分期的标准或根据,而代之以朝代的更迭、国家形态的演变、文化形态的转型等政治标准或文化标准。这样,人类社会历史的进程就不再是社会形态变迁的过程,而是政治、文化演变的过程。

四是,在研究方法上,重个案、轻整体,重微观、轻宏观,重狭义的社会史研究、轻广义的社会史研究,激烈地反对宏大的叙事方法,片面地强调细化的研究方法。这样写出来的中国历史不能给人提供关于历史的整体认识,更谈不上对于历史规律的把握,至多只能给人提供某些具体历史事件的知识。这不是另辟蹊径走历史研究的新路,而是重蹈旧辙走传统史学或实证史学的老路。按照非社会形态化的路子走下去,历史研究的前景令人担忧!

三　如何看待历史研究中的非社会形态化

西方史坛的这股非社会形态化思潮,无论是"中国历史停滞论"、"中国历史循环论",还是后现代史观的"历史碎片论"、全球经济史观的反生产方式理论,它们本来就是反对马克思主义、反对唯物史观的,因此,理所当然地要反对把社会形态作为历史研究的对象,进行历史研究的非社会形态化。这是它们的唯心史观所决定的,是完全可以理解的。

至于国内史坛的非社会形态化,就其证伪五种社会形态的论据和重构中国历史体系的特点来看，显然存在着对马克思及其思想的历史认识和理论认识问题。例如，上述证伪中关于五种社会形态说不是马克思的思想和五种社会形态说不是对经验历史的理论总结而是马克思的"理论假设"等说法，就属于这类性质的问题。其实，只要熟悉一下马克思主义发展史，读一读马克思在各个历史时期与此相关的论著，上述说法就不攻自破了。

众所周知，19世纪40年代是马克思发现唯物史观的时期，也是马克思开始从事于资产阶级政治经济学批判工作的时期。这一时期，马克思关于社会形态问题的相关论著，主要有：《德意志意识形态》(1846)、《雇佣劳动与资本》(1847)、《共产党宣言》(1848)等。50年代是马克思完成《政治经济学批判》写作的重要时期，也是马克思开始关注印度等东方国家社会历史问题的时期。这一时期，马克思的相关论著，主要是：《不列颠在印度的统治》(1853)、与恩格斯关于印度等东方国家社会历史问题的通信 (1853)、《政治经济学批判》前半部分的《资本主义生产以前的各种形式》(1858)、《政治经济学批判》后半部分的《序言》(1859) 等。60年代是马克思在《政治经济学批判》基础上撰著《资本论》的重要时期，也是马克思对以私有制为基础的最后一种社会形态——资本主义社会形态进行深入系统的批判和总结的时期。这一时期，马克思的相关论著主要是《资本论》，特别是第一卷的《所谓原始积累》和第三卷《论地租》等篇章。70年代至80年代初是马克思总结巴黎公社历史经验的重要时期，也是马克思重点研究以公有制为基础的社会形态——原始社会和共产主义社会，以及探索历史"超越性"问题的重要时期。这一时期，马克思的相关论著，主要是：《法兰西内战》(1871)、《哥达纲领批判》(1875)、《历史学笔记》(1878—1881) 和关于俄国问题的通信 (1877—1881) 等。

从上述马克思的相关论著中我们应该得到哪些基本认识呢？

第一，从马克思发现唯物史观之日起，五种社会形态问题就被提出来了。由马克思和恩格斯合著的《德意志意识形态》是唯物史观的奠基之作。就在这部著作中，他们首次提出了五种社会形态：一是对资本主义社会形态（他们称之为"资产阶级社会"）进行批判；二是对"未来共产主义"进行展望；三是从生产力和分工发展的角度论述了资本主义以前的三种所有制，即"部落所有制"、"古代公社所有制和国家所有制"、"封建的或等级的所有制"。① 从他们所论述的所有制内涵来看，这是三种建立在不同生产力发展水平上的所有制，三者之间有着承续演进的关系。在这里，我们看到：生产力的发展是怎样决定着所有制的不同形式的。实际上，这已经涉及马克思的社会形态学说的基本理论问题——生产方式理论问题了。因此，我们可以有充分根据地说：在《德意志意识形态》这部著作中已经包含着后来称之为五种社会形态的最初表述；五种社会形态说不仅是马克思的思想，而且它的提出是与唯物史观的发现同步的，是唯物史观题中应有之义。

第二，从发现唯物史观至逝世前夕，马克思从未中断过对五种社会形态问题的研究，只是在不同历史时期研究重点有所不同而已。19世纪40—50年代，马克思研究五种社会形态的重点是资本主义以前的三种形态，即原始公社制、奴隶制和封建制诸社会形态，如《德意志意识形态》对资本主义以前三种所有制的论述、《雇佣劳动与资本》对"古典古代社会、封建社会和资产阶级社会"②的论述、《政治经济学批判》对于"资本主义生产以前的各种形式"的论述、《不列颠在印度的统治》以及与恩格斯通信中关于印度村社和亚洲其他国家的土地制度问题的论述，等等。60年代，马克思的研究重点是资本主义社会形态。他精辟地论述了资本产生的历史条件、资本形成的过程、资本在生产和流通领域中的运行及其规律和特点，从而深刻地揭示了资本主义社会形态的本质特征及其终将为共产主义社会形态所取代的历史必然性。

70年代至80年代初，马克思的研究重点有两个：一是原始公社制社会形态。为此，马克思研究了有关人类社会早期阶段的历史，如毛勒的《日耳曼公社史》、摩尔根的《古代社会》、柯瓦列夫斯基的《公社土地占有制，其解体的原因、进程和结果》等。这些研究不但没有推翻马克思此前所做的关于人类社会早期阶段是原始公社制社会形态的结论，反而用新的事实证明了这个结论的无比正确。二是共产主义社会形态。为此，马克思在《法兰西内战》一书中深刻地总结了巴黎公社的历史经验，指出：

---

① 《马克思恩格斯全集》第3卷，人民出版社1960年版，第25—28页。
② 《马克思恩格斯选集》第1卷，人民出版社1995年版，第345页。

"工人阶级不能简单地掌握现成的国家机器，并运用它来达到自己的目的"[①]，而必须建立"工人阶级的政府"，巴黎公社就是这样的"政治形式"[②]，"它既是行政机关，同时也是立法机关"[③]。在《哥达纲领批判》中，马克思深入探讨了共产主义社会的问题。他根据生产力发展水平和社会物质财富的增长程度，首次将共产主义划分为第一阶段和高级阶段两个阶段，指出这两个阶段实行不同的分配原则：在共产主义第一阶段实行"按劳分配"原则，在共产主义高级阶段实行"按需分配"原则；在高级阶段，脑力劳动和体力劳动的对立将随之消失，劳动由"仅仅是谋生的手段"变成了"生活的第一需要"，个人将得到"全面发展"[④]，等等。这是马克思对共产主义社会形态理论的丰富和发展，从而深化了人们对于共产主义社会的认识。

第三，生产方式是构成社会形态的基础，决定社会形态的性质。在《政治经济学批判·序言》里，马克思将"物质生活的生产方式制约着整个社会生活、政治生活和精神生活的过程"作为唯物史观的基本原理提出来，并以历史上不同生产方式的更替看作是经济的社会形态演进的几个时代。就是说，有什么样的生产方式就会有什么样的社会形态。而作为生产方式的基本构成——生产关系及其所有制，在区分社会形态的性质中又具有更为根本的意义。所以，马克思在《雇佣劳动与资本》中说："古典古代社会、封建社会和资产阶级社会都是这样的生产关系的总和，而其中每一个生产关系的总和同时又标志着人类历史发展中的一个特殊阶段。"[⑤] 必须指出：马克思所说的生产关系是指人们借以进行生产而形成的社会关系。其中，最重要的是人们对于生产资料的关系即所有制关系。它决定着生产关系的性质，因而也决定着生产方式的性质。正因为所有制在生产方式中具有更为根本的性质，所以，马克思和恩格斯把"宣告现代资产阶级

[①] 《马克思恩格斯选集》第3卷，人民出版社1995年版，第52页。
[②] 同上书，第59页。
[③] 同上书，第55页。
[④] 同上书，第305页。
[⑤] 《马克思恩格斯选集》第1卷，人民出版社1995年版，第345页。

所有制必然灭亡"作为《共产党宣言》的任务[①]，更把"废除资产阶级的所有制"作为"共产主义的特征"，甚至把"共产党人"的理论概括为一句话："消灭私有制。"[②] 由此可见，所有制问题在马克思主义创始人心目中具有何等重要的地位。反观近年来国内在历史研究领域中所出现的无视生产方式的基础地位、回避对生产关系和所有制问题研究的情况，重温马克思和恩格斯的上述思想，显然有着启示的意义。

第四，五种社会形态说是马克思在实证研究基础上对人类社会历史进程所做的理论概括和总结，并非马克思的纯属主观的"理论假设"。马克思的研究表明：人类社会历史进程是五种社会形态变迁的过程，其间是有规律可循的。这就是马克思所揭示的"生产关系一定要适应生产力发展"的规律。根据这一规律：当生产关系不能适应生产力发展时，便由生产力的发展形式变成生产力的桎梏。于是，便爆发了社会革命。而随着经济基础的变更，全部庞大的上层建筑也或慢或快地发生变革。可见，我们只能"从社会生产力和生产关系之间的现存冲突中去解释"[③] 社会形态变迁的原因，如实地把社会形态的变迁看作是生产方式的内在矛盾运动的过程。这是不以人们的意志为转移的社会历史发展规律，也是马克思对于五种社会形态问题研究的伟大贡献。正如马克思研究《资本论》的最终目的就是揭示现代社会的经济运动规律，他的研究包括资本主义社会形态在内的五种社会形态，最终目的就是为了揭示人类社会历史发展的规律，指出资本主义社会形态的历史暂时性及其终将被共产主义社会形态所取代的历史必然性。马克思晚年之所以研究历史的"超越性"就是为了证明：不管历史如何"超越"，它终将走向共产主义。例如，马克思认为，像俄国这样的农奴制国家，由于长期保留着村社制度，因此，如果它继续发挥这一特有的历史条件，就"能够不通过资本主义制度的卡夫丁峡谷而享用资本主义制度的一切肯定成果"，实现历史的"超越"，径直过渡到共产主义社会[④]。可见，马克思所说的历史"超越性"仍然是以实现共产主义的历史必然性

---

① 《马克思恩格斯选集》第1卷，人民出版社1995年版，第251页。
② 同上书，第286页。
③ 《马克思恩格斯全集》第31卷，人民出版社1998年版，第413页。
④ 《马克思恩格斯全集》第19卷，人民出版社1963年版，第437—438页。

为前提和归宿的。因此，我们在讨论五种社会形态问题时，一定要与实现共产主义的伟大目标联系起来，因为这是马克思研究五种社会形态的最终目的所在。如果在历史研究中，我们一方面谈论唯物史观、谈论历史的必然性，另一方面却闭口不谈社会形态问题，特别是不谈五种社会形态问题；那么，这无异于将唯物史观空洞化，将历史的必然性虚泛化，其结果势必南辕北辙，适得其反，岂有他哉！

由上述的基本认识，我们的结论也就十分清楚了。五种社会形态说不仅是马克思的思想，而且是构成马克思全部思想学说的不可分割的重要组成部分，更由于它是一种建立在实证研究基础上的关于人类社会历史的认识，因此是一种科学理论，而非主观的"理论假设"。

四 国内史坛的非社会形态化与中国历史研究的现实

国内史坛的非社会形态化是当前中国历史研究必须面对的最大现实。

如上所述，国内史坛的非社会形态化开始于20世纪80年代后期，90年代以来，其势头更是有增无减，主要表现在：非社会形态化已经不仅仅是一种学术主张，而且更是一种学术实践，即用以指导中国历史研究、重构中国历史体系。从前面我们已经披露的情况来看，这种按非社会形态化要求而重构的中国历史体系的主要特点，其要害有两个：一是否定生产方式理论在历史研究中的主导地位；二是否定社会形态分期法在划分历史阶段中的方法论意义。而这两者正是马克思的社会形态学说的基本理论和基本方法。试想，如果否定了这两者，那么，马克思的社会形态学说还剩下什么？岂不名存实亡了吗？可见，在非社会形态化思潮的冲击下，中国历史研究所面对的现实是多么严峻，它向人们提出了一个极具挑战性的问题：中国历史研究向何处去？

为什么马克思的社会形态学说，特别是作为其基本理论和基本方法的生产方式理论和社会形态分期法对于中国历史研究具有如此重大的意义呢？简要地说，这是由上述两者的性质特点所决定的。

生产方式理论所以对社会认识史，因而也对社会历史研究极具重要性，是因为它是构成唯物史观的基础理论，正是由于有了生产方式理论才使唯物史观从根本上不同于形形色色的唯心史观。对此，我们需要考察一下"生产方式"概念的由来。"生产方式"概念最早见之于马克思、恩格斯合著的《德意志意识形态》。他们在论述人类历史的首要前提时指出："全部人类历史的第一个前提无疑是有生命的个人的存在，"而"有生命的个人的存在不在于他们有思想，而在于他们开始生产自己的生活资料"；"生产方式"就是"人们用以生产自己的生活资料的方式"。① 马克思把这种"方式"归结为"社会关系，即社会生产关系"，而"生产关系总和起来"就构成"所谓社会"，"构成一个处于一定历史发展阶段上的社会，具有独特的特征的社会"。②

由此可见，"生产方式"概念是为了阐发人类社会历史的首要前提即"生活资料的生产"这一历史唯物论基本观点而提出来的，它深刻地揭示了"生产方式"所固有的物质性、社会性和基础性的本质特征，因而就从根本上戳穿了千百年来唯心史观在社会历史的存在问题上所编造的"上帝创世说"、"长官意志说"、"思想产物说"等种种谎言，纠正了 18 世纪以来启蒙学者在社会本质问题上所宣扬的"社会契约论"的曲解，克服了主观社会学家在同样问题上所散布的"社会正义论"的奢谈，从而恢复了社会历史的本来面目。唯其如此，对于生产方式理论究竟持何种态度？是肯定还是否定？就不是一个单纯的学术问题，而是一个直接关系到社会历史研究究竟坚持什么历史观的方向问题，而这正是前面已经提到的当前中国历史研究所面临的极具挑战性的问题。对此，我们只有面对，不能回避，更不能文过饰非、"粉饰太平"。

历史研究既有理论问题，也有方法问题；理论是历史研究的灵魂，也是方法的根据，方法则是理论的具体贯彻和应用，两者相得益彰，相互为用。中国历史研究也不例外。非社会形态化论者既然反对在中国历史研究中运用生产方式理论观察和分析问题，否定生产方式理论在中国历史研究中的主导地位；那么，它势必也要反对用社会形态划分中国历史发展阶段，否定社会形态分期法在中国历史研究中的方法论意义，因为这两者有

---

① 《马克思恩格斯选集》第 1 卷，人民出版社 1995 年版，第 67、67 页注 1。
② 同上书，第 345 页。

着内在逻辑关系。

如上所说，人类社会历史进程是社会形态变迁的过程，正是社会形态的变迁使人类社会历史进程呈现出阶段性来。这应该成为历史分期的根本依据。而促使社会形态变迁的根本原因，则在于生产方式内部的矛盾性所引起的变革。从中我们可以看到：生产方式的变革社会形态的变迁历史发展的阶段性划分三者之间的内在联系。社会形态分期法就是建立在唯物史观基础上、以生产方式变革为根本依据、以社会形态变迁为根据标志、充分反映历史发展的阶段性以及上述三者之间的内在联系的历史分期法。

对于这样的历史分期法，非社会形态化论者自然持否定态度。他们有种种说法，其中最具代表性、最有影响力且又似是而非的说法莫过于"西方说"，即认为这一历史分期法源自马克思对于西方历史发展过程的阐释，因此，它只适用于西方历史，不适用于中国历史。在他们看来，中国历史既不存在奴隶社会，也不存在封建社会，更谈不上有过什么"资本主义萌芽"。这种说法，看似有理，实则与历史的真实大相径庭。此说法看似有理，是因为这一说法道出了部分实情，如按五种社会形态划分历史阶段的历史分期法确是来自马克思对于西方历史发展过程的阐释，但由此断言：这一分期法只适用于西方历史而不适用于中国历史，就未免过于武断了。因为问题不在于这一历史分期法来自何方，而在于这一历史分期法是否如实地反映了历史发展阶段的质的规定性即历史的本质；只要是如实地反映了历史发展阶段的质的规定性即历史的本质，它就不应受到地域的限制而具有普适性的品格和属性，因为历史的本质所反映的是历史的共性。

从以上的分析来看，迄今为止，只有社会形态的历史分期法才能够如此关注生产方式的变革、社会形态的变迁和历史发展的阶段性划分三者之间的内在联系，才能够如此深刻地揭示出这三者之间的内在联系所反映的历史发展过程的本质，而这是科学的历史分期法题中应有之义。正因为如此，这一历史分期法才具有普适性的品格和属性。

至于中国历史上是否有过奴隶社会、封建社会和资本主义萌芽的问题，需要从理论与实证的结合上进行专题研讨。限于篇幅，本文仅就有关此问题研究的现状谈点意向性的看法。

众所周知，有关上述问题的争论最大的有两次：一次是20世纪30年代的"中国社会史问题论战";一次是 20 世纪 80 年代后期以来有关"中国社会形态及相关理论问题"的讨论。第一次争论有一个显著特点:当时所说的"社会史"是指社会形态的历史。因此,那场争论始终是在"社会形态"的名义下进行的。即使对马克思主义心怀不满的人,在公开场合也不得不使用"社会形态"的话语发表自己的见解。可以说,这是马克思主义与中国历史实际相结合的第一次大讨论。因为是"第一次",所以这种"结合"难免有"粗糙"、"生硬"之处。然而,通过那次大讨论使马克思主义在中国历史研究领域得到更为广泛的传播,用唯物史观研究中国历史已经为越来越多的学者所认同,因而表现出日益"走近"马克思、"走进"马克思的新趋向。这是 30 年代以来中国历史研究的基本走势。

第二次大讨论的显著特点是:存在着一种倾向掩盖着另一种倾向的情况。一方面,这次讨论是在反思半个世纪以来历史研究的得失以推进马克思主义中国化的名义下展开的,这无疑是必要的,应予以肯定;另一方面,这次讨论又同时存在着借"反思"之名行非社会形态化之实,因而从根本上否定马克思的社会形态学说对于中国历史研究的指导意义的错误倾向,这是毋庸讳言的,应予以否定。这种错误倾向表现在历史分期问题上是:主张标准"中性化"、方法"多样化"和理论"多元化",而唯独不主张社会形态分期法、不运用生产方式理论。据说,这是为了防止历史分期"意识形态化"、避免在历史分期问题上的不必要的"争论"。难道采用朝代分期法、年代分期法或别的什么分期法以及生产方式理论以外的别的什么"理论",就不存在意识形态问题了吗?难道"争论"只要"避免"就会自行消失、不复存在了吗?可见,行非社会形态化之实的结果势必与马克思主义渐行渐远。如果说,第一次大讨论以后中国历史研究的基本走势是"走近"马克思、"走进"马克思;那么,第二次大讨论以来所出现的非社会形态化却使中国历史研究面临着"远离"马克思,"告别"马克思的严峻局面。这不是"杞人忧天",也不是危言耸听,而是中国马克思主义历史学在当今的处境,应该引起我们深思!

总而言之,综观最近 20 年来国内史坛的非社会形态化所引发出来的问题,正如上面所说,这绝不是一个单纯的学术问题,而是事关用什么历史观和方法论研究中国历史的理论方向问题。事情很清楚:按非社会形态化的路子走下去不仅整个中国历史必须重新改写,而且半个多世纪以来由马克思主义历史学家根据唯物史观的基本理论和基本方法构建起来的中国历史体系也必须推倒重建。从近年出版的某些关于中国历史著作中,我们已经可以感受到非社会形态化对于中国历史研究所带来的负面影响。"风起于青萍之末"。对此,我们不能等闲视之,任其坐大,而应该不平则鸣,以正视听。这是历史科学工作者义不容辞的责任。

(原载《马克思主义研究》2008年第8期)

马克思的社会形态学说与历史发展阶段性问题

改革开放以来,国内学术界曾经就历史发展阶段性问题展开过两次大的讨论:一次是 20 世纪 80 年代初,由亚细亚生产方式问题的讨论而引发的关于人类历史发展是五阶段还是六阶段的讨论;另一次是 80 年代末 90 年代初,由中国社会形态及其相关理论问题的讨论而引发的关于人类历史进程是"三形态"依次更替还是"五形态"依次更替的讨论。这两次讨论有一个共同点:主张"六阶段说"或"三形态说"的学者都对马克思的社会形态学说重新进行解释,试图用"六阶段说"或"三形态说"取代"五阶段说"或"五形态说"。由于"六阶段说"缺乏马克思主义经典文献的依据,因此,和者盖寡,很快就销声匿迹了,故在此不论。唯独"三形态说",由于有马克思主义经典文献为依据,且言之凿凿,因此,颇受人们的关注,甚至被视为是对马克思社会形态学说的新发展、对"传统的五形态说"的新突破。兹事体大,直接关系到如何正确理解和把握马克思社会形态学说的实质问题,尤其是如何正确理解和把握这一学说的基本理论历史发展阶段性理论的实质问题,故不能不辩。

一 马克思社会形态学说的实质与历史发展阶段性理论的哲学前提和生产力根据

马克思的社会形态学说是关于社会形态的变迁及其规律的学说。根据马克思这一学说,人类历史的进程是社会形态变迁的过程,而引起社会形态变迁的根源则在于生产方式内部的矛盾性,即生产力与生产关系之间的矛盾和冲突。正是由于生产方式内部的矛盾性而引起的社会形态的变迁，才使人类历史进程呈现出阶段性来。从中，我们可以看到：历史发展的阶段性源于生产方式内部的矛盾性并通过社会形态的变迁而实现。因此，社会形态的变迁就成为历史发展阶段性的根本标志，并构成马克思这一学说的基本理论——历史发展阶段性理论的根本依据。

必须指出，马克思的历史发展阶段性理论有其哲学前提，即："一切发展，不管其内容如何，都可以看做一系列不同的发展阶段，它们以一个否定另一个的方式彼此联系着……任何领域的发展不可能不否定自己以前的存在形式。"[①]

马克思所说的这一哲学前提告诉我们：一切事物的发展都表现为一系列不同的发展阶段，并通过否定之否定的方式，由后一个存在形式否定前一个存在形式的方式加以实现。既然马克思在这里所说的是"一切发展"、"任何领域的发展"，那么，当然也应该包括历史领域的发展在内，即把人类历史进程同样看作是一系列不同的发展阶段，而这是有其生产力根据的，必须从生产力的性质特点加以说明。

首先，生产力的性质特点，在于它的发展过程是连续性和阶段性的辩证统一的过程。就其连续性来说，生产力作为人们从事物质生产的一种"应用能力"，"是一种既得的力量，是以往的活动的产物"。后一代人总是在继承并利用前一代人已经取得的生产力的前提下开始新的物质生产的。马克思说："由于这一简单的事实，就形成人们的历史中的联系，就形成人类的历史……"[②] 可见，正是生产力这种世代相承的连续性决定了人类历史发展的连续性。就其阶段性来说，由于生产力这种"应用能力"是人们世代累积起来的产物，因此，就决定了后一世代的生产力必然高于前一世代的生产力，从而使生产力的发展呈现出世代性或阶段性来。马克思说："在人们的生产力发展的一定状况下，就会有一定的交换和消费形式。

[①] 马克思：《道德化的批评和批评化的道德》，《马克思恩格斯全集》第4卷，人民出版社1958年版，第329页。

[②] 《马克思致帕·瓦·安年科夫（1846年12月28日）》，《马克思恩格斯选集》第4卷，人民出版社1995年版，第532页。

在生产、交换和消费发展的一定阶段上，就会有相应的社会制度……"①可见，在生产力发展的连续性中已经蕴含着生产力发展的阶段性。

其次，生产力的性质特点，还在于它的发展过程同时也是一个持续不断向上提升的过程。生产力这一特性决定了它在生产方式中是最活跃、最革命的因素，是推动生产方式变革和社会形态变迁的决定性力量。用马克思的话来说，就是："随着新生产力的获得，人们改变自己的生产方式，随着生产方式……的改变，人们也就会改变自己的一切社会关系。"② 恩格斯把这种社会形态的变迁，或者说"社会制度中的任何变化"，都看作是"新的生产力的必然结果"③。可见，正是由于生产力的持续不断的上升运动，决定了生产方式的变革、社会形态的变迁每一次都处于较先前更高的阶段上，从而使历史发展的阶段性呈现出螺旋式上升运动的趋势，即表现为后一阶段高于前一阶段的必然趋势。所以，恩格斯说："一切依次更替的历史状态，都只是人类社会由低级到高级的无穷发展进程中的暂时阶段。"④ 这是人类历史进程的总趋势，是由生产力的性质特点决定的。历史发展阶段性理论，就是马克思根据生产力的性质特点，从生产力与生产关系的矛盾运动即生产方式的内部矛盾性的角度具体研究人类历史进程而后做出的科学总结。马克思关于人类历史进程是五种社会形态（即原始公社制、奴隶制、封建制、资本主义和共产主义社会形态）的变迁过程，省称"五形态说"或五阶段说，就是这一科学总结的具体成果。

二　历史发展阶段性理论与五种社会形态说

我们说，历史发展阶段性理论是马克思关于人类历史进程的科学总结，而他提出的五种社会形态说（省称"五形态说"）则是这一科学总结的具体成果。对此，有的学者并不认同。他们说：马克思本人从未提出过

---

① 《马克思致帕·瓦·安年科夫（1846年12月28日）》，《马克思恩格斯选集》第4卷，第532页。
② 马克思：《哲学的贫困》，《马克思恩格斯选集》第1卷，1995年版，第142页。
③ 恩格斯：《共产主义原理》，《马克思恩格斯选集》第1卷，第238页。
④ 恩格斯：《路德维希·费尔巴哈与德国古典哲学的终结》，《马克思恩格斯选集》第4卷，第217页。

五种社会形态说，而只提出过"三大社会形态说"，即人类社会的发展表现为前资本主义社会、资本主义社会和共产主义社会三大社会形态的依次更替（省称"三形态说"），认为相对于传统的"五形态说"，"三形态说""更符合马克思研究社会形态问题或历史分期的原意。"[①]

这里涉及一个事实判断的问题，即马克思是否提出过五种社会形态说，"三形态说"相对于传统的"五形态说"是否"更符合马克思研究社会形态问题"的"原意"，或者更确切地说，哪个更符合马克思研究社会形态问题的目的要求。对于这个问题只要我们回顾一下马克思主义发展史，读一读马克思在各个历史时期与此相关的论著，是不难解决的。对此，我曾有专文论及[②]，现再做进一步补充和说明。

马克思主义发展史告诉我们：19世纪40年代是马克思和恩格斯创立唯物史观时期，也是马克思开始从事于资产阶级政治经济学批判工作的时期。这一时期，马克思关于社会形态问题的相关论著，主要有：《德意志意识形态》（1845—1846）、《哲学的贫困》、《雇佣劳动与资本》（1847）、《共产党宣言》（1848）等。50年代是马克思完成《政治经济学批判》写作的重要时期，也是马克思和恩格斯开始关注印度等东方国家社会历史问题的时期。其时，马克思的相关论著，主要是：《不列颠在印度的统治》，与恩格斯关于印度等东方国家社会历史问题的通信（1853）、《政治经济学批判》前半部分的《资本主义生产以前的各种形式》（1858）及其后半部分的《序言》（1859）等。60年代是马克思在《政治经济学批判》的基础上撰著《资本论》的重要时期，也是马克思对以私有制为基础的最后一个社会形态——资本主义社会形态进行深入系统批判和总结的时期。其时，马克思的相关论著，主要是《资本论》，特别是第一卷的《所谓原始积累》和第三卷《论地租》等篇章。70—80年代初是马克思总结巴黎公社历史经验的重要时期，也是马克思重点研究以公有制为基础的社会形态——原始社会和共产主义社会以及探索历史发展"跨越性"问题的重要时期。其时，马克思的相关论著，主要是：《法兰西内战》（1871）、《哥达纲领批

---

① 详见段忠桥：《马克思的三大社会形态理论》，《史学理论研究》1995年第4期。
② 卢钟锋：《马克思的社会形态学说与中国历史研究》，《马克思主义研究》2008年第8期。

判》（1875）、《历史学笔记》（1878—1881）和关于俄国问题的通信（1877—1881）等。

从上述马克思的相关论著中，我们应该得到哪些基本认识呢？

第一，从唯物史观创立之日起，五种社会形态问题就被提出来了。由马克思和恩格斯合著的《德意志意识形态》这部唯物史观的奠基之作，首先从所有制的角度对人类历史发展过程进行了阶段性的划分，并同相应的社会形态联系起来。例如，他们根据生产力决定生产关系这一唯物史观的基本原理分析了资本主义生产以前先后出现的三种所有制形式，即第一种所有制形式"部落所有制"、第二种所有制形式"古典古代的公社所有制和国家所有制"、第三种所有制形式"封建的或等级的所有制"的特点，指出：这三种所有制形式是同生产力的发展水平和由此所决定的分工的发展程度相适应的。在第一种所有制形式的阶段上，"分工很不发达，仅限于家庭中现有的自然形成的分工的进一步扩大"，"社会结构只限于家庭的扩大"即父权制的部落首领、部落成员和潜在于家庭中的奴隶制；在第二种所有制形式的阶段上，"分工已经比较发达"、"城乡之间的对立已经产生"、"公民和奴隶之间的阶级关系已经充分发展"；在第三种所有制形式的阶段上，"作为直接进行生产的阶级而与共同体对立的，已经不是与古典古代的共同体相对立的奴隶，而是小农奴"[①]。根据马克思和恩格斯对上述三种所有制形式所做的分析，显然，它们是分属于原始公社制、奴隶制和封建制三种社会形态的所有制。唯其如此，他们在分析第二、三种所有制形式时，分别同希腊、罗马的奴隶制和日耳曼的封建制并提。至于第一种所有制形式，从其社会结构来看，奴隶制只是"潜在于家庭中"，尚未发展成现实的奴隶制，显然是属于原始社会的父权制阶段。如果再联系他们对于"资产阶级社会"的现实批判和对于"未来的共产主义"的历史必然性的论述，那么，我们有充分根据地说：早在《德意志意识形态》一书中，马克思就已经提出五种社会形态的问题了。这说明"五形态说"的提出是与马克思创立唯物史观同步的，是唯物史观题中应有之义。

[①] 《马克思恩格斯选集》第1卷，第68—70页。

第二，从唯物史观的创立直至马克思逝世前夕，他从未中断过对五种社会形态问题的研究，只是在不同历史时期研究的重点和角度有所不同而已。从中可以看到：马克思的"五形态说"有一个不断发展完善和理论深化的过程。这个过程，大体可分为两个阶段：19世纪40—50年代是其不断发展和完善的阶段；19世纪60—80年代初，是其理论不断深化的阶段。具体地说：

从19世纪40至50年代，马克思研究五种社会形态的重点是资本主义生产以前的三种社会形态。例如，继《德意志意识形态》之后，马克思在《哲学的贫困》中，从"社会关系和生产力密切相联"的角度提出"手推磨产生的是封建主的社会，蒸汽磨产生的是工业资本家的社会"，[1] 阐明了生产力的发展同封建主义和资本主义两种社会形态产生的内在联系。在《雇佣劳动与资本》中，马克思从"生产关系的总和构成所谓社会"的角度提出划分历史阶段和区分社会形态的根本标准，指出："古典古代社会、封建社会和资产阶级社会都是这样的生产关系总和，而其中每一个生产关系的总和同时又标志着人类历史发展的一个特殊阶段。"[2] 在《共产党宣言》中，马克思从社会阶级结构的角度阐明了自有文字记载以来的人类历史的四种社会形态：古罗马的奴隶制、中世纪的封建制、现代的资产阶级社会和终将代替"资产阶级旧社会"的共产主义社会[3]。在《不列颠在印度的统治》中，马克思从自然经济的角度分析了印度历史上"特殊的社会制度，即所谓村社制度"产生的经济根源，并把它同"奴隶制度的污痕"[4] 联系起来。在《资本主义生产以前的各种形式》中，马克思又从所有制的角度考察了资本主义生产以前的历史发展，分析了与"原始共同体"相适应的"原始所有制"发展过程中的三种形式，即"亚细亚的所有制"、"古典古代的所有制"和"日耳曼的所有制"，揭示了东西方历史由原始社会进入奴隶制社会和封建制社会的不同路径和特点[5]。这是对前资本主义时

---

[1]　《马克思恩格斯选集》第1卷，第142页。
[2]　同上书，第345页。
[3]　同上书，第272、294页。
[4]　《马克思恩格斯全集》第12卷，人民出版社1998年版，第141、143页。
[5]　《马克思恩格斯全集》第30卷，人民出版社1995年版，第466—476页。

期东西方社会形态的变迁及其实现形式的新探索。在《政治经济学批判·序言》中，马克思在系统阐明唯物史观基本原理的基础上，首次从生产方式变革的角度全面考察了人类历史进程，把它按"亚细亚的、古代的、封建的和现代资产阶级的生产方式"划分为四个阶段，分别代表着"经济的社会形态演变的几个时代"①，即亚细亚生产方式、古典奴隶制、中世纪封建制和现代资产阶级等四个历史时代。虽然人们对于"亚细亚生产方式"的社会属性说法不一，但是，从马克思的表述来看，它处于历史发展序列的开端，是古典奴隶制的前行阶段，因而有学者称它为"社会经济的原始形态"②。如果再加上《德意志意识形态》和《共产党宣言》多次提到的共产主义社会形态，那么，这是马克思从生产方式变革的角度首次明确和系统地提出的历史发展阶段的"五形态说"或"五阶段说"。由此可见，从《德意志意识形态》首次提出五种社会形态问题中，经从不同角度对社会形态变迁的探索，直到《序言》从生产方式变革的角度对人类历史进程进行全面的考察而提出"经济的社会形态演进的几个时代"，我们可以把19世纪40—50年代看作是马克思的历史发展阶段性理论即"五形态说"不断发展和完善的阶段。

从19世纪60至80年代初是"五形态说"的理论深化阶段，它表现为马克思对于五种社会形态的研究转向重点深入。例如，在60年代，马克思的研究重点是资本主义社会形态。在《资本论》中，马克思精辟地论述了资本产生的历史条件、资本形成的过程、资本在生产和流通领域中的运行及其规律和特点，从而深刻地揭示了资本主义社会形态的本质特征及其终将为共产主义社会形态取代的历史必然性。在70至80年代初，马克思的研究重点有两个：一是原始公社制社会形态。为此，马克思研究了有关人类社会早期阶段的历史，如毛勒的《日耳曼公社史》、摩尔根的《古代社会》、柯瓦列夫斯基的《公社土地占有制，其解体的原因、进程和结果》等。这些研究不但没有推翻马克思此前所做的关于人类社会早期阶段是原始公社制社会形态的结论，反而用新的事实证明了这个结论的无比正

---

① 《马克思恩格斯选集》第2卷，人民出版社1995年版，第33页。
② 《世界上古史纲》编写组：《亚细亚生产方式——不成其为问题的问题》，《历史研究》1980年第2期。

确性。二是共产主义社会形态。为此，马克思在《法兰西内战》一书中深刻地总结了巴黎公社的历史经验，指出："工人阶级不能简单地掌握现成的国家机器，并运用它来达到自己的目的"[1]，而必须建立"工人阶级的政府"，巴黎公社就是这样的"政治形式"[2]，"它既是行政机关，同时也是立法机关"[3]。在《哥达纲领批判》中，马克思深入探讨了共产主义社会的问题。他根据生产力发展水平和社会物质财富的增长程度，首次将共产主义划分为第一阶段和高级阶段两个阶段，指出这两个阶段实行不同的分配原则：在共产主义的第一阶段实行"按劳分配"的原则，在共产主义高级阶段实行"按需分配"原则；在高级阶段，脑力劳动和体力劳动的对立将随之消失，劳动由"仅仅是谋生手段"变成了"生活的第一需要"，个人将得到"全面发展"[4]，等等。这是马克思对共产主义社会形态理论的丰富和发展，从而深化了人们对于共产主义的认识。

总之，对"五形态说"发展过程的考察表明：马克思关于五种社会形态的研究贯串于他一生的理论创造活动全过程，倾注了他毕生的精力和心血。事实告诉我们："五形态说"不仅是马克的思想，而且是构成马克思全部思想学说不可分割的重要组成部分。

第三，马克思研究社会形态问题的目的在于：发现人类历史发展的基本规律，揭示人类历史进程的基本走向，证明人类历史的进程是五种社会形态依次更替的过程及其最终走向共产主义社会的历史必然性。具体地说：

马克思发现的人类历史发展基本规律是指"生产关系一定要适合生产力性质"的规律。根据这一规律：生产力不断发展的本质属性决定了它是生产方式中最活跃、最革命的因素。当生产关系不适合生产力性质时，就由生产力发展的形式变成生产力的桎梏，从而引起生产关系的变更，由更适合生产力性质的新生产关系代替业已成为生产力桎梏的旧生产关系；而随着生产关系即经济基础的变革，全部庞大的上层建筑也或迟或早地发生

---

[1] 《马克思恩格斯选集》第 3 卷，人民出版社 1995 年版，第 52 页。
[2] 同上书，第 59 页。
[3] 《马克思恩格斯选集》第 3 卷，第 55 页。
[4] 同上书，第 305 页。

变革。于是，导致社会形态的依次更替。从中我们可以看到：人类历史发展的基本规律是怎样决定生产方式内部的矛盾运动过程的，而生产方式内部的矛盾运动过程又是怎样表现为五种社会形态的依次更替的。马克思的"五形态说"就是对上述问题所做的理论概括，具体体现了马克思关于历史发展阶段性理论的基本思想。

必须指出，马克思的"五形态说"是着眼于世界历史的全局，从整个人类历史发展总进程的角度提出来的，而不是根据某个民族或国家的局部历史立论的。因此，它丝毫不排除局部历史的发展因受外部环境的影响而可能出现的"越次"情况。例如，同是出自"原始共同体"，同是经由"原始所有制"发展而来，但是，希腊、罗马在"原始共同体"瓦解后是沿着正常的途径"依次"进入奴隶制社会的，而日耳曼则在"原始共同体"瓦解后因"遇到"了罗马帝国内部"生产力的影响"而"跨越"奴隶制阶段径直进入封建社会。近代以来，因受资本主义势力日益扩张的影响，一些民族或国家的历史发展也出现历史跨越的情况。马克思在论述19世纪俄国历史发展时，曾经就农村公社的"二重性"及其所处"历史环境"的特殊性提出跨越"资本主义制度的卡夫丁峡谷"问题，指出：能否实现历史的跨越，"一切都取决于它所处的历史环境"[①]。可见，具体到每个民族或国家的历史发展是否按五种社会形态"依次"更替，还是"越次"更替，归根到底，应视其所处的历史环境而定。这说明：五种社会形态在某个民族或国家的"越次"更替是有条件的，是以其"依次"更替为前提的。因此，承认五种社会形态的"越次"更替不仅不与其"依次"更替相矛盾，反而更显示其历史必然性。如果说，马克思研究《资本论》的最终目的是为了揭示资本主义社会的经济运动规律，那么，他研究五种社会形态依次更替的最终目的，则是为了揭示人类历史发展的基本规律，证明资本主义及其以前诸社会形态的历史暂时性和共产主义终将取得最后胜利的历史必然性。马克思晚年之所以研究历史的跨越性问题也是为了同一目的，旨在证明：不管历史如何"跨越"，全人类终将走向共产主义社会。

---

① 马克思：《给维·伊·查苏利奇的复信草稿——三稿》，《马克思恩格斯全集》第19卷，人民出版社1963年版，第451页。

这是我们研究马克思的"五形态说"应有的基本认识和结论。在明确了马克思研究五种社会形态问题的目的之后，就不难回应上述关于"三形态说"相对于"五形态说""更符合""马克思研究社会形态问题"的"原意"这种说法了。

三　关于"三形态说"

"三形态说"是马克思在《政治经济学批判》"货币章"中论述交换价值的历史时提出来的，他指出：一切产品和活动之转化为交换价值既要以生产中的人"一切固定的依赖关系的解体为前提"，又要以"生产者相互间的全面的依赖关系为前提"。他进而分析了交换价值产生前后上述依赖关系的表现形式及其走向，由此提出三大"社会形态"：第一大形态是"人的依赖关系"。"在这种形态下，人的生产能力只是在狭小的范围内和孤立的地点上发展着"；第二大形式（又称"第二阶段"）是"以物的依赖性为基础的人的独立性"。"在这种形式下，才形成普遍的社会物质交换"；第三大形态（亦称"第三个阶段"）是"建立在人全面发展和他们共同的、社会的生产能力成为从属于他们的社会财富这一基础上的自由个性。"又说："第二阶段为第三阶段创造条件。因此，家长制的、古代的（以及封建的）状态随着商业、奢侈、货币、交换价值的发展而没落下去，现代社会则随着这些东西一道发展起来。"[①] 国内有些学者将马克思所说的"三大形态"化约为"人的依赖关系"的社会形态、"物的依赖关系"的社会形态和"自由个性"的社会形态，并把这三种社会形态分别归结为"前资本主义社会"、"资本主义社会"和"共产主义社会"。这就是"三形态说"的由来。他们之所以把马克思在论述交换价值的历史时提出的"三大形式"或"三个阶段"概括为"三形态说"，是为了证明"三形态说"相对于"传统的""五形态说""更符合马克思研究社会形态问题"的"原意"，试图用"三形态说"取代"五形态说"在历史发展阶段性理论中的地位。

---

① 《马克思恩格斯全集》第 30 卷，人民出版社 1995 年版，第 104 页。

如何看待国内某些学者的上述说法和用意呢？他们的说法和用意是否有事实根据和理论根据呢？

首先，必须指出：他们主张用"三形态说"取代"五形态说"的关注点，不在于这"两说"所共同包含的资本主义和共产主义两种形态，而在于用"三形态说"中的所谓"前资本主义社会形态"取代"五形态说"中的原始公社制、奴隶制和封建制的社会形态，认为这种"取代""更符合"马克思的"原意"。

事实果真如此吗？我们的回答是：事实并非如此。因为马克思从来没有把资本主义以前的三社会形态笼统地、不加分别地归结在"前资本主义社会形态"名下，也从来没有把"前资本主义"作为独立的社会形态而与资本主义、共产主义两社会形态并提作为人类历史发展过程的三阶段之一；恰恰相反，凡是马克思论述资本主义以前的历史总是根据具体情况进行具体分析，并同相应的社会形态和历史阶段联系起来。这只要重温前面已经提到的《德意志意识形态》对于"资产阶级社会"以前三种所有制的定性分析和《政治经济学批判》对于"资本主义生产以前的各种形式"的定性分析就清楚了。在这些论著中，我们看到：马克思既没有用所谓的"前资本主义所有制"来取代对于"部落所有制"、"古典古代的公社所有制和国家所有制"以及"封建的或等级的所有制"的定性分析，也没有用所谓"资本主义生产以前"的"一般形式"来取代对于"各种形式"（"亚细亚的所有制形式"、"古典古代的所有制形式"和"日耳曼的所有制形式"）的定性分析。即使是根据交换价值的历史对人的主体性发展过程划分为三阶段，马克思也没有用所谓"前资本主义阶段"来取代对于"家长制的"、"古代的"和"封建制的"三"状态"的区分。可见，断言用"三形态说"取代"五形态说""更符合马克思研究社会形态问题"的"原意"是缺乏事实根据的。

为什么马克思从来没有把"前资本主义"作为独立的社会形态用以取代原始公社制、奴隶制和封建制三社会形态而径直与资本主义社会形态、共产主义社会形态鼎足为三呢？从根本上说，这是因为马克思关于社会形态的思想是建立在生产方式理论基础上的。根据这一理论，生产方式是构成社会形态的基础，决定社会形态的性质，而生产方式内部生产力与生产关系之间的矛盾运动过程则决定着社会形态变迁的过程并表现为五种社会形态的依次更替。"五形态说"就是对于人类历史进程即社会形态变迁过程所做的概括和总结。由于生产方式是生产力与生产关系的具体的、历史的和辩证的统一，因此，就决定了社会形态必然是具体的、发展变化的有机体，是一定的生产力和一定的生产关系相结合的产物。生产方式这一特性决定了社会形态的具体性，它只能是由一定的生产方式所构成的一定的社会形态，而不是"一般"的社会形态，像"前资本主义"这种"一般"的社会形态是不存在的。唯其如此，马克思从来没有用所谓"前资本主义社会形态"取代资本主义以前的三社会形态。

这里，问题的关键在于："三形态说"所根据的理论基础与建立在生产方式理论基础上的"五形态说"不同。虽然前者是根据交换价值的理论从人的主体性的角度来解释社会形态的，因而有学者说马克思的"三形态说"是以"人的精神自由度作为基准"的，但是，这只是说对了问题的一半，而且是最不重要的一半。因为马克思不是孤立地、脱离生产力的发展水平去谈论"人的精神自由度"的；恰恰相反，他根据"人的精神自由度"而提出的"三形态说"是建立在生产力发展水平的基础之上的。例如，"人的依赖关系"是建立在"人的生产能力"只"在狭小的范围内和孤立的地点上发展"的基础上的，是与人的生产能力十分低下的情况相适应的；"物的依赖关系"是随着人的生产能力的提高、交往范围的扩大并"形成普遍的社会物质交换"而发展起来的；"自由个性"即"人的全面发展"则是建立在"社会的生产能力成为从属于他们的社会财富这一基础上"的。就是说，"人的全面发展"是建立在生产力和生产资料等社会财富的社会公有制的基础上的。可见，"人的精神自由度"，归根到底，取决于生产力的发展程度，取决于生产方式的性质。这说明"三形态说"最终仍必须以"五形态说"的生产方式理论为根据。

总而言之，"三形态说"相对于"五形态说"虽然都属于历史发展阶段性理论，从不同的角度和不同的历史层面反映了马克思关于历史发展阶段的观点，但是，由于两说的理论根据不同，因此，不能互相取代，更不能用"三形态说"取代"五形态说"，因为这种"取代说"缺乏理论依据；相反地，"三形态说"最后仍必须以"五形态说"的理论根据为依归。唯其如此,正确的态度应该是坚持历史发展阶段的"五形态说",而把"三形态说"作为"五形态说"的补充。这才是符合实际的科学态度。

孙中山的民生主义与近代中国的
发展道路问题

孙中山是中国民主革命的先行者，也是最早预见到近代中国不能走西方资本主义的老路，而必须走自己的发展道路的伟大思想家。他关于近代中国的发展道路的基本构想，在他提出的民主革命纲领三民主义，特别是其中的民生主义得到了集中的反映。因此，本文拟通过对孙中山的民生主义的研析，着重探讨他关于近代中国的发展道路这一基本构想的性质特点。

一 民生主义的提出与西方资本主义的发展性危机

孙中山的三民主义是中国近代史上第一个最完整的资产阶级民主革命纲领。早在 1905 年 8 月，孙中山在《同盟会宣言》中就把"驱逐鞑虏、恢复中华、建立民国、平均地权"这四大"治国之本",[①] 作为同盟会的宗旨。实际上，这已经成为同年 11 月《"民报"发刊词》正式提出的"三大主义"即"三民主义"（民族主义、民权主义、民生主义）的张本。在《"民报"发刊词》中，孙中山明确规定了民主革命的两大任务，即实行民族主义、民权主义的政治革命和实行民生主义的社会革命，首次提出"举政治革命、社会革命毕其功于一役"[②] 的设想，试图将这两种不同性质的革命合并进行，使社会革命从属于政治革命，以此来防止另行社会革命。

---

① 《孙中山选集》上卷，人民出版社 1956 年版，第 68 页。
② 同上书，第 72 页。

翌年，孙中山在《三民主义与中国前途》一文中，进一步提出民生主义的目的在于反对"少数富人专制，故要社会革命"①，肯定了进行社会革命的必要性。但是，他仍然坚持上述两种革命合并进行以防止另行社会革命的设想②。辛亥革命后，孙中山才放弃这一设想，在1912年发表的多次演讲中，提出先政治革命后社会革命，两种革命必须分别进行的观点③，指出：实行民生主义的社会革命，其目的是避免资本主义，实行社会主义，其核心是平均地权。他说："若能将平均地权做到，那么社会革命已成七八分了。"④ 在《社会革命谈》一文中，孙中山更将民生主义同民主革命与社会主义三者统一起来，认为民主革命"乃为国利民福革命，拥护国利民福者，实社会主义，故欲巩固国利民福，不可不注重社会问题"⑤。孙中山的民生主义有两个要点：一是平均地权，二是节制资本。有时，他将这两个要点称之为实行"民生主义的办法"⑥。平均地权问题是《同盟会宣言》首次提出来的。孙中山认为，其要旨在"改良社会经济组织，核定天下地价"⑦；其办法是：现有的地价，仍属原主所有，革命后之增价则归于国家，为国民所共享。后来，在《中国国民党第一次全国代表大会宣言》中，更规定：凡"私人所有土地，由地主估价呈报政府，国家就价征税，并于必要时依报价收买之"⑧。从两个"宣言"所阐述的关于平均地权的要旨来看，所谓平均地权是在承认土地国有的前提下，由国家根据地价征收土地税的一项社会经济改革，旨在反对贫富不均。

关于节制资本问题，在《中国国民党第一次全国代表大会宣言》和孙中山的《民生主义》讲演中都反复论及。其要旨是："使私有资本制度不能操纵国民之生计。"其办法是："凡本国人及外国人之企业，或有独占的性质，或规模过大为私人之力所不能办者，如银行、铁道、航路之属，由

---

① 《孙中山选集》上卷，第79页。
② 同上书，第76页。
③ 孙中山：《提倡民生主义之真义》，《孙中山选集》上卷，第93页。
④ 同上书，第86页。
⑤ 《孙中山选集》上卷，第95页。
⑥ 孙中山：《民生主义》第二讲，《孙中山选集》下卷，第788页。
⑦ 《孙中山选集》上卷，第69页。
⑧ 《孙中山选集》下卷，第527页。

国家经营管理之","使少数人不能所得而私"①。可见,节制资本并不废除"私有资本制度",而是对"私有资本制度"实行"限制",使其"不能操纵国计民生",对于事关国家经济命脉的经济部门,则"由国家经营管理",即实行国有化。从以上对平均地权和节制资本的分析来看,孙中山的民生主义是一个资产阶级的社会经济纲领。它试图在不根本废除生产资料"资本私有制"的前提下,对社会经济组织进行必要的改良,使"私有资本制度"受到限制,不能操纵国计民生事业,目的在于反对贫富不均和少数富人专制。可以这样说,这个以平均地权、节制资本为要旨,旨在反对贫富不均和少数富人专制的民生主义社会经济纲领,是孙中山提出的关于近代中国的发展道路的基本构想。尽管这一基本构想从未真正实行过,但是仍有其积极的思想价值和时代意义。它向人们表明:近代中国决不能走西方资本主义的老路,而必须走自己的发展道路。

必须指出,孙中山关于近代中国的发展道路的基本构想有着鲜明的时代特色。它是在 20 世纪初的特定历史条件下,对西方资本主义的发展性危机所做出的一种积极的回应。

如所周知,西方资本主义发展到 19 世纪末,已经完成了由自由资本主义阶段向垄断资本主义即帝国主义阶段的转变。西方资本主义的发展性危机是垄断资本主义阶段的必然产物。它突出地表现为西方资本主义国家内部社会问题的严重性。由于资本的高度集中,社会财富由少数金融财政寡头所垄断,从而促使贫富更加悬殊,社会两极分化更加严重,社会阶级对立更加尖锐。孙中山认为,这些都是西方国家所面临而又没有解决的新问题。对此,中国应早做未雨绸缪之计划,防患于未然之时。以平均地权、节制资本为要旨,旨在反对贫富不均和少数富人专制的民生主义,就是有鉴于此而提出来的,目的是避免在中国发生类似西方资本主义国家的社会危机。应该说,孙中山从西方资本主义国家所发生的严重社会危机中,清醒地认识到近代中国不能走它们的老路,而必须走自己的发展道路,是独具远见卓识的。至于他具体选择的发展道路,则是由于阶级的局限而具有主观的性质,因此是行不通的。孙中山的这种阶级局限性突出地

---

① 《孙中山选集》下卷,第 527 页。

反映在他的民生史观上。

根据孙中山的民生史观,"民生就是人民的生活,社会的生存,国民的生计,群众的生命",是社会历史发展的根本原因和动力,是社会赖于存在的基础①。这是一种倒果为因的说法。因为"人民的生活""社会的生存"无不以物质资料的生产作为前提和基础,否则,是无法"生活"和"生存"的。对于这个朴素的历史唯物主义观点,孙中山是不赞同的。他认为,一讲社会的物质基础,讲物质资料的生产就要引起"阶级战争",而他是反对"阶级战争"②的。在他看来,唯有民生主义才是既可以避免因西方资本主义的发展性危机所引发的严重社会问题,又可以避免唯物史观所主张的"阶级战争"的两全之计。在20世纪初的历史条件下,这只是一种主观的善良愿望,它反映了孙中山关于近代中国的发展道路这一构想的民粹主义性质。

二　民生主义与民粹主义

孙中山的民生主义与民粹主义的关系问题,是列宁首先提出来的。

1912年7月15日,列宁在布尔什维克的机关报《涅瓦明星报》上发表了《中国的民主主义和民粹主义》一文。而在列宁发表这篇文章的前3天即7月12日,孙中山在比利时的《人民报》上发表了《中国革命的社会意义》一文。3天后,孙中山这篇文章在《涅瓦明星报》第17期上转载了,并同时发表了列宁的上述文章。显然,列宁的文章是针对孙中山这篇文章而发的。

孙中山这篇文章的主旨是:一方面,他想在中国实现经济革命即发展资本主义经济;另一方面,他又想使中国避免走上资本主义的道路,主观上想实现社会主义。为此,他试图通过由国家征收级差地租的办法来废除封建土地所有制,实现土地国有化。这与上面我们对他在民生主义中关于平均地权的要旨的分析是一致的。孙中山关于平均地权的土地纲领,如

---

① 孙中山:《民生主义》第一讲,《孙中山选集》下卷,第765页。
② 孙中山:《民生主义》第二讲,《孙中山选集》下卷,第779页。

果得以实现必将为资本主义在农业中的发展扫清障碍,从而有利于资本主义的迅速发展。可见,孙中山实行民生主义的主观愿望是避免走资本主义的老路,而客观效果则是促进资本主义的发展。

根据孙中山这篇文章的主旨,列宁指出:"孙中山纲领的每一行动都渗透了战斗的、真实的民主主义。"[1]这是一种完整的民主主义。但是,它也具有同样的民粹主义色彩。列宁进而指出:"中国民粹主义者的这种战斗的民主主义思想体系,首先是同社会主义空想,同使中国避免走资本主义道路,即防止资本主义的愿望结合在一起的,其次,是同宣传和实行激进的土地改革的计划结合在一起的。正是后面这两种政治思想倾向使民粹主义这个概念具有特殊的意义。"[2]列宁把孙中山这种具有特殊意义的民粹主义称为20世纪初期"中国社会关系的辩证法"。其含义是:一方面,"中国的民主主义者真挚地同情欧洲的社会主义",把它改造成为防止资本主义的理论;另一方面,他又根据这一理论"制定纯粹资本主义的、十足资本主义的土地纲领"[3]。这就是"使土地国有化"。按照马克思的学说,"土地国有就是,尽量铲除农业中的中世纪垄断和中世纪关系,使土地买卖有最大的自由,使农业有最大的可能适应市场",列宁接着说,历史的讽刺在于:民粹主义为了"反对"农业中的"资本主义",竟然实行能够使农业中的资本主义得到最迅速发展的土地纲领[4]。

从列宁关于"中国社会关系的辩证法"的论述中,可以看到:所谓民粹主义就是试图超越资本主义发展阶段而直接由封建社会进入社会主义社会的一种主观社会主义。由于这种社会主义的主观性质,因此就注定了它必然是流于无法实现的空想。

历史现象无独有偶。在中国近代史上,太平天国的土地纲领《天朝田亩制度》,我们说它是农业社会主义,实质上也是一种民粹主义。根据这种思想,以为把整个社会经济都改造成为划一的"平均的"小农经济,

---

[1] 列宁:《中国的民主主义与民粹主义》,《列宁选集》第2卷,人民出版社1965年版,第358页。
[2] 列宁:《中国的民主主义与民粹主义》,《列宁选集》第2卷,第360页。
[3] 同上书,第361页。
[4] 同上书,第362页。

"就是实现社会主义,而可以避免资本主义的发展"。可见,民粹主义从思想根源来看,实际上是"小农经济的产物"①。这就告诉我们:在小农经济占优势的国家由传统农业社会向近代工业社会转变时期容易产生民粹主义。不过,相比较而言,孙中山的民粹主义不仅与太平天国的民粹主义,而且与俄国的民粹主义毕竟有所不同,因为他并不完全反对一切的资本主义,而仅仅反对操纵国计民生的"私有资本制度"。他主张属于这一类的经济部门,应由国家经营管理,实际上是主张实行国家资本主义。这是孙中山的民粹主义的一个特色。即使如此,他主观上仍然认为这是社会主义而非资本主义。因为他实行民生主义的目的是试图避免资本主义,实则是试图超越资本主义的发展阶段而径直实行社会主义。

三 民粹主义与马克思的"跨越"理论

如果说,民粹主义的实质是试图超越资本主义发展阶段而径直由封建社会进入社会主义社会,那么,它与马克思关于跨越"卡夫丁峡谷"的"跨越"理论又有何本质区别呢?

马克思的"跨越"理论是他在1881年写给当时的俄国革命家查苏利奇的《复信草稿》(初稿)中提出来的,是针对当时俄国的情况而发的。

按,"卡夫丁峡谷"原是古罗马卡夫丁城附近的一个峡谷,因古罗马军队曾在此峡谷被外邦人打败而闻名,后来它被作为屈辱和痛苦的代名词。马克思借用这一历史典故意在比喻因资本主义而带来的一切灾难和痛苦。根据马克思的"跨越"理论,认为如果俄国发展它所特有的历史条件,即至今保存完好的农村公社这一历史现实,就可以不经受资本主义制度所带来的一切苦难而取得它的全部成果,从而进入社会主义社会。马克思提出这一理论的目的,是想告诉俄国革命者,他们可以不再走西欧各国资本主义的老路,而从俄国的历史实际出发,走自己的发展道路。这是马克思对当时俄国革命走什么样的道路而提出的一种设想。众所周知,马克

---

① 胡绳:《毛泽东的〈新民主主义论〉再评价》,《中国社会科学》1999年第3期。

思的这一设想，后来并没有实现。其原因是：自1861年废除农奴制以后，俄国原来的农村公社已经遭到了彻底的破坏。就是说，马克思这一设想的历史前提已经不复存在了。

从表面来看，马克思和民粹派都主张"跨越"或"超越"资本主义发展阶段，但是，从实质来看，两者有着本质的区别。

马克思"跨越"理论的前提是：社会主义只有在资本主义创造的生产力基础上才能建立起来，但是并不一定都要经过资产阶级统治的资本主义社会。唯其如此，马克思虽然并不认为资本主义的一切苦难是不可避免的，但是又认为社会主义必须吸取资本主义所创造的一切积极的成果。正是在是否吸取资本主义所创造的一切积极成果的问题上，马克思主义与民粹主义是不相容的，而这也是马克思的"跨越"理论区别于民粹派的"超越"理论的分水岭。

我们说，孙中山的民生主义具有民粹主义的色彩，是因为：一方面，他认为民生主义就是社会主义，实行民生主义就是实行社会主义；另一方面，他实行民生主义的办法，如前所述，是平均地权和节制资本。这两个办法的目的都是为了防止资本主义在中国的产生和发展。可见，他是试图通过实行民生主义来防止资本主义而实现社会主义。这样，他就倒向了民粹主义而离开了马克思主义。不仅如此，20世纪的中国与19世纪的俄国国情不同，后者还保留着农村公社，而前者已是一个半殖民地半封建的社会，早已不存在农村公社，自给自足的自然经济已经遭到了彻底的破坏。当时，它所面临的历史任务是反对帝国主义和反对封建主义，发展资本主义，而孙中山则试图通过实行民生主义来防止资本主义，这自然是无法实现的空想。

四　近代中国的发展道路与中国近代化问题

那么，近代中国应走什么样的发展道路呢？这个问题，实际上已经涉及中国近代化的道路问题。这是近代中国的发展道路问题的核心所在。对此，学术界存在着不同的看法。一种看法认为，不应提中国近代化，而应一律提中国现代化。这种看法，显然是受到西方学者的影响。在西方，因为"近代"和"现代"都是同一个英文的词汇：modem，意即现代，而"现代化"则是一个动态名词：modernization，意即"成为现代的"，所以，西方学者一般只称现代化而不称近代化。另一种看法则认为，在汉语里面，"近代"和"现代"是两个不同的名词，而"近代化"与"现代化"代表着两个不同的历史发展阶段，因此必须加以区分，不能混同使用。我同意后一种看法。

依我的理解，所谓近代化不仅是一个时间概念，更是一个社会转型的概念，即指由农业社会向工业社会转变的历史过程。这是资产阶级作为独立的阶级力量登上历史舞台以后，按照自己的要求和愿望对整个社会进行资本主义改造的历史过程。因此，所谓近代化，实质是资本主义化。尤其对于西方的近代化来说，更是如此。中国的近代化与西方不完全相同，它有新旧民主主义之分，旧民主主义的近代化是在民族资产阶级领导下，通过改良或革命的不同途径变封建主义的中国为资本主义的中国的过程。与西方的原发性的近代化不同，旧民主主义的近代化是后发性的，是通过引进西方近代的工业技术和经营管理方式来实现工业化，发展本国的资本主义。因此，它与西方的近代化相似，实质上是资本主义化。新民主主义的近代化则不能简单地称之为资本主义化。这是因为：第一，近代化的领导阶级不是资产阶级，而是工人阶级；第二，近代化的国家政权不是资产阶级专政，而是工人阶级领导的、工农联盟为基础的人民民主专政；第三，近代化固然要发展资本主义，但它不是目的本身，而仅仅是为实现社会主义创造物质条件。

中国的现代化则是指社会主义的现代化，即在中国共产党领导下，实现国家对农业、手工业和私营工商业的社会主义改造，实现工业、农业、科学技术和国防的现代化，走中国特色的社会主义道路。

既然中国的近代化和现代化分别代表了中国近代以来两个不同的历史发展阶段，那么，就存在着中国近代化的道路问题，因而也就存在着对于中国近代化道路的选择问题。在这个问题上，学术界有一种观点，认为19世纪60年代开始的洋务运动是近代化性质的运动，因而被错误地当作中国近代化道路的开端去理解。其实，这种观点是站不住脚的。因为洋务运动的阶级基础是封建官僚地主阶级，它所标榜的"自强新政"，实质上是封建统治阶级的"自救"运动,旨在维护摇摇欲坠的清朝封建统治。虽然为了办"洋务",洋务派也引进了一些西方近代的工业技术(主要是与军事工业有关的),因而客观上刺激了本国近代工业的产生。但是,如果我们撇开洋务运动的阶级基础和目的去高谈洋务运动的所谓客观效果,那么势必掩盖了洋务运动的阶级性及其政治实质。既然洋务运动的目的是旨在维护清朝封建统治,那么,它与中国近代化的目的是发展资本主义,显然是背道而驰的。因此,我们既不应该把洋务运动看作是近代化性质的运动,更不应该错误地把洋务运动当作中国近代化道路的开端去理解。我认为,中国近代化的阶级基础是民族资产阶级。只有在民族资产阶级形成为一支政治力量正式登上政治舞台之后,才有可能提出代表本阶级的根本利益即以发展资本主义为目的的近代化纲领。从中国近代的历史发展来看,这种情况要到19世纪90年代才真正出现,其标志是戊戌变法维新运动。这次运动的阶级基础,主要是由官僚、地主、商人转变而来的民族资产阶级上层,其政治代表是资产阶级维新派。这次运动的目的是:"变法图强、救亡图存"。它试图通过在中国实行政治、经济、社会改革,发展资本主义,反映到运动的纲领上来,其要点是"变政体",行君主立宪;"振兴商务",发展近代工、矿、交通、运输事业;"兴学校"、"倡西学"以"开民智、新民德、鼓民力"。这是中国近代史上由资产阶级提出的,旨在发展资本主义的第一个近代化纲领,反映了民族资产阶级上层的要求和愿望。但是,由于他们同帝国主义和封建主义有着千丝万缕的联系,因此使他们的纲领和行动都表现出极大的妥协性和不彻底性。他们试图在不根本改变封建政治制度和经济制度的情况下,发展资本主义,并把他们实行有限的资本主义改革的全部希望寄托在封建皇帝一人身上,试图通过这种自上而下的途径来推进他们的改革。历史告诉我们:在中国,不彻底改变封建政治制度和封建经济制度,资本主义是无法发展起来的。由于他们的纲领和行动具有极大的妥协性和不彻底性,这就注定了这次变法维新运动必然失败的历史命运。尽管如此,戊戌变法维新运动仍不失为一次旨在中国发展资本主义的近代化运动,而从资产阶级维新派提出的这次运动的纲领则可以看作是他们关于近代中国的发展道路的构想,代表了他们对于中国近代化的道路所做出的一种选择。

20世纪初期，孙中山领导的资产阶级民主革命，实质上是试图通过革命的途径为中国资本主义的发展扫清道路，而孙中山提出的民主革命纲领——三民主义，特别是其中的民生主义则是他关于近代中国的发展道路的一种构想，代表了他对于中国近代化的道路所做出的另一种选择。尽管他的构想和选择要比维新派进步，然而由于纲领的民粹主义性质，最终还是成为无法实现的空想。

总之，无论是资产阶级维新派还是资产阶级革命派，他们关于近代中国的发展道路的构想及其关于近代化道路所做出的选择，最终都没有获得成功。一百多年来的中国近代史表明：只有中国共产党领导的新民主主义革命才为近代中国的发展道路指明了正确的方向，从而才有可能为中国近代化的道路做出正确的选择。近代中国的发展道路的正确方向应该是：经由工人阶级领导的人民民主主义即新民主主义到达社会主义。这是近代中国由半殖民地半封建社会走向社会主义社会必经的阶段，既不能超越，也不能回避。正如毛泽东所说，不经过新民主主义这个阶段，"要想在殖民地半殖民地半封建的废墟上建立起社会主义社会来，那只是完全的空想。"① 在新民主主义阶段应该有与其相适应的经济形态、政治形态和文化形态。经济上，应该建立起以国有经济为主导，集体经济、私人资本主义经济、个体经济以及"国家和私人合作的国家资本主义经济"等几种主要经济成分所构成的新民主主义的经济形态；政治上，应该建立起以工人阶级为领导，以工农联盟为基础、团结小资产阶级和民族资产阶级的人民民主专政的国家形态和政权形态；文化上，应该建立起以马克思列宁主义为指导的、民族的、科学的、大众的新民主主义文化形态。而问题的关键在于，通过实行土地改革、没收官僚资本和保护民族工商业等三大经济纲领，发展民族资本主义，建立新民主主义的经济形态。这是新民主主义的政治、文化形态赖以建立的基础。这里，特别要指出的是：在新民主主义阶段发展资本主义的问题。据胡绳同志说，毛主席在"七大"报告中特别提到在取得全国政权后，还"需要资本主义的广大发展"，认为"资本主

---

① 毛泽东：《论联合政府》，《毛泽东选集》（一卷本），人民出版社1966年版，第1061页。

义的广大发展在新民主主义政权下是无害有益的"。

胡绳说:"毛主席讲这个话的意思是,如果不承认只有经过民主主义才能到达社会主义,不承认新民主主义政权下还需要资本主义的广大发展,那就和民粹主义区别不开了。"[①] 为什么在新民主主义阶段需要发展资本主义呢?这是因为近代中国长期受帝国主义的侵略和封建主义的压迫,民族资本主义发展不足,经济极端落后。正如毛泽东所说:"我们的资本主义"不是多了,而是"太少了",而"拿资本主义的某种发展去代替外国帝国主义和本国封建主义的压迫,不但是一个进步,而且是一个不可避免的过程。它不但有利于资产阶级,同时也有利于无产阶级,或者说更有利于无产阶级"[②]。可见,在新民主主义阶段需要资本主义的发展是一个不可避免的过程,不认清这一点,就要犯"左"的错误。然而,我们发展资本主义的目的是为社会主义创造物质条件,是为了过渡到社会主义社会。如果忘记了这一点,就要犯右的错误。

从以上对新民主主义阶段的分析来看,它是我们国家由半殖民地半封建社会到社会主义社会的一条必经的正确道路,也是实现中国近代化的正确道路。这是中国共产党对中国民主革命的正反两方面经验所做的科学总结。新中国初期,我们党提出的过渡时期总路线体现了新民主主义道路这一科学思想。根据这条总路线,由新民主主义过渡到社会主义需要15年或更长一些的时间。可是,随后不久,我们党大大缩短了过渡时期,提前宣布进入社会主义,实际上是超越了新民主主义阶段应有的期限。这就向人们提出了一个问题:在夺取全国政权以后,我们还需不需要经过新民主主义阶段,由新民主主义道路走向社会主义。这是一个重大的理论问题和实践问题,应该结合新中国成立以来的历史认真加以研究和总结。

(原载《学术探索》2005 年第 5 期)

---

① 胡绳:《毛泽东〈新民主主义论〉再评论》,《中国社会科学》1999 年第 3 期。
② 毛泽东:《论联合政府》,《毛泽东选集》(一卷本),人民出版社 1966 年版,第 1061 页。

评钱穆的中国社会演变论

钱穆先生是我国著名的历史学家。他在中国史研究领域著述宏富，成就卓著，独树一帜，建构了自己独特的中国史学体系，提出了自己独特的史学理论。中国社会演变论就是这样的史学理论，它贯串于钱穆先生关于中国史研究的全过程。

钱穆先生的中国社会演变论，前人少有专论。本文拟从中国社会演变论的历史考察、中国社会演变论的基本内涵与历史观点、中国社会演变论的思想意图与理论实质等方面对钱穆先生这一史学理论做一简评，以就教于学界同仁。

一　中国社会演变论的历史考察

中国社会演变论是钱穆先生在"通揽"中国全史的基础上提出来，并用以指导其历史研究的史学理论。因此，在评述钱穆先生这一理论时，有必要联系他对于中国全史的研究。

钱穆先生关于中国全史的研究，始于1933年。据他说，是年秋，就聘北京大学，任中国通史讲席。为此，他一面讲授，一面编写纲要，并副以参考资料，阅六个寒暑，几易其稿，于1939年6月，成《国史大纲》一书。[①] 此书始自上古三代，迄于清末民初，论述了上下几千年的中国历史与文化，堪称为一部通史体的史学名著，在钱穆先生的学术研究生涯中具有标志性的划时代意义。可见，钱穆先生是通过讲授中国通史而正式步入中国史研究领域的，而《国史大纲》则是他在这方面的代表力作。

---

① 《国史大纲·书成自记》，《钱宾四先生全集》(27)，联经出版事业公司1988年版。

钱穆先生《国史大纲》的最大特色是：他将中国历史看作是处于动态的演变过程。他认为，"凡治史"既要求其"异"，又要求其"同"：于"异"中"看出历史之变"，于"同"中显示出"全史之动态"。"治国史"也如此，"仍当于客观中求实证，通揽全史而觅取其动态"，[①] 即要求研究中国历史应该如实地对它做动态的理解。社会是历史的载体。正是基于对中国历史如实地做动态的理解，钱穆先生在撰写《国史大纲》时，首次从社会演变的角度来考察中国历史。虽然该书是按朝代的先后分编的，但是，从其内容来看，却显示了钱穆先生关于中国社会演变的独特视角。他从政治立论，以政权的更迭、"一统"与分裂为主线，辅之以社会结构的变迁和经济文化重心的转移，从纵向与横向的结合上很好地理清了中国社会演变的脉络，指出了中国历史发展的路向，为尔后正式提出的中国社会演变论提供了历史依据。

钱穆先生明确提出中国社会演变论，并形成这一理论的话语体系是在20世纪50年代。1950年10—11月，钱穆先生在香港《民主评论》第8—9期上，发表了《中国社会演变》[②] 一文。他认为，中国历史是一部社会演变的历史。以春秋时期为界标：此前是"封建社会"，此后是"封建社会"的瓦解，从此开始了中国社会演变的时期，即由春秋以前的"封建社会"一变而为战国的"游士社会"，再变而为两汉的"郎吏社会"，三变而为魏晋南北朝的"门第社会"，四变而为唐宋元明清的"科举社会"，五变而为近代的"殖民化社会"。必须指出，这一时期钱穆先生论述中国历史上的社会演变是以春秋"封建社会"崩溃以后，社会常由"平民学者"即"士……出来掌握政权"，因而成为"社会中心指导力量"这一事实为依据，[③] 并以此来建构其中国社会演变论的理论框架的。这是钱穆先生关于中国社会演变论的最初形态。

1955年11月，钱穆先生在日本东京大学做题为《中国历史上社会的

[①] 《国史大纲·引论》。
[②] 收入《国史新论》，《钱宾四先生全集》(30)。
[③] 《国史新论》，《钱宾四先生全集》(30) 第18页。

时代划分》①的讲演，进一步阐发了他的上述思想，并以其作为中国社会分期的基本准则。他说：中国社会是"以士为中心的社会，而中国自秦以下的传统政府也可说是士人的政府"，"因此，我们在思考中国历史中之社会变迁时，实应以各时期士的动态作为探索的中心"和分期的"基准"②，并称这"士中心的社会"为"四民社会"，即由"士、农、工、商四行业不同的四民所组成"的社会。③他重申了上述关于中国社会演变的划分，并对唐以后的"科举社会"作了更细的划分：唐宋为"前期科举社会"，明清为"后期科举社会"。④钱穆先生还就中国历史上社会演变的特点作了更系统的阐释，从而进一步完善了中国社会演变论。

1977年，钱穆先生以《再论中国社会演变》为题，再次撰文阐发他的中国社会演变论，其要点有二：一是重申20世纪50年代关于中国社会演变的划分法，即春秋以前为"封建社会"，战国以下为"四民社会"，"四民社会"又可细分为"游士社会"（战国）、"郎吏社会"（两汉）、"门第社会"（三国至唐）、"白衣社会"（两宋至清）。同时，又做了两点修正，即将"门第社会"由南北朝延至唐代，而原来由唐代开始的"科举社会"改从宋代始，又因"进士皆出自白衣"，故改"科举社会"为"白衣社会"。他之所以做如此改动，显然是为了突出"士"的平民性。二是强调中国社会中"士"传统的重要性。这可以视为钱穆先生关于中国社会演变论的"晚年定论"。⑤从20世纪30年代钱穆先生用社会演变的观点研究中国历史，撰写《国史大纲》，到70年代后期再次撰文论述中国社会演变问题，在这长达半个世纪的时间里，我们可以看到钱穆先生的中国社会演变论从内容到形式的发展、变化。例如，在30年代，钱穆先生主要是以政治上的"一统"与分裂及其在政权形式上的表现作为考察中国社会演变的主线；在50年代，钱穆先生主要是以"士"在政治上的进退作为考察中国社会演变的主线；在70年代，钱穆先生则主要是对50年来的中国社会演

---

① 发表于1958年1月香港《人生杂志》第5卷，第3期，收入《国史新论》。
② 《国史新论》，《钱宾四先生全集》（30），第68—69页。
③ 《国史新论》，第68页。
④ 《国史新论》，第69页。
⑤ 《动象月刊》革新一号（1987年5月），收入《国史新论》。

变论进行总结和提升，将中国社会演变问题归结为中国文化精神传统问题，用中国文化精神传统的不变性来说明中国社会演变的有限性。然而，无论钱穆先生的中国社会演变论在内容和形式上有何发展和变化，终归是"万变不离其宗"。这个"宗"就是"士的传统"。钱穆先生称这"士的传统"是贯串于中国历史全过程的"不变之大传统"。他就是用这"不变之大传统"来考察中国历史上的社会演变的，真可谓是"以不变应万变"。

二 中国社会演变论的基本内涵与历史观点

通过对中国社会演变论的历史考察，钱穆先生关于这一理论的基本内涵已跃然纸上。

钱穆先生论述中国历史上的社会演变，虽然涵盖了政治、经济、文化诸方面，但是，作为社会演变的主体是政治、文化，而非经济。因此，他所说的社会演变实为政治的演变，或更准确地说，政治制度的演变；而在政治制度中，"士"在政治上的进退即"士人政治"是其核心内容。由此可见，钱穆先生关于中国社会演变论的基本内涵可以概括为：以政治制度为主体、以"士人政治"的变迁为主线，用以考察中国历史上的社会演变过程的史学理论。根据这一理论，春秋以前是"封建社会"，战国以后是"四民社会"，而非"封建社会"。这应该看作是钱穆先生关于中国史的基本观点。

钱穆先生断言战国以下中国社会非"封建"，此说首见于他在20世纪30年代编撰的《国史大纲》。该书认为，西周为"封建帝国之创兴"，至春秋战国而"崩溃"，此后，中国社会就不再是"封建社会"了，即"非封建"了。50年代，钱穆先生将"封建社会"的"崩溃"断在春秋，而将战国以后社会称之为"以士为中心的社会"。[1] 70年代，钱穆先生又将战国以后社会称之为"四民社会"。[2]

必须指出，钱穆先生此说，并非他之首倡。追本溯源，此说始见于20

---

[1]《国史新论》，《钱宾四先生全集》(30)，第69页。
[2]《国史新论》，第44页。

世纪20年代末,[①]至30年代竟成为中国社会史论战的一个焦点。可见,此说在20—30年代是颇为流行的观点。钱穆先生也倡言此说,但其论据颇有自己的特色。

钱穆先生倡言此说的论据之一是:中西方所谓"封建",性质各不相同。西欧所谓"封建"是"一种社会形态",中国史上秦以前的"封建"是"一种政治制度"[②];而他所说的"政治制度"实则以周天子为大宗主的按宗法关系层层分封的宗法分封制。这就涉及一个重大的社会历史理论问题,即决定社会性质的最终根据是什么?是政治制度,还是生产方式?显然,钱穆先生是主张前者而非后者。然而,无数的历史事实告诉我们:人类社会赖以存在的基础是生产方式,政治制度只不过是建立于其上的上层建筑。因此,不是政治制度决定社会性质,而是生产方式决定社会性质:政治制度的兴废,恰恰需要从生产方式的兴废中得到说明。例如,西周宗法分封制就是建立在周天子对全国土地拥有绝对垄断权即土地国有制基础之上的一种政治制度。《诗·小雅·北山》谓:"普天之下,莫非王土;率土之滨,莫非王臣。"这可以看作是土地王权所有这一历史事实的生动写照。很清楚,如果没有周天子对于全国土地的绝对垄断权,就不可能推行"授民授疆土"这种宗法分封制。春秋以后,宗法分封制的瓦解,实则由于周天子对全国土地绝对垄断权的丧失,因此导致了诸侯、卿、大夫对于土地所有权的僭越,变原来的封地为私产,这表明:宗法分封制已经无法再推行下去了,其瓦解是必然的。

如果说,土地所有制形式是构成古代社会生产方式的要件之一,那么,生产者的身份和地位及其与生产资料的关系,则是构成古代社会生产方式的另一要件。春秋以前,土地王权垄断制决定了生产者在土地所有权的关系问题上处于完全无权和被剥夺的地位。不仅如此,他们的人身也被完全占有。西周铭文上有关他们被当作物件或牲畜用来赏赐、交换和买卖的大量记载,就是他们的人身被完全占有的最好见证。他们与古希腊、罗马的奴隶被当作"会说话的工具",可以与其他物件一起拍卖的情况何其

[①] 见陶希圣《中国社会之史的分析》、《中国社会与由国革命》,二书均为新生命书局1929年版。
[②] 《国史新论》,《钱宾四先生全集》(30),第1页。

相似乃尔！从社会形态的角度来看，生产者的人身完全被占有的情况，正是东西方奴隶制的共同特征。可见，通过对生产方式的两个要件做综合的分析，春秋以前的中国社会应属于奴隶制社会，而钱穆先生用政治制度作为证成其为"封建社会"的论据，则难以成立。

钱穆先生倡言此说的论据之二是：战国时期已经出现了封建社会"崩溃"的三大表征，即："封建时代上层贵族世袭的政治特权"在此时"取消"了，"下层平民"从"被制约的均产经济"中"解放"了，"介于贵族"与"平民"之间"士的一阶层"出现了。[①] 其实，钱穆先生所列举的这三大表征与其用以证成中国封建社会在此时已经"崩溃"，不如用以证成中国奴隶制社会在此时已经瓦解更符合历史实际。因为作为封建社会崩溃的基本特征是，占统治地位的自然经济的破产。它表现为农业与家庭手工业由相结合走向相分离并进入商品流通领域，农业经营方式由出租土地向雇工种地转变。与此相适应，出现了新的阶层——农业雇佣劳动者。手工业经营方式也由原来师傅与帮工的依附关系向雇主出资、雇工出力的新型雇佣关系转变。而钱穆先生所列举的三大表征都与上述新发生的情况无关，相反地，却与中国奴隶制社会瓦解有着密切的联系。例如，他所说的"上层贵族世袭的政治特权"，其实是奴隶主贵族所专有的宗法等级特权，它是奴隶制时代宗法分封制的必然产物，而不是"封建时代"的必然产物。这种宗法等级特权之取消，正反映了以周天子为大宗主的宗法分封制已经无法维持下去了的历史事实。他所说的"下层平民"从"被制约的均产经济"中"解放"出来，其实正反映了奴隶主土地国有制的破产，从而为土地私有制的出现创造了条件。他所说的"士的一阶层"的出现，其实正是西周奴隶主国家"学在官府"，即由少数奴隶主贵族垄断文化学术的一统局面被打破的必然结果，反映了文化学术经由"士的一阶层"的传播开始由"官府"走向民间的历史趋势。总之，钱穆先生所列举的三大表征只能看作是中国奴隶制社会解体的若干标志，而不足以作为中国封建社会崩溃的论据。

[①] 《国史新论》，《钱宾四先生全集》(30)，第9页。

钱穆先生倡言此说的论据之三是：战国以下为"四民社会"。他试图以士、农、工、商诸业构成的"四民社会"来取代封建社会，从而否认秦汉以下中国社会的封建性质。对于钱穆先生提出的这一论据，实难于苟同。

笔者认为，毫无疑问，战国以下的中国社会是封建社会，其论据主要是两条：一是自然经济占统治地位，二是封建生产关系主导地位的确立，而这两条又是有史为证的。显然，这与钱穆先生用以证成战国以下的中国社会是"四民社会"而非封建社会的论据有着根本的区别。究其原因，只能从钱穆先生的道统文化史观中寻找答案。

三　中国社会演变论的思想意图与理论实质

从以上对中国社会演变论的历史考察和分析研究中，我们可以认清钱穆先生提出这一理论的思想意图所在，这就是：通过对中国历史上社会演变的研究来彰显贯串于其中的"士一传统"，揭示蕴含在这"士一传统"中的那不变的民族文化精神之所在。用他的话来说：

> 任何社会，经历某段时期，无不需变。即论中国社会，如余所陈，自封建而游士、郎吏、门第、白衣，亦已历多阶层之变动。惟均不失仍为士传统。[①]
>
> 故封建社会与四民社会之间虽有变，而仍有不变之大传统，此乃吾中国文化精神贯相承之所在。[②]

他是试图用中国历史上社会演变的有限性来证成中国文化精神传统的不变性。所以，又说：

> 今再反观中国社会全部演变史而综合言之。儒、墨兴起，古代封

---

① 《国史新论》，《钱宾四先生全集》（30），第 30 页。
② 陶希圣：《中国社会之史的分析》，《中国社会与中国革命》。

建社会变而成此下之四民社会。若为中国社会演变史中之大变，实则其变并不大。儒家如孔子，其心中固尚奉古代封建贵族为圭臬，舜、禹、汤、文、武为圣君，伊尹、周公为贤相，"述而不作"……即墨家墨子，亦持同样态度，称道《诗》、《书》，尊崇古人。①

显而易见，钱穆先生所要证成的那不变的中国文化精神传统，就是孔子所"尚奉"的"三代""圣君"、"贤相"和墨子所"尊崇"、"称道"的《诗》、《书》和"古人"。毋庸讳言，这是传统儒家的道统论。唯其如此，我们可以将钱穆先生这一理论的实质归结为道统文化史观。

所谓道统文化史观，就是将社会的发展或演变看作是"圣道"的传承；又将"圣道"的传承视为一种不变的民族文化精神传统，其存续关系到社会的兴衰、民族的存亡，因此是一种文化决定论。然而，维系这一不变的民族文化精神传统于不绝的力量，是正统儒家的"士"。可见，"士"在政治上的进退直接关系到这一不变传统的存续、兴衰，社会、民族的存亡。所以，钱穆先生认为中国社会是"以士为中心的社会"。② 有鉴于此，他主张"我们在思考中国历史之社会变迁时，实应以各时期士的动态作为探求的中心"，并以此"作为中国社会分期的基准，来说明中国历史中社会的任何演变"。③

这种道统文化史观有两个要点：一是以承认"圣道"的超越性、永恒性、一成不变性为前提。然而，如果"圣道"是作为一种安邦治国的学问，那么，它是不可能超越时空、永恒不变的，而是必须随着历史的发展、社会的进步不断地研究和解决实践中所出现的新问题，并在研究和解决新问题中不断发展和完善自己。世界上从来不存在一劳永逸的治国安邦的"圣道"。就儒家学说而言，也是如此。例如，关于孔子的《春秋》"大义"，历来说法不一。战国时期的孟子强调《春秋》"大义"在诛"乱臣贼子"，汉代的董仲舒则强调《春秋》"大义"在"大一统"，到了南宋，胡

---

① 《国史新论》，《钱宾四先生全集》(30)，第1页。
② 《国史新论》，第68页。
③ 《国史新论》，第69页。

安国作《春秋传》则强调《春秋》"大义"在"尊王攘夷"。同一个孔子作的《春秋》，对其"大义"的诠释，在不同历史时期各有不同的"版本"。这是可以理解的，因为不同历史时期所面对和所要解决的问题不同。由此可见，所谓治国安邦的"圣道"也必须与时俱进，否则，就不成其为"圣道"了。

二是以承认"士"是维系民族文化精神传统于不绝的中心力量为前提，并由此得出"中国社会"是"以士为中心的社会"的结论。这是难以成立的。因为能否成为社会的中心，关键在于"士"所提出或传授的思想学说和所维系的民族文化精神传统能否顺应历史潮流、满足社会的需要；而钱穆先生所说的"士"是永恒不变的"圣道"传承者。由于"士"不能与时俱进，因此必然为历史所抛弃、为社会所不容。那么，这样的"士"又如何能成为社会的中心呢？何况，"士"从来就不是一个独立的阶级，而是依附、从属于一定阶级和集团的流动性很大的阶层，因此难于形成一个独立的强有力的中心。事实是，只有在物质资料生产中占统治地位的阶级才能成为社会的中心。

总之，无论是从"圣道"的永恒不变性，还是从"圣道"传承者"士"的身份和地位来看，作为中国社会演变论的理论基础——道统文化史观，是缺乏科学根据的，因而建立在这一理论基础之上的中国社会演变论也就难以成立了。

（原载《史学理论研究》2005 年第 5 期）

第三编

20 世纪中国历史观念和历史学

论 20 世纪西方的中国历史观念及其演变

20 世纪西方的中国历史观念经历了由前期向后期演变的过程，而这种演变既有其国际政治背景，又有其思潮和历史观的根据。大体说来，20 世纪前期，西方史坛居于主导地位的，是欧洲中心史观及其中国历史停滞论、治水社会史观及其中国历史特殊论；20 世纪后，原来作为西方史坛主流意识的欧洲中心史观逐渐淡出，代之而起的是文明形态史观及其中国历史循环论、全球史观及其中国历史发展连续性理论和经济地位中心论、后现代史观及其中国历史内部演变论等。

本文拟就上述问题进行考察和分析。

一 20 世纪的欧洲中心史观及其中国历史相对停滞论

（一）欧洲中心史观与"冲击—回应"的历史模式

19 世纪以来，欧洲中心史观主导西方史坛的局面至 20 世纪前半叶不仅循而未改，而且更发展成为一种解读中西方关系和东西方关系的历史模式，这就是盛行于 20 世纪前半叶西方史坛的"冲击—回应"的历史模式。

所谓"冲击—回应"，简单地说，就是西方挑战，非西方国家应战。这一历史模式是 1954 年由邓嗣禹与费正清合写的《中国对西方之回应》一文和克莱德与比尔斯合著的《远东：西方冲击与东方回应之历史》一书中正式提出来的[①]。根据这一历史模式，西方国家是历史发展的原动力，具有历史的主动性，居于历史的"上风"，处在世界历史的中心，而中国

[①] ［美］柯文：《在中国发现历史——中国中心观在美国的兴起》，林同奇译，中华书局 1989 年出版，2002 年新版，第 3 页。

等东方国家的历史由于长期处于停滞状态，缺乏历史的主动性，居于历史的"下风"，被排斥于世界历史的边缘，只有借助来自西方国家外力的推动，才能走上西方国家的历史发展道路，由传统走向近代，实现现代化。

欧洲中心史观在20世纪的演变是受西方国家利益的驱动，为西方国家近代以来的对外侵略政策辩护的。因此，同19世纪的欧洲中心史观相比，20世纪的欧洲中心史观更具鲜明的政治倾向性。这方面的代表人物和代表性著作要首推费正清及其《美国与中国》、《中国：传统与变迁》两书。

费正清（John King Fairbank）是美国著名的中国问题专家和历史学家。他长期领导着美国的中国问题研究。其研究成果深为美国政府所重视。1948年，他出版的《美国与中国》一书，在美国政界和学界产生了广泛的影响，为美国政府制订对华政策提供了历史和理论的依据，被称为研究中美关系的"经典著作"。[1] 1978年，他和赖肖尔根据《东亚：传统与变迁》（费正清、赖肖尔、克瑞克合著）一书有关中国部分进行修改和增补，以《中国：传统与变迁》为题，单独成书出版。

费正清上述两书的最大特色是：以"冲击—回应"的历史模式作为研究中国历史的指导线索，将中国历史分成"传统"与"近代"两部分，着重探讨传统的中国如何"回应"近代西方列强的入侵所造成的"冲击"。用他的话说："当代中国变革转型的根本原因，主要源自西方的新兴力量与本土传统习惯及思维方式之间的冲突互动。本书因之亦分为两大部分：3000多年来中国传统文明在相对隔绝的状况下的衍变，及自近代以来作为对现代西方社会的回应，这一文明所经历的变故与转型。"[2] 他用以划分传统中国和近代中国的标志性时间和事件是19世纪中叶西方列强对中国的入侵：此前是传统的中国，此后是近代的中国；在他看来，近代中国的历史是由于西方的"冲击"才开始的；如果没有西方的"冲击"，中国的历史仍然停留在"传统文明"这种"相对隔绝的状况下"。那么，传统的中国是如何"回应"西方的"冲击"呢？他认为，决定中国如何回应西方

---

[1] 费正清：《美国与中国·赖肖尔第四版序》，张理京译，世界知识出版社2000年版。
[2] 费正清：《中国：传统与变迁》，张沛译，世界知识出版社2002年版，第3页。

冲击的因素并非外来，而是产生于中国社会内部。由于中国社会中存在着"惰性力量"，故对西方的回应总是被动的和暂时的。究其原因，在于传统中国社会结构的稳固性和儒家文化传统的束缚性。① 可见，为了论证"冲击—回应"这一"试验性的摸索"，② 他不能不把目光转向传统中国的历史。

（二）费正清的中国历史相对停滞论

费正清对于中国历史的认识，概括地说，是中国历史相对停滞论。我之所以将费正清对于中国历史的认识定位为中国历史相对停滞论，是因为他承认中国历史在"传统范围内"的某些变化，即他所说的"3000多年来中国传统文明在相对隔绝的状况下的衍变"。

首先，他从分析传统中国的社会结构入手，指出这种社会结构的两重性。他说："自古以来就有两个中国：一是农村中为数极多从事农业的农民社会……始终占据原有土地，没有什么变化；另一方面是城市和市镇的比较流动的上层，那里住着地主、文人、商人和官吏——有产者和有权势者的家庭。那里没有永远不变的社会等级制度……"③ 而作为中国传统社会的基本单位是家庭。家庭中，上下尊卑有着严格的区分，而家庭的这种地位，是由儒家的"君为臣纲、父为子纲、夫为妻纲"即"三纲"所规定的。"这一学说的最奇突之点，是这三种关系里有两种家庭内部的关系，而三者又都是上下级之间的关系。"他认同马克斯·韦伯的观点，将中国形容为"家庭结构式的国家"。④ 他由此断言："中国是家庭制度的坚强堡垒，并由此吸取了力量和染上了惰性"。⑤

其次，他进而分析了中国家庭制度的特点，指出了中国家庭制度与专制制度的内在联系。他认为，中国家庭的权力运作方式像是一个"微型的小邦国"：父亲是至高无上的独裁者，主宰家中的一切，子女只有孝顺和

---

① 费正清：《中国：传统与变迁》，第349页。
② 同上书，第348页。
③ 费正清：《美国与中国》，第20页。
④ 同上书，第24页。
⑤ 同上书，第21页。

服从，使其长大成为孝忠国家的忠臣。① 他由此断言："中国的家庭模式很容易产生专制主义"，而团结御敌的需要，又在客观上"促进了大一统专制国家的发展"。② 再次，根据以上分析，他阐明了中国社会的性质及其特征，指出："早期中国是个'东方式'的社会。"③ 他采用魏特夫的观点，将这一"东方式"社会的特征作了如下的概括：绝对的王权、以土地为基础的经济、广泛使用表意文字、主宰大规模经济活动的牢固的官僚政府、从未承认私人财产的合法性等，认为这些"东方式"社会的特征一直持续到最近时期为止。④

至此，费正清对于传统中国历史所做的分析和所持的观点，如：传统中国社会结构的稳固性及其所带来的历史"惰性力量"、儒家文化传统在形成中国的家庭（家族）制度方面的意识形态作用以及中国的家庭（家族）制度是专制主义赖以存在的基础，等等，几乎与19世纪欧洲中心史观的中国历史观念如出一辙。

然而，费正清并没有由此得出中国历史"毫无变化"、绝对停滞的结论，而是肯定了中国历史在"传统范围内"所发生的"衍变"。这突出表现在中唐到宋末（8—13世纪）即"中古期的昌盛"。他认为，这一时期的中国社会"远比欧洲先进"。其中，最重要的是"兴起国内外的私人贸易"。他称"这确实是一场'商业革命'"。⑤ 不仅如此，这一时期水稻耕作的推广又有利于小土地私有者的发展，而这是由于水稻耕作的性质所决定的。他还特别提到罗斯基的发现：到了明代，华中、华南部分地区的农业在很大程度上以适应市场的需要为目的。⑥ 值得指出的是：他把这一时期称为"近代中国历史的第一阶段"，亦称"前近代"或"前现代"的时期。尽管如此，"中古时期的昌盛"并未导致资本主义在中国的兴起。所以，"晚唐和宋时达到的文化和制度发展水平在其后几百年中变动无多"；"宋

---

① 费正清：《美国与中国》，第22页。
② 费正清：《中国：传统与变迁》，第33页。
③ 费正清：《美国与中国》，第28页。
④ 同上书，第30页。
⑤ 同上书，第30页。
⑥ 同上书，第31页。

朝以后中国发展趋缓"，与西方近代以来的发展相比，"中国自然就显得停滞不前了"。①

由此可见，费正清承认中国历史在"传统范围内的变化"，用他的话说，是指"从古典时期到前近代时期"②这一历史范围内的变化。由于这一历史时期未能导致资本主义在中国的兴起，因此，中国历史无法走出"前近代"，故其发展变化仍属于"传统范围内"。为什么中国历史走到"前近代"就停滞不前呢？或者说，为什么资本主义未能在中国兴起，因而使中国历史无法通过自身的力量由"前近代"走向"近代"呢？费正清的回答是：作为资产阶级前身的中国商人"从来不能摆脱士绅及其官府代理人的控制而独立自主"。③这与"封建时代欧洲商人阶级是在城镇里发展起来"的情况不同。欧洲的地主阶级不住在城镇而住在乡村的大庄园里。这样，城镇便成为"封建体系之外"的场所而有利于住在其中的商人阶级取得独立的地位。④为此，费正清专门分析了中国的"士绅阶级"、官吏与商人三者之间的关系及其特点。

他指出：中国士绅是通过科举考试取得功名的人。他们既是公家官员，掌握政治和行政事务，又是家族关系中的成员；他们住在城市里，构成以地产为基础的家族阶层，介乎农民与从政、经商的官吏和商人之间，是一个可以被选拔为官吏的士大夫阶级；他们鄙视商人，控制商人的活动；他们拥有一切经济特权，所以不允许兴起一个独立的商人阶级来侵犯他们的经济特权，等等。"这些情况使商人在已经建立的秩序之外找不到别的政治势力去寻找特别的保护。"⑤因此，商人无从独立自主地发展起来。

如众所知，费正清关于中唐至宋末是"前近代时期"的提法，关于中国不能产生资本主义的论断及其原因的分析，目的是为了证明他的"冲击—回应"这一历史模式的正确性，即中国社会内部不存在产生资本主义的根据，只有在西方的冲击下，中国社会才能从传统走向近代，发展资本

---

① 费正清：《中国：传统与变迁》，第134页。
② 同上。
③ 费正清：《美国与中国》，第49页。
④ 同上书，第50页。
⑤ 同上书，第33、38、47、50页。

主义。然而，在这里，他的结论与他的前提是自相矛盾的。因为"前近代"概念的提出是以承认此时已经出现了既不同于"传统"又不完全等同于"近代"的新因素为前提的。从历史内涵来看，这种新因素不是别的，只能是资本主义因素。他所说的"前近代时期"的"商业革命"以及明代华中、华南部分地区为适应市场而进行生产的农业，显然都是属于资本主义性质的新因素。这表明：在西方冲击之前，中国社会内部已经出现了资本主义的新因素。至于出现这种新因素的时间问题是可以讨论的。不过，在我看来，资本主义新因素的产生与增长是在明代后期和清代中期。因此，不存在"宋朝以后中国发展趋缓"的情况，更不存在中国历史走不出"前近代"，只有靠西方的"冲击"才能走出"前近代"而进入"近代"的情况。中国近代历史表明：恰恰是由于西方列强的入侵而造成的冲击才中断了中国资本主义发展的历史进程。很清楚，费正清的上述论断是违背历史真实的。至于他所说的中国商人不像欧洲的商人阶级那样取得独立自主的活动空间的情况，确实是存在的。但是，这只应作为中国商人不能充分发展自身力量的原因，而不应该作为中国不能产生资本主义的根据。

综上所述，可以看到，费正清的中国历史相对停滞论是建立在对传统中国社会结构两重性的认识基础上，并以承认中国历史在"传统范围内"即由古代到"前近代"的"变化"为前提的。传统中国社会结构的两重性表现为：一方面，是农村的农民社会结构的稳固不变性；另一方面，是城镇的上层社会结构（由地主、文人、商人、官吏等有产者和权势者所组成）的相对流动性。传统中国社会结构这种两重性既决定其历史的停滞性，又赋予这种停滞性以相对性的特点。中国历史就是在传统中国社会结构两重性的矛盾运动中由早期的"东方式"社会向"前近代"社会"变化"的。在这一"变化"的背后是"中国经济，尤其是商业的飞跃"，费氏称之为"商业革命"。[①] 这一发生在中古时期（晚唐至宋代）的"商业革命""推动了当时社会和文化的发展"，从而出现了"许多具有现代都市文明的特点"的"社会类型"，他称之为"前近代社会"或"前现代社会"。[②]

[①] 费正清：《中国：传统与变迁》，第149页。
[②] 费正清：《中国：传统与变迁》，第157页。

很清楚，城镇的上层社会结构的流动性是产生这场"商业革命"的社会条件。不过，费氏认为，这场"商业革命对社会、政府的触动并不像西方那么巨大，其原因是，这场革命是在一个高度组织化、官僚化的帝国里发生的，这一帝国能够适应经济的发展并从中吸取新的力量"，① 因此，没有像欧洲社会那样，因经济变革而造成社会政治制度的崩溃，实现向近代的转变。就是说，"商业革命"无法推动中国历史由传统向近代转变。费氏认为，推动中国历史向近代转变只能靠外力，即通过"冲击—回应"的途径实现。至此，我们终于从费氏的中国历史相对停滞论中了解到他对于中国历史的基本看法，即中国历史经历了由古代到"前近代"和由"前近代"到近代两个发展阶段：在前一阶段，中国历史通过内因的推动实现古代向"前近代"的转变；在后一阶段，则通过外因的推动实现由"前近代"向近代的转变。因此，费氏的中国历史观点亦可以称为"内推—冲击—回应"论。

二 治水社会史观及其中国历史特殊论

（一）东方专制主义与治水社会史观

东方专制主义是18—19世纪欧洲学术界关于东方社会的流行观点。最早从学理的角度对东方专制主义进行研究者，要首推18世纪法国启蒙学者孟德斯鸠。他在《论法的精神》一书中分析了东西方所实行的三种政体形式及其原则，认为"共和政体是全体人民或仅仅一部分人民握有最高权力的政体"，实行"品德"的原则；"君主政体是由单独一个人""遵照""确立了的法律"执政的政体，实现"荣誉"的原则；"专制政体"是"由单独个人按照一己的意志与反复无常的性情领导一切"的政体，实行"恐怖"的原则②。他指出：前两种政体是西方国家普遍实行的政体，后一种政体是东方国家普遍实行的政体，故又称东方专制政体或东方专制主义。19世纪以来，德国古典哲学家黑格尔将东方专制政体纳入他所建构的世

---

① 同上。
② 孟德斯鸠：《论法的精神》上册，张雁深译，商务印书馆1961年版，第8页。

界历史体系，作为其欧洲中心史观的重要组成部分，用以证明中国历史绝对停滞论。20世纪前半叶，美国魏特夫将东方专制主义看作是"各种东方社会的共同本质"；认为这是"治水社会"的特性所决定的，而"治水社会"的特性又是由其"自然条件"所造成的，从而创立了他的"治水社会"理论，形成了他的东方社会历史观——"治水社会"史观。魏特夫的东方专制主义就是建立在"治水社会"理论的基础上，成为治水社会史观的重要组成部分。1957年出版的《东方专制主义——对于极权力量的比较研究》（以下简称《东方专制主义》）一书，就是魏特夫在这方面的代表作。

魏特夫（Karl A. Wittfoggel）系犹太人，出生于德国，后加入美国籍。他的一生经历了由共产主义战士向西方"自由世界"斗士蜕变的过程。冷战时期，他公开反共，声称要"为自由世界而斗争"，从而使他成为西方学术界冷战的领军人物[①]。《东方专制主义》一书就是他作为西方学术界冷战领军人物的见证。对此，他供认不讳地说："我是把《东方专制主义》当作是对于极权力量进行比较研究的著作来著述的。"[②] 他所说的"极权力量"就是"共产党极权主义"，它与"东方专制主义"、"亚细亚复辟"是同义语。所以，他"把共产党极权主义解释成""东方专制主义"这种"专制的变形"；[③] 把"我们时代的'亚细亚'发展情形"看作是"苏联与共产党中国的亚细亚复辟的现实"。[④] 一句话，他所说的"极权力量"就是共产党所建立的国家政权。可见，他所说的"东方专制主义"不仅是对"各种东方社会的共同本质"所做的"概括"，而且更是对"共产党极权主义的现象"所做的抨击。这是此书的政治实质所在。

必须指出，魏特夫关于东方专制主义及其治水社会理论的研究，由来已久。从20世纪20年代中期以来，他就一直通过对中国社会与历史问题的研究探讨治水社会的类型问题、治水社会与东方专制主义的关系问题、

[①] [美]魏特夫：《东方专制主义·中译本出版说明》，徐式谷等译，邹如山校订，中国社会科学出版社1989年版，第1页。
[②] [美]魏特夫：《东方专制主义·1981年文塔奇出版社版本前言》，第57页。
[③] [美]魏特夫：《东方专制主义·1962年序言》，第24页。
[④] [美]魏特夫：《东方专制主义·1981年文塔奇出版社版本前言》，第52页。

治水社会的"亚细亚"性质问题以及治水社会与自然条件的关系问题等。1957年出版的《东方专制主义》一书可以看作是他长期从事治水社会研究的集大成之作。所不同者，20世纪50年代以前，他主要是从学术的角度进行研究；此后，他主要是从政治、从冷战思维的角度进行研究，因而使他关于东方专制主义与治水社会的研究具有鲜明的反共色彩。这是我们在评价魏特夫的《东方专制主义》一书时必须清醒看到的一点。

（二）魏特夫的中国历史特殊论

治水社会理论是魏特夫用以研究东方社会历史（包括干旱和半干旱地区）的基本理论，也是他用以考察东方社会历史进程的历史观，即治水社会史观。这一治水社会史观的理论出发点，是将世界分成"治水社会"和"非治水社会"两大部分：西欧、北美和日本属于"非治水社会"，其余则属于"治水社会"。由于"伟大的治水文明"习惯上都称作"东方地区"，因此"治水社会"与"东方社会"他常常交互使用。在治水社会中，中国又属于"治水核心地区"和"复杂类型"的治水社会，故成为魏特夫论述治水社会的重点。

治水社会史观的最大特点，是将治水社会理论用以研究东方社会的本质，其中也包括对中国社会性质的分析研究，从而得出中国历史特殊论的历史认识。在魏特夫看来，东方社会既是一个停滞的社会，又是一个特殊的社会。其特殊性概要地说：①几千年来，它始终是专制主义统治下的"治水社会"；②在西方冲击之前，它只经历"治水社会"这样一种社会形态，而不像西方那样，经历了奴隶制、封建制和资本主义等多种社会形态的转变，因而也就不存在西方社会那样的历史进程；③更重要的是，东方社会基本结构的稳固性使它无法依靠自身力量，而只有借助外力的冲击才能打破，从而才能发展。可见，由东方社会停滞论必然推导出东方社会特殊论来。

中国既是一个"治水社会"，又是一个东方大国。因此，在魏氏看来，东方社会停滞论和特殊论理应适用于解释中国历史。然而，在如何看待中国历史的问题上，魏氏着重强调的是中国历史特殊论。其中国历史特殊论，主要表现在两方面：

一方面，是相对于西方社会而言。中国历史没有像西方那样，先后经历了几种社会形态的变迁，而是只经历一种社会形态——"治水社会"。用他的话说："从周代以来，中国社会不是封建社会，更非奴隶制社会，而是一个水利社会。"① 因此，中国不存在西方社会那样的历史进程。这是中西方历史的最大差别，也是中国历史特殊论的主要表现。

另一方面，是相对于东方社会而言。他认为，中国作为"复杂类型"的"治水社会"的典型，又具有与其他东方社会不同的特点：一是，自秦统一中国以后，"土地私有制普遍盛行"；② 二是，自汉以来，"商人在中华帝国的经济中占有显著的地位"；③ 三是，"地主制度的普遍发展""大大影响了统治阶级中在朝者和在野者（士绅）之间的关系"，而这种地主制度又属于"官僚地主制度"。在这种制度下，官僚地主的土地私有制虽有的发展，但"并没有使地产得以巩固，或者使地产所有者形成独立的组织"；④ 四是，近代以来，中国在西方的"冲击"下使专制统治被削弱，甚至被推翻。但是，中国始终没有"形成一种强大的现代中产阶级"，因此无法由传统走向近代，实现近代化。究其原因，他认为，除了"现代中产阶级"力量弱小以外，主要是：西方列强"冲击"的结果"把中国弄得支离破碎的许多特权"，它们压制了"现代中产阶级"力量的发展；还有，是"被共产党人堵死了"去路。⑤

应该怎样看待魏特夫的中国历史特殊论呢？我认为，魏特夫之所以强调中国历史特殊论，从根本上说，是为了证明他的"治水社会"理论，尤其是"治水社会"类型说的正确性。他试图用这一理论来取代马克思的社会形态学说；从而达到否定马克思所发现的历史规律的普适性及其对于中国历史的适用性。

然而，在中国近代史领域，他的中国历史特殊论又有批判当时流行于西方的"冲击—回应"历史模式的一面。例如，他说：中国"如果摆脱外

---

① ［美］魏特夫：《中国社会——一个历史的考察》，《亚洲研究》季刊，第16卷，第3期（1957年5月），转引自《外国资产阶级是怎样看待中国历史的》，商务印书馆1961年版（下同）。
② ［美］魏特夫：《东方专制主义》，第303页。
③ ［美］魏特夫：《中国社会——一个历史的考察》。
④ ［美］魏特夫：《东方专制主义》，第306页。
⑤ 同上书，第460—461页。

国的束缚，原可以大大加速它的文化和社会转变"，[①]将西方对中国的侵略即所谓"冲击"说成是对中国的"束缚"。不过，他又说：中国近代化道路被"共产党人堵死了"，则是暴露了他的反共的政治本质。其实，中国共产党并不反对中国实现近代化，它所反对的只是走西方资本主义老路的近代化。历史表明：正是共产党人而不是别人为实现中国近代化找到了一条符合中国国情的正确道路。

从以上的论述来看，魏特夫的中国历史特殊论，实质上是中国历史绝对停滞论，因为他断言：自周代以来，中国始终是一个"治水社会"，其本质是"东方专制主义"，即使受到近代西方的"冲击"也仍然没有改变，因此，也就谈不上中国历史的发展。显然，这是典型的中国历史停滞论即绝对停滞论。不过，魏氏的中国历史特殊论又认为，中国这个治水社会具有自己的特点，如私有制的普遍发展、地主制度普遍盛行、商人占有显著的经济地位，等等。从总体上看，魏氏所说的上述特点与费正清关于中国传统社会两重性社会结构的观点是一致的。所不同者：费氏强调中国传统社会结构在"传统范围内"的变化及其"变化"的历史阶段和具体途径；魏氏则强调中国传统社会结构的稳定性。虽然他注意到中国传统社会的特点，强调中国历史的特殊性，但是，这些特点或特殊性并没有导致中国历史由古代走向"前近代"，更遑论走向近代了。由此可见，魏氏的所谓中国历史特殊论就"特殊"在其"东方专制主义"的"本质"始终不变。因此，魏氏的中国历史观点亦可以称为"东方专制主义论"。

三 文明形态史观及其中国历史循环论

（一）汤因比的《历史研究》与文明形态史观

文明形态史观是汤因比的世界历史观。这一史观以"文明"作为历史

[①] ［美］魏特夫：《东方专制主义》，第461页。

研究的单位,将世界历史划分成31种文明。他借鉴斯宾格勒[①]的比较文化形态学的方法对这31种文明进行比较研究,考察每一种文明的起源、成长、衰落和解体的过程,分析其主要特征,最后归纳成几大文明综合模式,从而建构起他的文明形态史观。《历史研究》这一历史巨著就是他在这方面的代表作,因此,必须着重进行研析。

汤因比(A. Tognbee),英国著名历史学家。1914年,第一次世界大战爆发使他"开始意识到要全面研究历史的真正理由",[②]萌生了撰写《历史研究》的念头。1920—1972年,他一直致力于《历史研究》12卷本的写作。晚年,他在助手协助下,又完成了该书的修订插图本的编写工作。这部修订插图本不仅反映了汤因比晚年在历史研究方面的最新成就,而且也可以看作是他的晚年定论。因此,我们将主要根据这部修订插图本探讨汤因比的《历史研究》及其文明形态史观问题。

《历史研究》的文明形态史观是基于汤因比对"历史研究的单位"的理解和认识提出来的。他说:"我是从寻找一种历史研究的单位入手,开始自己的研究工作的。这个单位应当相对完整独立,或多或少别于其他历史成分,对我们来说是可以对其感知并能够加以理解的。我舍弃当前根据国别来研究历史的习见做法。我的单位似乎是某种范围更大的碎片,这就是文明。"[③] 他认为,"历史研究"应以"文明"而不是以"国别"为"单位"。这是他从事历史研究的新视角。因此,作为汤因比"历史研究的单位"——"文明",实际上是一种文明"模式"。他的《历史研究》一书就是根据这种文明模式编撰的。

(二) 从世界历史模式论到中国历史循环论

根据文明形态史观,汤因比将世界历史划分成三大文明模式:希腊模

---

① [德] 斯宾格勒(o. Spengle,1880—1936年):德国历史学家,比较文化形态学家,著有《西方的没落》一书,具体阐发他的文明形态学观点。他以"文化"为单位对世界历史进行透视,将世界历史看成是八种文化的起源、成长、鼎盛、衰亡的过程。这些观点直接影响了汤因比的文明形态史观的形成。

② [英] 汤因比:《历史研究·序言》(修订插图本),刘北成、郭小凌译,上海人民出版社2000年版(以下凡引证此书均称《历史研究》)。

③ [英] 汤因比:《历史研究》,第1页。

式、中国模式和犹太模式,分别代表三种文明形态。他认为,希腊—中国模式是作为"各文明形态的正常社会结构"这类社会形态中的"两个代表"。希腊文明是一种"连续发展的模式",它表现为"文化统一与政治分裂相结合的特点"。① 中国文明则是一种"统一和分裂、有序和失序、进步和衰落轮流交替的模式",② 它表现为"大一统国家分合交替的形态"。③ 犹太模式属于"流散社会"的模式。根据汤因比的解释,这是指"它已在地理上流离失所部分融入了外族社会的生活,但通过一种共同的文化传统而仍旧保持着自己的精神统一性和与众不同的特点"的文明模式。④

汤因比指出:在这三大文明模式中,"犹太模式作为流散社会的代表","希腊模式作为地方国家向大一统国家过渡的典型","中国模式作为一个保持着治乱交替韵律的统一国家的缩影",⑤ 而其中的每个模式"都给了我们一把了解迄今为止文明时代的某种人类社会基本结构以及文化形态的钥匙"。⑥ 至此,我们可以看到:汤因比的文明形态史观最后可以归结为世界历史模式论,而中国历史循环论则是这一世界历史模式论的重要组成部分。

根据汤因比的文明形态史观,中国模式是被作为历史循环论的典型代表提出来的。他说:"中国历史具有漫长的跨度,它表现为一个大一统国家的理想不断变为现实,中间又不时被一些分裂和混乱的局面所打断",认为这是自秦朝统一中国至清朝灭亡"这段历史所明显展现了的中国史的结构";而在秦朝统一中国以前的"中国早期史",则"类似于希腊模式"。其时,列国政治分裂,但"文化统一"。他称之为"政治分裂与思想文化成就的共时性",这与早期希腊史的结构是雷同的⑦。然而,"自从大一统国家成立之日起,便似乎在文明史中盛行着治乱交替的韵律"。⑧ 如何解释

---

① [英]汤因比:《历史研究》,彩图 6 说明。
② 同上书,彩图 7 说明。
③ 同上书,第 39 页。
④ 同上书,彩图 9 说明。
⑤ 同上书,第 48 页。
⑥ 同上。
⑦ 同上书,第 37 页。
⑧ [英]汤因比:《历史研究》,第 40 页。

中国历史循环的这种现象呢？他认为不能满足于中国人自己的解释，即把它看成是"阴阳交替在人类事务中的体现"，而应该"有一个人为的"即"经济意义上的解释"。①

汤因比所说的"经济意义"是指"经济生产对一个大一统国家生存的价值"②而言。具体地说，他认为，"一个统一国家对一个文明的经济是沉重的负担"。它为了维持自身的存在，就需要培养两批收入丰厚的专业文职人员和两支常备军。倘若这个大一统国家能够应付这类日益增大的财政开支而不致被它们所压垮，那它就必定能想出提高生产率以增加财政收入的办法。然而，"近代以前，文明正常的经济基础一直是静止的农业"。这种"前科学时代的农业经济无力承受这种经济负担"。这就注定了统一国家一再崩溃的命运。可见，农业"这种经济结构的缺陷可以用来解释中国这样的统一国家不断崩溃的事实"。③这就是汤因比对中国历史上一再出现的"治乱交替的韵律"所做的经济解释。那么，如何看待汤因比的中国历史循环论及其所做的经济解释呢？

首先，汤因比试图从经济的角度对中国历史上的"治乱交替的韵律"找出原因，做出解释，并最后归结为传统"农业经济结构的缺陷"。这是他在历史观方面的有益探索。然而，问题在于传统"农业经济结构的缺陷"究竟何指？显然，汤因比指的是对生产力发展水平高低的制约。他认为，由于这种经济结构不能持续提高生产率，才使统一国家因承受不了日益增大的经济压力而崩溃。在这里，汤因比回避了一个重要的事实：同样是传统农业经济结构，为何在封建王朝前期的生产力水平是高的，而在封建王朝后期的生产力水平是低的？可见，如果离开封建生产关系的变化孤立地谈论生产力水平的高低；如果离开封建制社会的阶级矛盾状况孤立地谈论封建王朝的兴废，那么，是无法对中国历史上的"治乱交替的韵律"做出正确的解释的。而这正是汤因比的经济解释的最大缺陷。

其次，汤因比所说的中国历史的"治乱交替的韵律"是指封建王朝的轮

---

① 同上。
② 同上书，第41页。
③ 同上。

流更替。这种历史现象的确存在。但是,我们不能由此得出中国历史是"进步和衰落轮流交替"即中国历史循环的结论。因为封建王朝的更替是属于封建国家政权的更迭,而历史的"进步和衰落"是属历史阶段的演变。这是两个不同的历史范畴,不可混淆;而中国历史循环论则肯定历史不同阶段是可以循环往复的。这是违背中国历史发展进程的理论。中国历史表明:中国封建制社会是在封建王朝的轮流更替过程中逐步由前期阶段向后期阶段发展的,它反映了中国历史的上升运动而不是循环往复。可见,中国历史循环论的实质是否认中国的历史发展,因此,归根到底,是中国历史停滞论或不变论。

尽管如此,汤因比的中国历史循环论仍然不同于魏特夫的中国历史特殊论,因为魏氏的中国历史特殊论实则中国历史绝对停滞论,而汤氏的中国历史循环论并不否认秦朝以前的"中国早期史"由"地方国家"向"大一统国家"过渡的历史进程,也不否认"中国早期史"向秦朝统一中国的历史转变的事实。汤氏认为,中国历史是在秦朝统一中国以后才成为王朝轮流交替的历史,他称之为统一国家"分合交替"或"治乱交替"的历史。因此,从汤氏的中国历史循环论中仍然可以看到中国历史的运行轨迹,这就是:他把中国历史看作是国家形态或政治形态演变的历史,它经历了由分散的"地方国家"向统一的王朝国家过渡和由统一的王朝国家走向"分合交替"的过程。从政治史的角度来看,这是由"乱"到"治"复由"治"到"乱"的过程。就此而言,汤因比的中国历史观点亦可以称之为"治乱交替论"或"王朝兴替论"。

四 全球史观及其中国历史观念形态

(一) 从文明形态史观到全球史观

我们在讨论汤因比的文明形态史观时曾经提到:第一次世界大战爆发使他"开始意识到要全面研究历史的真正理由"。正是根据这一理由,他"全面研究"了人类文明史,把一切文明形态看作是具有可比性的一个整体。汤因比的文明形态史观所反映出来的关于人类历史的整体观念,实际上成为20世纪后半叶在西方兴起的全球史观的先声。

全球史观,顾名思义,就是要求对世界历史进行全球性的审视和研究的一种历史理论和历史方法。这一史观所要研究的"是全球而不是某一国家或地区的历史",所要关注的"是整个人类而不是局限于西方人或非西方人"。① 一言以蔽之,就是要求用全球的眼光来看待世界历史,把世界历史看作是一个整体的历史。显然,这种全球史观是对长期主导西方史坛的、用欧洲的眼光来看待世界历史的欧洲中心史观的有力挑战。如果说,19 世纪以来传统的欧洲中心史观是反映了工业革命后欧洲支配世界地位确立的事实;那么,20 世纪后半叶全球史观的兴起则是反映了欧洲支配世界地位衰落的现实。这是第二次世界大战后民族独立运动高涨、西方殖民主义统治瓦解的必然结果。

全球史观的兴起是战后西方史坛关于世界历史观念的重大变化。从 20 世纪 50 年代到 90 年代,西方史坛先后出版了一系列用全球史观研究世界历史的论著。其中,美国历史学家斯塔夫里阿诺斯(L. S. Stavrianos)的《全球通史》被认为是"在用全球观点或包含全球内容重新进行世界史写作的尝试中,最有推动作用的著作"② 之一,而德国社会学家贡德·弗兰克(Frank, G.)的《白银资本——重视经济全球化中的东方》则是从经济全球化的新角度探讨世界历史发展过程的力作。

(二)斯塔夫里阿诺斯的全球史观及其关于中国历史发展连续性理论

《全球通史》是反映斯塔夫里阿诺斯全球史观的代表作。全书分《1500 年以前的世界》和《1500 年以后的世界》两册,于 1970—1982 年出版。

斯氏的《全球通史》以 1500 年为界标将世界历史分成前后两大时段。斯氏认为,"人类历史自始便具有一种必须承认并予以重视的基本的统一性",③ 因而各部分之间存在着相互影响,这是"人类进步的关键"。④ 他的

---

① [美]斯塔夫里阿诺斯:《全球通史:1500 年以前的世界》,吴象婴、梁赤民译,上海社会科学院出版社 1999 年版,第 54 页。
② [英]巴勒克拉夫:《当代史学主要趋势》,杨豫译,上海译文出版社 1987 年版,第 245—246 页。
③ [美]斯塔夫里阿诺斯:《全球通史:1500 年以后的世界·序言》,吴象婴、梁赤民译,上海社会科学院出版社 1999 年版,第 3 页。
④ [美]斯塔夫里阿诺斯:《全球通史:1500 年以后的世界》,第 7 页。

全球史观就是建立在这种认识的基础之上的。但是，他又指出："严格的全球意义上的世界历史直到哥伦布、达－伽马和麦哲伦进行远航探险时才开始。在这以前，只有各民族的相对平行的历史，而没有一部统一的人类历史。"① 就是说，在1500年即欧洲人地理大发现以前，"人类基本上生活在彼此隔绝的地区中。各种族集团实际上以完全与世隔绝的方式散居各地。直到1500年前后，各种族集团之间才第一次有了直接的交往"，"才终于联系在一起"。"因此，1500年是人类历史上的一个重要转折点"。② 这就是他将世界历史分成1500年以前和1500年以后两大时段的理由所在。

根据斯氏的全球史观，1500年以前的世界历史是"欧亚大陆的历史"。因为"只有欧亚大陆，才存在各民族、各文明之间的巨大的、持续的相互影响"，而澳大利亚、美洲、撒哈拉沙漠以南的非洲等非欧亚大陆的土著人仍生活在半孤立状态中。③ 这一历史时段的欧亚大陆经历了古代文明（前3500—前1000年）、古典文明（前1000—公元500）和中世纪文明（500—1500）三个时期。1500年以后这一历史时段，才是严格意义的世界历史。这就是斯氏的《全球通史》用全球史观所建构的世界历史体系。他以欧亚地区的古代文明为起点，以20世纪西方世界的衰落和成功为终点，以民族相互影响的不断扩大和增强为主线，以欧洲人地理大发现为转折点展现了世界历史从地区史到全球史的发展过程。

用全球史观考察中国历史，斯氏认为，中国历史是最具特色的。他根据世界历史分期的划分法将中国历史划分为：商朝的古代文明、周朝的古典文明、秦汉至明清的中世纪文明和近代中国等四个时期。在比较了欧亚大陆其他国家的历史以后，斯氏认为中国历史具有文明的连续性和政治的统一性的特点。他说："中国文明的特点是统一和连续"，"没有明显的突然停顿"。就是说，中国是世界上唯一没有中断其文明进程，长期处于统一的文明古国。"其原因在于中国较与世隔绝"。"因而，中国人在他们整

---

① ［美］斯塔夫里阿诺斯：《全球通史：1500年以后的世界》，第3页。
② 同上。
③ 同上书，第4页。

个历史上享有同一种族和同一文化"。"在古典时期，这种同一性得到进一步加强，因为中国人统一了文字"。① 与文化同一性一样重要的是，"各时期都存在着惊人的政治上的统一"。② 其原因在于中国文明"具有独特的现世主义"，因而不存在"欧亚其他文明中的教士与俗人之间、教会与国家之间的巨大分裂"。③ 在《全球通史：1500年以后的世界》中，斯氏进一步分析了中国历史发展连续性的原因。

一是人口方面的原因，认为中国拥有巨大无比的人力资源和人口优势使中国人在任何情况下都能够始终保持自己的特点和对外来文化进行有利于自己传统文化的选择；二是农业生活方式的原因，认为农业是中国社会的基础，在适合农业发展的地方，就发展起中国文明，而农民占总人口的五分之四，承担供养朝臣、士兵和城市居民的重负；三是语言方面的原因，认为自商朝以来，中国就存在着一种共同使用的书面语。这种共同使用的书面语为中国历史发展的连续性和统一性提供了重要的力量，也是构成中国内聚性的重要因素；四是考试制度的原因，认为国家通过考试选拔人才的制度为中国提供了一种有效和稳定的行政管理，培养了一批性格顺从的官员，这自然有利于政治的稳定；最后也是最重要的因素，是儒家学说为社会的稳定与和谐提供了一种道德准则，"其高度的道德原则为现状提供了较纯粹的世袭权力更牢固的基础，从而，对改善政治和社会关系起了不断的促进作用"。"结果，在长达二千多年的时间里，它一直充当中国文明的基础"。④

从以上的分析来看，斯氏所说的中国历史发展的连续性，最后被归结为中国文化上的同一性和政治上的统一性，而正是这种文化的同一性和政治的统一性成为他提出中国历史发展连续性理论的基本根据。

在西方，人们普遍认同中国文化的同一性，至于历史上中国政治的统一性问题则大多持否定的态度。他们往往用中国历史上王朝更迭的重复性

---

① [美]斯塔夫里阿诺斯：《全球通史：1500年以前的世界》，第278页。
② 同上。
③ 同上书，第278—279页。
④ 同上书，第67—71页。

或治乱交替的重复性否定中国历史上的政治统一性。例如，汤因比就用上述的重复性来论证其中国历史循环论。斯氏的中国历史发展连续性理论的特色就在于：他反对"历来把中国历史解释成为一再重复的王朝循环史"的传统说法，[1] 而是用全球史观将中国与其他欧亚国家进行历史比较，认为中国历史上不存在欧亚文明中那种教会与国家之间、教士与俗人之间的分裂，即不存在社会政治权力分割和社会成员分裂的情况，并以此来论证中国历史上存在着政治的统一性。显然，斯氏对于中国历史的认识较之西方传统的王朝循环论的历史认识要深刻得多。

然而，斯氏的中国历史发展连续性理论是不彻底的，一旦进入近代中国的历史领域，他就自觉或不自觉地受到费正清的"冲击—回应"历史模式的影响。例如，他认为，在19世纪欧洲人开始真正入侵以前，中国是一个社会稳定的时代。但是，面对着西方民族国家的迅速崛起，中国社会的这种稳定就变成了"静止的、落后的"。如果说，在此之前有什么变化的话；那么，也只是"局限在传统秩序的范围里"。[2] 这就从根本上否认中国社会内部有自行向近代转变的可能性。

斯氏关于中国历史发展连续性理论的不彻底性，究其原因，关键在于不能正确认识"传统与近代"之间的辩证关系，而是人为地将两者对立起来，认为在中国传统社会内部不可能生长出"近代因素"来。"近代因素"只能从外面"引进"。这是"冲击—回应"历史模式的近代化理论。然而，这是无视中国历史事实的偏见。事实表明：早在明清之际，中国传统社会内部已经开始孕育着作为"近代因素"的资本主义萌芽。这种历史发展趋势，在18世纪的中国社会内部得到了进一步的加强。关于在中国传统社会后期已经"潜在"着"近代因素"的观点，自20世纪后半叶以来，已经为越来越多的西方学者所认同。20世纪70年代以来，在美国兴起的"中国中心观"就是上述这种对于中国历史的新观点和新认识的集中反映。斯氏的中国历史发展连续性理论，虽然有其不彻底性，但是它对于全面地认识近代以前的中国社会的历史文化仍有其启示的意义，应该给予必要的

---

[1] ［美］斯塔夫里阿诺斯：《全球通史：1500年以前的世界》，第293页。
[2] 同上书，第74—75页。

肯定。

（三）弗兰克的全球史观及其中国历史中心论

在西方，用全球史观研究世界历史的另一位有影响的学者，是德国的弗兰克。他在1998年出版的《白银资本——重视经济全球化中的东方》①一书，是这方面的一部力作，曾获得1999年世界历史学会图书奖头奖，说明该书是一部被西方学术界看好的著作。有关该书的研究对象及其所依据的理论和方法，作者在《前言》里有明白的宣示："我将从一种涵盖世界的全球视野来考察近代早期的经济史。我试图分析整个世界经济体系的结构与运动，而不仅仅是分析欧洲的世界经济体系（欧洲只是世界经济体系的一部分）。"②他所说的"涵盖世界的全球视野"和"分析整个世界经济体系的结构与运动"，实际上是为我们提供了"一种更全球性、整体主义的世界经济体系的视野和理论"。③ 这与斯塔夫里阿诺斯的全球史观是同一研究思路。所不同者，斯氏主要是从政治和文化的层面探索世界历史的发展进程，而弗氏则主要是从经济结构的层面探索世界历史的发展进程。从这个意义上说，弗氏的全球史观实则是全球经济史观。

如果说，全球史观的提出是对传统的欧洲中心史观的直接挑战；那么，弗氏的全球经济史观在这方面更具对抗性。例如，他针对欧洲中心史观历来认为是欧洲创造了世界的观点指出："近代早期的历史不是由一个欧洲的世界体系的扩张塑造，而是由一个早就运转着的世界经济塑造的。"④ 他想告诉人们：事情不是像欧洲中心论者所说的那样，是欧洲创造了世界历史；恰恰相反，是世界创造了欧洲历史。他的结论是：近代早期的欧洲"绝不是任何世界范围的经济体或体系的'中心'或'核心'"，在很长时间里，它一直是处于"真正的世界经济体系的一个边缘部分"。⑤ 如

---

① ［德］弗兰克：《白银资本——重视经济全球化中的东方》（以下简称《白银资本》），刘北成译，中央编译出版社2001年版。
② ［德］弗兰克：《白银资本·前言》，第1—2页。
③ ［德］弗兰克：《白银资本》，第449页。
④ 同上书，第434—435页。
⑤ 同上书，第26—27页。

果说，有什么中心的话；那么，占据世界经济舞台中心的"不是欧洲，而是亚洲"。①这样，他就把原来以欧洲为中心的世界历史给颠倒了过来，代之以亚洲为中心的世界历史。

用全球经济史观来考察世界历史，弗氏认为，世界历史不是生产方式或经济的社会形态演进的过程，而是世界经济体系运动的过程，这一过程是连续的，不是断裂的。

然而，必须指出：弗氏的世界历史观点始终有着明确的指向，就是用世界经济体系的结构分析来取代马克思的生产方式理论。虽然弗氏用全球经济史观来考察世界历史具有"转换"研究视角的方法论意义，但是，他的"转换"却找错了对象。因为世界经济体系的结构并非空中楼阁，它的基础，归根到底，依然是植根于世界各国社会内部的生产方式之中，其结构的形式仍然要受到世界各国的社会生产方式所制约；而弗氏的错误恰恰在于：颠倒了世界经济体系的结构与生产方式的关系，以为是前者制约后者，而不是后者制约前者，以至于离开生产方式片面地谈论世界经济体系的结构。这样，他既不可能正确地认识世界体系结构的性质，也不可能达到对于世界历史的本质认识。

弗兰克的中国历史中心论是他运用全球经济史观对世界经济进行考察和分析而得出的关于中国历史的新认识。根据这一新认识，19世纪以前，"中国一直在世界经济中居于支配地位"，"实际上是世界经济的某种中心"。他称"这是本书的新颖之处"。②可见，弗氏的中国历史中心论是以经济立论，从世界经济发展的角度为中国历史定位的理论。他着重研究了1500—1800年即明清两代的中国经济发展状况，从人口、生产和城市化等方面与同一时期的世界经济进行了比较，从而得出这一时期的中国经济发展水平远远高出欧洲和其他西方国家的结论。例如，他指出：1500—1800年，中国人口增长了三倍，达到了3.45亿人，远远高于欧洲人口的增长；出现了北京、南京、广州等人口在60万到100万以上的大城市。其中，1800年广州及邻近的佛山两地的人口总数目相当于同时期欧洲城

---

① ［德］弗兰克：《白银资本·前言》，第2页。
② ［德］弗兰克：《白银资本·中文版前言》，第19—20页。

市人口的总和。更重要的是，经济商品化程度进一步提高。欧洲对中国丝绸的旺盛需求引发了土地使用方式的重大变化。农民为回应商业刺激采用了"经济上的理性选择"，即原有稻田改种经济作物，而不是传统的采用开垦新土地来种植经济作物，因而"完全适应了市场机制"。[①] 从出口产品看，明代的陶瓷出口垄断了世界市场。明清两代的丝绸和瓷器的出口独占鳌头，几乎没有对手。可见，明清时期，中国经济的发展水平，无论从数量和质量上看，都居于世界领先地位。究其原因，弗氏认为，主要是得益于美洲和日本的白银进口和农业技术的进步以及引进农作物新品种，包括水稻由单作改进为一年两熟和从美洲引进白薯、玉米等新品种。其中，对于世界经济具有极其重要意义的是这样两个相关因素：一是"中国的生产和出口在世界经济中具有的领先地位"，而这是由于中国的制造业在世界市场上具有"高产出低成本"的优势所决定的；二是"中国作为世界白银生产的终极""秘密的地位和作用"。由于这两个因素的互相关联的作用，"直到19世纪中期为止，中国长期保持的出口顺差主要是通过外国人用白银偿付来解决的"。[②] 因此，弗氏认为这一时期的"中国至少在世界白银市场上处于中心地位"，或者说，应该在世界白银贸易中给中国"保留一个中心位置"，而如果"我们把白银看作是全球贸易兴起的一个关键性动力"；那么，"整个世界经济秩序当时名副其实地是以中国为中心的"。[③] 由此看来，我们可以把弗氏的中国历史中心论最后归结为经济地位中心论。

总之，从世界白银贸易的角度探讨中国在世界经济中的地位和作用，并以此为中国历史定位，的确是弗氏"本书的新颖之处"。这不失为研究中国历史发展的一个新视角，因而使弗氏关于中国历史的新认识不仅有别于欧洲中心史观，而且有别于20世纪70年代在西方兴起的中国中心史观。

然而，我们不能不看到：弗氏研究中国历史的新视角和新认识存在着很大的局限性，主要是：他从纯经济学的观点孤立地研究世界白银贸易以

---

① ［德］弗兰克：《白银资本》，第225页。
② 同上书，第162页。
③ 同上书，第169页。

及中国在其中的地位和作用,并试图以此来解释中国历史兴衰的原因,特别是用以解释中国近代衰败的过程。显然,这是行不通的。众所周知,19世纪初在中国所进行的鸦片贸易和由此引起的大量白银外流是西方列强对中国进行殖民侵略的结果。离开西方列强对中国的侵略而孤立地谈论鸦片贸易和白银外流是无法找到中国近代之所以衰落的正确答案的,而这正是弗氏的中国白银贸易中心地位论的局限性所在。

五 后现代史观与"中国中心观"

(一)后现代史观的理论与方法

后现代主义是20世纪60年代兴起,70年代末80年代初开始风行于欧美各国、影响广泛的社会思潮。起初,这一思潮主要反映在哲学和文学领域;随后,它进一步扩展到经济、政治、文化、教育和科学等领域。尽管这一思潮的表现形态多样,思想流派纷呈,但是,其共同话语是针对西方国家的资本主义现代化而发的。

在后现代主义者看来,西方国家的资本主义现代化固然给人类带来物质文明和精神文明的巨大进步,但是,它同时也给社会带来毋庸讳言的负面影响。因此,他们主张对西方的资本主义现代化进行"解构",以便对其"否定"和"超越",使非西方国家避免重蹈西方国家的老路。可见,后现代主义的"后"字,不仅是一个时间概念,更是一个价值判断概念。

后现代主义对于历史研究的影响,主要表现在历史认识论和历史方法论两个层面。

从历史认识论来看,后现代主义突出地表现为"偏激的主观主义"[1]。它抹煞客体与主体、事实与解释之间的区别,认为构成历史的历史事实并非外在、客观的存在,而是人们内在、主观的体验,或如柯文所说,是

---

① [美]黄宗智主编《中国研究的范式问题讨论·导论》,社会科学文献出版社2003年版,第7页。

"当事人记录下来的自己心中的种种经验体会"①。这就否认了历史的客观实在性。不仅如此,后现代主义的历史认识论还认为,历史是"人类对那些稍纵即逝事物的意义化回应"②,它既不具有连续性,也不具有同一性。这就否认了历史发展的共性,更谈不上历史发展有规律可言。

从历史方法论来看,后现代主义突出地表现为强烈反对将历史理论化或模式化。它认为"历史事件与实践随时间而流动",不具确定性。所以,"没有令人满意的能将""历史知识的客体""进行理论化的模式"。惟其如此,"历史是反理论的",或者说,"历史没有理论"③。在后现代主义者看来,历史是由"那些稍纵即逝事物"的"碎片"拼贴而成的板块,它们之间没有内在的必然联系。因此,历史研究的任务不是探求这些历史"碎片"之间的内在的必然联系,而是再现这些历史"碎片"各自的原状。为了再现历史"碎片"各自的原状,后现代主义者认为,最好的方法就是将历史过程"碎片化"或"个别化",而不是将历史过程整体化或模式化。

从上述的理论和方法出发,后现代史观表现出激烈的反西方现代化理论的特点。因为西方现代化理论是建构在"传统—现代性"两极对立的历史模式之上的。这一理论强调"传统"的停滞性和落后性,夸大以工业化为标志的现代化的同一性和普适性,断言:西方国家的现代化不仅是非西方国家由传统走向现代的必由之路,具有普适性,而且是人类历史发展的方向,宣扬西方中心主义。显然,这与后现代史观的反西方中心主义,反历史模式化,反历史规律性是直接对立的,因此,理所当然地要遭到后现代史观的激烈反对。

后现代史观之所以激烈反对西方现代化理论还有意识形态方面的原因。在后现代主义者看来,西方现代化理论是作为一种"权力的工具形态"出现的,具有明显的"官方"色彩。为了不使自己陷入权力的圈套,沦为权力的工具,后现代主义者认为,历史研究不仅需要凸显历史学家的

---

① 引自杨念群《中层理论——东西方思想会通下的中国史研究》,江西教育出版社2003年版,第243页。
② 引自[美]杜赞奇《为什么历史是反理论的?》,《中国研究的范式问题讨论》,社会科学文献出版社2003年版,第16页。
③ 同上书,第10页。

主体意识，而且要求打破西方现代化理论的历史模式，径直从非西方国家内部探求其历史进程。20世纪70年代以来，美国在中国学研究方面所出现的新趋向——"中国中心观"，固然有其国内的政治历史背景，但是，它同时也受到了80年代兴起的后现代思潮从理论到方法的影响。这反映了这一思潮对于历史研究领域的渗透力。

(二)"中国中心观"的提出

众所周知，第二次世界大战后，美国的中国学，特别是中国近代史研究一直是由费正清、李文森（J. R. Levenson）等人为代表的中国史观所主导。他们的中国史观可以用"冲击—回应"模式和"传统—近代"模式加以概括。这是以西方为中心来解释中国近代历史变化的"外部取向论"。根据这一理论，中国历史长期处于停滞状态，即使有变化，也只是"传统范围内的变化"，它自身无力实现对传统框架的突破而走向近代。因为在他们看来，"传统与近代"是对立的两极，互不包容，从"传统"内部是无法生长出"近代因素"来的；"近代因素"只能从外部引进、靠西方力量的推动才能产生。因此，他们肯定19世纪中叶西方列强对中国的侵略，认为是西方的侵略才引起中国的剧变，才开始了中国近代化的进程。这不仅美化了西方对中国的侵略，而且更将西方的近代化道路普适化了，把它说成是中国等非西方国家的历史必由之路。显然，这是为美国等西方国家的侵略行径辩解的说辞，具有"对策性思维"的特点，无怪乎有学者称费、李等人的中国近代史研究具有"官方史"的色彩[1]。自20世纪70年代以来，受美国国内政治事件的影响和国际政治斗争，特别是反越南战争和反殖民统治斗争的冲击，上述情况开始发生了变化。美国史坛出现了反思上述史学主流意识，要求打破以西方为中心来解释中国近代历史变化的"外部取向论"模式，主张以中国为中心，"从中国内部观察中国近世史"的新趋向[2]。美国战后成长起来的新一代中国近代史专家柯文（Kewen），

---

[1] 杨念群：《美国中国学研究的范式转变与中国史研究的现实处境》，《中国研究的范式问题讨论》，第29页。

[2] ［美］柯文：《在中国发现历史》，林同奇译，中华书局2002年版，第169页。

从 70 年代后期开始就对这一新趋向进行了系统考察和研究,并于 80 年代中出版了《在中国发现历史——中国中心观在美国的兴起》一书(以下简称《在中国发现历史》)。这是他对这一新趋向进行系统考察和研究的最终成果,也是他对战后 35 年来美国研究中国近代史的几种主要模式进行"批判性总结"的第一部力作①。在此书里,他将这一新趋向概括为"中国中心观",或"中国中心取向",以此向费、李模式和詹姆斯·佩克(James Peck)的"帝国主义"模式挑战②。

柯文之所以用"中国中心观"来概括这一新趋向,是因为"这种取向力图摆脱从外国输入的衡量历史重要性的准绳,并从这一角度来理解这段历史中发生的事变"③,故又称为"中国中心取向"。柯文说:"中国中心取向想概括的思想是,19、20 世纪的中国历史有一种从 18 世纪和更早时期发展过来的内在的结构和趋向"④。在他看来,这种"内在的结构和趋向"是中国传统社会后期内部演变的产物。可见,柯文所概括和总结的"中国中心观"或"中国中心取向",实质上是从中国历史出发探求其内部走向的"中国内部取向论"。这样,就将一直主导美国的中国近代史研究的"取向"从"外部"转为"内部",这不能不说是战后美国中国学研究的新趋向。

(三)"中国中心观"的历史认识论

从历史认识论来看,"中国中心观"论者是怎样认识中国近代史呢?

首先,"中国中心观"论者从这样的理论前提出发:"中国之'过去'和'近代'未必就作为互不渗透的整体彼此对抗。"⑤ 因此,他们批判"传

---

① [美] 柯文:《在中国发现历史·译者代序》,林同奇译,第 5 页。
② 詹姆斯·佩克的"帝国主义"模式具有理论的不彻底性:一方面,他批判费、李等人提出的中国近代化取向是旨在使美国的帝国主义行径"合法化"的"意识形态构架";另一方面,他又认为在西方侵略中国之前,中国社会不仅停滞不变,而且无力独自产生任何根本变化,需要靠外来力量的推动,因此,使人不知道怎样来看待西方的作用。故柯文将这一模式纳入费、李等人的模式构架之内一并予以批判。
③ [美] 柯文:《在中国发现历史》,林同奇译,第 211 页。
④ 同上书,第 210 页。
⑤ 同上书,第 76 页。

统—近代"模式"低估传统社会中潜在的近代因素"①的观点,指出:在"西方冲击"以前,"中国主要的社会、经济变化已经开始"②。中国传统社会内部已经"生成某种社会与政治组织的新形式"③,孕育"某种和近代经济比较相符的价值观念和特点"④,如长江下游地区的城市化,区域性贸易的发展,地方管理工作的商业化,力役折银,以及群众识字率的提高和绅士队伍的扩大等,认为上述这些"主要的社会、经济变化",从16世纪中叶至20世纪30年代,绵延不断,横跨四个世纪,"构成连贯的整体"⑤。所以,他们把19、20世纪的中国历史不仅视为"外部势力的产物",而且视为"帝制时代最后数百年出现的内部演变的产物"⑥。

必须指出:他们承认在中国传统社会后期其内部已经"潜在"着"近代因素",实质上是用中国近代因素的"内生说"对抗中国近代因素的"外来说",从而坚持了历史发展的"内因论",批判了历史发展的"外因论"。这不能不说是对"冲击—回应"和"传统—近代"的"外部取向论"模式的有力挑战。而这也正是"中国中心观"在历史认识论方面最有价值的部分。

然而,"中国中心观"论者的历史认识论又包含着很大的"主观主义"成分。

首先,这表现在:他们把历史看作是个人内心体验的产物。例如,柯文就曾认为历史学家所说的"历史事实"并非"外在的、客观的、界限分明的存在",而是"当事人记录下来的自己心中的种种经验体会",又经过历史学家的"过滤,转化成"其"心中的经验体会"。一句话,"历史事实"只不过是当事人和历史学家"个人直接经验"⑦的产物而已,它是内在的、主观的,而不具有客观实在性。他认为,对于中国历史也应作如是

---

① 同上书,第77页。
② [美] 柯文:《在中国发现历史》,林同奇译,第73页。
③ 同上书,第65页。
④ 同上书,第78页。
⑤ 同上书,第207页。
⑥ [美] 柯文:《在中国发现历史·中文版前言》,林同奇译,第3页。
⑦ 引自杨念群《中层理论——东西方思想会通下的中国史研究》,第243页。

观。所以，他要求历史学家"设身处地按照中国自己的体验去重建中国的过去"①。根据这种历史认识，他将义和团运动看作是"一种群体记忆进行文化建构的结果"，也可能是"权力运作过程中不同的派别对之进行话语构造的结果"②。既然历史是个人内心体验的产物，那么，历史学家的任务只在于深入到历史事件当事人的内心世界，设身处地去体察其内心感受，而不是探求历史规律。这样，"中国中心观""内部取向论"的所谓"内部"最后被归结为历史事件当事人内心世界的"内部"，是纯属精神性的意味，其主观主义的性质是十分清楚的。所以，有学者说："正是这种对个人经验的第一性的肯定构成了中国中心观的核心。"③

其次，这表现在：他们将历史"狭隘化"。所谓"狭隘化"，就是撇开历史事件的时代性、阶级性及其社会经济根源而孤立、片面地探求历史事件当事人的思想行为动机。例如，关于19世纪90年代的变法维新运动，他们不去考察这场运动所面临的严重民族危机和社会危机，也不去研究这场为解决所面临的危机而提出的旨在"救亡图存"、发展资本主义的政治纲领，而是片面地强调这场运动的所谓"内部"传统及其代表人物的思想行为动机，认为这是19世纪70年代开始的"在政府及上层社会内部形成的一脉相传的反对派运动"的继续，而把这场运动最后归结为由"仕途坎坷，无机参政"，"卖官之风盛行"，阻断了"政治反对派"晋升官职的去路所致。他们甚至认为，这可能是"康有为谭嗣同一类维新人物思想上激进主义的根源"，④ 居然将这场在中国近代史上具有思想解放性质的政治改革运动说成是政治反对派的个人思想动机所为，其主观主义的性质是不言而喻的。

又如，关于辛亥革命，他们断言："这场革命并不是'近代'势力战胜了'传统'势力，而是中国社会内部长期以来持续未断的权力斗争发展

---

① ［美］柯文：《在中国发现历史》，林同奇译，第213页注4。
② 引自杨念群《美国中国学研究的范式转变与中国史研究的现实处境》，《中国研究的范式问题讨论》，第308页。
③ ［美］柯文：《在中国发现历史·译者代序》，林同奇译，第19页。
④ ［美］柯文：《在中国发现历史》，林同奇译，第174页。

的结局。"① 他们篡改这场革命的反对封建君主专制制度的资产阶级性质，而把它歪曲成为"进行改革的清廷"和"地方上层社会"为维护其"特权"之间的一场统治阶级内部争权夺利的斗争②。由此可见，"中国中心观"强调"内部因素"或"内部取向"的结果必然导致把历史狭隘化，即把历史事件局限在其"内部"而切断它同时代、阶级和社会经济等在他们看来是所谓"外部"条件的联系，孤立、片面地去探求、体察历史事件"内部"即当事人的内心世界——内心体验、内心感受和思想动机等。因此，由历史狭隘化所得到的历史认识只能是片面的、主观的。它最终趋向后现代史观是有其思想理论基础的。

（四）"中国中心观"的历史方法论

从历史方法论来看，"中国中心观"论者是从什么角度来研究中国近代史呢？

简要地说，就是把近代中国按"横向"作区域划分和按"纵向"作社会等级结构的阶层划分，然后从区域和阶层的角度进行研究。"中国中心观"这种按"横向"和"纵向"区分的研究方法引发了20世纪70年代以来美国中国学的地方史和社会史研究的热潮，推动了尔后美国关于中国史研究的"中层理论"建构。这可以看作是"中国中心观"在历史方法论方面的重大贡献，它成为战后美国中国学研究新趋向的重要组成部分。因此，我想着重探讨作为历史方法论的"中层理论"的性质特点。

众所周知，历史研究，如果从研究视角来说，可以有宏观、中观和微观之分。

宏观研究是着眼于历史整体性的研究和把握，采用宏大叙事的方法，旨在探索历史发展的根源性、阶段性和规律性等问题。微观研究是着眼于历史的局部和个案研究，采用精细化描述的方法，旨在探索历史局部和个案的具体特点，中观研究则是介于宏观研究和微观研究之间的一种研究视角，着眼于为两者建立衔接的桥梁。"中层理论"的提出就是为此而建构

---

① 同上书，第177页。
② [美] 柯文：《在中国发现历史》，林同奇译，第177页。

的。当前,西方中国学研究中流行的一些概念,如"区域经济"、"经济过密化"、"内卷的商业化"、"士绅社会"、"市民社会"、"公共领域"等,通常都认为属于"中层理论"的范畴。

必须指出,"中层理论"的建构对于深化中国史的研究有其正面的意义。

首先,它纠正了战后美国中国学研究中的西方种族偏见;其次,它克服了采用宏大叙事方法研究历史可能带来的一般化、概念化的弊端;再次,它可以对历史的整体提供"轮廓更加分明,特点更加突出的了解"①。例如,施坚雅(C. W. Skinner)的"区域经济"理论(又称"大区模式")以市场为中心把中国划分成八大区域,每一区域又按市场网络的分布状况分为中心地区和边缘地区,然后研究各层市场网络之间的关系及其向外扩展的情况。这不仅有助于人们具体深入地了解中国沿海地区和内陆地区经济发展的差异性,而且有助于人们具体深入地了解中国内陆各地区之间经济发展的差异性。不仅如此,施坚雅的"区域经济"理论还特别强调商业活动和经济需求对社会的影响,②因而为人们了解中国历史发展的不平衡性提供了经济依据。又如,黄宗智的"经济过密化"理论(又称"太湖模式")是关于江南地区的"区域经济"理论。这一理论从江南地区农业劳动密集型的研究中发现了这一地区经济发展的悖论现象:一方面,由于人口增长的压力使单位面积的土地投入的劳力增加,促使农业的精耕细作,导致了农业总产量的增加;另一方面,每投入一个劳力的边际产出并未增加,反而减少甚至负增长,因而造成了"经济过密化"。作者想以此表明:"在帝国晚期的乡村中国""根本没有发生"过像马克思所说的"资本主义的生产必定会伴随着资本主义的生产关系而出现"的情况③。不仅如此,江南地区的"经济过密化"还导致了"内卷的商业化",即"没有发展的商业化"。这是由江南地区"生产的家庭化",属于一种"用机会成本很低

---

① [美]柯文:《在中国发现历史》,林同奇译,第 178 页。
② 周力农:《世纪之交的中国——历史的回顾和未来趋势的判断》,香港文通出版社 1997 年版,第 6 页。
③ [美]黄宗智:《学术理论与中国近现代史研究——四个陷阱和一个问题》,《中国研究的范式问题讨论》,第 112 页。

的家庭劳动（如妇女、儿童和老人的劳动）容纳了劳动的低回报"的原因所致①。所以，尽管这种典型模式"具有生机勃勃的商业化和（总产出的）增长，但是却没有（单位劳动时间中劳动力的）发展"。作者想以此表明：帝制晚期的中国，"商业化与经济发展之间"并没有像马克思所说的"存在着必然的联系"。②作者将上述这种经济悖论称之为"经验现象"与"我们通常理论预期"之间的"矛盾"或"冲突"。比如，"没有资本主义发展的资本主义生产关系"、"没有发展的商业化"、"没有发展的增长"等等。这是作者对19世纪以来中国之所以没有走上现代化的道路所做的回答。然而，必须指出的是，作者把这种客观存在的"矛盾"或"冲突"最后归结为"表达与实践之间的'离异……'"。他说：唯物主义与唯心主义都坚持两者的一致性，而"我的研究的目的就是指出二者离异"，强调两者的"相对自主性"，并在社会科学的唯物主义趋向与人文学科的唯心主义趋向之间，"寻找中间地带"，③即解决这种趋向背离的"第三条道路"。不过，作者只是从方法论的角度提出问题，而并未从理论上提出"第三条道路"的模式来。顺便提一下，黄宗智的"经济过密化"和"内卷的商业化"理论的主要根据是人口增长压力论。最近，已有学者就清代人口增长问题撰文与他商榷④。

施坚雅和黄宗智的"区域经济"理论虽然对于深化中国史的研究有其正面意义，但是，也不能不看到其负面的影响，即强调"区分"，轻视"综合"，强调"区域"研究，轻视整体研究，其结果势必将历史整体切割成一个个不相统属、缺乏内在联系的板块，实际上是将历史过程碎片化和个别化了。应该说，这绝非是全面认识历史的正确道路，而只能是把人们引向"只见树木，不见森林"的"历史误区"。正确的道路只能是微观研究与宏观研究相结合。只有这样，历史研究才能真正得到"健康稳定的发展"。⑤

---

① 同上书，第125页。
② [美]黄宗智：《学术理论与中国近现代史研究——四个陷阱和一个问题》，《中国研究的范式问题讨论》，第124页。
③ 同上书，第126页。
④ 李中清、王丰、康文林：《中国历史人口及其在新世界史研究中的意义——兼评黄宗智等对彭慕兰（大分流）一书的批评》，《中国经济史研究》2004年第4期。
⑤ [美]柯文：《在中国发现历史·译者代序》，林同奇译，第14页。

如果说，施坚雅和黄宗智的"区域经济"研究属于"横向"的研究；那么，罗威廉（W. R. Rowe）的晚清帝国"公共领域"研究则是属于"纵向"的研究。

罗威廉的"公共领域"研究是针对西方学者关于晚清帝国存在"市民社会"的观点而发的。为了澄清在这个问题上的理论是非，他将西方学者"型构市民社会"诸要素逐一分解，然后逐项"考查"它们是否能够"以本土的方式在清帝国范围内得到了呈现"①。他的"考查"表明：晚清中国不存在像早期现代欧洲出现的那种"市民社会"，甚至也"没有一个对应于西方'市民社会'的话语或概念"。但是，却"存在某种与我们称之为'公共领域'相关（相关而非同一）的事物"。他指的是"各种不受国家直接控制的""公用事业机构"和"公共服务机构"，所以也可以称之为"管理上的"公共领域②。他之所以反对用"西方话语传统中的市民社会的现象"强加于晚清帝国，是因为这无异于用一系列"源出于"西方的"价值判断"来"审视中国的历史"，其正当性尚待证明的原故③。因此，他说："如果我们转而选择适用一些限定性更强的中层判断"，那么，"这将是建构对中国历史之研究的一个潜在的有效途径"④。他之所以不用"市民社会"，转而选用"公共领域"概念来研究晚清社会，是因为后一概念属于"限定性更强的中层判断"。在这个问题上，黄宗智从方法论的角度提出"第三领域"的概念纠正在晚清"公共领域"问题上的两种倾向，即肯定存在"一种自立于国家之外的社会公共领域"和否定存在这种"公共领域"的"长期趋向"⑤。所谓"第三领域"，用作者的话说是一个"价值中立的范畴"，它摒弃将"国家"与"社会"二元对立的思维方式，而是"依照在国家与社会之间存在一个两方都参与其间的区域的模式进行思

---

① ［美］罗威廉：《晚清帝国的"市民社会"问题》，《中国研究的范式问题讨论》，林同奇译，社会科学文献出版社2003年版，第177页。
② 同上书，第175—176页。
③ 同上书，第189页。
④ 同上书，第189—190页。
⑤ ［美］黄宗智：《中国的"公共领域"与"市民社会"？》，《中国研究的范式问题讨论》，林同奇译，社会科学文献出版社2003年版，第270页。

考"。这个"两方都参与其间的区域",又简称"居间区域"或称,"第三领域"。黄宗智试图在中国的"公共领域"与"市民社会"的讨论中寻找"第三领域"的设想,与他试图探索中国为什么没有走上现代化道路问题上"寻找中间地带"的设想是同一思路的,都是以"价值中立"、"淡化意识形态"或"超越"意识形态对立作为自己的学术诉求相标榜的。

从历史方法论来看,无论是"横向"研究还是"纵向"研究,它们都有一个明确的指向,就是强调历史研究的精细化,认为越精细越好,深信"将人类历史的最细小的事实,集合起来最后就会说明问题"[①]。实际上,这是"历史是反理论的"的另一种说法。"历史是反理论的"是后现代史观的一个历史命题。因此,不管"中国中心观"论者主观愿望如何,其强调历史研究的精细化,客观上必然导向后现代史观。

根据以上分析来看,"中国中心观"的历史认识论和历史方法论对于中国史研究不仅有其积极、正面的意义,而且也有其不可否认的消极和负面影响。其历史认识论的主观主义成分和历史方法论的精细化趋向,导致把中国历史狭隘化和个别化,因而,最终不能不走向与后现代史观合流或趋同。其关于中国历史的认识,我们可以称之为"中国历史内部演变论"。

必须指出,"中国中心观"的"中国历史内部演变论"虽然承认中国传统向近代转变的内在动力而无须外力的推动,但是,它并没有说明促使中国历史内部演变的内在机制,更由于其方法论的日益精细化而存在着将中国历史狭隘化的局限,从而表现出对于中国历史认识的主观化。尽管如此,我们仍然可以从"中国中心观"的"中国历史内部演变论"中了解其关于中国历史由传统走向近代的主流意识:近代因素内生论。

综观 20 世纪以来西方的史学思潮及其对于中国历史的认识,尽管其理论形态各异,说法不一,但是,有一点是共同的,这就是:它们都不把人类历史看作是社会形态变迁的过程,都不把社会生产方式的内在矛盾性作为审察中国历史是发展还是停滞或循环交替的根本依据。因此,它们或

[①] 引自[美]柯文《在中国发现历史·译者代序》,林同奇译,第13页。

者看不到中国历史的发展，或者不能正确说明中国历史发展的原因，更不可能揭示中国历史发展的走向及其实质。这是我们从考察20世纪西方关于中国历史观念的演变中应该得出的基本结论。

（原载《中国社会科学院学术咨询委员会集刊第2辑［2005］》）

20世纪中国历史研究领域的新进展

20世纪中国历史研究领域经历了历史观的两次深刻的转变：第一次是始于19世纪末、20世纪初由封建正统史观向近代进化史观的转变；第二次是始于20世纪20年代由近代进化史观向马克思主义唯物史观的转变。如果说，第一次历史观的转变反映了中国资产阶级正式登上政治舞台的历史事实，适应其进行旧民主主义革命的理论需要；那么，第二次历史观的转变则是反映了中国无产阶级正式登上政治舞台的历史事实，适应其进行新民主主义革命的理论需要。毫无疑问，这两次历史观的转变，第二次较之第一次更为深刻和彻底。历史观转变的深刻性和彻底性极大地促进了20世纪中国历史研究领域的新开展，它突出表现为：运用唯物史观研究中国历史，特别是运用作为唯物史观重要组成部分的马克思的社会形态学说研究中国历史全过程，从社会形态变迁的角度探索中国历史的发展道路，这是中国历史研究具有方向性的根本转变。中国马克思主义历史学的创立实现了这一研究方向的根本转变，而20世纪30年代的中国社会史论战则是围绕着这一根本转变进行的，从而使这一根本转变得到更广泛的认同。

基于上述认识，本文将通过对中国马克思主义历史学的创立和中国社会史论战的考察和分析，就20世纪中国历史研究领域的新开展进行回顾和评估。

一　历史政治背景与思想理论前提

在回顾20世纪中国历史研究领域的新开展之前有必要先了解其产生的历史政治背景和思想理论前提。

首先，必须指出：20世纪中国历史研究领域的新开展是有其深刻的历史政治背景的。简言之，它是20世纪20年代后期关于近代中国革命性质和社会性质等问题的争论的合乎逻辑的发展。

近代的中国是由历史的中国发展而来的。对于近代中国革命性质和社会性质等问题的探讨，最终必然要诉诸历史，从历史的层面去寻找问题的答案。具体地说，这个问题是由20世纪20年代后期共产国际内部关于中国革命性质问题的争论引发而来的，是先有关于中国革命性质的争论，继而才有关于中国社会性质问题的争论，最后又延伸到关于中国社会史问题的论战；而这场论战，实质上是以要不要以唯物史观为指导，从社会形态变迁的角度探索中国历史的发展道路问题之争。

为说明问题起见，必须简要回顾一下当时共产国际内部所进行的那场关于中国革命性质问题的争论。

众所周知，共产国际（又称第三国际）是第一次世界大战后为加强对世界革命运动的指导于1919年3月成立的各国共产党的领导机构。从成立之日起，它就把指导殖民地和附属国国家的民族解放运动作为主要任务。为此，还专门成立了共产国际远东书记处（后改名为共产国际东方部远东局）具体指导中国、日本和朝鲜的革命。1920年7月，在共产国际第二次代表大会上，列宁提出《民族和殖民地问题提纲》。其中，他特别提到要注意中国、朝鲜和日本的革命经验问题。此后，共产国际曾多次就中国革命的性质问题做出决议和指示，认为中国现阶段革命是"反对帝国主义者及其在中国的封建代理人的民族革命"[1]，充分肯定了中国革命的反帝反封建的资产阶级民主革命性质。1928年7月召开的中共"六大"也再次肯定了中国现阶段革命的性质是资产阶级民主革命。

然而，在共产国际和苏联共产党内［简称联共（布）］关于中国革命性质问题上一直就存在着不同意见的争论，形成了以托洛茨基、拉狄克等人为代表的反对派。例如，拉狄克认为，由于中国城市的资本主义发展"停滞不前"，而使资本涌向农村，促使农村迅速资本主义化，因此，他断

---

[1] 中共中央党史研究室第一研究部编《共产国际、联共（布）与中国革命文献资料选辑》（2），北京图书馆出版社1997年版，第457页。

言：中国不存在任何封建主义的残余，革命所要打击的只有资产阶级①。这就把中国革命的反封建主义斗争的历史任务一笔勾销了，实际上是否认中国革命的反帝反封建性质。托洛茨基也有类似的观点。他不是完全否认中国封建残余的存在，就是认为这些封建残余没有决定意义。他认为中国民族革命的"基本原因"是中国关税受帝国主义者的控制。因此，中国革命主要是所谓"反关税的革命"，革命的目的只是废除不平等条约和实现中国的关税自主②。这样，他就把中国革命的性质篡改为"反关税的革命"。正如斯大林所批评的："反对派（拉狄克及其同伙）的基本错误是他们不懂得中国革命的性质，不懂得中国革命现在处于什么阶段，不懂得中国革命目前的国际环境。"③

在中国共产党内，以陈独秀为代表的右倾机会主义者也有与联共党内反对派相类似的观点。例如，陈独秀认为，在帝国主义侵入中国和资本侵入中国农村之后，中国农村就完全处于商业资本主义的影响之下。"大革命"后，资产阶级革命已经完成，现时的任务是准备力量将来进行社会主义革命④。实际上，这是否认无产阶级继续进行资产阶级民主革命的必要性，它最终必然导致取消革命。所以，陈独秀等人后来被称为"取消派"。

在共产国际以及中苏两党内部关于中国革命性质问题的争论，实际上反映了持不同意见者对于中国近代社会性质乃至中国历史发展道路的不同看法。例如，拉狄克认为，历史上的中国社会不是封建社会，而是商业资本主义社会。⑤ 马扎尔则断言：中国在西方列强入侵之前，一直是"亚细亚社会"，不是封建社会；而他所说的"亚细亚社会"是具有人工灌溉、官僚制度、土地国有和东方专制主义的国家形态等特点的社会⑥。瓦尔加更径直把这种"亚细亚社会"称为"前资本主义社会"，而把封建社会完

---

① 中共中央党史研究室第一研究部编《共产国际、联共（布）与中国革命文献资料选辑》（5），第49页。
② 同上书，第221—222页。
③ 斯大林：《中国革命问题》，《斯大林全集》第9卷，人民出版社1954年版，第205页。
④ 引自［德］罗梅君《政治与科学之间的历史编纂——30和40年代中国马克思主义历史学的形成》，孙立新译，朱茂铎校，山东教育出版社1997年版，第76页。
⑤ 引自何干之《中国社会史问题论战》，上海生活书店1937年版，第8页。
⑥ 同上书，第11—14页。

全排除在"前资本主义社会"之外。

　　从以上的简要回顾来看，20世纪20年代后期，在共产国际内部关于中国革命性质问题的争论，实际上已经成为随之而来的关于中国社会史问题论战的政治先导和思想前奏，而关于中国历史的发展道路问题，则已成为那场论战的题中应有之意。事实上，在20年代后期的那场争论中已经有人开始把目光转向历史上的中国社会性质及其发展道路问题了。正因为30年代的中国社会史问题论战及其关于中国历史的发展道路问题的探讨是由20年代后期的中国革命性质问题的争论引发而来的，有着深刻的历史政治背景，所以使那场论战从一开始就具有鲜明的政治斗争的性质。当然，这是就论战的总体情况而言，至于具体到某个人或某个观点，则应作具体分析，不可一概而论，因为学术与政治既有联系，又有区别，两者毕竟不能等同划一。

　　20世纪中国历史研究领域的新开展，不仅有其深刻的历史政治背景，而且有其重要的思想理论前提。这就是：马克思主义在中国的传播及其与中国社会历史问题的研究相结合。

　　马克思主义在中国的传播，严格地说，是在俄国十月革命以后。在这之前，曾有一些报刊和书籍介绍过马克思主义，但是比较零散，没有形成声势，更重要的是，这些介绍只停留在字面上，而没有同社会现实或社会历史结合起来，因而在社会上没有广泛引起人们的注意。1917年的俄国十月革命使中国的情况发生了根本的变化。正如毛泽东所说："这时，也只是在这时，中国人从思想到生活，才出现了一个崭新的时期。"这里指的是中国人找到马克思列宁主义后所带来的根本变化。毛泽东紧接着说："中国人找到马克思主义，是经过俄国人介绍的。"[1] 他所说的"经过俄国人介绍"，不仅是指中国人当时所看到的马克思主义的文本，而且更是指中国人之真正知道马克思主义是在俄国十月革命的感召和启示下发生的，从此才真正开始了马克思主义在中国的传播。正是在这个意义上，毛泽东说："十月革命一声炮响，给我们送来了马克思列宁主义。"[2]

---

[1] 毛泽东：《论人民民主专政》，《毛泽东选集》（一卷本），人民出版社1966年版，第1475页。
[2] 同上书，第1476页。

马克思主义在中国的传播过程，同时也是与中国的革命实际和历史实际相结合的过程。这种结合，首先表现为运用马克思主义的世界观和方法论，尤其是唯物史观作为观察国家命运的工具。列宁说：唯物史观是"唯一的科学的历史观"，它"能对某一社会形态做出严格的科学解释并给以生动描绘"。[①] 中国共产党人对于中国革命的反帝反封建性质的认识，就是建立在对当时中国社会性质给以"严格的科学解释"的基础之上的。他们运用唯物史观关于生产方式的理论对当时中国的经济、政治状况进行分析，指出其半殖民地半封建的社会性质。正因为现阶段中国社会是半殖民地半封建的性质，所以才决定中国革命只能是"反对帝国主义者及其在中国的封建代理人"的民族民主革命。1926年，毛泽东的《中国社会各阶级的分析》一文是运用唯物史观对当时中国社会的经济基础和阶级状况进行科学分析的经典之作，并为后来中国革命的实践所证实。

这种结合还表现在运用唯物史观来分析、研究中国社会历史问题。李大钊是这方面的先驱和杰出代表。

李大钊对于马克思主义的宣传是在俄国十月革命之后。他亲眼看到，"自俄国革命以来，'马克思主义'几有风靡世界的势子"，许多国家的"社会革命""都是奉'马克思主义'为正宗"，马克思主义是随着十月革命这"世界的大变动"而引起"世人的注意"[②] 的。所以，十月革命后不久，他就发表了宣传马克思主义的一系列文章。1919年，他在《新青年》上发表了《我的马克思主义观》，对马克思主义的组成部分、基本理论观点及其历史地位进行了系统的论述，并把宣传的重点放在唯物史观上。他指出，马克思的唯物史观有两个要点："其一是说人类社会生产关系的总和，构成社会经济的构造。这是社会的基础构造，一切社会上政治的、法制的、伦理的、哲学的，简单说凡是精神上的构成，都是随着经济的构造变化而变化"；"其二是说生产力与社会组织有密切的关系。生产力一有变动，社会组织必须随着他变动。社会组织即社会关系，是人类依生产力产

[①] 列宁：《什么是"人民之友"以及他们如何攻击社会民主主义者？》，《列宁全集》第1卷，人民出版社1984年第2版，第112页。

[②] 李大钊：《我的马克思主义观》，《新青年》第6卷第5号（1919年5月）。

生的产物。"他认为，这两点"是马克思独特的唯物史观"，也是"马克思唯物史观的要领"。① 诚然，李大钊所指出的马克思唯物史观的"要点"或"要领"，在今天已经是尽人皆知的常识。但是，在近一百年前的中国，马克思的名字还是鲜为人知的，更不用说马克思的唯物史观了。在这种情况下，李大钊能够一下子抓住马克思主义的重点，把握住唯物史观的要点，实属难能可贵。应该说，李大钊对于马克思主义重点的把握，对于唯物史观要点的理解是准确的，这充分显示了李大钊思想的敏锐性和理论思维的深刻性，实不愧为中国共产党早期杰出的马克思主义宣传家和理论家。

李大钊不但对马克思的唯物史观有着深刻的理解，而且还把唯物史观与史学研究，特别是中国社会历史问题的研究结合起来，从而成为中国马克思主义历史学的先驱者。在这方面，我们特别要提到他在20世纪20年代发表的一系列史论，如《唯物史观在现代历史学上的价值》、《物质的变动与道德的变动》、《由经济上解释中国近代思想变动的原因》和《史学要论》等。从内容看，这些史论有两大特点：

其一，高度评价唯物史观对于历史学的理论意义和学术价值，揭露旧历史学的唯心主义实质和中国传统史学的流弊。

李大钊指出，唯物史观对于历史学的理论意义和学术价值在于：它为史学研究"另辟一条新路"，提供一种新的方法，即"历史的唯物的解释"方法。"这种历史的解释方法，不求其原因于心的势力，而求之于物的势力，因为心的变动常是为物质的环境所支配"。由于历史的解释方法不同，因此，对于"历史的实质"，在认识上也就不同。例如，"主张宗教是进化的关键的人，用思想感情等名词解释历史的发生"，这可以说是"历史的宗教的解释"。又如，主张历史是"政治制度一定的运动"的人，则把"历史认作只是过去的政治，把政治的内容亦只解作宪法的和外交的关系"，'这可以说是"历史的政治的解释"。唯物史观的历史的解释方法与唯心史观的历史的解释方法不同。它把人类的历史看作是"人类社会生活史"，它"应该是包含一切社会现象"，而在"一切社会现象"中，"经济

---

① 李大钊：《我的马克思主义观》，《新青年》第6卷第5号（1919年5月）。

的生活"是"一切生活的根本条件",是造成人类社会发展的根本原因。他还揭露旧历史学在解释历史方面的唯心主义实质,指出:"从前的历史,专记述王公、世爵纪功耀武的事",而史家的职责就在于"买此辈权势阶级的欢心",凡是不适合此等目的的事实,则"屏而不载"。他们对此类事实的解释,则"全用神学的方法","所记载于历史的事实",则"都要归之于天命,夸之以神武"。既然人们的境遇都是天命所决定的,那么,就只有忍受之一途。可见,"这种史书,简直是权势阶级愚民的器具"。[①] 至于中国的传统史学,如"二十四史"、《资治通鉴》之类,尽管卷帙册数汗牛充栋,但充其量只能说是"历史的材料",是"人类生活行程的部分缩影","而不是这活的历史的本体"。不仅如此,以往的中国历史完全为循环的、倒退的、精神的、唯心的历史观所支配。为了克服旧历史学的流弊,历史学应该是一门"研究社会的变革的学问",而历史学能否担当此重任,全部和真实地反映历史,关键在于史学具备什么样的历史观。[②] 这就再一次肯定了历史观对于史学研究的意义和价值。

其二,是运用唯物史观的基本原理分析中国近代的思想现象,把唯物史观与中国社会历史问题的研究结合起来。

李大钊从经济基础决定上层建筑这一唯物史观的基本原理出发,专门探讨了中国近代思想变动的原因,指出这应该"由经济上解释"。中国以农立国,所以家族制度特别发达。中国的大家族制度,就是中国的农业经济组织,就是中国两千年来社会的基础构造;而长期支配中国社会人心的纲常名教、伦理道德,就是建筑在大家族制度上的"表层构造"。孔子学说所以能够支配中国人心两千多年,不是因为他的学说本身"有绝大的权威",而"因他是适应中国二千余年来未曾变动的农业经济组织反映出来的产物,因他是中国大家族制度上的表层构造,因为经济上有他的基础"。中国的学术思想也是如此,都是与那"静沉沉的农村生活相照映,停滞在静止的状态中"。既然孔子的学说适宜于两千多年来的农业经济状况,那么,现在经济上发生了变动,他的学说自然要发生根本的动摇,"因为他

---

① 李大钊:《唯物史观在现代历史学上的价值》,《新青年》第 8 卷第 4 号(1920 年 12 月)。
② 李大钊:《史学要论》,商务印书馆 1924 年版。

不能适应中国现代的生活,现代的社会"。^① 从维护和巩固中国宗法社会的家族制度和专制政治的角度揭露孔子学说的实质,是"五四"时期批判孔子和儒学的理论基调。李大钊也不例外,他把孔子学说同"中国大家族制度"联系起来,认为前者是后者的"表层构造",旨在维护这一制度。但是,他对于孔子学说的批判并没有停留在这一理论层面上,而是着力探索孔子学说所以存在的深层次的原因,指出它是中国"农业经济组织的产物",适应中国"农业经济组织"的需要。从经济的层面探求孔子学说存在的"基础",反映了李大钊试图运用唯物史观的基本原理来解释社会历史现象所做的努力。显然,这比当时许多批判孔子学说的文章更具理论的深刻性。更重要的是,他开创了把唯物史观与中国社会历史问题的研究相结合的先例,如果说,马克思主义与中国历史研究相结合创立了中国马克思主义历史学;那么,李大钊在这一时期所发表的一系列史论则开始了这一"结合"的工作,因此,在中国马克思主义历史学的发展史上,他无疑是一位先驱者。而20世纪20年代唯物史观的广为宣传及其开始与中国社会历史的研究相结合,则为30年代初中国马克思主义历史学的创立和中国社会史问题论战及其关于中国历史的发展道路问题的探讨提供了重要的思想理论前提。

二 中国马克思主义历史学的创立及其研究中国历史的新方向

如上所说,中国马克思主义历史学的创立是唯物史观与中国历史研究相结合的产物,它的创立为中国历史研究开辟了新的方向,即运用唯物史观研究中国历史进程,从社会形态变迁的角度探索中国历史的发展道路,而这正是20世纪中国历史研究领域新开展的突出表现。如果说,李大钊是开辟这一研究新方向的前驱先路;那么,郭沫若则是确立这一研究新方向的奠基人。1930年,他出版的《中国古代社会研究》是马克思主义与中国古代社会历史研究相结合的首创之举,也是中国马克思主义历史学开

---

① 李大钊:《由经济上解释中国近代思想变动的原因》,《新青年》第7卷第2号(1920年1月)。

始确立的标志成果。

郭沫若的《中国古代社会研究》一书（以下简称郭著），其最大特色和理论贡献是：首次运用唯物史观的基本原理指导中国古代社会历史研究。特别是运用作为唯物史观的重要组成部分——马克思的社会形态学说系统、深入地研究了中国古代社会的历史进程，从社会形态变迁的角度揭示其间的内在根据和阶段性，从而构建起马克思主义的中国古代社会历史的新体系，开辟了20世纪中国历史研究的新方向，具有理论创新的意义。郭著的开拓性贡献突出表现在两个方面。

一是根据马克思的历史发展阶段性理论，从社会形态变迁的角度划分中国历史发展阶段。

关于中国历史发展的阶段性问题，早在郭著之前就已经提出。最早提出这一问题的可以追溯到战国时期儒家经典《礼记·礼运》篇。该篇首次将上古至孔子时代的历史划分为两大阶段：三代以前为"大同"之世，三代至孔子时代为"小康"之世。至西汉，公羊学家董仲舒发挥《礼记·礼运》篇"大同、小康"阶段说重新解释《春秋》，将《春秋》12世242年的历史按年代的远近分为"有见、有闻、有传闻"三个阶段[①]。东汉何休更将董氏的《春秋》三阶段说与传统儒学的治乱观相结合而分为"三世"，即"所传闻之世"，见治于"据乱"或"衰乱"；"所闻之世"，见治于"升平"；所见之世，见治于"太平"。[②] 即以"所传闻之世"为"据乱世"，"所闻之世"为"升平世"，"所见之世"为"太平世"。这就是经学史上所说的《春秋》"公羊三世说"。根据年代的远近而区分的"所传闻世"、"所闻世"、"所见世"，相当于西方近代历史分期法通常所说的"古代"、"近代"和"现代"。因此，《春秋》"公羊三世说"可以看作是最早的中国历史发展的阶段说。近代以来，康有为出于变法维新的政治需要将《春秋》"公羊三世说"与西方近代的政体观结合起来，赋予"三世说"以新内涵，

---

① 董仲舒将《春秋》十二世按由近及远的原则分为三个时期："哀、定、昭，君子之所见也"，六十一年；"襄、成、宣、文，君子所闻也"，八十一年；"僖、闵、庄、桓、隐，君子所传闻也"，九十六年。（《春秋繁露·楚庄王》）

② 何休：《春秋公羊传解诂》卷一。

认为"据乱世"行君主制、"升平世"行君主立宪制"太平世"行民主共和制[①]。梁启超阐发康氏之说，将"三世说"作为划分中国历史发展阶段的根据，称"秦以前"为"据乱世"，秦后迄19世纪末为"升平世"，"自此以往"将为"太平世"。[②] 而径直采用西方近代的历史分期法为中国历史划分发展阶段的，要首推夏曾佑。他于1902年出版《最新中学中国历史教科书》[③]，将中国历史分为上古、中古、近古三个时期：自草昧至周末为"上古之世"；自秦汉至隋唐为"中古之世"；自两宋至明清为"近古之世"。

上述关于中国历史发展阶段的分期法，或从治乱兴衰立论，或从政体演变立论，或从年代远近立论，虽各能自圆其说，但是，这些分期标准都只不过是各执历史现象之一端，因而不足以揭示中国历史发展阶段的质的规定性，展现中国历史发展阶段之间的内在联系和各个发展阶段所固有的本质特征。郭著的理论贡献在于：它一反前人的种种陈说，径直从社会形态变迁的角度立论，用以揭示中国历史发展过程的阶段性。

首先，郭著从"社会发展之一般"入手，宏观地考察了世界历史发展的总进程。

根据马克思的历史发展阶段性理论，世界历史发展的总进程是五种社会形态（原始公社制社会、奴隶制社会、封建制社会、资本主义社会和社会主义/共产主义社会）变迁的过程，正是五种社会形态的变迁使世界历史的总进程呈现为五个阶段。郭著将马克思的历史发展阶段性理论关于世界历史发展总进程的五形态和五阶段统称为"社会发展之一般"，[④] 认为这是人类社会发展一般必经的过程和阶段。虽然郭著对于"社会发展的阶段一般"的叙述偏于"简略"，有"过于图式化"[⑤]之处，但却是符合世界历史发展之大势，坚持了世界历史发展的统一性和马克思所揭示的人类历史发展规律的普适性。

---

① 康有为：《孔子改制考》卷十二。
② 梁启超：《新学伪经考叙》，《饮冰室文集》之二。
③ 该书于1933年由商务印书馆作为"大学丛书"印行，改书名为《中国古代史》。
④ 郭沫若：《中国古代社会研究·导论》，科学出版社1960年新1版，第3页。
⑤ 同上书，第7页。

其次，郭著之所以坚持世界历史发展的统一性和马克思所揭示的人类历史发展规律的普适性，是为了证明"中国社会发展的程序"也不例外[1]。

郭著在具体分析自殷代至"最近时代"中国历史发展过程以后，对中国社会的发展阶段得出了如下的结论：西周以前是原始公社制、西周时代是奴隶制、春秋以后是封建制、最近百年是资本制[2]。他试图以此表明：中国历史发展的阶段性与世界历史发展的总进程的一致性。然而，毋庸讳言，郭著关于中国历史发展的阶段性问题在具体时间的断限上和社会性质的认识上，因时代的局限，特别是因资料之不足和认识上之偏颇而存在着误判的情况，如对于殷代和"最近百年"社会性质的认识就是明证。对此，郭沫若后来已经做出更正和说明。尽管如此，我们仍然不能不敬佩郭老本人在中国历史发展的阶段性问题上所表现出来的理论胆识和开风气之先的首创精神。因为这是中国有史以来首次运用马克思的历史发展阶段性理论研究中国历史发展全过程而得出的结论。这对于当时盛行的旨在反对马克思主义的"中国历史（国情）特殊论"，无疑是有力的批判。

二是运用马克思的生产方式理论研究中国古代社会历史，揭示其发展变化的内在根据。

生产方式理论与历史发展阶段性理论一样，同为马克思的社会形态学说的基本理论，两者具有内在的逻辑联系。如果说，生产方式理论是旨在说明社会形态变迁的内在根据；那么，历史发展阶段性理论则是旨在揭示社会形态变迁的阶段性及其性质特点。郭著对于中国历史发展阶段的划分正是建立在马克思的生产方式理论的基础之上的。例如，郭著在论及"中国社会之历史的发展阶段"时，指出："人类社会的发展是以经济发展为前提"，"而人类经济的发展却依他的工具的发展为前提"[3]。在谈到商代"社会基础的生产状况"时，又说："物质的生产力是一切社会现象的基础"，认为这是"社会发展上一般的公例"[4]。在论及"社会形态的历史的

---

[1] 郭沫若：《中国古代社会研究·导论》，第8页。
[2] 同上书，第20—21页。
[3] 同上书，第3页。
[4] 郭沫若：《中国古代社会研究》，第251页。

发展阶段"时，更进而指出："生产的方式生了变更，经济的基础也就发展到了更新的阶段。经济的基础发展到了更新的一个阶段，整个的社会也就必然地形成一个更新的关系，更新的组织。"① 郭著正是根据生产方式的变革来说明社会形态的变迁，并用以划分中国历史发展阶段的：

> 大抵在西周以前就是所谓"亚细亚的"原始公社社会，西周是与希腊罗马奴隶制时代相当，在周以后，特别是秦以后，才真正地入了封建时代。②

必须指出：郭著上述对于中国历史发展阶段所做的划分是以马克思在《政治经济学批判·序言》里将人类历史诸种生产方式的变革"看做是社会经济形态演进的几个时代"为理论根据的。诚然，郭著断言："西周以前就是所谓'亚细亚的'原始公社社会"，不仅存在着对马克思的"亚细亚生产方式"的性质如何正确理解的问题，而且也存在着对西周以前，特别是夏、商社会性质如何正确研判的问题。如上所述，郭著对后者社会性质是存在着误判的情况的。尽管如此，郭著从生产方式的角度对西周的奴隶制社会形态所做的分析和对秦以后是封建制社会形态的论断仍然具有重大的理论意义和现实意义。

按中国传统观点，西周习惯地与"封建"相连，称"西周封建"。传统所说的"封建"是指"封诸侯，建同姓"的一种政治制度，始行于西周。史称："昔周公吊二叔之不咸为故封建亲戚，以藩屏周"。③ 意即：周公因有鉴于管蔡二叔作乱的沉痛教训，故封立亲戚为诸侯国君，用以拱卫屏障周王室。这是一种建立在宗法制基础上的政治分封制度。所谓"西周封建"即以此故名。后代关于封建与郡县孰优孰劣之争也都是以"封建"为一种政治分封制立论的。近代以来，中国传统的封建观更与从西方传入的关于欧洲中世纪的封建制度概念相比附，认为欧洲中世纪的封建制度所

---

① 郭沫若：《中国古代社会研究》，第166页。
② 同上书，第167页。
③ 《左传·僖公二十四年》。

反映的封君封臣关系类似于西周的"封建"。可见，无论是传统还是近代关于西周"封建"的历史定位都是从政治制度立论的。郭著的理论意义在于：它一反秦汉以来从政治制度的角度为西周历史定位的"西周封建说"，首次从生产方式的角度提出"西周奴隶制"说。

首先，郭著运用马克思的生产方式理论分析周代彝铭所反映的有关西周时期生产力与生产关系的状况以及生产者的身份和地位，指出："有周一代正是青铜器时代的极盛时期"[1]，说明周代较之商代有更高的生产力水平，是西周奴隶制赖以产生的物质基础，而铭文所记载的有关"土田与臣仆、民人共为赐予之品物，足证周代已经实行了土地的分割"，[2]反映了土地已非原始公社所共有。从铭文有关"庶人"或"民人"与"臣仆"、"器物""了无分别"的记载来看，"庶人"就是"奴隶"。他们可以用来"赏赐"、"买卖"和"抵债"，说明周代的奴隶，"正是一种主要的财产"[3]。

其次，郭著还从《周书》、《周诗》等文献记载中揭示西周社会存在着阶级压迫和阶级剥削的事实，认为"这是奴隶制成立以后必然有的现象"。[4] 这些现象"掩藏着一个很大的悲剧。农业的发达就是奴隶制的完成，在初期本是连国王也要下田的农业，不久便成为了奴隶的专职"。[5] 这反映了西周社会存在着奴隶主与奴隶之间的阶级对立，而正是这种阶级对立构成西周奴隶制社会的基本矛盾。

关于秦以后是封建制社会的问题，郭著同样从生产方式的角度进行论证，指出：由西周奴隶制社会向秦以后的封建制社会"推移"始于春秋时期。这突出反映在《诗经》中的"变《风》变《雅》"上。这种"变《风》变《雅》"不仅表现为对西周奴隶制的"宗教思想的动摇"，而且还表现为对"人的发现"。郭著说：

在奴隶制昌盛的时候，人是失掉了他的独立的存在的，宇宙内的

---

[1] 郭沫若：《中国古代社会研究》，第281页。
[2] 同上书，第285页。
[3] 同上书，第284页。
[4] 同上书，第127页。
[5] 同上书，第121页。

事情一切都是天帝作主，社会上的一切都是人王作主……人完全是附属物、完全是物品。①

又说："民人和土田一样是人的所有物，是支配阶级的所有物"。但是，随着西周奴隶制宗教思想的动摇，"人的存在便抬起了头来"。②《秦风·黄鸟》对于人殉的"呼天哭泣"③和《书经·秦誓》"全篇的重心"之"放在人上"反映了对于"人的价值的重视，这正是新来时代的主要脉搏"。④思想意识领域中所发生的变动反映了"在东西周交替的时候有一个很大的社会的动摇"，⑤"很大的社会变革"，这首先表现为生产方式的变革。郭著指出：

  自秦以后的经济组织在农业方面是成了地主与农夫（虽然没有农奴的称号，然而事实是相等）的对立，工商业是取的行帮制，就是师傅与徒弟的对立。秦以后的郡县制实际上就是适应于这种庄园式的农业生产与行帮制的工商业的真正的封建制度。⑥

显然，这里所说的"经济组织"及其在农业和工商业的展现是以生产方式立论的。是由于周秦之际在生产方式方面所发生变革引起了"很大的社会变革"，因此，"秦以后"，才真正进入"封建时代"。

综上所述，郭著从生产方式这个全新的角度对西周和周秦之际以及秦以后社会状况所做的分析及其所得出的结论，的确使人们耳目一新。这不仅对传统的"西周封建"说是一种大胆的突破，具有思想解放的意义，而且对盛行于20世纪20—30年代的春秋战国"封建解体"论和秦以后"非封建"论，更是一种有力的批判。尽管郭著对于上述问题的研究"只是一

---

① 郭沫若：《中国古代社会研究》，第162页。
② 同上书，第163页。
③ 同上书，第164页。
④ 同上书，第165页。
⑤ 同上书，第166页。
⑥ 同上书，第167页。

点发凡",但正是这"一点发凡"为中国古代历史研究另辟蹊径,从而开创了马克思主义与中国历史实际相结合的新局面。

特别要指出的是:郭著从社会形态变迁的角度揭示中国历史发展的阶段性及其生产方式变革的内在根据,已经涉及中国历史的发展道路问题。虽然郭著对于中国历史的发展道路的表述是粗线条的,但却具有鲜明的特点,即突出其与世界历史发展总进程的一致性。这种一致性既体现在关于西周以前是"亚细亚的"原始公社社会的论断上,也体现在关于西周是奴隶制社会和秦以后是封建制社会的论断上,还体现在关于"最近百年的资本制"社会的论断上。尽管郭著突出这种一致性存在着注重中国历史发展的共性而忽略其个性的偏颇,然而,它仍不失为首开运用马克思主义探讨中国历史的发展道路问题的原创性之作。

三 中国社会史问题论战及其中国历史的发展道路面面观

中国马克思主义历史学的创立不仅开辟了中国历史研究的新方向,而且有力地推动了中国社会史论战的深入开展。因为20世纪30年代的那场论战是围绕着中国马克思主义历史学所开辟的这一新方向进行的。当时,论战各方都把中国社会史看作是社会形态变迁的过程,并同中国历史的发展阶段联系起来,同生产方式的变革联系起来。必须指出,这样的研究方向和研究思路,同时也是关于中国历史的发展道路问题的研究方向和研究思路。因为中国历史的发展道路总是从社会形态变迁的过程及其阶段性中得到反映和表现的。可以这样说,有什么样的中国历史发展阶段论和社会形态变迁说,就会有什么样的中国历史的发展道路观。从当时论战的情况来看,有三个问题同中国历史的发展道路观关系尤为密切,即:"亚细亚生产方式"的性质问题、中国奴隶制社会的有无问题、中国封建制社会的解体问题等。有关这三个问题的论战情况已经有专著进行了系统的论述[1]。

---

[1] 何干之:《中国社会史问题论战》,上海生活书店1937年版;林甘泉、田人隆、李祖德:《中国古代史分期讨论五十年(1929—1979年)》,上海人民出版社1982年版。

在这里，我们想着重说明的是：上述那场论战所反映出来的正是中国历史的发展道路观。

（一）"亚细亚生产方式"性质问题上所反映的中国历史的发展道路观

"亚细亚生产方式"是1859年马克思在《政治经济学批判·序言》里首次提出来的：

> 大体说来，亚细亚的、古代的、封建的和现代资产阶级的生产方式可以看作是经济的社会形态演进的几个时代。[①]

根据马克思这段话，虽然他明确指出"亚细亚生产方式"是与"古代的、封建的和现代资产阶级"诸生产方式一样，同为"经济社会形态"，并做出了明确的历史定位，指出它代表着"经济社会形态"演进过程中的一个历史阶段，位于上述诸生产方式之前，但是，却未对其做出明确的社会定性，因而就为后人留下了如何理解其内涵和性质的思考空间，争论也就因此而起。自20世纪初至30年代，对于这一问题的解释，众说纷纭，莫衷一是。概要地说，有原始社会说、过渡形态说、奴隶制变种说或东方奴隶制说、封建制变种说或东方专制主义说、混合形态说和前资本主义说、贡纳制说，等等。这里，我们主要讨论与中国历史的发展阶段问题相联系，因而更为直接地反映出中国历史的发展道路观的几种说法。

一是原始社会说。郭沫若首倡此说。他在1928年写的《诗书时代的社会变革与其思想上之反映》[②]一文中，首次提出此说。他认为，马克思在《政治经济学批判·序言》里所说的"亚细亚生产方式"就是指"古代的原始共产社会"。[③]他在1930年出版的《中国古代社会研究》一书收入上文时，仍持此说。1936年，他在《社会发展阶段之再认识》一文中又进一步申论此说，认为马克思所说的"亚细亚生产方式"，是指原始社会末

[①] 《马克思恩格斯选集》第2卷，人民出版社1995年版，第33页。
[②] 此文后收入1930年出版的《中国古代社会研究》一书。
[③] 郭沫若：《中国古代社会研究》，第166页。

期的"家长制"或"氏族财产形态"。① 尽管前后说法稍有不同，但是，他把"亚细亚生产方式"看作是在奴隶制社会之前的原始社会阶段这一基本认识不变，并根据这一基本认识为中国历史发展过程划分阶段，得出中国历史发展进程与世界历史发展总进程相一致的结论（详见前述）。

二是贡纳制说，即否认"亚细亚生产方式"是一种经济社会形态，而认为是统治与被统治之间的一种"进贡关系"。何干之力主此说。他认为，由于这种"进贡关系"使"农村公社长期保留在中国社会里"，以致"奴隶劳动""不大容易去清算公社的基础"。因此，中国的奴隶制"虽有国有奴隶制发展到家内奴隶制，但家内奴隶制不能发展到成熟的劳动（或古典）奴隶制"②。他进而指出：由于"公社关系"长期保留在"封建经济中"，因此，"地租不能正常地通过应通过的三个阶段，手工业也不能正常地进入工厂手工业时期"。这样，外国势力一入侵，中国就失去了"自力更生"的资格，无法逃脱"殖民地的劫运"；而"封建社会虽然是瓦解了"，却"改头换目"地"盘踞在国土里"，从而"形成了今日新旧势力决斗的社会基础"。③ 实际上，这是肯定了近代中国的历史是外国殖民势力与本国封建势力共同统治的历史。显然，何干之对于中国历史发展阶段的认识是建立在贡纳制说的理论基础之上的。从中，我们可以看到其所反映的中国历史的发展道路观的若干要点。

其一，他肯定了中国历史上有过奴隶制发展阶段，认为继原始社会之后是奴隶制社会，而不是"亚细亚生产方式"；其二，由于实行贡纳制使农村公社长期保留下来，从而使中国奴隶制走着一条不同于西方古典奴隶制的发展道路，即由"国有奴隶制"到"家内奴隶制"的发展道路；其三，同样地，由于农村公社长期保留下来，不仅使中国封建制社会长期停滞，而且也使其难于从内部形成资本主义的新机制，因此，无法靠自身的力量从封建主义走向资本主义。

上述要点表明：何干之虽然肯定了中西方历史经历了大体相同的发展

---

① 详见林甘泉、田人隆、李祖德《中国古代史分期讨论五十年（1929—1979年）》，第28页。
② 何干之：《中国社会史问题论战·前言》，第3页。
③ 同上书，第4页。

阶段，由原始社会到奴隶制社会再到封建制社会，但是，由于中国奴隶制社会的东方特点，因此，它最终只能停留在"不成熟"的家内奴隶制阶段，而无法走向"成熟"的劳动奴隶制阶段。不仅如此：由于中国封建制社会的东方特点，因此，在其解体之后无法发展到资本主义阶段。如果说，前者称之为东方奴隶制；那么，后者则称之为东方封建制。总之，在何干之看来，中国历史走的是与西方不同的东方社会的发展道路。

三是否定说，即根本否定"亚细亚生产方式"的历史存在。例如，杜畏之认为，"氏族社会解体之后不一定产生东方社会，也不一定产生古代社会"，"中国的历史实际"就是如此，既"没有划然的奴隶社会一阶段，更无东方社会一阶段。在氏族的丘墟产生了封建社会"①。就是说继氏族社会解体之后的中国历史，既不是"亚细亚生产方式"，也不是奴隶制社会，而是封建制社会。他又说："而封建社会被分解后则继之以被历史拉长的过渡阶段——从封建社会到资本主义社会之过渡"②。杜畏之的上述看法，实际上反映了这样一种中国历史的发展道路观：自氏族社会解体后，中国历史走的是一条超越"亚细亚生产方式"或奴隶制社会阶段而径直进入封建制社会的发展道路；而在封建制社会解体后，中国历史走的不是半殖民地半封建社会的发展道路，而是介于封建主义与资本主义之间的"过渡阶段"的发展道路。前者可以称之为"中国封建社会长期论"的发展道路观，后者可以称之为"中国近代过渡阶段论"的发展道路观。

四是承继说或填补说，即肯定"亚细亚生产方式"是继原始社会之后而与奴隶制并列的一种经济社会形态，用以填补东方社会和中国历史上没有奴隶制阶段的"空缺"。李季即持此说。他认为，自原始社会解体后，东西方社会因地理环境不同而走着不同的发展道路：东方社会走的是"亚细亚生产方式"的道路，西方社会走的是古典奴隶制的道路。他根据"亚细亚生产方式"的特点，如土地国有、农村公社长期保留、专制主义的国家形态和治水的国家职能以及赋税的地租形态等，断言：中国夏、商时代是"亚细亚生产

---

① 杜畏之：《古代中国研究批判引论》，引自林甘泉、田人隆、李祖德《中国古代史分期讨论五十年（1929—1979年）》，第30—31页。
② 同上书，第31页。

方式，夏、商之后，继起的是周代的封建制生产方式，秦以后至鸦片战争前是"前资本主义生产方式"，鸦片战争以后是资本主义生产方式①。从李季的填补说及其中国历史发展阶段论来看，有两个明显的特点。

其一，他否认中国奴隶制社会的历史存在，认为继原始社会之后是"亚细亚生产方式"。他试图以此证明：中国历史，从一开始就走着与西方不同的发展道路即"亚细亚生产方式"的发展道路，因而他与杜畏之的超越"亚细亚生产方式"或奴隶制社会阶段。径直进入封建制社会的否定说有别；其二，他否认秦以后中国封建制社会的存在，认为继起的是"前资本主义社会"，而他所说的"前资本主义社会"，从其列举的特点来看，主要是封建制社会末期的现象②。但是，为了否定秦以后中国封建制社会的存在，他竟然用了这样一个性质模糊、意思含混的名词，声称"前资本主义的生产方式"是"一种过渡时代的生产方法"，"含有各种生产方法的残余"，或者说"只是""亚细亚生产方法"的"残余"③。如果说，杜畏之的否定说所反映的中国历史的发展道路观是"中国封建社会长期论"；那么，李季的填补说所反映的中国历史的发展道路规则是"亚细亚生产方式长期论"。而在否定中国奴隶制社会的历史存在方面，他们的观点则是完全一致的。

（二）在中国奴隶制社会有无问题上所反映的中国历史的发展道路观

在这个问题上存在着两种截然对立的观点，即肯定说和否定说。

最早提出肯定说的是郭沫若。如上所述，早在1928年，他就根据西周彝铭和《周诗》、《周书》等文献资料论证西周是奴隶制时代。此说一出，"打破了一二千年来官学对中国古代史的'湮没'、'改造'和'曲解'，确是一桩破天荒的工作"④。不仅如此，他还把西周奴隶制时代同中国历史发展阶段联系起来，指出：西周以前是原始公社制时代，东周以后

---

① 李季：《对于中国社会史论战的贡献与批评》、《中国社会史论战批判》，详见林甘泉、田人隆、李祖德《中国古代史分期讨论五十年（1929—1979年）》，第31—32页；何干之：《中国社会史问题论战》，第70—71页。
② 详见何干之《中国社会史问题论战》，第206—207页。
③ 同上书，第205页。
④ 同上书，第105页。

是封建制时代，直至"最近百年"才是"资本制"时代。这可以看作是郭沫若的中国历史发展阶段论，反映了他关于中国历史的发展道路观。

除郭沫若外，主张肯定说的还有吕振羽、翦伯赞和邓云特等。他们不仅肯定中国有过奴隶制时代，而且更将奴隶制时代提前到殷代，将封建制时代提前到西周时代，认为西周是封建领主制社会，这是西周封建论的最早提法。这里，特别要指出吕振羽在这方面的理论贡献。

首先，他把对于殷代奴隶制社会的肯定同"亚细亚生产方式"问题联系起来，对殷代奴隶制社会的性质特点做了进一步的阐发。他说："殷代的社会形态也是属于这种所谓'亚细亚的'类型的奴隶制度"[①]，与"古代的"奴隶制相比，同属一个历史阶段，"在时间上"却相当于"罗马或希腊奴隶制的前期"，所以又称为"初期国家的奴隶制度"。其次，他进而把"亚细亚生产方式"同中国历史的发展阶段问题联系起来，指出：这种"初期国家的奴隶制度"还"没有发展到奴隶制后期，就开始向封建制度转化，归于衰亡了"[②]。在中国，这种转化开始于殷周之际；"周代为中国史的初期封建社会时代"；"由秦代到鸦片战争前这一阶段，为变种的即专制主义的封建社会时代"；"由鸦片战争到现代，为半殖民地半封建社会时代"[③]。吕振羽关于"亚细亚生产方式"是"初期国家的奴隶制度"的观点，其理论意义在于：他指出这种奴隶制度不局限于东方社会，而是包括了除"希腊、罗马而外的世界其他国家的奴隶制度阶段的社会"，从而"坚决的确认奴隶制度为社会发展过程中必经的阶段"[④]。而他对于中国历史发展阶段的划分更有理论批判的现实意义。正如李达在1934年为吕振羽本书写的初版序所说："一方面指出波格达诺夫主义的'商业资本社会'论的错误，一方面指出，马札亚尔派'亚细亚生产方法'论的错误；同时，又从世界史的观点，指出伪历史唯物主义流派的非奴隶制度社会论的错误。"

---

① 吕振羽：《殷代的奴隶制社会》，《史前期中国社会研究》下，河北省教育出版社2000年版，第380页。
② 同上书。
③ 吕振羽：《史前期中国社会研究·初版李达序》。
④ 同上。

从吕振羽的中国历史发展阶段论中所反映的中国历史的发展道路观有如下特点。

其一，他认为奴隶制度是继原始社会之后社会历史发展的必经阶段，有前期和后期之分：殷代奴隶制属于前期奴隶制，希腊、罗马奴隶制属于后期奴隶制；前期奴隶制不必发展到后期奴隶制就转化到封建制阶段。这一看法与何干之关于奴隶制有"成熟"和"不成熟"之分颇为相似。

其二，他认为，前期奴隶制是除希腊、罗马之外的世界其他国家必经的奴隶制阶段，而非东方社会所独有，因此，不能称之为"东方奴隶制"。这一点又把它与何干之的殷代是"东方奴隶制说"区别开来。

其三，西周以后的封建制社会经历了由"初期封建社会"向"专制主义的封建社会"发展、转变的过程：秦以前的西周，他称之为"初期封建社会"即封建领主制；秦以后，他称之为"专制主义的封建社会"即"变种的封建社会"。吕振羽关于中国封建制社会两阶段说的理论意义在于：一方面，他纠正了胡秋原等人断言"亚细亚生产方式"是"专制主义的农奴制"[①]，从而把"亚细亚生产方式"与封建专制主义等同起来的曲解；另一方面，他批判了李季等人否定中国封建制社会的存在而代之以"前资本主义社会"的说法，坚持了鸦片战争以前中国是封建制社会的正确的历史认识，从而肯定了马克思的社会形态学说对于中国历史的适用性。

最早提出否定说的是陶希圣。他在1929年出版的《中国社会之史的分析》一书里就断言：从传说时代起，中国就是一个封建国家或封建社会。他说：传说中，"黄帝与蚩尤、炎帝与共工氏的战争"，即"氏族间的战争"，"使一氏族征服他氏族，便成立了初期的封建国家"；"封建国家间的战争，使一国家征服他国家。便成立了次期的封建国家"[②]。又说：中国"自有史以来，便是封建制度起源发达崩坏的纪录"[③]。可见，为了否定中国奴隶制社会的存在，他不仅把中国封建制度的起源提前到传说时代，视之与史俱来，而且还把中国历史看成是封建制度的兴衰史，实际上是鼓吹

---

① 胡秋原：《亚细亚生产方法与专制主义》，引自何干之《中国社会史问题论战》，第73页。
② 引自何干之：《中国社会史问题论战》，第91页。
③ 陶希圣：《中国社会与中国革命》，新生命书局1929年版，第6页。

中国封建制度与中国历史等同论。这可以看作是陶希圣否定说的主要特点，反映了他最初的中国历史的发展道路观，即以中国历史为封建制社会形态变迁的历史的观点。

除陶希圣外，持否定说的还有李季、胡秋原和陈邦国等人。

李季的否定说，我们在论述其"亚细亚生产方式"填补说时已经提到：此说是以否定中国奴隶制社会的历史存在为前提的，旨在用"亚细亚生产方式"填补中国历史由原始社会到封建制社会之间的这段"空缺"。这是李季否定说的主要特点，反映了他的"亚细亚生产方式长期论"的中国历史的发展道路观。

胡秋原和陈邦国的否定说也是以否定中国奴隶制的历史存在为前提的。他们断言：继原始社会之后是"氏族社会"，而不是奴隶制社会。根据这一前提，胡秋原将中国历史划分为如下几个发展阶段：殷代以前是"原始社会时代"；殷代是"氏族社会时代"；西周至春秋战国是"封建社会时代"[①]。陈邦国更从"一般的历史发展"为他的否定说进行论证，认为"氏族社会是到封建社会的先决条件，犹之乎在封建社会的废墟上发生资本主义是一样。由氏族社会向着封建社会的转变是氏族社会本身生产力发展的结果……"[②] 虽然他承认"奴隶经济"的存在，但不是把它看作是继原始社会之后的经济形态，而是把它看作是"由氏族社会到封建社会的一个过渡"。因此，他批评郭沫若"直接由奴隶制度推移"出"封建制度"的错误，认为郭沫若"没有正确的规定历史发展的全部过程，误把氏族社会一个阶段忽略了"[③]。他还提出中国封建制度发展的道路问题，认为"氏族社会"向封建制社会的转变存在着两条道路：第一，由"氏族社会"直接向"封建社会发展"；第二，由'军事部落的国家"转变而来，而后者又有两种转变形式：一是由"军事领袖直接转变"，这主要发生在"农业民族"；二是由"军事领袖与农业领主相互结合而成"，这主要发生在"游

[①] 引自何干之《中国社会史问题论战》，第92页。

[②] 陈邦国：《中国历史发展的道路》，《读书杂志》第1卷，第4—5期合刊，上海神州国光出版社1931年版。

[③] 同上。

牧民族侵入农业民族之后"。根据以上认识，他认为西周是封建制社会，东周是封建制社会崩溃的时代，至秦始皇建立的"集权的君主国"则"已经不代表封建"，"而是商业资本主义的政权形式了"①。这是陈邦国根据其否定说所描绘的中国历史的发展道路。

综观否定说诸家观点，虽然在否定中国奴隶制社会的历史存在问题上观点一致，但立论各异，其所反映的中国历史发展阶段论也不尽相同。概要地说：陶希圣以中国封建制度起源于传说时代立论，以中国封建制度的兴衰为主线来为中国历史划分发展阶段；李季以"亚细亚生产方式"填补说立论，以"亚细亚生产方式"在中国的历史演变来为中国历史划分发展阶段；胡秋原和陈邦国则以"氏族社会"替代说立论，即把"氏族社会"看作是继原始社会之后的另一个社会形态，用以"消解"或"替代"奴隶制社会的一种观点。

必须指出，这种把"氏族社会"，从原始社会分离出来变成与之相续的另一个社会形态的观点，是犯了历史常识的错误。因为"氏族社会"其实就是原始社会。恩格斯说："氏族是以血缘为基础的人类社会的自然形成的原始形式"②。而胡、陈所说的"氏族社会"是"以氏族为单位的一种社会组织"③。显然，这就是恩格斯所说的"人类社会"的"原始形式"即原始社会。可见，他们硬是从原始社会分离出所谓"氏族社会"以取代奴隶制社会，无论是从历史的层面还是从理论的层面来看，都是错误的，而由这种错误的立论所推演出来的中国历史的发展阶段必然是颠倒了历史发展的顺序。因此，"没有正确的规定历史发展的全部过程"的不是郭沫若，而是他们自己。

----

① 陈邦国：《中国历史发展的道路》，《读书杂志》第1卷，第4—5期合刊，上海神州国光出版社1931年版。

② 恩格斯：《马克思〈资本论〉（第1卷）第3版注》，《马克思恩格斯全集》第23卷，人民出版社1972年版，第390页。

③ 陈邦国：《中国历史发展的道路》，《读书杂志》第1卷，第4—5期合刊，上海神州国光出版社1931年版。

(三) 在中国封建制社会解体问题上所反映的中国历史的发展道路观

关于中国封建制社会解体问题既涉及时间问题,也涉及其后的历史走向问题。对于上述问题的回答基本上存在着两大派,即以郭沫若、吕振羽为代表的鸦片战争解体论和以陶希圣、李季为代表的春秋战国解体论。

郭沫若、吕振羽等人认为,自周秦以来,中国一直是封建社会,至鸦片战争才告解体,从此,中国历史进入半殖民地半封建社会。有关这方面的情况,我们在论述郭沫若、吕振羽关于中国历史发展阶段论时已经说过,在此从略。这里,我们想着重论述的是陶希圣、李季等人的观点。必须指出,他们关于这个问题的观点,在具体提法上或不尽相同,但是,在总的方向上则是一致的。概要地说:中国封建制社会崩溃于春秋战国,结束于秦统一中国,秦以后至鸦片战争前,中国已非封建社会,而是"商业资本主义社会"或"前资本主义社会"。陶希圣、李季、陈邦国等人力主此说。

最早提出此说的是陶希圣[①]。他说:

> 春秋战国时代,是中国社会史的一个关键;中国社会在这个时候结束了封建制度。[②]
> 春秋战国时代是社会变革的时期,社会变革的实际,却不过是封建制度的分解。[③]

为了证明上述论断,他还列举了春秋战国时代封建制度崩溃的"五个

[①] 陶希圣关于中国封建社会的存续兴衰所持的是一种实用主义的观点:当他为了否定中国奴隶制社会的历史存在时,就鼓吹中国封建制度永恒论;当他为了反对中国近代社会的半殖民地半封建性质时,就鼓吹春秋战国封建制度解体论。所以,他可以在同一年出版的不同书里,对同一问题发表截然相反的观点。

[②] 陶希圣:《中国社会之史的分析》,引自《读书杂志》第1卷第4期合刊。

[③] 陶希圣:《中国社会与中国革命》,第255页。

特征"。① 显然,这些"特征",其实都属于封建制度末期的现象,而不足以反映封建制度的本质特征。封建制度的本质特征是:自然经济占统治地位,自然经济统治下的农民作为土地的附属物被固定在土地上以供土地所有者的超经济剥削,从中榨取农民的剩余劳动。可见,陶希圣对于中国封建制度崩溃的研判,实质上是用封建制度的现象研究代替对封建制度的本质研究,其错误是不言而喻的。

不仅如此,陶希圣还把"封建制度崩坏的过程"看作是"商业资本主义"发展的过程,实际上是把"封建制度崩坏"的原因归结为"商业资本"的发展。不过,他又认为"商人资本的独立发达,决不能造成资本主义的生产制",而只能造成"前资本主义社会",即既非"完整的封建制度",又非"资本主义的生产制"②的"社会构成"。他有时把这种"社会构成"称之为"后封建制度"③。这就是陶希圣所规定的中国封建制社会结束后的历史走向——"前资本主义社会"或"后封建制度"。1932年,他又把上述的历史走向改名为"先资本主义社会"。然而,无论是"前资本主义社会"或"后封建制度",还是"先资本主义社会"其名虽异,其实则同,都是把封建制社会末期的历史现象当作"新的社会构成"。这不仅是对历史的"牵强附会"④,更是对历史的编造。

在中国封建制社会的解体及其后的历史走向问题上,李季有着与陶希圣相似的看法,他断言:中国封建制社会在周代末年解体后,自秦至鸦片战争前为"前资本主义的生产方法的时代"⑤。必须指出:他所说的"前资本主义的生产方法",一方面,既把它看作是"一种过渡时代的生产方法,含有以前各种生产方法的残余",特别是"亚细亚生产方法的残余";另一方面,又把它看作是"特殊的社会构成"。而从他为这个"特殊的社会构

---

① 这"五个特征"包括:(1)等级关系的崩坏;(2)战争的连续;(3)社会纽带的松懈;(4)个人及社会阶级对社会再建之无力;(5)士人阶级的勃兴及官僚制度的成立(陶希圣:《中国社会与中国革命》,新生命书局1929年版,第225—258页)。
② 陶希圣:《中国社会与中国革命》,第96页。
③ 同上书,第195页。
④ 何干之:《中国社会史问题论战》,第216页。
⑤ 李季:《中国社会史论战批判》,引自何干之《中国社会史问题论战》,第203页。

成"所列举的"特点"①来看,正如何干之所说,都属于封建制社会末期的现象,既不能作为"否认封建社会存在的根据",也不能作为"承认前资本主义生产方法存在的证据"。②可见,与陶希圣一样,这不仅是对历史的"牵强附会",更是对历史的编造。

至于陈邦国,他不仅重复陶希圣的说法,断言"秦的统一是商业资本的统一","不是代表封建",而且还提到"中国没有由商业资本转变到工业资本的原因",认为这主要是由于"地理因素"所造成,致使"商品转运受了限制","阻止了市场的扩大"。在这种情况下,"资本的原始积累的出路走上了另一条道路。于是,又开始了土地集中,农民破产,手工业破坏……末了,农民又暴动起来","自秦以后没有跳出那'循环'的圈以外"。③与陶希圣一样,他认为"商业资本"的发展导致中国封建制社会的崩溃而走向"商业资本主义社会";更由于"地理条件"的原因使"商业资本"的发展"走上了另一条道路",即不是流向"工业资本",而是转向传统农业的土地投入,结果使中国历史陷入"循环"的"怪圈"。这就是陈邦国所描绘的"自秦以后""中国历史发展的道路"。

必须指出:陈邦国的上述观点涉及对于历史上的商业资本的评价问题。如所周知,历史上的商业资本是旧生产方式的破坏者而不是新生产方式的建设者。就是说,它只对旧生产方式起分解的作用,而这种分解作用的力度又取决于旧生产方式的坚固性及其内部结构的状况。至于这种分解作用将会导致怎样的结果,产生出什么样的新生产方式,与其说是取决于商业资本,不如说是取决于旧生产方式的性质。显然,在对商业资本的评价问题上,陈邦国是犯了无限夸大商业资本历史作用的错误,以致把商业资本变成一种新的生产方式,一种"新的社会构成"——"商业资本主义社会"。这与陶希圣、李季所谓的"前资本主社会"或"先资本主义社会"一样,都是对历史的编造。

---

① 这些特点,举要地说:(1)小农业与家庭工业的直接结合,构成一个地方小市场的网;(2)高利贷资本和商人资本占优势;(3)农工的破产流为贫民和生产工具的集中;(4)向来各种生产方法残余的存在,等等(详见何干之《中国社会史问题论战》,第206—207页)。
② 何干之:《中国社会史问题论战》,第207页。
③ 陈邦国:《中国历史发展的道路》。

从陶希圣、李季等人在中国封建制社会解体问题上所持的观点来看，尽管有"前资本主义社会"、"先资本主义社会"、"后封建社会"和"商业资本主义社会"等不同的提法，但是，在编造历史的意图和方法上则是相同的：一是，他们武断地把中国封建制社会的解体完全归因于"商业资本"的发展，旨在证明中国封建制社会早已在周代末年崩溃；二是，他们"牵强附会地"把封建制社会末期的现象当作是"新的社会构成"的证据，旨在篡改秦以后中国历史的走向；三是，他们无限夸大"商业资本"的历史作用，旨在否定鸦片战争前中国社会的封建性质。由此可见，他们之所以编造历史，篡改历史，是有着明确的政治指向的，这就是：从根本上否定中国民主革命的反封建性质，达到取消中国革命的政治目的。通过对 20 世纪 30 年代中国社会史问题论战的考察，不难看出，那场论战所反映的中国历史的发展道路观，归根到底，是两种对立的历史观即唯物史观和唯心史观，并由此形成互相对立的两大派即唯物史观派和唯心史观派。他们在中国历史的发展道路问题上的对立与论争，集中到一点是：马克思的社会形态学说是否适用于中国历史实际。以郭沫若、吕振羽为代表的唯物史观派肯定马克思的社会形态学说适用于中国历史实际。他们运用马克思的生产方式理论和历史发展阶段性理论研究中国历史发展过程，坚持中国历史发展的阶段性与世界历史发展总进程的一致性，认为中国历史是社会形态变迁的过程，它经历了原始社会、奴隶制社会、封建制社会诸发展阶段，而在具体的实现形式上又有自己的特点，如中国奴隶制属于"初期国家的奴隶制"，它没有经过后期阶段就进入封建制社会中建制社会有初期领主制和后期专制主义之分；至近代，由于西方列强的侵略，中国没有走向资本主义，而是逐步沦为半殖民地半封建社会，等等。这样，他们就在坚持历史发展规律统一性的同时，坚持历史发展道路的多样性。

以陶希圣、李季为代表的唯心史观派否定马克思的社会形态学说对于中国历史的适用性。他们借口中国历史的特殊性反对用马克思的生产方式理论研究中国的原始社会、奴隶制社会和封建制社会，反对用马克思的历史发展阶段性理论划分中国历史发展阶段，否定中国有过原始社会和奴隶制社会，而用所谓"亚细亚生产方式"取代奴隶制社会，用所谓"前资本主义社会"或"先资本主义社会"和"商业资本主义社会"，取代鸦片战争前的中国封建制社会。总之，他们可以为了某种政治需要而随心所欲地编造历史，将中国历史排除在世界历史发展的总进程之外，用所谓"中国历史特殊论"否定世界历史发展的统一性，最终从根本上否定马克思主义适用于中国国情。这是他们关于中国历史的发展道路观的要害所在。然而，在那场论战中，唯物史观并没有被它的论敌所驳倒；恰恰相反，通过那场论战唯物史观得到了更广泛的传播和认同，取得了那场论战的话语权，强化了自己的地位。如果说，20世纪30年代以前，充斥中国古史论坛的是以陶希圣为代表的唯心史观派的话语；那么，通过那场论战，陶希圣们的时代已经成为过去，代之而起的是以郭沫若为代表的唯物史观派，从此，开始了中国马克思主义历史学的胜利进军。继郭沫若的《中国古代社会研究》之后，吕振羽于1934年和1936年先后撰写了《史前期中国社会研究》和《殷周时代的中国社会》，运用唯物史观对中国的原始社会、奴隶制社会和封建制社会的历史进行了系统的整理和总结，用以说明中国社会的发展与世界历史的发展是同一过程。1938年，翦伯赞出版了《历史哲学教程》，专门阐发唯物史观的基本原理。1939年，侯外庐发表了《中国社会史导论》，专门阐发马克思的生产方式理论及其对于中国历史研究的指导意义。

20世纪30年代的中国社会史问题论战不仅促进了唯物史观的广泛传播，强化了唯物史观的地位，为中国马克思主义历史学的胜利进军开辟了道路，而且为迎来40年代马克思主义中国通史的建设奠定了思想理论基础。范文澜的《中国通史简编》、吕振羽的《简明中国通史》、翦伯赞的《中国史纲》和侯外庐的《中国古代社会史论》等，都是40年代先后问世的一批马克思主义的中国历史著作，它初步确立了马克思主义中国历史科学的新体系。这是马克思主义在历史研究领域中国化的具体成果。

20世纪中国历史研究领域的新开展告诉我们：唯物史观一旦与中国历史研究相结合，从而创立了中国马克思主义历史学，整个中国历史的面貌就焕然一新；而运用马克思的社会形态学说，从社会形态变迁的角度探索中国历史的发展道路则为我们开辟了研究中国历史的新方向。这是我们应该从中得到的基本认识。

（原载《中国社会科学院学术咨询委员会集刊第 3 辑 ［2007］》）

新时期中国历史学的回顾与思考
——以中国历史的发展道路研究为线索

改革开放30年是中国历史学发展的新时期。众所周知，新中国成立后至今，中国历史学经历了前30年和后30年两个时期。前30年，中国历史学的最大成就是确立了中国马克思主义历史学的主导地位。"文化大革命"期间，因受极"左"思潮的干扰和破坏，历史学的发展一度严重受挫。后30年，中国历史学的最大成就是重新恢复了实事求是的马克思主义学风，在党"解放思想，实事求是"思想路线的指引下，重新焕发出勃勃生机，得到全面发展。这不仅表现在打破史学"禁区"，深化重大史学理论问题研究方面，也表现在根据中国历史学全面发展的需要进行史学研究的结构性调整，拓展新的研究领域、建设新的分支学科、关注新的研究热点方面，还表现在提出新的研究课题，转换新的研究视角，从理论到方法进行新的探索方面。特别是在马克思主义指导下，坚持用唯物史观进一步构建中国历史解释体系，从社会形态变迁的角度重新探索中国历史的发展道路问题取得了新的进展。这是新时期中国历史学发展的基本面。与此同时，新时期中国历史学的发展也出现了与上述基本面相背离的新倾向，最突出的表现是：在理论"创新"的名义下，竭力鼓吹历史研究的非社会形态化。

限于篇幅，本文仅就新时期中国历史学在中国历史的发展道路研究方面的状况进行回顾和思考，以就教于学界同仁。

用唯物史观进一步构建中国历史解释体系

用唯物史观进一步构建中国历史解释体系，是新时期中国历史学的重要特点和成就，也是新时期关于中国历史的发展道路研究取得新进展的重要方面，它主要反映在这一时期出版的若干有代表性的中国通史著作中。例如，郭沫若主编、中国社会科学院历史研究所《中国史稿》编写组修订的《中国史稿》（7册），范文澜主编、蔡美彪等续编的《中国通史》（10卷），翦伯赞主编、邓广铭等修订的《中国史纲要》（上下册）①和白寿彝任总主编的《中国通史》（12卷）等。

众所周知，以马克思主义为指导的中国历史解释体系的构建始于20世纪30年代初，郭沫若开其端；40年代，范文澜、吕振羽、翦伯赞、侯外庐等承其绪。他们通过中国古代社会史和中国通史等历史著作具体构建中国历史的解释体系。他们所构建的中国历史解释体系的基本特点是：运用唯物史观，特别是作为其基本理论构成的马克思的社会形态学说重新解释中国历史，把中国历史进程看作是社会形态变迁的过程，把生产方式的矛盾运动看作是社会形态变迁的内在根源和动力，并以此为指导线索贯串中国历史全过程，由此形成对于中国历史的新认识，构建了对于中国历史认识的新体系，即以马克思主义为指导的中国历史解释体系。他们所构建的中国历史解释体系是马克思主义与中国历史实际相结合的产物，而他们用以阐释这一新体系的著作则成为这一结合的具有开创性的研究成果。

新中国成立后，他们继续完善早已开始的中国历史解释体系的构建工作，修订原来的历史著作或重编新的历史著作。"文化大革命"前，他们的修订或续编、新编工作，除吕振羽的《简明中国通史》和侯外庐的《中国古代社会史论》于50年代修订完成外，郭沫若、范文澜、翦伯赞等的修订、续编或新编的中国通史工作，因众所周知的原因而中断。

改革开放以来，上述诸老的未竟工作，在其原来的合作者或后继者的努力下，沿着他们所开辟的研究道路，遵循着他们所确立的指导原则继续完成他们业已开始的中国通史的修订、续编或新编工作，从而为新时期中国马克思主义历史学的发展作出了重要贡献。

白寿彝任总主编的《中国通史》是新时期坚持以马克思主义为指导构建中国历史解释体系的新力作。这部被誉为"20世纪中国历史学界的压

---

① 参加翦伯赞主编的《中国史纲要》的修订者有吴荣曾、田余庆、吴宗国、邓广铭、许大龄、林华国等。

轴之作"，即多卷本《中国通史》，集全国二百多位老中青历史学工作者多年潜心研究之功，堪称中国马克思主义历史学的最新成果。其最大特点是：始终坚持马克思的社会形态学说的基本理论和基本方法，从生产方式到政治上层建筑和意识形态对中国社会历史进程进行了全方位的考察、分析和研究，如实地把中国社会历史进程看作社会形态变迁的过程，始终贯串着社会形态变迁这一指导线索。该书指出：自有文字记载始，中原地区即进入奴隶社会，而此前为原始社会。夏代是原始社会向奴隶社会的过渡阶段；商周是奴隶社会；春秋战国是奴隶制向封建制过渡的阶段；秦朝完成了这一过渡而进入封建社会；秦汉是封建社会的成长时期；三国两晋南北朝隋唐是封建社会的发展时期；五代至元末是封建社会的进一步发展时期；明清是封建社会的衰老时期；1840年至1949年新中国成立前是半殖民地半封建社会时期。虽然这部多卷本的《中国通史》在大的历史时段的划分上沿用传统的提法，如远古时代、上古时代、中古时代和近代，但是，就各历史时段的内涵来看，则是以社会形态作为划分历史时期的根据。在构建以马克思主义为指导的中国历史解释体系过程中，它还注意吸收20世纪在考古学、民族学和历史学等方面的研究成果，重新审视史学研究中的热点和难点，提出自己的新看法。在史书体裁方面，它创立了由序说、综述、典志、传记四部分组成的综合体，从而使史书所反映的内容更具多层面、多角度、全方位的特点。唯其如此，我们认为，这部多卷本的《中国通史》不仅是对中国马克思主义历史学的优良传统的继承和发扬，而且是将老一辈马克思主义历史学家所开创的中国历史解释体系提高到一个新的阶段，代表了新时期中国历史学的最新成就。

三种"早期国家"说与中国文明起源的三种路径

新时期，中国历史发展道路研究新进展的另一重要表现是：从"早期国家"的新视角探讨中国文明起源的路径。它之所以成为新时期中国历史研究的一个新的热点，既与国内新的考古发现有关，也与20世纪后半期国外的"早期国家"研究热有关。

众所周知，恩格斯关于"国家是文明社会的概括"这一经典论断，[1]历来为中外学界所认同，认为这是由原始社会进入文明社会的一个里程碑式的标志。然而，国家的形成并非一蹴而就；在它形成之前有一个漫长的演变过程，在不同的发展阶段，呈现出不同的形态或模式，这就是西方学界所说的"早期国家"问题。20世纪80年代以来，国内开始研究西方的早期国家理论，并从这一新视角探讨中国文明起源的路径。

回顾新时期的中国历史学，有三种"早期国家"说对中国文明起源路径提出了新的看法。

一是"酋邦"说。谢维扬首先结合国外酋邦理论探讨中国古代国家起源与形成问题。他指出：所谓"早期国家"是指从原始社会直接演化而来的最初阶段，有着中央集权的最高权力中心和行政及政治管理机构，产生了社会分层或阶级分化，有领土观念和国家意识形态等；而从"早期国家"发生和发展的进程来看，有两种模式，即：直接从氏族社会演化而来的"氏族模式"和从氏族社会解体后出现的"酋邦社会"中演化而来的"酋邦模式"。中国文明的起源也经历了"早期国家"的阶段，它是由"酋邦社会"演化而来的，因此，称为"酋邦模式"。其历史进程是：由酋邦社会演变出夏朝国家，这是中国早期国家的发生期；经商朝至周朝而进入鼎盛时期，这是中国早期国家的典型期；春秋战国是早期国家向成熟国家形态转型的时期；秦朝国家的建立则标志着中国早期国家的终结和新的专制主义国家的出现。[2] 由于中国的早期国家是经由"酋邦社会"演化而来的，因此，我们可以把谢维扬关于中国文明起源的路径称之为"酋邦"路径。

二是"聚落形态"说。王震中首倡此说。他认为，"早期国家"理论的提出，特别是酋邦模式的发现，是当代人类学、民族学的重要成就，而根据这一理论和模式对中国早期国家的演进划分时期或阶段不失为研究中国文明起源路径的一种新视角、新观点。不过，这一理论模式仅仅是从文

---

[1] 恩格斯《家庭、私有制和国家的起源》，《马克思恩格斯选集》第4卷，人民出版社1995年版，第176页。

[2] 谢维扬《中国早期国家》，浙江人民出版社1995年版，第51、69、474页。

化人类学的角度对史前社会所做的概括和说明，而是否符合史前社会的实际，还有待于考古学的检验。因此，他提出：必须加强考古学的研究，实现文化人类学与考古学相结合，才能真正达到历史与逻辑的统一。因为加强考古学研究，特别是加强考古遗迹中的聚落遗址研究，可以为我们提供有关社会形态的大量信息。他指出，考古发现表明：不同时期的聚落有着不同的形态特征，而通过对不同聚落形态特征的研究可以发现其演进的轨迹，划分其演进的阶段，建立其社会形态的演进模式。据此，他提出，中国文明起源的具体历程可以概括为：社会尚未分层的农耕聚落形态——开始分化和分层了的原始宗邑聚落形态——已形成文明的城邑国家形态；而最后一阶段即城邑国家文明形成于夏王朝之前的前王朝时期，相当于考古学所称的龙山时代和古史传说中的颛顼、尧、舜、禹时代。这属于早期城邑国家产生和形成的时期，其特点是：家族宗族组织与政治权力同层同构，宗族组织结构中的主支与分支同政治权力上的隶属关系相一致，至西周则表现为"君权与宗权的合一"。因此，中国文明起源的路径属于"维新式起源"的路径。① 应该说，通过考古研究，从原始聚落形态演变的角度探讨中国文明起源的路径，提出"三阶段"或"三形态"说，是他的独到见解。

三是"部落国家"说。何兹全主张此说。其要点：（1）由部落到国家是一个长期发展过程，在国家起源问题上划出一个"早期国家"阶段是符合历史实际的；（2）西周春秋时期，是中国历史上由部落到国家的转化时期，称为"早期国家时期"，就是说，在国家形成之前，中国历史曾经有过"早期国家"阶段；（3）中国的早期国家是在部落不平等结合的基础上，在部落对部落的征服基础上建立起来的，可以称之为"部落国家"，它属于国家形成的初期或萌芽期；（4）中国的早期国家从一开始就是"城邦国家"，它是以城为主体加上近郊组成的政治组织体，城邦居民称"国人"，有管理城邦事务的权利。不过，与西方古代的城邦国家不同，它不是独立的，而是有着上下的统属关系，实行"国"、"野"的耦国制度，领

---

① 王震中：《中国文明起源的比较研究》，陕西人民出版社1994年版，第11、69页。

土观念模糊;春秋时期属于由城邦国家向领土国家的过渡时期,虽然东西方都有过"城邦国家"的历史,只是在城邦的独立程度和居民参与管理的权力大小上有所不同而已;(5)部落转化为国家的主要标志在于:地缘关系代替了血缘关系,地区组织代替了氏族组织;单纯的氏族酋长权力转化为王权;出现了为王权服务的群僚及其政治机构、兵及其军事组织以及为维护王权统治的牢狱等,用上述标志来衡量,西周春秋时期正处于国家的形成过程中,即由部落组织向国家转变的时期。①

据上所述,我们可以将何兹全关于中国国家起源的路径简称为"部落国家"的路径,而这种"部落国家"是在征服基础上建立的,实质上,是一种不平等的部落联盟。因此,"部落国家"说又可以称为"部落联盟"说。这与马克思主义的国家起源论是相一致的。不过,将中国的"部落国家"视为"城邦国家",并同西方的城邦国家进行比较,指出其独特性,则是他在早期国家理论方面的创见。

历史分期与中国古代社会的发展道路

如果说,从"早期国家"的角度重新探索中国文明起源的路径是新时期中国历史学在方法论方面的新亮点,那么,从历史分期的角度重新探索中国古代社会的发展道路则是新时期中国历史学在课题研究方面的新视角。这是新时期关于中国历史发展道路的研究新进展的又一重要表现。我们所说的中国古代社会是指介于原始公社制社会与封建制社会之间的奴隶制社会;所说的发展道路是指由原始公社制社会到奴隶制社会和由奴隶制社会到封建制社会的转变路径或实现形式。因此,新时期关于中国古代社会的发展道路的探讨,既同中国文明起源即国家起源的路径有关,也同中国古代社会的发展模式即中国奴隶制社会的特点有关,更同中国历史分期即原始公社制与奴隶制、奴隶制与封建制的分期有关。可以这样说,有什么样的中国历史分期说和中国古代社会的发展模式,就会有什么样的中国

---

① 何兹全:《中国古代社会》,北京师范大学出版社2007年版,第29、91、93、95、83、510—512页。

古代社会的发展道路观。以新时期修订再版的两部中国通史著作为例。[①]

郭沫若主编的《中国史稿》主张夏代中期奴隶社会说、春秋过渡时期说和战国封建说。与此历史分期说相应,其中国古代社会的发展道路观可以表述如下。

一是,从传说中的黄帝时代,经尧舜禹直到夏代前期,是从血缘性的氏族部落到地域性的部落联盟的过渡时期;从夏启到少康重建夏朝,是我国历史上第一个奴隶制国家确立时期。

二是,中国奴隶制国家是在私有制出现的前提下,通过部落战争性质的改变实现由部落联盟向国家转化的。

三是,商周奴隶制社会的特点:(1)奴隶主贵族土地国有制是其经济基础,井田制是其实现形式,大规模的奴隶集体劳动是其耕作制度,奴隶形似农奴,贡税是奴隶主贵族榨取奴隶劳动的剥削形式,实则是一种利用传统的社会组织形式控制奴隶的更省事而有效的办法;(2)阶级构成保留着氏族制的残余,如奴隶主贵族是由原始社会末期父权制大家族长转化而来的,奴隶或由战俘,或由平民转化而来,或由征服转化而来的"种族奴隶",因而保留着更多的氏族遗制;(3)宗法制与等级分封制相结合,实行家国一体、"宗子维城"的政治体制。

四是,春秋时期是奴隶制向封建制转化时期,生产力的发展为这种转化创造了物质基础,使一家一户为单位的小生产成为可能。实现上述转化的路径有三:(1)通过各国内部新旧势力即"公室"与"私室"的斗争加速了新的社会阶级即地主阶级的形成过程;[②](2)通过各国的变法剥夺了旧奴隶主贵族的经济、政治特权,实现了土地所有制和剥削方式的改变,确立了封建地主土地所有制,促进了以一家一户为生产单位的个体小农生

---

① 新时期修订再版的两部中国通史著作是郭沫若主编的《中国史稿》和翦伯赞主编的《中国史纲要》。之所以没有包括范文澜主编的《中国通史简编》(新时期续编后,全书改名《中国通史》),是因为我们所讨论的中国古代社会的发展道路问题只限于唐代以前的相关历史,而范主编《简编》唐五代以前部分已于1965年修订出版,不在我们讨论的范围之内,故不论。郭沫若主编的《中国史稿》除第1册外,其余各册都在新时期修订出版。考虑到所讨论问题的历史连续性,故将第1册放在新时期与其他相关内容一并论述。

② 郭沫若主编《中国史稿》第1册,人民出版社1976年版,第129、134—136、140、173、246、263—264、352页。

产的发展；（3）通过兼并战争实现封建国家的统一。① 这样，由奴隶制国家起源开始，经夏商周三代的发展演变，春秋战国时期的制度性社会改革，至秦朝封建统一国家的建立，中国古代社会的发展道路终于走完了自己的历程。

翦伯赞主编的《中国史纲要》主张夏代奴隶社会说、西周封建领主制说、春秋战国过渡时期说、秦汉封建地主制说。与此历史分期说相应，其中国古代社会发展道路观可以表述如下。

一是，夏朝是通过王位世袭制的确立而实现由部落联盟向奴隶制国家转变的。

二是，商朝奴隶制国家：对内，依靠宗法关系统治其族众，实行"七十而助"的带封建性的力役地租剥削；对外，通过分封邦伯、委派侯甸控制地方和边陲，实行内外服制的统治，因而具有封建、宗法和分封等特点。

三是，西周封建领主制既是中国封建制社会的初期阶段，也是中国奴隶制向封建制转变的必经阶段。

四是，西周封建领主制是按宗法关系实行土地层层分封的土地等级所有制，井田制是其实现形式，劳动地租是其剥削方式。

五是，春秋战国时期是封建领主制向封建地主制转变的时期。这种转变是通过废除封建领主土地所有制，承认土地私有和买卖的合法性实现的。② 因此，中国古代社会的发展道路在经历了三次转变之后，即：由部落联盟通过王位世袭制的路径一变而为奴隶制国家，又通过宗法分封的路径二变而为封建领主制，再通过制度性社会改革的路径三变而为封建地主制，才最终走完了自己的路程。

如果说，新时期修订再版的中国通史著作是在原来的历史分期说基础上对中国古代社会的发展道路进行新的探索；那么，新时期的中国通史新著则是在综合原来历史分期说的基础上，根据新的发现而提出关于中国古代社会的发展道路的新说。其中，最具新意的代表作应首推白寿彝总主编的《中国通史》。

---

① 郭沫若主编：《中国史稿》第2册，人民出版社1979年版，第14—15、109—110页。
② 翦伯赞主编：《中国史纲要》上册，人民出版社1995年版，第11—12、36—39、67—72页。

白寿彝总主编的《中国通史》主张夏代过渡阶段说、商周早期奴隶社会说、战国过渡时期说、秦朝统一封建说。与此历史分期说相应，该书提出关于中国古代社会的发展道路新说。其要点如下。

一是，夏代不是奴隶制国家形成时期，而是处在由原始社会向阶级社会的过渡阶段，商汤灭夏后才建立起中国第一个奴隶制国家。

二是，中国国家形成的路径不同于希腊、罗马，而是在氏族社会内部已发展起来的阶级对立中作为征服外国广大领土的直接结果产生的：夏禹传子制度的出现并不意味着国家的形成，而只是反映父系家长制的形成和部落联盟的军事民主制开始向君主世袭制转化。

三是，商周奴隶制属于早期奴隶制，其特点是：(1) 在公社还没有解体的情况下进入国家阶段；(2) 国家的古代公社所有制即井田制具有明显的从公有到私有的过渡性质；(3) 过渡性的公社所有制决定了商周奴隶制的发展模式是早期奴隶制，它表现为：公社组织尚存，生产中占主导地位的是公社农民，而不是奴隶。

四是，针对西周封建说以生产者主要是公社农民而非奴隶而反对西周奴隶社会说的观点，提出判定西周社会是奴隶制社会的标准：既要看奴隶的数量多少，更要看奴隶制的产生、发展对阶级关系的发展变化所起的作用和奴隶制的剥削是否占主导地位。

五是，战国时期是中国奴隶制向封建制转变的过渡时期，其转变的路径是：社会生产力的提高，古代公社的解体，土地所有制由公有向私有的转化，公社农民的分化，或转化为小土地所有者，或变成丧失土地的佃农，贵族和其他土地占有者转化为新的地主土地所有者。[①]

六是，秦朝的统一是中国古代社会历史发展的重大转折，标志着奴隶制的终结和封建制在全国范围内的最终确立。[②]

从上述要点来看，最具新意的不仅在于该书提出商周奴隶制的早期性，也不仅在于它为这一早期性所做的说明，而且还在于它提出了一个判

[①] 白寿彝总主编《中国通史》第 3 卷，上海人民出版社 1994 年版，第 167—171、169、204—205、227、229、454—465 页。

[②] 白寿彝总主编《中国通史》第 5 卷，第 173—174 页。

定商周社会是奴隶制社会的标准,从而使该书关于中国古代社会的发展道路观既不同于西周封建说,也有别于战国封建说。

新时期,在探讨中国古代社会的发展道路问题方面的力作是何兹全的《中国古代社会》一书,[①] 名曰:"中国古代社会",就是旨在探讨中国古代社会渊源流变的过程,因此,堪称是一部探讨中国古代社会发展道路的历史专著。从历史分期来看,该书认为夏、商、周是中国古代由原始奔向文明的三大族群体,同处在由氏族社会到阶级社会的过渡阶段;西周春秋时期是部落到国家的转化时期,即早期国家时期;战国秦汉是交换经济占优势,是城市支配农村的时代,即古代社会时期;汉魏之际,是中国"封建"开始时期。与此历史分期相对应,该书提出中国古代社会的发展道路新说,其要点有二。

一是,周灭商后,商周两族的关系是不平等的部落关系,但绝不是奴隶主和奴隶的关系。通过征服,商周两族所建立的国家是正由氏族部落向国家过渡的早期国家,可以称之为"部落国家"。[②] 就是说,中国国家的形成是经由"部落国家"阶段转化而来的。

二是,战国秦汉的中国古代社会是"私家主体社会",它是沿着城市商业交换、经济发展、土地兼并、农民破产流亡为奴隶这条线发展的,这是私家经济、私家社会,而不是国家经济、皇权经济的社会;而由古代社会走向中世纪社会则是沿着自由民和奴隶的依附化、城市经济的衰落、自然经济的盛行这一条线实现的,这是私家主体社会的变化,国家经济只是跟着走。[③] 其中,城市经济的兴衰是贯串中国古代社会的一条主线。这是作者对于中国古代社会的发展道路所做的新概括。

值得指出的是,与新中国成立初期的魏晋封建说相比,作者的汉魏之际封建说,从理论到实证都不乏新意,而最大的新意则莫过于不再用"奴隶社会"而改用"私家主体社会"重新为中国古代社会"正名"。之所以作此改变,据作者说,是因为"奴隶社会"一词不足以说清楚中国古代社

---

① 该书于1991年由河南人民出版社出版,2006年收入中华书局出版的《何兹全文集》第3卷,北京师范大学出版社于2007年出新版。
② 何兹全:《中国古代社会》,第29、520—521页。
③ 何兹全:《中国古代社会·序言》,第2—3页。

会阶级构成的复杂性。他认为就阶级形态而言，中国古代社会既有军功贵族、豪富家族，又有既依靠豪强又具独立人格的宾客，还有庞大的奴隶群和自由民，而并非只有奴隶主和奴隶。其中，豪富家族、宾客、自由民、佃农和奴隶又是战国秦汉的社会主体。因此，即使战国秦汉时期是中国历史上奴隶数量最多的时期，能否就称为奴隶社会，作者表示怀疑。一句话，作者认为"奴隶社会"这个名词不科学，最好是"束之高阁"，[①] 弃而不用，而提出一个新名词或新概念，叫作"私家主体社会"。

众所周知，关于中国历史上是否有过奴隶制社会的问题，历来就存在着争论，迄今仍未止息。作为一个学术问题，见仁见智，是正常现象，不足为怪。问题是：学术问题上的仁智之见应有助于认清历史现象，把握历史本质。我们对于作者研究中国古代社会的功力是十分敬服的。但是，对于他放弃"奴隶社会"而改用"私家主体社会"，则期期以为不可。因为经作者这么一改，无助于人们认清中国古代社会的本质，反而模糊了人们对其本质的认识。究其原因，问题就出在"私家主体社会"这一提法上。因为作者用"私家主体社会"取代"奴隶社会"势必模糊了中国古代社会的主要矛盾——奴隶主与奴隶两大阶级之间的矛盾，而这是判定该社会性质的根本依据。如果我们的理解没有错，作者所说的"私家主体社会"实指以私有制为基础的社会，即恩格斯所说的"文明时代的三大时期所特有的三大奴役形式"[②]：奴隶制、封建制和资本主义三种社会形态。那么，"私家主体社会"究竟属于哪个时期、哪种奴役形式呢？可见，用"私家主体社会"取代"奴隶社会"来为中国古代社会"正名"，对于我们的研究不是深化了，而是泛化了、模糊化了，因而无助于人们认清中国古代社会的真正本质。这是我们所不敢苟同的。

重启中国资本主义萌芽讨论的新亮点

资本主义萌芽是马克思在论述资本主义原始积累问题时提出来的，他

[①] 何兹全：《中国古代社会》，第271页。
[②] 恩格斯：《家庭、私有制和国家的起源》，《马克思恩格斯选集》第4卷，第176页。

称之为"资本主义生产的最初萌芽"。从马克思的论述中，我们可以看到如下特点。

一是，强调资本主义萌芽的出现与由原始积累所引起的"劳动者的奴役"的改变这二者之间的内在联系，因为"劳动者的奴役状态是产生雇佣工人和资本家的发展过程的起点"，而强制地使"生产者与生产资料分离"，从而变成一无所有的雇佣劳动者更是"首要的因素"。资本主义萌芽的出现正是从这种"分离"开始的。

二是，强调"劳动者的奴役状态"改变的社会史意义，指出："这种奴役状态"在形式上的变换就是"封建剥削转化为资本主义剥削"的开始，而资本主义萌芽的出现正是以这一转化为起点的。

三是，强调资本主义萌芽发展道路的多样性和过程的长期性。根据马克思对于西欧历史的研究，从资本主义萌芽的出现到"资本主义时代"的开始，其间经历了两个世纪，14—15世纪。这一过程，在"不同的国家"带有"不同的色彩"，经历着"不同的阶段"。就是说，它可以有不同的实现形式，经历着不同的发展道路。①

新时期，我国学术界重启关于中国资本主义萌芽问题的讨论，就是根据马克思的上述理论结合中国历史实际展开的。② 如果说，20 世纪 80 年代以前关于这一问题的讨论，重点是对于中国资本主义萌芽发展程度的评价；那么，新时期关于这一问题的讨论，重点是对于中国资本主义萌芽的发展道路的探讨。这是新时期关于中国资本主义萌芽讨论的新视点。

首先，是关于资本主义萌芽的定性、定位问题。多数学者认为，资本主义萌芽是指资本主义生产关系的原始状态，即在封建社会末期出现的雇佣剥削关系的最初形态。它指的是一种生产关系，具有延续性、导向性、

---

① 详见马克思：《资本论》第 1 卷，《所谓原始积累》，《马克思恩格斯全集》第 44 卷，人民出版社 2001 年版，第 820—823 页。

② 新中国成立后，关于中国资本主义萌芽的讨论，大的有两次，第一次是 1954 年由《红楼梦》的讨论而引发的对于明清时期资本主义萌芽问题的争论，持续至 60 年代初；第二次开始于 70 年代末 80 年代初，持续到 80 年代末。

不可逆转性。持这种看法的学者都主张明清资本主义萌芽说。①

主张明清说的学者还把研究的重点放在中国资本主义萌芽发展道路问题上。一种意见认为，中国农业资本主义萌芽首先是从富裕农民的雇工经营开始的，始于明中叶。至清代前期，在地主经济中又开始产生了农业资本主义萌芽。它们表明了中国农业资本主义萌芽两条不同的发展道路。②有学者进而指出：从"农民经济"中演化出的资本主义生产关系受旧的影响少些，发展也快些，是"革命的道路"；从"地主经济"中演化出的资本主义生产关系受旧的影响更多些，发展也缓慢些，是"保守的道路"。这两条道路，在明清时期同时存在，相互联系、相互制约。③ 有学者更指出：农民经济中演化出来的资本主义萌芽存在着两条发展道路，即：由佃农雇工向富农雇工经营转化和自耕农雇工向富农雇工经营转化的道路：前者是"保守"的道路，后者是"革新"的道路。不仅如此，在"地主经济"中演化出来的资本主义萌芽也存在着两条发展道路，即：由传统的租佃地主向经营地主的局部转化和由富农向经营地主转化的道路：前者是"保守的道路"，后者是"革新的道路"。④

必须指出，在关于中国农业资本主义萌芽的发展道路的讨论中，尽管对其具体评价不尽一致，但是，有一点是共同的，即认为其发展缓慢。究其原因，主要是"以地主制经济为核心的封建土地所有制的严重束缚"和建立在这一经济基础上的封建国家政权的"残酷统治"。具体地说：一是，"佃农对土地只有使用权而无占有权"，自耕农赋税繁重，"经营土地因雇工盈利过低"而转向土地出租，从而"使封建土地所有制不断地再生"；二是，封建国家"积极维护封建租佃制和封建雇佣制，防止和压制资本主义生产关系的

---

① 详见李文治《明清时代中国农业资本主义萌芽》，《明清时代的农业资本主义萌芽问题》，中国社会科学出版社 1983 年版；张寿彭《"两汉资本主义萌芽"说质疑》，《辽宁师范学院学报》1982 年第 1 期；吴承明《关于中国资本主义萌芽的几个问题》，《文史哲》1985 年第 5 期等。

② 李文治：《明清时代中国农业资本主义萌芽》，《明清时代的农业资本主义萌芽问题》。

③ 魏金玉：《关于中国农业资本主义萌芽的几个问题》，《中国资本主义萌芽问题讨论文集》，江苏人民出版社 1983 年版。

④ 罗仑：《关于清代山东农业资本主义萌芽发生的道路问题》，田居俭、宋元强编《中国资本主义萌芽》（上），成都巴蜀书社 1987 年版，第 84 页。

发生"。① 还有学者分析说：由于土地买卖和地权转移非常频繁，因此导致原始富农和经营地主因地位"不稳"而"产生不易发展更难"。②

总之，这一时期关于中国资本主义萌芽问题的讨论从理论与史实的结合上证明了中国封建社会后期已经孕育着资本主义生产关系的新因素，其表现形式是多样的，实质则是一致的，即属于封建生产方式向资本主义生产方式转化的最初形态。尽管由于中国封建制的特点，这种转化过程极其缓慢，但是，如果没有外力的干涉，那么，按其自然历史进程是一定会逐步走向近代，实现由封建生产方式向资本主义生产方式的转化的。应该说，这是新时期关于中国资本主义萌芽发展道路问题讨论的社会史意义之所在。

新时期中国历史学发展的隐忧

回顾新时期中国历史学走过的历程，可以清楚地看到：无论是用唯物史观进一步构建中国历史解释体系，或是用"早期国家"理论重新探索中国文明起源的路径，还是从历史分期的角度重新审视中国古代社会的发展道路，都无不与社会形态的变迁联系起来，着力探求这一变迁过程的阶段性特点及其实现形式，而这正是中国历史发展道路研究的题中应有之意。它构成新时期中国历史学在通史、断代史和专史等研究领域的重要内容与主要线索，因而成为新时期中国历史学的一个重要特点。

然而，我们不能不看到：新时期中国历史学的发展也存在着令人不安的隐忧，这就是：出现了与上述发展方向相背离的学术倾向或学术思潮，我们称之为历史研究的非社会形态化思潮。这是一种把社会形态排除在历史研究的视野之外，不再成为历史研究对象的史学思潮。如果说中国历史的发展道路是专门研究中国历史上社会形态变迁过程的阶段性特点及其实现形式，那么历史研究的非社会形态化思潮则反其道而行之，它不再把中

---

① 李文治：《明清时代中国农业资本主义萌芽》，《明清时代的农业资本主义萌芽问题》。
② 吴量恺：《试论鸦片战争前清代农业资本主义萌芽缓慢发展的主要原因》，《清史论丛》第3辑，中华书局1983年版。

国历史进程看作是社会形态变迁的过程,不再把社会形态变迁的过程看作是有规律可循的过程,因而,也不再把中国历史的发展道路看作是社会形态变迁的符合历史发展规律的实现形式或表现形式。显然,这是同马克思的社会形态学说背道而驰的。

众所周知,马克思的社会形态学说是马克思根据唯物史观的基本原理研究人类历史进程的社会发展学说。正是因为有了马克思这一学说,唯物史观才成为被人类社会历史所证实了的科学真理。

根据马克思的社会形态学说,人类社会历史进程是社会形态变迁的过程,正是社会形态的变迁使人类社会历史进程呈现出阶段性来,而促使社会形态变迁的根源则在于生产方式的内部矛盾性,在于生产力与生产关系之间的矛盾和冲突。因此,生产方式理论和社会形态历史分期法就成为马克思这一学说的基本理论和基本方法。新时期,历史研究的非社会形态化思潮所竭力非难的正是马克思的生产方式理论和社会形态历史分期法。早在 20 世纪 80 年代后期,中国史坛兴起的这股非社会形态化思潮就是以证伪五种社会形态说的形式出现的。这种证伪主要集中在三点:一是,竭力将五种社会形态说与马克思本人的思想进行切割,试图证明五种社会形态说不是马克思的思想,而是斯大林按照自己的观点套改马克思思想的产物;二是,竭力将五种社会形态说与人类社会历史进行切割,试图证明五种社会形态说不是马克思根据经验历史所做的归纳,而是马克思根据逻辑必然性所做的演绎,因此,是一种缺乏历史实证的"理论假说";三是,竭力将五种社会形态与中国历史进行切割,或者更确切地说,将以私有制为基础的"文明时代的三大时期"——奴隶制、封建制和资本主义同中国历史进行切割,否定中国历史同上述社会形态的联系,试图以此证明研究中国历史应该"超越"社会形态而另辟蹊径,走非社会形态化的道路。对此,笔者曾有专文予以回应,[①] 此不赘述。

[①] 详见拙文《马克思的社会形态学说与中国历史研究》,《马克思主义研究》2008 年第 8 期;《历史研究中的非社会形态化思潮评析》,《中国社会科学内刊》2007 年第 3 期;《从历史研究现状看加强马克思主义指导的必要性和紧迫性》,《光明日报》2005 年 7 月 26 日;《马克思的社会形态学说在当今所面临的挑战》,《云梦学刊》2004 年第 3 期。

进入 21 世纪以来，事态的发展已经由单纯的"证伪"转向直接攻击五种社会形态说的理论基础——唯物史观。最典型的莫过于假"实事求是"之名，行否定唯物史观基本原理之实的唯物史观否定论。此论的要点有三：一曰"因生产力不断发展而导致五种社会形态依次演变更替的例子，在整个人类历史上几乎一个也不存在"；二曰"一味强调由原始社会经奴隶社会、封建社会直到资本主义、共产主义社会的人类社会普遍发展规律""不是客观事实"，而是"人的主观想象"；三曰造成上述问题长期"纠缠不休"的"根本原因"在于"缺乏实事求是的态度"，而是否"实事求是"则是唯物史观与唯心史观在"方法论"上的"根本分歧所在"。

从上述要点来看，唯物史观否定论犯了三个错误。

一是，犯了否定唯物史观基本原理，即生产关系一定要适合生产力性质的理论错误。

唯物史观这一基本原理告诉我们：生产力是人类社会历史发展过程中最革命的因素，它是生产关系变革的原动力，因而也是五种社会形态依次更替的内在根源。这是由生产力的性质特点所决定的。生产力的最大特点在于：它是"一种既得的力量，是以往的活动的产物"。就是说，它是人类世代累积起来的"实践能力"或"应用能力"。[①] 因此，后一世代的生产力必然高于前一世代的生产力。这就决定了生产力的发展过程必然呈现出不断由低一级向更高一级上升运动的过程。正是生产力这一不断发展的上升运动的本质属性决定了生产关系的变革以及社会形态的变迁必然是由低一级向高一级依次递进并最终走向共产主义社会。这是整个人类社会历史发展的总趋向，是由生产力的本质属性所决定的，因而是不以人们的意志为转移的客观规律，而不是唯物史观否定论者所说的什么"人的主观想象"。至于他们始而否定生产力不断发展的本质属性，继而否定五种社会形态依次更替的历史事实，终而否定人类社会最后走向共产主义的历史必然性，则是他们犯了上述理论错误的具体表现和必然结果。

二是，犯了曲解欧洲封建制代替奴隶制历史事实的错误。

---

① 《马克思致帕·瓦·安年科夫（1846 年 12 月 28 日）》，《马克思恩格斯选集》第 4 卷，第 532 页。

在唯物史观否定论者看来，欧洲封建制代替奴隶制不是历史的进步，而是历史的"倒退"。理由是：其时的生产力、经济基础和上层建筑"都远逊于之前的古希腊罗马时期"。一句话，欧洲的封建制不如它之前的奴隶制进步。其实，这种说法并不新鲜，而是老调重弹。早在法国革命前夕，西方的资产阶级历史学家就是这么说的。他们普遍认为，欧洲中世纪是人类历史的"黑暗时期"，是人类文明的"中断"，是历史的"倒退"。当时，唯物史观尚未被发现，因而也就不能苛求这些历史学家从生产力与生产关系的矛盾和冲突中去解释欧洲这段历史，承认欧洲封建制代替奴隶制的历史进步性。问题是：在 21 世纪的今天，有人口称要用"实事求是的态度"看待历史，实则置唯物史观的基本原理于不顾，而径直按照自己的某种需要任意曲解历史。这是最不"实事求是的态度"。

事实的真相是怎样的呢？

首先，在评价欧洲封建制代替奴隶制究竟是历史的进步还是历史的倒退时，必须从这样的基本事实出发：罗马帝国后期，奴隶制已经成为生产力发展的桎梏。用恩格斯的话说：它"已经不能再作为社会生产的基本形式"，或者说，"以奴隶劳动为基础的大庄园经济，已经不再有利可图"，从而造成社会生产的严重破坏，商业、手工业和艺术衰落，人口减少，都市衰落，农业退回到更低的水平。这是当时奴隶制束缚生产力发展所造成的严重社会后果。封建制之代替奴隶制就是在这一历史背景下应运而生的。于是，一种"唯一有利的形式"——"小规模经营"的"小农业和小手工业出现了"。田庄被分成小块土地，"主要是交给隶农"去耕种，他们就是"中世纪农奴的前辈"。这说明在罗马帝国后期已经出现了后来称之为封建制的新因素。恩格斯特别强调：这种封建制的新因素，包括"社会分化和财产分配"，"是跟当时的农业和工业的生产水平完全相适应的"。[①]这就是说，当时出现的封建制新因素是完全适合当时的生产力水平的，因而也必然是完全适应生产力发展的需要的：否则，它就不可能成为"唯一有利的形式"。同样，日耳曼人在征服罗马帝国后所建立的封建制度是他

---

① 恩格斯：《家庭、私有制和国家的起源》，《马克思恩格斯选集》第 4 卷，第 149—150、155 页。

们的军事组织由于"遇到"罗马帝国内的"生产力的影响才发展"起来的,[①] 因此,它同样是适应了当时的生产力水平,适应了生产力发展的需要的。可见,在评价一种社会形态或社会制度的历史作用和地位时,首先必须看它是否适应生产力发展的需要,这是唯物史观的基本要求;而唯物史观否定论者,则对此持截然相反的态度。

其次,在评价欧洲封建制代替奴隶制的生产力水平和性质时,必须进行综合的考察和分析,切忌机械、片面地看问题。如众所知,生产力既包括物的因素,又包括人的因素,而后者更具决定性的意义。从物的因素来看,欧洲封建社会生产力较之奴隶社会进步,其最重要的标志是新的生产工具手推磨的应用。马克思曾以"手推磨"和"蒸汽磨"的应用分别作为欧洲封建社会和资产阶级社会生产力的物化标志,指出:"手推磨产生的是封建主的社会,蒸汽磨产生的是工业资本家的社会",而这是"随着新生产力的获得,人们改变自己的生产方式"的必然结果。[②] 这说明"手推磨"是欧洲封建社会的"新生产力",因而必然较奴隶社会生产力进步。更重要的,还应该看生产力中人的因素,即劳动者的实践能力及其人身解放程度。恩格斯说:中世纪农奴制这种奴役形式"大大胜过奴隶制——在奴隶制下,只能有单个人不经过过渡状态而立即获得释放",而"中世纪的农奴实际上却作为阶级而逐渐实现了自己的解放"。这说明封建制度作为一种社会形态较之奴隶制社会形态在解放生产力、发展生产力方面又前进了一步,而不是像唯物史观否定论者所说的"远逊于"古希腊罗马的奴隶制。

在讨论这一时期欧洲封建社会的生产力水平和性质时,固然要考虑到两个因素:一是,罗马帝国的衰落和蛮族的征服以及连续不断的战争对当时生产力的巨大破坏;二是,封建生产方式的"小规模经营"所形成的"狭隘的生产关系"对于分工发展的影响和生产力提高的制约。但是,这两个因素只能作为欧洲进入封建社会后何以需要用更长的时间来恢复和发展生产力的理由,而不能作为欧洲封建制不适应生产力发展水平和需要的

---

① 马克思、恩格斯:《德意志意识形态》,《马克思恩格斯选集》第1卷,人民出版社1995年版,第126页。
② 马克思:《哲学的贫困》,《马克思恩格斯选集》第1卷,第142页。

证据。恰恰相反，正因为欧洲封建制适应了生产力的发展水平和需要，所以，最终才有可能得到恢复和发展。恩格斯在论述欧洲这段历史时指出：中世纪以来的 400 年间，欧洲社会"毕竟是继续前进了"。他称这一时期的"社会阶级，不是在垂死文明的沉沦中，而是在新文明诞生的阵痛中形成的"，像"有权势的地主和服劳役的农民之间的关系"，"曾经是古典古代世界毫无出路的没落形式"，现在则成了"新的世代……新发展的起点"。不仅如此，这一时期还"留下了一个重大的成果"即"西欧人类为了未来的历史而实行的分化和改组"。可见，欧洲封建制之代替奴隶制是"新的世代……新的发展的起点"，而不是历史发展的终点，更不是历史的倒退。至于这些源自欧洲封建社会的"新文明"的"重大成果"更非"远逊于之前的古希腊罗马时期"的奴隶制文明成果。事实表明：欧洲封建制代替奴隶制的历史进步性，是它适应生产力发展的反映和表现。这是生产力不断发展使然。同样，奴隶制之代替原始公社制，资本主义之代替封建主义，共产主义之代替资本主义也应作如是观。这是"整个人类历史"已经证明或正在证明的"客观事实"，是"人类社会普遍发展规律"。只有无视这一"客观事实"的曲解，才是名副其实的"人的主观想象"。

三是，犯了历史观的错误。

根据以上分析，唯物史观否定论者的错误，无论是理论层面或是历史层面，其盖源自历史观的错误。所以，尽管他们也说了不少关于"实事求是"的好话，甚至视其为唯物史观与唯心史观在方法论上的"根本分歧"所在。但是，问题就出在这里。他们只从方法论的角度提出唯物史观与唯心史观的"根本分歧"问题，而不从本体论的角度提出上述两者的"根本分歧"问题。实际上，这不是论述的角度问题，而是对唯物史观本体论的态度问题。唯物史观本体论最根本的一点，是社会存在决定社会意识、生产力决定生产关系、经济基础决定上层建筑，而从他们否定生产力不断发展的本质属性，否定社会形态的依次更替是适应生产力性质这一唯物史观的基本原理来看，显然是与唯物史观的上述根本原则相违背的，因而是错误的。历史观的错误必然导致他们对于"实事求是"方法论在理解和运用上的错误。上述对于欧洲历史事实的曲解就是明证。无数事实告诉我们：离开唯物史观的本体论而奢谈"实事求是"的方法论，实则是将一元的唯物史观二元化。其结果必然是南辕而北辙,适得其反。

　　据说,历史喜欢捉弄人:明明是从这个房间走进去,却偏偏从另一个房间走出来。从新时期中国史坛所出现的这股非社会形态化思潮的走势来看,特别是从近年来的发展势头来看,重提历史研究"走错房间"的"殷鉴"并非"杞人"之"忧"。因此,我认为这是新时期中国历史学发展的隐忧,似不为过。

(原载《历史研究》2009 年第 4 期)

新中国历史学创建时期历史研究的新进路

新中国的成立开始了中国历史学发展的崭新时期——新中国历史学创建时期。这是一个具有特定时代内涵的时间概念，涵盖了新中国的前17年（1949—1965）。从中国历史学的发展过程来看，这是继传统史学、近代史学之后的一个全新时期。如果说，中国传统史学时期是以封建正统史学占主导地位为基本特征，中国近代史学时期是以实证史学占主导地位为基本特征；那么，新中国历史学创建时期，则是以马克思主义历史学占主导地位为基本特征。马克思主义历史学主导地位的确立是新中国历史学创建时期的重大成就。它标志着在历史研究中以马克思主义为指导，以唯物史观为理论基础，以社会形态变迁为指导线索重新审视中国历史进程已经逐渐为广大历史学工作者所认同，成为历史研究的主流意识，从而为历史研究开辟新进路奠定了思想理论基础。这一时期中国史坛关于若干重大史学问题的讨论就是围绕着中国历史上诸社会形态的变迁这一主线展开的。应该说，这是新中国历史学创建时期历史研究新进路的突出表现。本文将就此作一回顾和总结。

一 中国马克思主义历史学主导地位的确立

众所周知，在新中国成立前的半个世纪里，历史学界居于主导地位的，是近代实证史学。毫无疑问，近代实证史学的进化论历史发展观及其重证据的实证研究方法曾经有力地推动中国历史学由传统向近代的转型，从而实现了对中国传统史学的近代化改造。这是近代实证史学的历史功绩。然而，近代实证史学的历史观，从根本上说，是唯心史观。因此，一旦涉及历史的深层次问题，如历史的本质问题，历史发展的根源问题、动力问题、规律问题，历史的统一性与多样性问题，乃至中国历史上的社会形态变迁及其特点问题，中国历史的发展道路问题等，近代实证史学便无法做出正确的回答，或者干脆回避，不予回答。事实证明：只有以马克思主义为指导，以唯物史观为理论基础的中国马克思主义历史学才能从社会形态变迁的角度对历史的深层次问题做出科学的回答。

新中国成立初期，在全国范围内开展的对于历史唯物论的学习和宣传，对于形形色色的历史唯心论的分析和批判，为确立中国马克思主义历史学的主导地位奠定了思想理论基础。广大历史学工作者通过学习和批判，提高了马克思主义理论水平，增强了运用唯物史观研究中国历史的自觉性，普遍认识到：人类历史的进程是社会形态变迁的过程，而生产方式的变革则是社会形态变迁的内在根据和思想观念变化的基础；自原始公社崩溃以后，它经历了奴隶制社会、封建制社会和半殖民地半封建社会；中国封建制社会的主要矛盾是农民阶级与地主阶级之间的矛盾，农民起义和农民战争是封建社会阶级斗争的最高形式，是推动历史发展的真正动力；中国封建制社会内部商品经济的发展孕育了资本主义萌芽，如果没有外国资本主义的入侵，中国也会缓慢地发展到资本主义社会；鸦片战争后，中国逐步沦为半殖民地半封建社会，从此，帝国主义和中华民族的矛盾、封建主义和人民大众的矛盾成为近代中国社会的主要矛盾，从而决定了近代中国革命的性质必然是反帝反封建的民主革命。这是中国马克思主义历史学关于中国历史的主导思想，并成为广大历史学工作者的基本认识。在此基础上，历史学界曾就若干重大的历史理论问题展开了热烈的讨论，而最备受关注的是：中国古代史分期问题、中国封建土地所有制形式问题、中国封建制社会的农民战争问题、中国资本主义萌芽问题和汉民族形成问题等五个事关中国历史研究发展的重大理论问题。其中，关于中国古代史分期、中国封建土地所有制形式和中国资本主义萌芽等问题的讨论从不同的角度和层面反映了新中国成立后在中国历史的发展道路研究方面的深化。其主要表现分述如下。

二 中国奴隶制与封建制的分期及其转化路径

新中国成立后，关于中国古代史分期的讨论，实质上，是关于中国奴隶制与封建制的分期问题。这场讨论的特点是：以承认中国奴隶制与封建制的历史存在为前提，而问题的关键在于如何确定两者的时间界限，即中国奴隶制终结于何时和中国封建制开始于何时。新中国成立前，历史学界较为流行的观点是范文澜、吕振羽等人[1]主张的西周封建说，认为中国奴隶制终于商代，封建制始于西周，称为"初期封建制"。其主要根据，从生产方式来说，是由领主土地所有制代替氏族贵族的土地所有制；在领主土地上从事生产的是农奴而不是奴隶；其主要剥削形态是力役地租，等等。

新中国成立后，关于中国奴隶制与封建制的分期讨论有了新的进展，出现了新的分期说，如春秋封建说、战国封建说、秦朝统一封建说、西汉封建说、东汉封建说和魏晋封建说等。上述诸说，尤以战国封建说、西汉封建说和魏晋封建说，在探讨中国奴隶制向封建制转化的路径问题上更具特色。

（一）战国封建说

战国封建说是郭沫若于 1952 年出版的《奴隶制时代》一书中首先提出来的。它以承认西周是奴隶社会而非封建社会为前提。其要点有三。

一是，西周奴隶社会的奴隶是"种族奴隶"。认为西周初，分封给鲁公、康叔、唐叔的"殷民六族"、"殷民七族"、"怀姓九宗"，都是殷之遗民或原属于殷人的"种族奴隶"，周初通过分封把他们"转手"成为"周人的种族奴隶"[2]。这些"种族奴隶"耕种原有的土地，交纳地租和服力股，看似农奴，实则更似"国家奴隶"，这是周人统治"农业奴隶的一种更省事而有效的方术"。

二是，西周的土地制度是"王室所有"，即国有。认为"井田制"是土地国有制的"骨干"，它既是作为诸侯和百官"俸禄的等级单位"，又是作为"课验""耕种奴隶""勤惰"的"计算单位"。诸侯和百官对分赐的土地只有享有权而无私有权[3]。

---

[1] 翦伯赞在 20 世纪 40 年代初撰写的《中国史纲》第 1 卷《先秦史》也持西周封建说。
[2] 郭沫若：《奴隶制时代》，中国人民大学出版社 2005 年版，第 20 页。
[3] 同上书，第 21 页。

三是，从"千耦其耘"、"十千维耦"来看，西周井田制是一种大规模集体耕作制度，实施强迫性的监督劳动。在井田上耕作的"众人"或"庶人"可以被当作货物或牲畜来买卖。认为他们实质上是一种"耕种奴隶"。①

战国封建说的中心问题是：由奴隶制向封建制转化的路径问题。它以生产力的提高作为由西周奴隶制向战国封建制转化的根本路径，认为这一转化开始于春秋战国之际，即春秋为奴隶社会的末期，战国为封建社会的初期②。其重要标志是：作为奴隶主土地国有制的井田制开始崩溃和封建地主土地私有制开始确立。其具体实现形式是：增辟私田，扩大私田面积，促使井田制瓦解，从而实现土地制度由奴隶主国有制向封建地主私有制的转变和社会形态由奴隶制向封建制的转化。这相对于此前的西周封建说而言，显然是一种新见解。

（二）西汉封建说

西汉封建说是侯外庐在1956年发表的论文：《论中国封建制的形成及其法典化》中提出来的。

侯外庐的西汉封建说有两个显著特色：一是，提出中国奴隶制与封建制分期的新标准——"法典化"标准。他所说的"法典化"，是指"统治阶级的一系列的法律手续所固定起来的形式"③。他认为，封建制从产生、形成到确立有一个过程，即封建化过程。他将这一过程定在"战国末以至秦汉之际"。具体地说：秦孝公商鞅变法已有"封建因素的萌芽"，至秦朝建立，表明奴隶制正为封建制所代替，经汉初的一系列的法律形式，如叔孙通制礼、萧何立法、张苍章程等，到汉武帝的"法度"，封建制才"典型"地完成，即"封建生产方式作为主导倾向统驭了社会的全性质"。这是侯外庐用"法典化"的分期标准对中国封建化过程所作的诠释。从中可

---

① 郭沫若：《奴隶制时代》，第22页。
② 同上书，第30页。
③ 侯外庐：《论中国封建制的形成及其法典化》，《历史研究》，1956年第8期。凡引文未注明出处者，均见于此文。

以看出：封建制法典化是中国封建制度最终确立的标志，而这正是侯外庐的西汉封建说的重要理论根据之一。

二是，提出从历史发展道路的角度来研究历史分期问题。他认为研究中国奴隶制与封建制的分期问题，关键在于分析："从古代的奴隶制怎样转化而为中世纪的封建制，中国的封建化过程及其特殊的转化路径是采着什么形态。"这是侯外庐的西汉封建说的又一重要的理论根据。值得指出的是：侯外庐明确地提出要分析两种"转化路径"，即奴隶制向封建制的转化路径和中国封建化的路径。

侯外庐所说的第一种"转化路径"，即战国以来，中国奴隶制向封建制的"转化路径"始终是围绕着自然经济由"传统"到"法典化"这一主线展开的。认为它由战国时期的商鞅变法开其端，经秦汉之际的"半官半法典"化阶段，至汉代租调制的"法律化"而最终实现了这一转化。

侯外庐所说的第二种"转化路径"是指"全国范围内封建关系法律化过程"。从侯外庐对于中国封建化过程的分析来看，这一过程的实质是：封建土地国有制的法典化过程，它是通过对皇族地主的土地所有权、领主和地主的土地占有权以及农民的土地使用权三种土地所有制形式的法律规定而实现的。这一过程始于秦代商鞅变法，经秦汉之际的领主制，至汉武帝的土地国有制的法律规定而告完成。这是侯外庐为我们所展现的中国封建化的历史道路。

（三）魏晋封建说

魏晋封建说是新中国成立后在中国古代史分期讨论中异军突起的新的历史分期说。此说以魏晋时期为中国奴隶制与封建制分期的界标，即夏、商、周、秦、汉是奴隶制社会，魏晋以后才是封建制社会。与西周封建说或战国封建说乃至秦汉封建说相比，魏晋封建说也可以称为中国封建社会晚出说。此说的提出，显然是受到 50 年代初，苏联历史学界关于古代东方史研究的影响。正如有学者指出：此说试图"从世界史的角度重新探讨中国古代史分期问题[①]"。尚钺、王仲荦、日知（方志钝）、何兹全、王思治等学者是持此说的主要代表。

1954年，尚钺主编的《中国历史纲要》一书虽对中国奴隶制与封建制分期问题持审慎态度，"不敢轻从一般的说法"[②]，尽量避免对中国古代史分期做定性的判断，但是，从作者对于"历史事件、现象和人物的产生和发展的叙述"中，仍然可以看出作者对于古史分期的意见，即殷商以前是原始公社制时期；殷商西周是原始公社瓦解、奴隶制萌芽时期；春秋战国是奴隶制确立时期；秦汉是奴隶制发展时期；三国晋代是中国封建制确立时期。该书还试图从史实与理论的结合上阐明作者关于上述分期的根据所在。因此，尚钺主编的《中国历史纲要》不失为最早以专著的形式系统论述魏晋封建说的研究成果。如果从我们所要探讨的主题，即中国历史的发展道路来看，明确地把中国奴隶制的发展道路及其向封建制过渡的路径问题与魏晋封建说联系起来，则应以王仲荦为代表。他于1956年在《文史哲》发表了《关于中国奴隶社会的瓦解及封建关系的形成问题》[③]的长篇文章，系统阐发这一看法。

首先，关于中国奴隶制的发展道路问题。王仲荦指出：中国奴隶制的发展经历了由"原始奴隶制"到"较发展的奴隶制"两个阶段。在第一阶段，中国奴隶制社会的最大特点是：同时存在着"两种基本结构，即农村公社和未获得发展的原始奴隶制"。由于农村公社长期保留"氏族关系"和"公有制的残余，主要是土地的共有"，又"由于生产力水平的限制"，农村公社成员的劳动，其目的主要在于生产使用价值而不在于"创造价值"，因此，商品货币关系不发展，"私有财产"和"私有奴隶"也自然不发展。这就决定了这一阶段的奴隶制只能属于"原始奴隶制"。

王仲荦认为，中国奴隶制由第一阶段向第二阶段的转变始于春秋战国之际，而以"秦制辕田，开阡陌"（前350年）为其标志。这是"生产力

[①] 林甘泉、田人隆、李祖德：《中国古代史分期讨论五十年（1929—1979年）》，上海人民出版社1982年版，第365页。
[②] 尚钺：《中国历史纲要·编者的话》，人民出版社1954年版。
[③] 《文史哲》，1956年第3、4、5期。以下引文凡未注明出处者均见此文。

增长的结果",它促使农村公社的瓦解。农村公社开始解体引起了债务奴隶的出现,从而把原始的奴隶制推向较发展的奴隶制。但是,"终汉之世","只能说古代中国债务奴隶制的发展","而始终没有像"古希腊、罗马那样,发展成典型的奴隶制,即劳动奴隶制。

由此可见,王仲荦的中国奴隶制"两阶段"说提出了一条不同于古希腊、罗马的奴隶制发展道路即原始奴隶制的发展道路,而生产力的增长、农村公社的瓦解、私有制的发展、债务奴隶的出现,则是中国奴隶制由"原始奴隶制"向"较发展的奴隶制"转化的主要途径;债务奴隶制既促进了"较发展的奴隶制"的发生,又阻碍了它的充分发挥,从而使中国奴隶制始终停留在"不发展的"阶段。

其次,关于中国奴隶制向封建制过渡的路径问题。王仲荦指出:中国奴隶制向封建制过渡是奴隶制危机不断加深以至总崩溃,封建关系的新因素孕育、滋长和形成的过程。奴隶制危机最严重的问题是流民问题。流民的出路,或"沦为债务奴隶",或"沦为依附农民",或参加起义军,或被招募为"屯田客",而最后这一条出路更成为中国奴隶制向封建制过渡的实现形式。曹魏的屯田制就是这样一种实现形式,它带有国家隶农制的性质。"这种国家隶农形态"作为一种"过渡剥削形式",最后为西晋的"占田制"所代替。西晋的占田制使"屯田客"恢复为"州郡领民——自耕小农的身份",从而成为"封建政府变相的农奴"。

总之,王仲荦的魏晋封建说关于中国奴隶制向封建制过渡,首先是经历了由"原始奴隶制"向"较发展的奴隶制"的阶段转变,然后再经由曹魏屯田制即"国家隶农形态"的过渡,最后为西晋的"占田制"即"国家农奴制"所取代,才实现向封建制的转化的。这是王仲荦的魏晋封建说所展示的中国奴隶制与封建制的发展道路观。

三 中国封建制发展的三种道路

新中国成立后,关于中国封建土地所有制形式问题的讨论始终围绕着封建土地国有制与封建地主土地所有制何者在中国封建制社会中占支配地位的问题展开。这既是事关中国封建生产关系的根本问题,更是事关中国封建制的历史发展道路的根本问题。对于这后一个问题的回答，大体可以归纳为三种看法，即封建土地国有制道路、封建地主土地所有制道路以及上述两者交替行进的道路。

第一种历史发展道路即封建土地国有制道路，是侯外庐于1954年发表在《历史研究》的论文：《中国封建社会土地所有制形式的问题——中国封建社会发展规律商兑之一》①中首先提出来的。随后，他又相继发表文章，进一步阐发上述观点②。

首先，他所说的封建土地国有制是指"皇族土地所有制"或"皇权垄断的土地所有制"即"君主是主要的土地所有者"而言，认为"秦汉以来这种土地所有制形式是以一条红线贯串着全部封建史，其之所以说是主要的，因为这种关系是居于支配的地位，并不是说此外没有其他占有权的存在"。这样，他就在事实上肯定了自秦汉以来，中国封建制走着一条土地国有制的道路。如果说，侯外庐前面所说的中国封建化路径，其实质是封建土地国有制的法典化，它标志着中国封建制的最终确立；那么，他在这里所说的中国封建制的历史发展道路，则是上述中国封建化路径的延长，即贯串于中国封建社会发展的全过程。

其次，为了论证封建土地国有制道路贯串于中国封建制社会发展的全过程，侯外庐着重分析了这种土地所有制在前后阶段的表现形式，指出：在前一阶段（秦汉至唐中叶），它"以军事的政治的统治形式为主"，分为"不完全制度化"和"制度化"两种形式。汉之垦田、屯田、公田、营田，属于前者；魏晋之屯田、占田，北魏、北齐、北周、隋、唐之均田，属于后者。在后一阶段，它"以经济的所有形式为主（军事屯田除外）"，唐中叶两税制开其端，至宋元明的官田、皇田、官庄、皇庄是其"制度化"。表现在剥削形态上，前一阶段是"以实物地租为外表而实质上以劳役地租为主要的形态"；后一阶段则是"以实物地租为主要的形态，并配合着屯田制度的劳役地租形态"。至清初，"更名田"的立法，则可以作为"废除

---

① 《历史研究》1954年第1期。以下引文凡未注明出处者均见此文。
② 侯外庐：《论中国封建制的形成及其法典化》，《历史研究》1956年第8期；《关于封建主义生产关系的一些普遍原理》，《新建设》1959年第4期。

皇有或官有的土地所有制去看待"。由此可见，从秦汉开始的这条封建土地国有制道路一直贯串到明末清初。唯其如此，它才成为中国封建制社会占支配地位的形式。必须指出：侯外庐关于封建土地国有制的理论是建立在对于封建主义所有权性质的认识上的。他认为，封建制社会的土地所有权的历史特征在于：它的"非运动"性质；"运动的"或"自由的土地私有权""不能任意用之于封建制社会"，"这是属于封建主义普遍规律的原理"，同样适用于中国封建制社会史[1]。尤其是"研究中国封建制社会的特征及其发展的途径时"，更是如此。根据这一"普遍原理"来考察中国封建土地所有权，地主和农民就只有"占有权"和"使用权"而没有所有权。这样，侯外庐就从理论上排除了封建地主土地所有权存在的可能性，更遑论其支配地位了，因而也就不存在封建地主土地所有制的发展道路了。

第二种历史发展道路即封建地主土地所有制道路。从当时讨论的情况来看，胡如雷的观点更具针对性和代表性[2]。胡如雷指出："中国封建土地所有制包括国家土地所有制及地主土地所有制，而占支配地位的却是地主土地所有制"[3]。而所谓"国家土地所有制"是指"地主政权代表了全部地主阶级（包括皇族）的土地所有制"，"皇族""只是地主阶级中虽然地位很高，但人数很少的一个集团"，所以"皇族土地所有制"不能与"国家土地所有制"等同。这样，他就从概念的内涵把"皇族"与"国家"、"皇族土地所有制"与"国家土地所有制"即"土地国有制"作了区隔，分别开来。其主要论据有三：

一是，从地租的分配原则来看。认为"我国封建社会的剩余生产物绝大部分是当作私租归地主阶级占有的"，国家所占有的赋税只占"全部剩

---

[1] 侯外庐：《封建主义生产关系的普遍原理与中国封建主义》，《侯外庐集》，中国社会科学出版社 2001 年版，第 141 页。

[2] 详见胡如雷：《试论中国封建社会的土地所有制形式——对侯外庐先生意见的商榷》，《光明日报》，1956 年 9 月 13 日；《如何正确理解封建主义生产方式》，《新建设》1960 年第 2 期。1979 年，他更从社会形态的角度系统阐明封建地主土地所有制是中国封建社会形态的经济基础这一主题，出版专著：《中国封建社会形态问题研究》，生活·读书·新知三联书店 1979 年版。

[3] 胡如雷：《试论中国封建社会的土地所有制形式》，以下凡未注明出处者均见此文。

余生产物中"的"较少"部分。

二是，从国有土地的性质特点来看。认为"历代均田制的推行""并不说明国有土地是绝对的"。因为国家所"均"之"田"是"私有土地以外的无主土地"，地主的私有土地并未因此而发生动摇。毋宁说，"均田制本身就是土地国有向土地私有转变的通路，永业田的私有及全部受田的合法或违法的出售，均最后使地主土地所有制重新又发展起来。"

三是，从国有土地的数量来看。认为历代的国有土地，如屯田、营田、公田、官田、官庄、皇庄等，虽有相当数量，但在全国垦田面积中，还是绝对的少数，不仅如此，历代国家的赋税，如汉之田赋，晋之户调，唐之租调均是对民间土地的征敛，与国家直接掌握的官田无涉；而唐中叶以后，国家实行按户等、土地征收赋税的税制即两税法，则是地主土地所有制发展的结果。

总之，就封建土地所有制的"经济实现"而言，"占支配地位"的是"地主土地所有制"而不是"皇族土地所有制"，"国家土地所有制"是在地主土地所有制的基础上产生的历史现象，从而也就只能成为它的"补充形态"。既然胡如雷肯定了地主土地所有制在中国封建社会中一直居于支配地位，那么，他就在事实上承认了中国封建社会的发展走着地主土地所有制的道路。

第三种历史发展道路即上述两者交替行进的道路。就是说，贯串中国封建制社会发展全过程的，既不是封建土地国有制道路，也不是封建地主土地所有制道路，而是这两种道路交替互动，各走一段。这是我们在分析了李埏《论我国的"封建的土地国有制"》[①] 一文之后所归纳出来的一种新的历史发展道路观。

必须指出：李埏对于侯外庐的封建土地国有论的"基本论点"深表赞同，但是，他仅指"封建的土地国有制曾在我国封建主义时期存在的说法"而言，并未涉及这种所有制"居于支配地位"的问题。同时，他认为，"把我国的土地国有制名之为皇族土地所有制"一语"不够确切"，因

[①] 李埏：《论我国的"封建的土地国有制"》，《历史研究》1956年第8期。以下引文凡未注明出处者均见此文。

为"皇族"是一个地主集团,可以包括"君王"在内,但不能等于"国家"。更重要的是,他不仅提出了"大土地占有制"问题,还提出"大土地所有制"问题,指出两者的差别主要表现在"土地所有权上"。大土地所有者"是有土地所有权的",其土地主要是"通过自由买卖或其他兼并的方式,而不是由于赏赐";"他们可以永久地、排他地独占土地";"他们不仅在人数上,而且在垄断土地的面积总和上",较之大土地占有者"为数更多",认为"这种土地占有形式是我国封建社会构成的主要基础之一"。显然,他所说的"大土地所有制"实则地主土地所有制。在他看来,"大土地占有制"是在"土地国有范围以内存在",而"大土地所有制"即地主土地所有制则不在此列,与土地国有制并存。那么,何者居于支配地位呢?他没有明说。不过,从以下的分析中,我们仍然可以找到问题的答案。

首先,他认为,秦统一后,"大封建土地所有制""利用统一政权对私有财产的庇护","通过制度化了的土地买卖或其他特权,向国有土地进攻","这就使国家土地所有制相对缩小"。

其次,每次农民大起义沉重打击了大土地所有者和占有者,使原来被他们垄断的土地"解放"出来而成为"无主荒地"。新建立的王朝窃取农民起义的果实将"无主荒地"作为国有土地,或以份地的形式授予农民去占有和使用,或以直接经营的形式征调军民去屯种。这样,就使"在前一时期已经式微"的"土地国有制复苏"了。这种情形,在西汉、东汉、唐代、明初,都反复出现过。又如,元末,承宋代庄园经济发达之后,"大土地占有制和所有制盛极一时",而"土地国有制"已经是"其命如线"了;可是到了明初,"官田"、"军屯"、"民屯"等国有土地,又"以空前的规模出现了"。

从李埏以上的分析来看,封建土地国有制和地主土地所有制,在中国封建社会的发展过程中是互为消长的,而封建土地国有制之"屡次绝而复苏"正好表明它并非一直居于支配的地位,因此,也就不可能成为贯串于中国封建制社会全过程的发展道路。在李埏看来,中国封建社会的发展道路既不是土地国有制,也不是地主土地所有制,而是两者的交替互动。因此,我们可以把李埏提出的中国封建制发展的第三条道路简称为:两种封建土地所有制形式互动的道路。

四　中国资本主义萌芽讨论的近代意义

新中国成立后，我国学术界关于中国资本主义萌芽的讨论是由1954年关于《红楼梦》产生的社会历史背景及其性质的讨论引发而来的。这场讨论最终同中国历史的走向问题，即中国历史能否走向近代以及如何走向近代的问题联系起来。侯外庐最早提出这一问题，指出：从16世纪以来，中国的历史没有像欧洲那样走向资本主义社会，但是，这并不能否认中国封建社会已存在解体过程，处在资本主义的形成过程。关键在于：既在封建社会的母胎内产生了资本主义的萌芽形态，又在发展过程中未能走进近代的资本主义世界，这即是如马克思说的，既为旧的所苦，又为新的发展不足所苦，死的抓住活的。认为对于从明代以来的这种新旧矛盾，既要看到中国封建社会内部旧传统的顽固性，又要看到资本主义形成过程这一新的因素。至于资本主义形成过程所处的阶段性，他认为，因国内经济发展的不平衡性，某些地区居于农业劳动和手工业劳动分离的阶段，即第一阶段；有的已进入城市手工工场业形成的阶段，即第二阶段；有的正处于由第一阶段向第二阶段发展的过渡阶段；有某些地区却依然没有走进第一阶段[①]。他进而指出：封建社会的解体和资本主义的萌芽必然引起阶级关系的变化，出现了城市反对派，包括中等阶级的反对派和平民反对派，而在思想上，则是启蒙思想的兴起。他们用中古神学的方式来表现人性概念和世界观的要求。这既有适应历史发展的进步因素，又有受传统思想束缚的因素[②]。

邓拓则从《红楼梦》产生的社会历史背景的角度分析了18世纪上半期中国社会的状况，指出：这是封建社会开始分解、资本主义经济因素正在萌芽的时期。其标志是：在封建经济内部生长着新的生产力和生产关系的萌芽，代表着资本主义关系萌芽的新兴市民社会力量有了发展和市民思

---

① 侯外庐：《中国思想通史》第5卷，人民出版社1956年版，第16页。
② 同上书，第23页。

想明显地抬头①，其看法与侯外庐大体一致。

翦伯赞则从18世纪上半期农业、手工业和商业所发生的变化分析了资本主义萌芽的具体表现：一是，在农业生产关系中出现了土地的两极分化；二是，部分土地变成商品，从封建租佃制转向商业性的农业经营，农业无产者由封建租佃关系中的奴主关系转化为契约关系的雇佣劳动者；三是，农业经营的商业化、专门化，扩大了商品交换关系；四是，实物地租向货币地租过渡；五是，在手工业中出现了商业资本渗入手工业生产；六是，由于商业资本与手工业生产的结合使原有的一些工商业中的城市在新的历史条件下重新发展起来，成为新兴的工商业市镇②。

尚钺则从明中叶以来农业、手工业的新变化分析了这一时期资本主义萌芽的发展程度，指出：就丝织业、棉纺织业和陶瓷业的结构上看，已经都是资本主义的经营方式。但就工人的性质说，除资本外，还有奴役、封建关系的媒介等，因而还带着浓厚的工役雇佣的性质。从这一时期江南地区的农业生产关系来看，农业经营基本上已采取了资本主义制。这是城市手工制造业的发展渗入农村的必然结果③。

黎澍则指出：许多关于资本主义萌芽的论文脱离了资本主义发展所需要的条件，把非商品生产和商品生产混淆，把农奴式劳动当作雇佣劳动，把农村副业的行会手工业当作工场手工业，从商业资本引出工业资本主义，表现了显著的片面性。他认为，这里存在着对于中国资本主义萌芽问题的基本估计问题。他承认清朝社会经济比明朝向前推移了一步。然而，清朝不是工场手工业独立形成的时期，因为这是指资本主义生产取得进一步统治地位而言，而这样的时期，在中国历史上从来没有出现过。不仅如此，在清朝，农业和家庭手工业的分离还是非常个别、非常轻微的现象。农业和家庭手工业的统一还是很牢固的，所以，到19世纪中叶，外国大工业产品才在中国遭遇到顽强的抵抗。总之，他承认在清朝的商品生产中，资本主义萌芽现象的存在和逐渐增长，然而发展很缓慢，说这个发展

---

① 邓拓：《论〈红楼梦〉的社会背景和历史意义》，《人民日报》1955年1月9日。
② 翦伯赞：《论十八世纪上半期中国社会经济的性质——兼论〈红楼梦〉中所反映的社会经济情况》，《北京大学学报》1955年第2期。
③ 尚钺：《中国资本主义生产因素的萌芽及其增长》，《历史研究》1955年第3期。

在明清时期就是很快,并且在上层建筑的许多部分如此灵敏地反映出来,那就未免言之过甚。可以看出,黎澍对于明清时期的资本主义萌芽的估计是不高的,它仅仅是一种"现象",而且范围极其有限。即使如此,他仍然认为,如果没有外国资本主义的影响,中国也将发展到资本主义社会[1]。

由此可见,新中国成立后不久开展的这场关于中国资本主义萌芽问题的讨论,尽管在"萌芽"出现的时间确定上或对"萌芽"发展程度的估计上,看法不尽一致,但是,在肯定中国封建社会后期已经出现资本主义萌芽的问题上,则是一致的。更重要的是,这场讨论,最终是同中国历史是否走向近代、如何走向近代的问题联系起来的,而这正是这场讨论的近代意义所在。

五 简短结论

综观新中国历史学创建时期历史研究的新进路,无论是通过中国奴隶制与封建制历史分期的讨论探求中国奴隶制社会和封建制社会的特点及其转化的路径,或者是通过中国封建土地所有制形式特点的讨论探求中国封建制社会发展过程的阶段性及其转变路径,还是通过中国资本主义萌芽的讨论探求由封建生产方式向资本主义生产方式转化的难产性等,都是围绕着社会形态的变迁及其实现形式这一中国历史发展道路的主题展开的。这是对20世纪30—40年代中国马克思主义历史学优良传统的继承和发扬,从根本上有别于此前的中国传统史学和近代实证史学。

回顾新中国历史学创建时期这场围绕历史研究的新进路所开展的学术讨论,其成就是有目共睹的。

首先,通过讨论极大地激发了广大历史学工作者学习、研究马克思主义的热情,增强了运用唯物史观研究中国历史的自觉性,深化了对中国历史进程的认识。

其次,通过讨论有力地推动了中国通史、断代史和专门史领域的学科

---

[1] 黎澍:《关于中国资本主义萌芽问题的考察》,《历史研究》1956年第4期。

体系建设，修订、续编和新编了一批相关的历史学著作，为中国马克思主义历史学主导地位的确立奠定了坚实的基础；唯物史观已经成为历史学学科体系建设的理论基础，从而使中国马克思主义历史学的优良传统得以发扬光大。

再次，上述成就的取得是同坚持党的领导，坚持正确的政策导向，切实贯彻"百花齐放，百家争鸣"的方针分不开的。因此，在讨论中能够充分发扬学术民主，畅所欲言，各抒己见，从而使问题的讨论得以深入展开，取得积极成果。事实表明：党的"双百"方针是促进学术文化繁荣和发展的正确方针，必须始终不渝地贯彻执行。

在回顾这一时期新中国历史学的成就时，我们切莫忘记老一辈马克思主义历史学家郭沫若、范文澜、吕振羽、翦伯赞和侯外庐等所做出的独特贡献。他们为中国马克思主义历史学主导地位的确立、为中国历史学的学科建设和队伍建设，殚精竭虑，辛勤工作，功不可没。同时，我们也不能忘记广大历史学工作者为确立和维护中国马克思主义历史学的主导地位坚持不懈地运用唯物史观研究中国历史所做出的真诚努力和所取得的成绩。正是由于有党的正确领导、老一辈马克思主义历史学家的独特贡献以及广大历史学工作者的真诚努力和付出，新中国历史学才能够在新中国成立后不太长的时间里取得如此重大的成就。这是新中国历史学创建时期的基本面，不容否认。诚然，我们也应该清醒地看到这一时期在运用马克思主义研究中国历史过程中所存在的问题，主要是：形式化问题，即表面地、片面地看待马克思主义的个别论断和词句，而不是完整地、系统地把握马克思主义的精神实质，因而出现了某种教条式的理解。在这一时期的后期，由于党在指导思想上犯了"左"的错误，因而出现了混淆学术与政治的界限问题，以致出现将学术问题政治化的情况。这是值得我们认真总结的经验教训。但是，上述存在的问题与这一时期新中国历史学所取得的成就相比是属于第二位的问题。我们不能因此而全盘否定新中国的前17年所取得的成就，更不能肆意抹杀老一辈马克思主义历史学家为确立中国马克思主义历史学的主导地位所创立的业绩。列宁说过："忘记过去，就意味着背叛。"同样，对于新中国历史学创建时期的史学成就，我们不能忘记，更不能以偏概全，全盘否定。这才是实事求是的科学态度。

新中国历史学六十年与社会形态问题研究

引 言

今年是新中国成立60周年,也是新中国历史学诞生60周年。新中国历史学是一个具有特定时代内涵的史学概念。从中国历史学的发展过程来看,这是继传统史学、近代史学之后的一个全新的史学形态。如果说,中国传统史学是以封建正统史学占主导地位为基本特征,中国近代史学是以实证史学占主导地位为基本特征;那么,新中国历史学则是以马克思主义历史学占主导地位为基本特征。马克思主义历史学主导地位的确立是新中国历史学的重大成就。它标志着在历史研究中以马克思主义为指导,以唯物史观为理论基础,以社会形态的变迁为指导线索重新审视中国历史进程已经逐渐为广大历史学工作者所认同,成为历史研究的主流意识。六十年来,中国史坛关于若干重大史学问题的讨论,就是围绕着中国历史上诸社会形态的变迁这一主线展开的。可见,社会形态问题研究已经成为直接影响新中国历史学发展的至关重要的问题。

研究社会形态问题对于历史研究的极端重要性,恩格斯早已指出:"必须重新研究全部历史,必须详细研究各种社会形态存在的条件,然后设法从这些条件中找出相应的政治、私法、美学、哲学、宗教等的观点。在这方面,到现在为止只做出了很少的一点工作,因为只有很少的人认真地这样做过。"[1]恩格斯之所以把研究社会形态问题同重新研究全部历史联

---

[1] 《恩格斯致康·施米特(1890年8月5日)》,《马克思恩格斯选集》第4卷,人民出版社1995年版,第692页。

系起来，是因为此前人们对于历史的研究不是从社会形态存在的条件出发，而是从政治、法律、哲学、宗教等社会现象出发，从而颠倒了社会存在与社会意识二者之间的关系。"重新研究全部历史"，就是要求把人类历史重新立于社会形态存在的条件之上，如实地把人类历史进程看作是社会形态变迁的过程。由此可见，是否用社会形态重新研究全部历史关系到历史研究中坚不坚持唯物史观的根本问题，关系到能不能把被唯心史观颠倒了的历史重新颠倒过来的大是大非问题。新中国历史学既然以马克思主义为主导，以唯物史观为理论基础，那么，它理所当然地要把研究社会形态问题作为自己的首要任务。因此，在回顾新中国历史学60年走过的历程时，应该把重点放在社会形态问题的研究上。为叙述方便起见，本文将新中国历史学60年按人民共和国的历史进程划分为前30年和后30年两个时期，具体考察不同时期关于社会形态问题研究的主要表现、基本特点和存在问题等。

一 新中国历史学前三十年的社会形态问题研究

新中国历史学前30年的社会形态问题研究是随着马克思主义历史学主导地位的确立而开始的，它突出表现在：围绕着社会形态的变迁及其实现形式这一主线开展对若干重大史学问题的讨论和研究。为此，我们的论述将从马克思主义历史学主导地位的确立切入。

（一）马克思主义历史学主导地位的确立

马克思主义历史学主导地位的确立是新中国历史学的重大成就。众所周知，在新中国成立前半个世纪里，历史学界居于主导地位的，是近代实证史学。毫无疑问，近代实证史学的进化论历史发展观及其重证据的实证研究方法曾经有力地推动中国历史学由传统向近代的转型，从而实现了对中国传统史学的近代化改造。这是近代实证史学的历史功绩。然而，近代实证史学的历史观，从根本上说，是唯心史观。因此，一旦涉及历史的深层次问题，近代实证史学便无法做出正确的回答。事实证明：只有以马克思主义为指导，以唯物史观为理论基础的中国马克思主义历史学才能从社会形态变迁的角度对历史的深层次问题做出科学的回答。

新中国成立初期，在全国范围内开展的对于历史唯物论的学习和宣传，对于形形色色的历史唯心论的分析和批判，为确立中国马克思主义历史学的主导地位奠定了思想理论基础。广大历史学工作者通过学习和批判，提高了马克思主义理论水平，增强了运用唯物史观研究中国历史的自觉性，普遍认识到：人类历史的进程是社会形态变迁的过程，而生产方式的变革则是社会形态变迁的内在根据和思想观念变化的基础；自原始公社崩溃以后，它经历了奴隶制社会、封建制社会和半殖民地半封建社会；中国封建制社会的主要矛盾是农民阶级与地主阶级之间的矛盾，农民起义和农民战争是封建社会阶级斗争的最高形式，是推动历史发展的真正动力；中国封建制社会内部商品经济的发展孕育了资本主义萌芽，如果没有外国资本主义的入侵，中国也会缓慢地发展到资本主义；鸦片战争以后，中国逐步沦为半殖民地半封建社会，从此，帝国主义和中华民族的矛盾、封建主义和人民大众的矛盾成为近代中国社会的主要矛盾，从而决定了近代中国革命的性质必然是反帝反封建的民主革命。这是中国马克思主义历史学关于中国历史的主导思想，并成为广大历史学工作者的基本认识。在此基础上，历史学界曾经围绕中国历史上诸社会形态的变迁及其实现形式即历史发展道路问题，展开了热烈的讨论。其中，关于中国古代史分期、中国封建土地所有制形式和中国资本主义萌芽等问题的讨论，从不同的角度和层面反映了新中国关于社会形态问题研究的深入。

（二）中国古代史分期与社会形态的变迁

关于中国古代史分期的讨论，实质上，是关于中国奴隶制与封建制的分期问题。新中国这场讨论的特点是：以承认中国奴隶制与封建制的历史存在为前提，而问题的关键在于如何确定两者的时间界限，即中国奴隶制终结于何时和中国封建制开始于何时。新中国成立前，历史学界较为流行的观点是范文澜、吕振羽等人[①]主张的西周封建说，认为中国奴隶制终于

[①] 翦伯赞在20世纪40年代初撰写了《中国史纲》第1卷《先秦史》也持西周封建说。

商代，封建制始于西周，称为"初期封建制"。就生产方式而言，这是由领主土地所有制代替氏族贵族的土地所有制；在领主土地上从事生产的是农奴而不是奴隶；其主要剥削形态是力役地租，等等。新中国成立后，关于中国奴隶制与封建制的分期讨论有了新的进展，出现了新的分期说。其中，尤以战国封建说、西汉封建说和魏晋封建说，在探讨中国奴隶制向封建制转化的路径问题上更具特色。

战国封建说是郭沫若于1952年首先提出来的。[①] 它以承认西周是奴隶社会而非封建社会为前提，认为西周奴隶社会的奴隶是"种族奴隶"[②]，土地制度是以"井田制"为"骨干"的土地国有制，[③] 而在井田上耕作的"众人"或"庶人"，实质上，是一种"耕种奴隶。"[④] 战国封建说的中心问题是：由奴隶制向封建制转化的路径问题。它以生产力的提高作为西周奴隶制向战国封建制转化的根本路径，认为这一转化开始于春秋战国之际[⑤]。其重要标志是：作为奴隶主土地国有制的井田制开始崩溃和封建地主土地私有制开始确立，其具体实现形式是：增辟私田，扩大私田面积，促使井田制瓦解，从而实现土地制度由奴隶主国有制向封建地主私有制的转变和社会形态由奴隶制向封建制的转化。这相对于此前的西周封建说而言，显然是一种新见解。

西汉封建说是侯外庐在1956年提出来的。此说有两个显著特色：一是，提出中国奴隶制与封建制分期的"法典化"标准，认为"法典化"是指"统治阶级的一系列的法律手续所固定起来的形式"[⑥]。法典化的过程，实质上，是封建化的过程，它萌芽于秦孝公的商鞅变法，实现于秦朝的统一，经汉初的一系列的法律形式，而最终完成于汉武帝的"法度"。二是，提出从历史发展道路的角度来研究历史分期的问题，认为要分析两种"转

---

① 郭沫若：《奴隶制时代》，上海新文艺出版社1952年初版；人民出版社1954年改版；中国人民大学出版社2005年新版。
② 郭沫若：《奴隶制时代》，中国人民大学出版社2005年版，第20页。
③ 同上书，第21页。
④ 同上书，第22页。
⑤ 同上书，第30页。
⑥ 侯外庐：《论中国封建制的形成及其法典化》，《历史研究》1956年第8期。以下凡引文未注明出处者，均见此文。

化路径",即奴隶制向封建制的转化路径和中国封建化的路径:第一种"转化路径"即中国奴隶制向封建制的"转化路径"始终是围绕着自然经济由"传统"到"法典化"这一主线展开的。第二种"转化路径"是指"全国范围内封建关系法律化过程"。它是通过对皇族地主的土地所有权、领主和地主的土地占有权以及农民的土地使用权三种土地所有制形式的法律规定而实现的,始于秦代商鞅变法,终于汉武帝的土地国有制的法律规定。

魏晋封建说是新中国在中国古代史分期讨论中异军突起的新的历史分期说。此说以魏晋时期为中国奴隶制与封建制分期的界标,即夏、商、周、秦、汉是奴隶制社会,魏晋以后才是封建制社会。尚钺、王仲荦、日知(方志纯)、何兹全、王思治等学者是持此说的主要代表。1954年,尚钺主编的《中国历史纲要》[①]一书,是最早以专著的形式系统论述魏晋封建说的研究成果。该书认为,殷商以前是原始公社制时期;殷商西周是原始公社瓦解、奴隶制萌芽时期;春秋战国是奴隶制确立时期;秦汉是奴隶制发展时期;三国晋代是中国封建制确立时期,并从史实与理论的结合上阐明作者关于上述分期的根据所在。而明确把中国奴隶制的发展道路及其向封建制过渡的路径问题与魏晋封建说联系起来,则应以王仲荦为代表。他于1956年发表了长篇文章[②],系统阐发这一看法,认为中国奴隶制的发展经历了由"原始奴隶制"到"较发展的奴隶制"两个阶段。在第一阶段,中国奴隶制的最大特点是:同时存在着"两种基本结构,即农村公社和未获得发展的原始奴隶制"。由于商品货币关系不发展,"私有财产"和"私有奴隶"也不发展,因此,这一阶段的奴隶制只能属于"原始奴隶制"。中国奴隶制由第一阶段向第二阶段的转变始于春秋战国之际(前350年,秦国制辕田,开阡陌为标志),这是"生产力增长的结果",它促使农村公社的瓦解,引起了债务奴隶的出现,从而把原始的奴隶制推向较发展的奴隶制,即债务奴隶制。至于中国奴隶制向封建制过渡的路径,他认

[①] 尚钺主编:《中国历史纲要》,人民出版社1954年版。
[②] 王仲荦:《关于中国奴隶社会的瓦解及封建关系的形成问题》,《文哲史》,1956年第3、4、5期。以下引文凡未注明出处者均见此文。

为，曹魏屯田制是这一过渡的实现形式，带有国家隶农制性质，它最后为西晋的"占田制"即国家农奴隶所代替，从而实现了由奴隶制向封建制的转化。

（三）中国封建土地所有制形式与社会形态变迁的实现形式

新中国成立后，关于中国封建土地所有制形式问题的讨论始终围绕着封建土地国有制与封建地主土地所有制何者在中国封建制社会中占支配地位的问题展开。这是事关中国封建制社会形态的根本问题，更与中国封建制的历史发展道路问题密切相关。对此，大体有三种看法：封建土地国有制道路、封建地主土地所有制道路以及上述两者交替行进的道路。

第一种历史发展道路是封建土地国有制道路，由侯外庐于1954年首先提出来[①]。随后，他又相继发表文章，进一步阐发上述观点[②]。他所说的封建土地国有制是指"皇权垄断的土地所有制"，认为"秦汉以来这种土地所有制形式是以一条红线贯串着全部封建史"，"居于支配的地位"。其表现形式：在前期（秦汉至唐中叶）是"以军事的政治的统治形式为主"；在后期（宋元明清）是"以经济的所有形式为主（军事屯田除外）"。至清初的"更名田"才最终结束了封建土地国有制的历史。由此可见，从秦汉至清初，中国封建制走着一条国有制的道路。

第二种历史发展道路是封建地主土地所有制道路。此说以胡如雷为主要代表[③]。他指出："中国封建土地所有制包括国家土地所有制及地主土地所有制，而占支配地位的却是地主土地所有制"[④]。他从地租的分配原则、国有土地的性质特点及其数量等方面加以论证，认为我国封建社会的剩余

---

① 侯外庐：《中国封建社会土地所有制形式的问题——中国封建社会发展规律商兑之一》，《历史研究》1954年第4期。以下引文凡未注明出处者均见此文。

② 侯外庐：《论中国封建制的形成及其法典化》，《历史研究》1956年第8期；《关于封建主义生产关系的一些普遍原理》，《新建设》1959年第4期。

③ 详见胡如雷：《试论中国封建社会的土地所有制形式——对侯外庐先生意见的商榷》，《光明日报》1956年9月13日；《如何正确理解封建主义生产方式》，《新建设》1960年第2期。1979年，他更从社会形态的角度系统阐明封建地主土地所有制是中国封建社会形态的经济基础这一主题，出版专著：《中国封建社会形态问题研究》，生活·读书·新知三联书店1979年版。

④ 胡如雷：《试论中国封建社会的土地所有制形式》，以下引文凡未注明出处者均见此文。

产品"绝大部分"是作为私租归地主阶级占有的,国家的赋税只占全部剩余产品的"较少"部分,而历代国家所"均"之"田"即国有土地是"私有土地以外的无主土地",它并未动摇过地主的私有土地。至于历代的国有土地,在全国垦田面积中只是绝对的少数。中唐以后的两税法则是地主土地所有制发展的结果。总之,就封建土地所有制的"经济实现"而言,"占支配地位"的是"地主土地所有制"而不是"皇族土地所有制","国家土地所有制"是在地主土地所有制的基础上产生的历史现象,从而也就只能成为它的"补充形态"。这表明:中国封建社会的发展走着地主土地所有制的道路。

第三种历史发展道路是上述两者交替行进的道路,李埏是此说的主要代表[①]。他认为,封建土地国有制和地主土地所有制(他称之为"大封建土地所有制"),在中国封建社会的发展过程中是互为消长的。秦统一后,"大封建土地所有制""利用统一政权对私有财产的庇护","通过制度化了的土地买卖或其他特权,向国有土地进攻","这就使国家土地所有制相对缩小"。而每次农民起义沉重打击了大土地所有者和占有者,使原来被他们垄断的土地"解放"出来而成为"无主荒地"。新建立的王朝将"无主荒地"作为国有土地,或以份地的形式授予农民去占有和使用,或以直接经营的形式征调军民去屯种,从而使"前一时期已经式微"的"土地国有制复苏"了。这种情形,在西汉、东汉、唐代、明初,都反复出现过。可见,中国封建社会的发展道路既不是土地国有制,也不是地主土地所有制,而是两者的交替互动的道路。

(四)中国资本主义萌芽与社会转型问题

新中国成立后,我国学术界关于中国资本主义萌芽的讨论是由1954年关于《红楼梦》产生的社会历史背景及其性质的讨论引发而来的。这场讨论最终同中国历史的走向问题,即中国历史能否走向近代以及如何走向近代的问题联系起来。侯外庐指出:从16世纪以来,中国的历史没有像

---

① 李埏:《试论我国的"封建的土地国有制"》,《历史研究》1956年第8期。以下引文凡未注明出处者均见此文。

欧洲那样走向资本主义社会，但是，这并不能否认中国封建社会已存在解体过程，处在资本主义的形成过程。认为这一过程因国内经济发展的不平衡性而有地区间的差别，如某些地区居于农业劳动和手工业劳动分离的阶段，有的已进入城市手工场业形成的阶段，有的正处于由第一阶段向第二阶段发展的过渡阶段，有某些地区却依然没有走进第一阶段①。不仅如此，封建社会的解体和资本主义的萌芽必然引起阶级关系的变化，出现了城市反对派，包括中等阶级的反对派和平民反对派，思想上则是启蒙思想的兴起。其特点是：用中古神学的方式来表现人性概念和世界观的要求，因此，既有适应历史发展的进步因素，又有受传统思想束缚的因素②。

邓拓则从《红楼梦》产生的社会历史背景的角度分析了18世纪上半期中国社会的状况，指出：这是封建社会开始分解、资本主义经济因素正在萌芽的时期。其标志是：在封建经济内部生长着新的生产力和生产关系的萌芽，代表着资本主义关系萌芽的新兴市民社会力量有了发展和市民思想明显地抬头③，其看法与侯外庐大体一致。

翦伯赞则从18世纪上半期农业、手工业和商业所发生的变化分析了资本主义萌芽的具体表现，如：在农业生产关系中出现了土地的两极分化；部分土地变成商品，出现了商业性的农业经营和契约关系的雇用劳动者；实物地租向货币地租过渡；因商业资本与手工业生产的结合而发展成为新兴的工商业市镇；等等④。

尚钺则从明中叶以来农业、手工业的新变化分析了这一时期资本主义萌芽的发展程度，指出：丝织业、棉纺织业和陶瓷业已经是资本主义的经营方式。但就工作的性质说，除资本外，还有奴役和封建关系的媒介等，因而还带着浓厚的工役雇佣的性质。从这一时期江南地区的农业生产关系来看，农业经营基本上已采取了资本主义制⑤。

---

① 侯外庐：《中国思想通史》第5卷，人民出版社1956年版，第16页。
② 同上书，第23页。
③ 邓拓：《论〈红楼梦〉的社会背景和历史意义》，《人民日报》，1955年1月9日。
④ 翦伯赞：《论十八世纪上半期中国社会经济的性质——兼论〈红楼梦〉中所反映的社会经济情况》，《北京大学学报》，1995年第2期。
⑤ 尚钺：《中国资本主义生产因素的萌芽及其增长》，《历史研究》，1955年第3期。

黎澍则指出：许多关于资本主义萌芽的论文脱离了资本主义发展所需要的条件，把非商品生产和商品生产混淆，把农奴式劳动当作雇佣劳动，把农村副业的行会手工业当作工场手工业，从商业资本引出工业资本主义，表现了显著的片面性，认为这里存在着对于中国资本主义萌芽问题的基本估计问题。他虽然承认清朝社会经济比明朝向前推移了一步，但是否认清朝是工场手工业独立形成的时期，认为资本主义萌芽仅仅是一种"现象"，范围极其有限。不过，他又认为，如果没有外国资本主义的影响，中国也将发展到资本主义社会[①]。

由此可见，新中国成立后不久开展的这场关于中国资本主义萌芽问题的讨论，尽管在"萌芽"出现的时间确定上或对"萌芽"发展程度的估计上，看法不尽一致，但是，都肯定中国封建社会后期已经出现资本主义萌芽的事实。更重要的是，这场讨论最终是同中国历史能否走向近代、如何走向近代即同社会转型的问题联系起来，因而具有社会史的意义。

二 新中国历史学后三十年的社会形态问题研究

新中国历史学前 30 年的后期，因"文化大革命"的干扰和破坏，其发展一度严重受挫，马克思主义历史学的主导地位一度受到削弱和动摇，对于社会形态问题的研究也一度中断。改革开放以来，在党的"解放思想，实事求是"的思想路线指导下，经过拨乱反正，分清思想理论是非，重新恢复了马克思主义历史学的主导地位，新中国历史学重新焕发出勃勃生机，从而开始了其全面发展的新时期。新中国历史学后 30 年的全面发展不仅表现在打破史学"禁区"，深化重大史学理论问题的研究方面，也表现在根据新中国历史学全面发展的需要进行史学研究的结构性调整，拓展新的研究领域、建设新的分支学科、关注新的研究热点方面，还表现在提出新的研究课题，转换新的研究视角，从理论到方法进行新的探索方面。特别是，重新恢复和深化对社会形态问题的研究方面，包括：以社会

---

① 黎澍：《关于中国资本主义萌芽问题的考察》，《历史研究》1956 年第 4 期。

形态变迁为基本线索进一步构建中国历史解释体系和深化同社会形态变迁及其实现形式相关的若干史学问题的探索。

(一) 社会形态变迁与构建中国历史解释体系的新成果

以社会形态变迁为基本线索进一步构建中国历史解释体系，是新中国历史学后30年在史学建设方面的重大成就。它主要反映在这一时期出版的若干有代表性的中国通史著作中。例如，郭沫若主编、中国社会科学院历史研究所《中国史稿》编写组修订的《中国史稿》(7册)，范文澜主编、蔡美彪等续编的《中国通史》(10卷)，翦伯赞主编、邓广铭等修订的《中国史纲要》(上下册)[①] 和白寿彝任总主编的《中国通史》(12卷) 等。

众所周知，以马克思主义为指导的中国历史解释体系的构建始于20世纪30年代初，郭沫若开其端；40年代，范文澜、吕振羽、翦伯赞、侯外庐等承其绪。他们通过中国古代社会史和中国通史等历史著作具体构建中国历史的解释体系。他们所构建的中国历史解释体系的基本特点是：运用唯物史观，特别是作为其基本理论构成的马克思的社会形态学说重新解释中国历史，把中国历史进程看作是社会形态变迁的过程，把生产方式的矛盾运动看作是社会形态变迁的内在根源和动力，并以此为指导线索贯串中国历史全过程，由此形成对于中国历史的新认识，构建对于中国历史认识的新体系——马克思主义的中国历史解释体系。

新中国成立后，他们继续完善早已开始的中国历史解释体系的构建工作，修订原来的历史著作或重编新的历史著作。"文化大革命"前，他们的修订或续编、新编工作，除吕振羽的《简明中国通史》和侯外庐的《中国古代社会史论》于50年代修订完成外，郭沫若、范文澜、翦伯赞等的修订、续编或新编的中国通史工作，因众所周知的原因而中断。

改革开放以来，上述诸老的未竟工作，在其原来的合作者或后继者的努力下，沿着他们所开辟的研究道路，遵循着他们所确立的指导原则继续完成他们业已开始的中国通史的修订、续编或新编的工作，从而为后30

[①] 参加翦伯赞主编的《中国史纲要》的修订者有：吴荣曾、田余庆、吴宗国、邓广铭、许大龄、林华国等。

年中国马克思主义历史学的发展作出了重要的贡献。

白寿彝任总主编的《中国通史》是这一时期坚持以马克思主义为指导构建中国历史解释体系的新力作。这部多卷本《中国通史》，集全国二百多位老中青历史学工作者多年潜心研究之功，堪称中国马克思主义历史学的最新成果。其最大特点是：始终坚持马克思的社会形态学说的基本理论和基本方法，从生产方式到政治上层建筑和意识形态对中国社会历史进程进行了全方位的考察、分析和研究，如实地把中国社会历史进程看作是社会形态变迁的过程，始终贯串着社会形态变迁这一指导线索。同时，该书还注意吸收20世纪的考古学、民族学和历史学等方面的研究成果，重新审视史学研究中的热点和难点，提出自己的新看法。在史书体裁方面，它创立了由序说、综述、典志、传记四部分组成的综合体，从而使史书所反映的内容更具多层面、多角度、全方位的特点。因此，这部多卷本的《中国通史》不仅是对中国马克思主义历史学的优良传统的继承和发扬，而且更代表了新中国历史学的最新成就。

（二）"早期国家"说与中国文明起源路径的新探索

从"早期国家"的新视角探讨中国文明起源的路径，是后30年中国历史研究的一个新的热点。这既与国内新的考古发现有关，也与20世纪后半期国外的"早期国家"研究热有关。

众所周知，恩格斯关于"国家是文明社会的概括"这一经典的论断，[①]历来为中外学界所认同，认为这是由原始社会进入文明社会的一个里程碑式的标志。然而，国家的形成并非一蹴而就；在它形成之前有一个漫长的演变过程，在不同的发展阶段，呈现出不同的形态或模式，这就是西方学界所说的"早期国家"问题。20世纪80年代以来，国内开始研究西方的早期国家理论，并从这一新视角探讨中国文明起源的路径。

这一时期有三种"早期国家"说对中国文明起源路径提出了新的看法：

---

① 恩格斯：《家庭、私有制和国家的起源》，《马克思恩格斯选集》第4卷，人民出版社1995年版，第176页。

一是，谢维扬提出的"酋邦"说。他指出：所谓"早期国家"是指从原始社会直接演化而来的最初阶段，有着中央集权的最高权力中心和行政及政治管理机构，产生了社会分层或阶级分化，有领土观念和国家意识形态等；① 而"早期国家"的产生和发展有两种模式：直接从氏族社会演化而来的"氏族模式"和从氏族社会解体后出现的"酋邦社会"中演化而来的"酋邦模式"。② 中国文明的起源是由"酋邦社会"演化而来的，属于"酋邦模式"。其历史进程是：夏朝是中国早期国家的发生期；商周是中国早期国家的典型期；春秋战国是早期国家的转型期；秦朝是中国早期国家的终结期。③ 由于中国的早期国家是经由"酋邦模式"演化而来的，因此，中国文明起源的路径称之为"酋邦"路径。

二是，王震中提出的"聚落形态"说。他指出，考古发现表明：不同时期的聚落有着不同的形态特征，而通过对不同聚落形态特征的研究可以发现其演进的轨迹，划分其演进的阶段，建立其社会形态的演进模式。据此，他提出中国文明起源的具体历程是：社会尚未分层的农耕聚落形态——开始分化和分层了的原始宗邑聚落形态——已形成文明的城邑国家形态；而最后一阶段即城邑国家文明形成于夏王朝之前的前王朝时期，相当于考古学所称的龙山时代和古史传说中的颛顼、尧、舜、禹时代，属于早期城邑国家产生和形成时期。其特点是：家族—宗族组织与政治权力同层同构，宗族组织结构中的主支与分支同政治权力上的隶属关系相一致，至西周则表现为"君权与宗权的合一"。因此，中国文明起源路径属于"维新式起源"的路径。④ 应该说，通过考古研究，从原始聚落形态演变的角度探讨中国文明起源的路径，提出"三阶段"或"三形态"说，是作者独到的见解。

三是，何兹全主张的"部落国家"说。其要点：（1）由部落到国家是一个长期发展过程，在国家起源问题上划出一个"早期国家"阶段是符合

---

① 谢维扬：《中国早期国家》，浙江人民出版社1995年版，第51页。
② 同上书，第69页。
③ 同上书，第474页。
④ 王震中：《中国文明起源的比较研究》，陕西人民出版社1994年版，第6—9、11页。

历史实际的;^①（2）西周春秋时期,是中国历史上由部落到国家的转化时期,称为"早期国家时期";（3）中国的早期国家是在部落的不平等结合的基础上,在部落对部落的征服基础上建立起来的"部落国家",它属于国家形成的初期或萌芽期;^②（4）中国的早期国家从一开始就是"城邦国家"。^③不过,与西方古代的城邦国家不同,它不是独立的,而是有着上下的统属关系,实行"国"、"野"的耦国制度,领土观念模糊;春秋时期属于由城邦国家向领土国家的过渡时期;^④（5）部落转化为国家的主要标志在于：地缘关系代替了血缘关系,地区组织代替了氏族组织;单纯的氏族酋长权力转化为王权;出现了为王权服务的群僚及其政治机构、兵及其军事组织以及为维护王权统治的牢狱等,用上述标志来衡量,西周春秋时期正处于国家的形成过程中,即由部落组织向国家转变的时期。^⑤因此,作者关于中国国家起源的路径可称为"部落国家"的路径。这与马克思主义的国家起源论是相一致的。而作者把中国的"部落国家"视为"城邦国家"并同西方的城邦国家进行比较,指出其独特性,则是作者在早期国家理论方面的创见。

（三）历史分期与中国古代社会形态及其发展道路研究的新进展

如果说,从"早期国家"的角度重新探索中国文明起源的路径是这一时期中国历史学在方法论方面的新亮点;那么,从历史分期的角度重新探索中国古代社会的发展道路,则是这一时期关于社会形态问题研究的新视角。我们所说的中国古代社会指介于原始公社制社会与封建制社会之间的奴隶制社会;所说的发展道路是指由原始公社制社会到奴隶制社会和由奴隶制社会到封建制社会的转化路径或实现形式。因此,这一时期关于中国古代社会发展道路的探讨,既同中国文明起源即国家起源的路径有关,也同中国古代社会的发展模式有关,更同中国历史分期即原始公社制与奴隶

---

① 何兹全：《中国古代社会》,北京师范大学出版社2007年版,第510—512页。
② 何兹全：《中国古代社会》,第29页。
③ 同上书,第91页。
④ 同上书,第93—95页。
⑤ 同上书,第83页。

制、奴隶制与封建制的分期有关。可以这样说，有什么样的中国历史分期说和中国古代社会的发展模式，就会有什么样的中国古代社会的发展道路观。以这一时期修订再版的中国通史著作为例。①

郭沫若主编的《中国史稿》主张夏代中期奴隶社会说，春秋过渡时期说和战国封建说，认为中国古代社会的发展道路经历了从血缘性的氏族部落到地域性的部落联盟的过渡时期，②又通过部落战争实现由部落联盟向国家的转化；③而生产力的发展为奴隶制向封建制转化创造了物质基础，使一家一户为单位的小生产成为可能，④并通过变法和兼并战争实现由奴隶制向封建制的转化，最终完成封建国家的统一。⑤

翦伯赞主编的《中国史纲要》主张夏代奴隶社会说，西周封建领主制说，春秋战国过渡时期说，秦汉封建地主制说，认为中国古代社会的发展道路在经历了三次转变之后，即：由部落联盟通过王位世袭制的路径一变而为夏朝的奴隶制国家，⑥又通过宗法分封的路径二变而为西周的封建领主制，再通过变法的路径三变而为秦汉的封建地主制，才走完了自己的路程。

白寿彝总主编的《中国通史》主张夏代过渡阶段说，商周早期奴隶社会说，战国过渡时期说，秦朝统一封建说，认为中国国家形成的路径不同于古希腊罗马，它是在氏族社会内部已经发展起来的阶级对立的情况下作为征服外国领土的直接结果而产生的，⑦古代公社所有制的过渡性质决定了商周奴隶制的发展模式是早期奴隶制，它表现为：公社组织的保留，在生产中居主导地位是公社农民而不是奴隶。中国奴隶制向封建制转化的路

---

① 新时期修订再版的中国通史著作是：郭沫若主编的《中国史稿》和翦伯赞主编的《中国史纲要》。之所以没有包括范文澜主编的《中国通史简编》（新时期续修后，全书改名《中国通史》），是因为我们所讨论的中国古代社会的发展道路问题只限于唐代以前的相关历史，而范著《简编》唐五代以前部分已于1965年修订出版，不在我们讨论的范围之内，故不论。郭沫若主编的《中国史稿》除第1册外，其余各册都在新时期修订出版。考虑到所讨论问题的历史连续性，故将第1册放在新时期与其他相关内容一并论述。
② 郭沫若主编：《中国史稿》第1册，人民出版社1976年版，第129页。
③ 同上书，第134—136页。
④ 郭沫若主编：《中国史稿》第2册，人民出版社1979年版，第14—15页。
⑤ 同上书，第109—110页。
⑥ 翦伯赞主编：《中国史纲要》上册，人民出版社1995年版，第11—12页。
⑦ 白寿彝总主编：《中国通史》第3卷，上海人民出版社1994年版，第229页。

径是：生产力的提高，古代公社的解体，土地所有制由公有向私有的转化，公社农民分化为小土地所有者或佃农，贵族转化为新的地主土地所有者等①，而秦朝的统一标志着封建制在全国范围内的最终确立②。

这一时期，专门探讨中国古代社会发展道路问题的力作是何兹全的《中国古代社会》一书③。该书主张夏商周是由氏族社会到阶级社会的过渡时期，西周春秋是部落到国家的转化时期，战国秦汉是古代社会时期，汉魏之际是中国"封建"开始时期④，认为战国秦汉的中国古代社会是"私家主体社会"，它是沿着城市商业交换、经济发展、土地兼并、农民破产沦为奴隶这条线发展的；而由古代社会走向中世纪社会则是沿着自由民和奴隶的依附化、城市经济的衰落、自然经济盛行这一条线实现的。其中，城市经济的兴衰是贯串中国古代社会的一条主线⑤。这是作者对于中国古代社会的发展道路所做的新概括。与新中国初期的魏晋封建说相比，作者的汉魏之际封建说，从理论到实证，不乏新意，而值得注意的是：该书放弃"奴隶社会"一词而改用"私家主体社会"来重新为中国古代社会"正名"。据作者说，这是因为"奴隶社会"一词不足以说清楚中国古代社会阶级构成的复杂性。然而，经作者这么一改，反而无助于人们认清中国古代社会的本质。因为用"私家主体社会"取代"奴隶社会"势必掩盖了中国古代社会的主要矛盾——奴隶主与奴隶两大阶级之间的矛盾，而这是判定该社会性质的根本依据。对此，我们不敢苟同。

（四）重启中国资本主义萌芽讨论的新亮点

与新中国历史学前30年关于中国资本主义萌芽讨论相比，后30年关于同一问题的讨论发生了重点的转移：由对其发展程度的评价到对其发展

---

① 白寿彝总主编：《中国通史》第3卷，第454—465页。
② 白寿彝总主编：《中国通史》第5卷，第173—174页。
③ 该书于1991年由河南人民出版社出版，2006年收入中华书局出版的《何兹全文集》第3卷，北京师范大学出版社于2007年出版该书的新版。
④ 何兹全：《中国古代社会》，北京师范大学出版社2007年版，第520—521页。
⑤ 何兹全：《中国古代社会·序言》。

道路的探讨。这是关于此问题研究的新亮点①。多数学者认为，资本主义萌芽是指资本主义生产关系的原始状态，即在封建社会末期出现的雇佣剥削关系的最初形态。它指的是一种生产关系，具有延续性、导向性、不可逆转性。持这种看法的学者主张明清资本主义萌芽说。② 主张明清说的学者还把研究的重点放在中国资本主义萌芽发展道路问题上，认为中国农业资本主义萌芽首先是从富裕农民的雇工经营开始的，始于明中叶。至清代前期，在地主经济中又开始产生了农业资本主义萌芽。它们表明了中国农业资本主义萌芽两条不同的发展道路。③ 从"农民经济"中演化出来的资本主义生产关系受旧的影响少些，发展也快些；从"地主经济"中演化出的资本主义生产关系受旧的影响更多些，发展也缓慢些。这两条道路，在明清期间同时存在，相互联系，相互制约④。有学者指出农民经济中演化出来的资本主义萌芽存在着两条发展道路：佃农雇工向富农雇工经营转化和自耕农雇工向富农雇工经营转化的道路；前者是"保守"的道路，后者是"革新"的道路。从"地主经济"中演化出来的资本主义萌芽也存在着两条发展道路：由传统的租佃地主向经营地主的局部转化和由富农向经营地主转化的道路；前者是"保守的道路"，后者是"革新的道路"。⑤ 在关于中国农业资本主义萌芽的发展道路的讨论中，尽管对其具体评价看法不尽一致，但是，都认为其发展缓慢。究其原因，主要是"以地主制经济为核心的封建土地所有制的严重束缚"和建立在这一经济基础上的封建国家政权的"残酷统治"⑥ 尽管如此，如果没有外力的干涉；那么，按其自然

---

① 新中国成立后，关于中国资本主义萌芽的讨论，大的有两次：第一次是1954年由《红楼梦》的讨论而引发的对于明清时期资本主义萌芽问题的争论，持续至60年代初；第二次开始于70年代末80年代初，持续到80年代末。

② 详见李文治：《明清时代中国农业资本主义萌芽》，载《明清时代的农业资本主义萌芽问题》，中国社会科学出版社1983年版；张寿彭：《"两汉资本主义萌芽"说质疑》，《辽宁师范学院学报》1982年第4期；吴承明：《关于中国资本主义萌芽的几个问题》，《文史哲》1985年第5期等。

③ 李文治：《明清时代中国农业资本主义萌芽》，载《明清时代的农业资本主义萌芽问题》。

④ 魏金玉：《关于中国农业资本主义萌芽的几个问题》，《中国资本主义萌芽问题讨论文集》，江苏人民出版社1983年版。

⑤ 罗仑：《关于清代山东农业资本主义萌芽发生的道路问题》，引自田居俭、宋元强编：《中国资本主义萌芽》（上），巴蜀书社1987年版，第84页。

⑥ 李文治：《明清时代中国农业资本主义萌芽》，载《明清时代的农业资本主义萌芽问题》。

历史进程是一定会逐步实现由封建生产方式向资本主义生产方式的转化的。这是大多数学者的共识，与 30 年前讨论同一问题的基本结论相一致。

三　问题与思考

回顾 60 年来新中国历史学走过的历程，可以清楚地看到：它始终是围绕社会形态问题的研究、探索社会形态变迁及其实现形式这一主线展开的。这是坚持唯物史观的必然要求，也是发展中国马克思主义历史学题中应有之意。60 年来，新中国历史学在这方面所取得的成就有目共睹：一是，用唯物史观进一步构建以西周封建说、战国封建说、秦汉封建说和魏晋封建说为代表的中国历史解释体系；二是，通过土地所有制形式的讨论深化对中国奴隶制社会和封建制社会特点的认识；三是，结合新材料和新方法的运用拓宽对中国文明起源的路径、中国古代社会的发展道路、中国封建化的历史进程和中国资本主义生产方式的难产性等问题的研究思路；四是，在中国通史、断代史和专门史领域相应地产生了一批有重要学术价值的研究成果。

在回顾 60 年新中国历史学的成就时，我们切莫忘记老一辈马克思主义历史学家郭沫若、范文澜、吕振羽、翦伯赞、侯外庐等所做出的独特贡献。他们为中国马克思主义历史学主导地位的确立，为中国历史学的学科建设和队伍建设，殚精竭虑，辛勤工作，功不可没。同时，我们也不能忘记广大历史学工作者为确立和维护中国马克思主义历史学的主导地位，坚持不懈地运用唯物史观研究中国历史所做出的真诚努力和所取得的成绩。

诚然，60 年来，新中国历史学的发展并非一帆风顺。期间，出现过曲折和反复：前 30 年，"文化大革命"的干扰破坏，极"左"思潮的泛滥，使新中国历史学的发展严重受挫；后 30 年，历史虚无主义和文化保守主义相继使中国马克思主义历史学的主导地位面临严峻的挑战。在社会形态问题的研究方面，60 年来，一直存在着两种形式化：对唯物史观基本原理在理解上的形式化和对中国历史事实在解释上的形式化。由于缺乏对理论或史实从本质上的理解和把握，因而往往出现或强史实以就理论，或强理论以就史实的偏向。但这是在肯定马克思的社会形态学说对于中国历史的适用性的前提下，对问题的理解或研究的角度不同所致。由此而产生的不同意见之间的争论是属于马克思主义历史学内部不同意见之间的争论。

最近 20 年来，中国史坛出现了与上述性质完全不同的情况，我称之为历史研究中的非社会形态化思潮。有人在"理论创新"的名义下，宣扬中国历史特殊论，否定马克思的社会形态学说对于中国历史的适用性。这是一种把社会形态排除在历史研究的视野之外，不再成为历史研究对象的史学思潮。这股史学思潮的特点是：不再把中国历史进程看作是社会形态变迁的过程，不再把生产方式的变革看作是中国历史发展的内在根源和动力，不再用社会形态的变迁来划分中国历史发展阶段。其要害是：否定生产方式理论在历史研究中的主导地位，否定社会形态分期法在划分历史发展阶段中的方法论意义。其目的是：超越社会形态的变迁和生产方式的变革而另寻中国历史发展的进路。如果说，这股史学思潮最初是以"证伪"马克思的五种社会形态说的形式出现的；那么，近年来事态的发展已经转向直接攻击马克思的五种社会形态说的理论基础——唯物史观本身了。其矛头直指唯物史观关于生产力决定生产关系，经济基础决定上层建筑的基本原理。例如，有人公然否定"因生产力不断发展而导致五种社会形态依次更替"的历史存在，宣称"五种社会形态依次更替"的"人类社会普遍发展规律""不是客观事实"，而是"人的主观想象"。显然，这是典型的唯物史观否定论。而对唯物史观否定论最有力的批判是历史事实。

人类历史告诉我们：生产力是人类社会发展过程中最革命的因素，它是生产关系变革的原动力，因而也是五种社会形态依次更替的内在根源。这是由生产力的性质特点决定的。生产力的最大特点在于：它是"一种既得力量，是以往的活动的产物"。就是说，它是人类世代累积起来的"实践能力"或"应用能力"[①]。因此，后一世代的生产力必然高于前一世代的生产力。这就决定了生产力的发展过程必然呈现出不断由低一级向更高一级的上升运动的过程。正是生产力这一不断发展的上升运动的本质属性，决定了生产关系的变革以及社会形态的变迁必然是由低一级向高一级依次

[①] 《马克思致帕·瓦·安年科夫（1846 年 12 月 28 日）》，《马克思恩格斯选集》第 4 卷，人民出版社 1995 年版，第 532 页。

递进，并最终由资本主义社会走向共产主义社会。这是整个人类社会历史发展的总趋向，是由生产力的本质属性所决定的，因而是不以人的意志为转移的客观规律，而不是什么"人的主观想象"。可见，最不尊重"客观事实"的是物史观否定论者。他们对于五种社会形态依次更替的否定，才是名副其实的"主观想象"。如果按照他们的"主观想象"办事；那么，马克思所发现的唯物史必须推翻，整个人类历史必须重新改写。由此不难看出：历史研究中的非社会形态化思潮不但在理论上是错误的，而且在实践中也是非常有害的。

必须指出：历史研究中的非社会形态化，由来已久。但是，它之所以发展成为一股史学思潮，则是与20世纪80—90年代以来的国际大气候和国内小气候有着密切的联系。这一时期，由于众所周知的原因，国际上掀起了一股反共、反社会主义、反马克思主义的逆流，社会主义和马克思主义受到严峻的挑战，处于低潮时期。与此相应，西方学界出现了一股否定唯物史观的史学思潮。后现代史学旨在反对历史模式化和历史规律性的"历史碎片论"和全球经济史观旨在否定马克思社会形态学说的反生产方式理论，就是典型的代表。国际的大气候引发了国内的小气候。旨在反对马克思主义指导地位的"指导思想多元化"和企图取而代之的儒学"国学化"的主张，就是国际的大气候在国内的具体反映。与此同时，国内史坛出现的非社会形态化思潮，借"反思"之名，全盘否定新中国历史学在马克思主义指导下所取得的成就，肆意贬低老一辈马克思主义历史学家所创建的业绩，竭力反对马克思主义历史学在历史研究中的主导地位，妄图使之边缘化。可见，国内史坛这股非社会形态化思潮，从产生之日起就与国际、国内的大小气候结下了不解之缘。对此，我们切不可掉以轻心，而必须认真对待，把批判这股史学思潮同国际的大气候和国内的小气候联系起来，同坚持和发展唯物史观联系起来，同维护和发扬中国马克思主义历史学的主导地位和优良传统联系起来。只有这样，新中国历史学才能够继续沿着马克思主义的正确航道乘风破浪，胜利前进！

（原载《36位著名学者纵论新中国发展60年》，中国社会科学出版社2009年版）

侯外庐与中国马克思主义历史学

侯外庐（1903—1987年）是我国老一辈马克思主义历史学家。他与郭沫若、范文澜、吕振羽、翦伯赞等著名学者，曾被新中国历史学界称为"五老"。"五老"这一尊称是同他们创建和发展中国马克思主义历史学的光辉业绩分不开的，而在这方面，侯老更有其独自的贡献。

从1927年赴法勤工俭学，翻译马克思的《资本论》到1987年逝世的60年，是侯老为追求马克思主义真理而不断探索的60年，是侯老为探求马克思主义与中国历史实际相结合的具体道路而不断进取的60年。期间，虽有艰难和险阻，坎坷和挫折，但是，都始终没有动摇过侯老对马克思主义的坚定信念。从中，我们可以领略到侯老的理论胆识，历史睿智和自强不息，不畏艰辛，持之以恒的"韧"的战斗精神。

本文将在回顾侯老60年学术生涯的基础上，着重就他在中国社会史和思想史领域为实现马克思主义的中国化所做出的开拓性贡献，进行简要论析。

一 运用马克思的"亚细亚生产方式"理论，重新探求中国古代文明起源的路径，开辟中国古代社会史研究的新方向

侯老的学术生涯是从翻译《资本论》开始的，而《资本论》的理论和方法为他日后走上中国史坛铺平了道路，奠定了理论基础。他认为，马克思对资本主义社会形态所做的高度概括，即把这一社会形态的性质归结为由其生产方式所决定，又把这一生产方式归结为由生产资料与劳动者的相分离到在资本家手中实行两者相结合的"特殊方式和方法"，具有方法论

意义，应该成为研究前资本主义诸社会形态的指针[①]。他的中国古代社会史研究就是从探讨"亚细亚生产方式"的性质入手的。侯老认为，这是科学判明中国古代社会性质的根据，也是正确探求中国古代文明起源路径的关键。

亚细亚生产方式作为经济社会形态的概念是马克思在1859年的《政治经济学批判·序言》里明确提出来的，它与"古代的，封建的和现代资产阶级的生产方式"构成"经济的社会形态演进的几个时代"[②]而名列前茅。尽管如此，由于马克思并未就该生产方式的社会性质做出明确的规定，因而为问题留下了进一步思考的空间，争论由此而起。持论各方，见仁见智，主要有：原始社会说，东方奴隶社会说，东方封建社会说和东方独特社会说等。侯老经过多年的探索，于1946年写成《中国古代社会史论》一书，对这一问题提出了不同于上述诸说的新说——路径说。这是在肯定亚细亚生产方式的奴隶制社会性质的前提下，承认东西方社会进入文明的路径因生产方式内部生产资料与劳动力的结合及其实现形式不同而有所区别的一种新观点。概言之，亚细亚生产方式是中国社会进入文明的路径，它与"古典的古代"虽同处在一个历史发展阶段，但却走着不同的发展道路。侯老说：如果用恩格斯提出的"家庭、私产、国家"三项做文明路径的指标；那么，"古典的古代"是从家族到私产再到国家，国家代替了家族，走的是"革命路线"；"亚细亚的古代"是由家族到国家，国家混合在家族里面，叫作"社稷"，走的是"维新路线"。这后一条路线的特点：一是，土地私有制的缺乏。它不像"古典的古代"那样，由氏族公社共有制直接转化为私人财产所有制，而是由氏族公社共有制转化为氏族贵族所有制即国有制，而不必经过私有制的阶段；二是，"氏族遗制"的保留。它不仅表现为"国家混合在家族里面"，从而形成奴隶制的宗法政治，而且还表现在"族人分赐的制度"上，即以"家室"为单位的劳动力集体所有制形式上，因而具有"集团的氏族奴隶制"的特点；三是，城市与农村特殊的统一。"古典的古代"，其城市是建立在土地私有制的经济基础

[①] 侯外庐：《韧的追求》，生活·读书·新知三联书店1985年版，第228页。
[②] 《马克思恩格斯选集》第2卷，1995年版，第33页。

上，而中国的古代城市是建立在"宗子维城"的宗法政治的基础上，说明中国古代城市国家的起源走着与"古典的古代"不同的路径。侯老在这方面的贡献在于：一是，它不仅考证了历史记载中邦、封和城、国同义，而且进而揭示出其中所蕴含的社会历史内涵，认为这是将被征服的氏族成员转化为集团奴隶并以疆界分割开来，使之驯服的一种都鄙制度；二是，指出周人之"封建"所以不能认为是封建社会，是因为他们还没有"以农村为出发点"的经济基础；三是，揭示都鄙制度即国野之分的实质，是城市与农村的划分："在上"的氏族贵族掌握着城市，"在下"的氏族奴隶住在农村，两种氏族纽带结成一种密切的关系，都不容易和土地联结，因而形成了城市与农村的特殊的统一。这较之"古典的古代"是城市与农村相分离的历史，显然是走着不同的国家起源的路径。

侯老在总结20世纪30年代关于中国社会史问题论战的经验教训时指出："问题的本质在于没有找到研究中国古代的科学路径。"[①] 从亚细亚生产方式的性质入手，运用马克思的亚细亚生产方式理论重新探求中国古代文明起源的路径，我以为，这就是侯老所要寻找的研究中国古代的"科学路径"。侯老把寻找这条"科学路径"的工作，称为马克思关于亚细亚生产方式的"理论延长工作"，指的就是把马克思这一理论"延长"到对于中国古代社会的研究，"延长"到对于中国古代文明起源路径的研究。这样，他就为中国古代社会史研究开辟了新方向，为在中国古代社会史领域实现马克思主义的中国化作出了开拓性的贡献。

二　运用马克思主义关于封建生产关系的普遍原理，阐明中国封建社会的历史进程与性质特点，探求马克思主义历史科学中国化的具体途径

侯老的中国封建社会史研究是从秦汉史开始的。他于1947年发表了

---

① 侯外庐：《韧的追求》，第115页。

《汉代社会新论》一文。随后，于新中国初年，以《汉代社会绪论》出版单行本。在秦汉史研究中，侯老接触到中国封建社会的一系列问题，如封建制的法典化、土地国有制、农业和家庭手工业相结合的自然经济、封建社会的品级结构、农民战争的特点，等等。新中国成立后，侯老继续这项研究，撰写了一系列的相关论文，并于1979年结集成书出版，定名《中国封建社会史论》。它不失为《中国古代社会史论》的姐妹篇。

侯老的中国封建社会史研究，视野开阔，立论新颖，既有理论高度，又有实证基础。他根据马克思主义关于封建生产关系的普遍原理，结合中国历史实际，提出了许多发人深思和引起争论的问题和见解，从而推进中国封建社会史研究的深入开展。

侯老认为，马克思主义关于封建生产关系的普遍原理，如封建土地所有权、占有权和使用权的划分，封建私有财产的实质是特权即例外权的类存在，皇权首先表现在对私有财产的绝对权力，封建土地的权力结构决定着封建社会的品级结构等，同样适用于研究中国封建社会史。

运用马克思主义关于封建生产关系的普遍原理研究中国封建社会史，首先，必须考察中国封建制产生的社会经济条件。侯老指出：马克思和恩格斯所强调的"以农村为出发点"的"小生产制"，是中国封建制产生的社会经济条件。这种小生产制，就是列宁所说的小农业和家庭手工业相结合的"自然经济"，它之所以成为统治形式是封建制产生的首要条件。根据马、恩、列的上述论断，侯老将中国封建制的产生、形成和确立的过程，定在战国末至秦汉之际：它萌芽于秦国商鞅变法，形成于秦朝的统一，确立于汉武帝的"法度"即"法典化"。在这里，侯老首次提出用"法典化"作为封建化最终完成和封建制最终确立的新标准。他所说的"法典化"是指"统治阶级的一系列的法律手续所固定起来的形式"。这是侯老关于历史分期标准的新见解，也是他主张西汉封建说的主要根据。

封建生产关系的根本问题是封建土地所有制问题。马克思把"封建的土地占有"看作是"占有私有财产的基础"。[1] 基于这种认识，侯老的中国

---

[1] 马克思：《1844年经济学哲学手稿》，人民出版社1985年版，第41页。

封建社会史研究把探讨中国封建土地所有制形式问题作为整个研究的重点，并同中国封建社会发展规律的问题联系起来。为此，侯老根据封建土地所有权的普遍原理，深入考察了秦汉以来历代的土地制度，指出：封建土地国有制是中国封建土地所有制占支配地位的形式。他所说的封建土地国有制，是指"皇权垄断的土地所有制"。中唐以前，它以军事的政治的统治形式为主；中唐以后，它以经济的所有形式为主；至明末清初，才最终结束了这种土地所有制的历史。必须指出，侯老并不否认封建土地国有制下私有土地的存在。但是，他认为，在皇权的支配下，这种土地私有权随时有被剥夺的危险，因而是不稳固的。侯老之所以提出封建土地国有论，是为了阐明中国封建专制主义长期存在的真实社会经济根源，而这正是中西方封建社会的主要区别所在。今天看来，侯老提出封建土地国有论，其意义不仅在于它的理论本身，而且还在于它引起人们的思考和讨论，引导人们去研究马克思主义的相关理论和中国封建社会史的相关问题，促进马克思主义与中国历史实际相结合。

侯老的中国封建社会史研究十分重视封建社会的品级结构问题，认为这是建立在封建土地权力结构之上的封建地主阶级形态的主要特色，应该按"身份性"和"非身份性"对其进行阶层的分析。按前者，中国封建地主阶级可分为：皇族、豪族和庶族三个阶层。皇族地主居于封建社会品级结构的顶端，拥有最高权力，统驭着其他两个阶层；豪族地主是由家族的血缘关系维系着的，附着于村社自治体的地方势力，对皇权具有既支持又对抗的两面性；庶族地主是非身份性的富有者，他们更多地拥护皇权以反对豪族地主"武断乡曲"，侵犯其利益。因此，豪族地主与庶族地主彼此势力的消长，在很大程度上反映了封建社会不同时期政治、经济和思想文化发展的特点，是中国封建社会由前期向后期转变的重要标志。显然，这样的阶层分析更能深刻反映封建地主阶级内部各派之间相互关系的本质。

关于中国封建社会的农民战争问题，是侯老研究的另一个重点。他试图从社会史与思想史相结合的角度，通过对不同时期农民战争的纲领口号的分析，揭示其基本特点，指出：中国封建社会前期，封建剥削方式主要是徭役地租，它是通过暴力的手段和宗法关系的形式使农民附着于土地而实现的。因此，这一时期的农民战争，主要表现为反徭役、争人身权，其口号往往包含着狂暴式的"财产共有"或"共同劳动"的教义。在后期，封建剥削方式主要是实物地租，它主要是通过租佃关系而实现的。因此，这一时期的农民战争，主要表现为反对封建特权和争取土地，其口号不限于争取人身权，还包含争取平等权和平分土地的要求。关于农民战争的历史作用，侯老用"拆散"两字来概括，认为它"打乱了"封建统治秩序，起了"拆散"的作用，可是又不能依靠自身的力量彻底摧毁整个封建制度而代之以新的社会制度。即使如此，农民反抗剥削压迫的思想，是封建时代的革命思想，也是我国优秀思想文化遗产的重要组成部分。毋庸讳言，侯老关于农民战争历史作用的评价，对于当前的历史研究仍有十分重要的启示意义。

从分析明清之际的资本主义萌芽入手，探索中国社会近代化的道路及其难产性，是侯老研究中国封建社会史的另一个重点。早在20世纪40年代，侯老在撰写《中国近世思想学说史》时，就开始研究这个问题。新中国成立后，他继续这项研究，从土地关系的变化，手工业和海外贸易的发展三个方面考察了明代嘉靖、万历以来封建社会的解体过程以及资本主义萌芽的状况，认为明代后期"一条鞭法"和清初"更名田"的实施，说明国家的税制转向更具有财产税性质的税制，从而有力地刺激了土地私有制的发展。这一时期，私有土地和经营地主势力的发展，不仅表明土地关系发生了重大变化，而且也是资本主义生产关系开始萌芽的重要表现；而农业劳动和手工业劳动的分离及其向城市手工市场的转移，都市和商业的发展，对封建生产方式则起了分解的作用。不过，封建国家对私商活动的限制，官僚资本与商业高利贷相结合以及会馆制度对市场的排斥，又严重地阻碍资本主义生产关系萌芽的发展，足见中国社会近代化的难产性。侯老用"死的抓住了活的"这一马克思的名言来说明这种难产性，十分形象、贴切。

总之，侯老的中国封建社会史研究始终是围绕着马克思主义关于封建生产关系的普遍原理展开的。他从理论和史实的结合上，提出问题，研析问题，回答问题，从而为探求马克思主义历史科学中国化的具体道路做出了开拓性的贡献。

三 运用唯物史观的基本原理,批判总结中国历史文化遗产,构建崭新的中国思想史解释体系

侯老在回顾半个多世纪的学术生涯时说:从早年起,我就要求自己"在史学领域中挑起一副由社会史和思想史各占一头的担子"。1934年出版的《中国古代社会与老子》一书,就是他在这方面的最初尝试。此后,他数十年如一日沿着这条学术道路完成了一系列有重要影响的中国思想史著作,主要有:《中国古代思想学说史》、《中国近世思想学说史》、《中国早期启蒙思想史》、《中国思想通史》、《宋明理学史》、《中国近代哲学史》和《中国思想史纲》等。由侯老撰著或主编的这些著作对2000多年来的中国思想文化遗产进行了系统的批判和总结,从而构建了具有学派特色的中国思想史解释体系。

侯老的中国思想史研究,体大思精,考核翔实,多有创见,独具学派特色。概要地说:

一是,确立以社会史为基础的研究方向。根据唯物史观的基本原理,思想意识是社会存在的反映。因此,历史从哪里开始,思想进程也应从哪里开始。这表明:历史与逻辑的一致性,历史进程与社会思潮发展的一致性。这种一致性要求研究中国思想史应从社会史入手,阐明经济基础、政治上层建筑和意识形态三者之间的辩证关系。基于这种认识,侯老始终把"研究社会存在对于社会意识的影响"作用作为自己的"研究方向",认为"思想史系以社会史为基础而递变其形态",思想上的疑难问题不能由思想本身,而只能从社会历史的发展中求得解决。他的具体方法是:在研究社会史的基础上,注重对社会思潮进行全面、系统的考察,力图把握社会思潮与社会历史的联系及其所反映的时代特点,进而研究不同学派及其代表人物的思想特点和历史地位,最终形成以社会史为基础、融社会史与思想史为一体的学术风格。这样,侯老就把长期以来被唯心史观头脚倒置了的中国思想史重新颠倒了过来而置于社会史的坚实基础上,确立了唯物史观在中国思想史领域的指导地位,实现了中国思想史研究方向的根本转变。

二是,注重思想的相对独立性的理论原则。唯物史观肯定社会存在决

定社会意识，但是，并不否认社会意识作为一种精神生产又属于社会分工的特殊部门而所具有的相对独立性。这是马克思主义的一个理论原则。侯老认为，历史上任何思想学说的产生，都不可能离开前人所提供的思想资料。这种思想的继承性是思想发展链条中不可或缺的一环。诚然，继承并非对前人思想的简单重复，而是包含着不同程度的改造。即使是相互对立的学派，也不例外。它们在批判对方的过程中，又往往吸收对方的某些思想成分来丰富和发展自己。例如，汉初的黄老之学、魏晋玄学、宋明理学，或批判吸收道、法思想，或批判吸收儒、道、名思想，或批判吸收儒、佛、道思想，才形成新的学派。这种学派批判与融合的过程是思想史带规律性的现象，反映了历史发展的辩证法。因此，侯老的中国思想史研究既注重社会思潮与社会史之间的内在联系，又注重范畴、概念以及思潮、学派之间渊源流变的承续关系，旨在揭示其间的思想继承性。

三是，谨守考证辨伪的实证方法。侯老的中国思想史研究不仅以理论分析见长，而且以史料翔实著称。为了全面反映社会思潮的面貌、系统了解学派之间的相互关系、准确把握思想家思想体系的实质，就必须完整地占有相关的思想资料，掌握相关的第一手材料。然而，由于思想资料年代久远、内容芜杂，往往真伪难辨，因此，必须采用考证辨伪的方法，进行实证研究，删芜取精，去伪存真，才有可能做出正确的事实判断。对此，侯老提出：要借鉴前人的考据学成果，在文字训诂、史料辨伪方面下一番功夫，钻一下牛角尖，而切不可随意采择史料。他举《周礼》、《管子》为例：如果用《周礼》来论述周初的制度，用《管子》来论述管仲的思想；那么，就要犯"望文生义"、别择失真的错误。可见，侯老的中国思想史研究之所以成就卓著，是同他重实证研究分不开的。而这正是侯老的中国思想史的学派特色的重要体现。

四是，坚持批判继承的科学态度。近代以来，在对待中国思想文化遗产问题上，有三种主张或态度，即：西化论者的全盘否定论，文化保守主义者的全盘肯定论，马克思主义者的批判继承论。作为马克思主义历史学家，侯老自然属于后者，主张批判继承论。其理论根据是两种文化观。侯老认为，"每个民族的文化"都"表现为两种文化，即进步的文化和反动的文化之间的对立"，正是这两种文化之间的对立和斗争，推动了文化的发展。因此，对待思想文化遗产的正确态度应该是批判继承，"既反对国粹主义，又反对虚无主义"①。为了坚持批判继承，就必须根据两种文化观对思想文化遗产进行具体分析。例如，研究中世纪的思想文化，就"必须着重研究异端思想和正统儒学的斗争，无神论和有神论的斗争，唯物主义和唯心主义的斗争"。一方面要重视对正统儒学的批判，揭露它同封建专制主义的联系；另一方面，又要注重反正宗的"异端"思想传统的分析，表彰其间所蕴含的人民性。同时，还要注重历史上唯物主义哲学与自然科学的联盟，表彰其间所蕴含的科学精神。可见，侯老对中世纪的思想文化始终贯彻着两种文化观和坚持批判继承的科学态度。

五是，重在弘扬优秀思想文化传统的学术宗旨。侯老对中国思想文化遗产所以坚持批判继承的科学态度，最终目的在于弘扬祖国优秀思想文化传统，更好地为建设社会主义新文化服务。在这方面，侯老毕一生之精力进行了艰辛的探索、挖掘和表彰，而用力最勤、贡献最大者：一是，在哲学方面，挖掘了一批唯物主义思想家。如唐代的吕才、柳宗元、刘禹锡，宋代的王安石、叶适，明代的王廷相、吕坤、方以智，清代的王夫之、颜元等；着力表彰唯物主义的优良传统。其中，他特别强调唯物主义反对正宗思想的斗争传统。如汉代的谶纬与反谶纬的斗争、魏晋南北朝的"神灭论"与"神不灭论"的斗争，唐代的"元气"一元论与神学天命论的斗争，宋明以来的哲学唯物论与理学唯心论的斗争等，认为这种斗争像一根红线贯串于中国哲学发展的全过程，而它们的"敢于斗争"的精神已成为中国唯物主义优良传统的重要组成部分。二是，在学术思想方面，特别表彰了一批思想家在历史转折时期对批判思潮所做的总结性工作。如：春秋战国之际，孔子和墨子对于三代先王的总结；战国末到秦汉之际，荀子的《非十二子》、庄子的《天下》、韩非子的《显学》、《商君书》的《开塞》以及《史记》的司马谈《论六家要旨》；晋末南北朝，《世说新语》对玄学的总结；直至明清之际，王夫之、顾炎武、黄宗羲等人对理学的总结；等等。侯老指出：如果历史上没有划时代的变化，则这些综合学术的史论就

---

① 侯外庐：《侯外庐史学论文选集》下册，人民出版社1988年版，第422页。

不会出现。它们既有对旧时代思想文化的批判，更有对新时代思想文化的发皇，因而具有承先启后的历史进步性，故堪称中国思想史的优良传统。

必须指出，侯老的中国思想史研究，其学派特色具有方法论的意义，它成为侯老及其学派始终坚持的基本原则，而以社会史为基础、融社会史与思想史为一体的研究方向更是贯串于研究全过程的一条主线，至今仍有指导意义。

综观侯老60年的科学实践，这是中国马克思主义历史学由产生、形成、发展到最终确立其主导地位的时期。从中，我们深刻感受到中国历史学所发生的根本性变革。事实表明：一旦马克思主义与中国历史实际相结合，中国历史学的面貌就为之焕然一新。侯老一生的科学实践见证了这一点，侯老一生的科学成就证实了这一点。毫无疑问，侯老一生的科学成就将作为中国马克思主义历史学的重要组成部分而载入史册。

（原载《中国社会科学报》2009年9月17、24日）

第四编

思想文化的转型

由传统走向启蒙
——论 18 世纪中国文化的发展方向

探讨 18 世纪中国文化的发展方向必须从它所处的时代性和社会思潮的性质特点切入，进行历史的考察和辩证的分析，才有可能作出正确的判断。

18 世纪的中国所面对的国际环境，简要地说，是西方国家通过经济、政治和思想文化领域的变革加速资本主义的发展。它们为了发展资本主义，不断向外开拓商品市场和原料产地，积极进行殖民扩张，把侵略的触角伸向东方。

面对这样的国际环境，18 世纪的中国又是怎样的一种情形呢？这一时期正是清代康熙、雍正、乾隆三朝统治时期，这一时期，清初曾一度遭到破坏的封建经济不仅得到了恢复，而且有了进一步的发展。国力也更加增强，统治更加巩固。因此，在 18 世纪，中国封建制度不是削弱了，而是得到了某种程度的加强，这与同一时期的西方国家正在加速资本主义发展的情况相比，适成鲜明的对照，形成极大的历史反差。

然而，从历史发展的进程来看，18 世纪的中国又处在封建社会的晚期，因此，出现了封建社会晚期所特有的现象，即由社会分工的进一步扩大而导致的农业和手工业部门资本主义生产关系萌芽的生长和发展。值得指出的是，近年来，在中国学术界流行一种观点，认为在中国历史上不存在资本主义萌芽的问题，并把坚持用资本主义萌芽的观点解释中国历史称之为"萌芽史观"。据说，这种"萌芽史观"是把西方国家的发展模式套用于中国历史的产物，是用"假如理论"编造而成的"假历史"。对于诸如此类的责难，最好的回答是史实。

事情很清楚，18 世纪的中国封建社会在农业和手工业方面所发生的新情况和新变化，是无法从中国封建社会的传统性质中得到解释的，只有用资本主义萌芽的理论才能作出科学的说明。18世纪的中国封建社会史表明：资本主义萌芽不仅在中国历史上存在过，而且在中国封建社会的晚期得到了更进一步的发展。

肯定资本主义萌芽不仅在中国历史上存在过，而且在"康乾盛世"有了进一步的发展，这既是对"中国封建社会长期停滞论"的有力回击，也是我们正确理解和把握这一时期社会思潮性质特点的关键所在。因为社会思潮的性质特点是由它所反映的那个社会的性质特点所决定的。而任何一个社会在性质特点上的变化必然要在社会的精神生活领域中得到反映，引起人们思想观念的变化，导致社会思潮的异动。18世纪的中国社会思潮就是如此。

从18世纪中国社会思潮的发展过程来看，在前期是"宋学专制"，在后期是"汉学一尊"。而无论是汉学还是宋学，它们都是清廷提倡的官方文化，属于传统儒家文化的不同流派，具有鲜明的传统性质。尽管如此，由于汉宋两家治经的路径不同，对儒家经义的理解各异，因此，汉宋之争不断。这一时期汉宋之争虽有争立儒学正宗的深意，但也不能不看到其间已经显露出来的、试图突破汉宋学派藩篱的新倾向。戴震、汪中和章学诚等人就是这方面的代表人物，他们是从传统文化营垒中分离出来的进步思想家。他们以理性主义和人文主义为思想武器，批判"宋学的专制"和正统儒学的伦理文化精神，从而使他们的思想具有明显的启蒙性质。上述新倾向还反映在这一时期的文学作品中，《红楼梦》、《儒林外史》和《镜花缘》等小说就是这方面的代表作品。这一切表明：18世纪的中国已经出现了社会思潮的异动，形成了多种文化形式并存互争的局面。其中，传统与启蒙之争贯穿于这一时期社会思潮的始终，决定着社会思潮的走向，从而构成这一时期社会思潮的基本特点。正如封建社会晚期在生产方式上所发生的新变化已经无法从封建社会的传统性质中得到解释，而只能从资本主义萌芽的新因素中找到答案一样，这一时期社会思潮的异动也已经突破了中国传统文化的局限而另辟新径，只有从思想启蒙的意义上才能作出科学的说明。

18世纪的中国，社会思潮的异动总的趋势是：由传统走向启蒙，它决定了这一时期中国文化发展的基本特色。如果说，随着明代后期资本主义萌芽的出现应运而兴的思想启蒙是中国文化由传统走向启蒙的开端，那么，18世纪的中国，资本主义萌芽的进一步发展则使文化领域里已经开始的这一走向更具广泛性和深刻性。18世纪中国文化发展的这一基本特色可以从当时进步思想家的具体表现中得到说明。概要地说：

第一，这一时期的进步思想家都是直接或间接地通过批判汉学与宋学这一官方文化来表明他们同传统儒学的背离而走上思想启蒙道路的。戴震就是这方面开风气之先的代表人物。

大家知道，戴震（1723—1777）是这一时期"专门汉学"皖派的开创者，汉学营垒的领袖人物。他的治学方法是汉学的传统，即通过文字训诂、名物考释来求得对儒家经义的正解。但是，他的治学指向则是反宋学的。他的《孟子字义疏证》一书，就是借"疏证"《孟子》的"字义"来发挥他的反宋学的思想的。他反宋学的重点在于：揭露封建社会的不平不公和宋儒以"理"论为此辩护的虚伪性和残忍性，以致最后痛切地发出"后儒以理杀人"的呐喊。这一切无不表明，戴震之反宋学是具有何等强烈的反封建的启蒙性质！他正是通过批判宋学而走上与正宗儒学相背离的思想启蒙的道路的。

汪中（1744—1794）与他的许多同代学者一样，其治学方法也是汉学的传统。他好古博学，长于经义，于文字训诂、名物制度无不综览，有汉学家之风。然而，在治学态度上，他又不与"俗学"为伍，而是另辟蹊径，复兴先秦子学研究，以此来表明他对传统儒学的蔑视。他虽无直接的反宋学言论，但通过子学研究，褒扬荀子，贬抑孟子，把宋学的灵魂孔孟道统说拦腰斩断。而他为墨子辩诬更把攻击的矛头直指孟子，因此而被斥为"名教之罪人"。这正好表明，汪中治学的反传统态度具有鲜明的反封建性质。可见，汪中是通过复兴子学研究来表明他同传统儒学的背离而走上思想启蒙道路的。

章学诚（1738—1801）是这一时期既反汉学、又反宋学，全方位反对官方文化的进步思想家。他与汪中相似，不媚时俗，言论多惊世骇俗，因而被目为"怪物"、"诧为异类"。他的治学方法一反汉宋的治学传统，主张文史结合，义理、考据兼综。他批评汉学由文字训诂、名物考证以通经明道是"缘木求鱼",批评宋学离事物而言义理是"空疏迂阔"。他反对"道在文史外"的说法,主张文史不外于道,以此批评汉宋之学由经求道的观点。他批评传统儒学的"《六经》载道"说,主张"《六经》皆史"。把《六经》从"经"的地位降到与"史"同等的地位,是对两千年来尊经意识的挑战,其反封建思想传统的性质甚明。与戴震、汪中等人不同,章学诚是通过文史研究的途径来批判汉宋之学,以表明他同官方文化乃至传统儒家文化的背离而走上思想启蒙道路的。

第二,这一时期的进步思想家用以批判传统走上启蒙道路的思想武器是理性主义和人文主义。

理性主义和人文主义是西方国家走出中世纪的精神象征,也是西方资产阶级革命准备时期的一种启蒙思潮,是新兴资产阶级反对中世纪教会统治和封建特权的思想武器。启蒙思想家认为,凡是符合自然和人性的就是理性。他们主张用知识来代替信仰,用逻辑求证来代替先验的权威原理,反对迷信和盲从。人文主义则主张以人为本位,要求尊重人的本质,提倡个性解放,反对中世纪的神学禁欲主义。18世纪的中国进步思想家们虽然对上述两者的认识还没有达到西方启蒙思想家的高度,但是也提出了类似的思想主张来反对宋学的蒙昧主义和汉学的烦琐主义。这两种主义尽管表现形式不同,但在禁锢人的思想、压抑人的个性、抹煞人的自我价值追求等方面,都是一致的。因此,这一时期的进步思想家把理性主义和人文主义作为批判传统文化的思想武器。

首先,针对宋儒把"理"神化为主宰万物的先验的存在,戴震径直地把"理"还原为一种"自然"或事物之"必然",即规律性。他说:"理非他,盖其必然也。"[1] 又说:"人之异于物者,人能明于必然,百物之生各遂其自然也。"[2] 章学诚也有类似的说法,认为所谓"道","皆其事势自然"[3]。在进步思想家看来,"道"或"理"并不神秘,也并非不可知,它是事物的规律性,是人的智力所能认识的。这就打破了人们对于作为封建

---

[1] 《绪言》卷上。
[2] 同上。
[3] 《文史通义·内篇·原道上》。

主义权威原理的"道"或"理"的神圣性和至上性的迷信，具有反封建的启蒙意义。

其次，针对宋儒"存理去欲"的禁欲主义的道德说教，戴震提出"理欲不相外"之说与之相对抗。他批评宋儒把"饥寒愁怨、饮食男女、常情隐曲之感"这种人的正常生理要求和情感一概斥之为"人欲"，指出究其实不过是"绝情欲之感耳"。① 为了批判宋儒这种"绝情欲"的"存理去欲"说，戴震进而提出"情理交融"说。他说："在己与人，皆谓之情。无过情无不及情之谓理。"② 如果说，宋儒的"存理去欲"说是"绝情欲之感"的禁欲主义，那么，戴震提出"理欲不相外"和"情理交融"说则是强调了满足人的情欲要求的重要性，它体现了以人为本位的人文主义精神。

再次，针对汉学烦琐主义拘束个性的独立发展，章学诚主张学贵自得，反对因袭和墨守成规，提倡独立思考。他说："世儒之患，起于学而不思"，而"所贵君子之学术，为能持世而救偏"。③ 他认为，言学而"不知持风气，而惟知徇风气"就是"学而不思"④。为此，他提出"学业者，所以辟风气"的命题，强调治学应以"辟风气"为己任，也就是今天我们所说的要有开拓创新的精神。这既体现了对于个性的充分尊重，也体现了对于人的创造能力的高度自信，因而是对人文精神的大发扬。

第三，这一时期的进步思想家在由传统走向启蒙的过程中，注意把文化批判引向社会生活领域，促使人们伦理道德观念的更新，从而使这种文化批判更具世俗性，更有现实意义。

长期以来，儒家所宣扬的纲常伦理是维护封建等级制度的精神支柱，它把封建社会的等级关系浓缩到"三纲五常"的伦理道德框架内，建构起一个以服从为核心，以尊卑贵贱、忠孝节义为基本内容的严密的伦理道德体系，并使之成为指导人们行为规范的理论根据。因此，它一直深深地影

---

① 《孟子字义疏证》卷下。
② 同上，卷上。
③ 《文史通义·内篇二·原学下》。
④ 同上。

响着人们的伦理道德观念。为了使人们的伦理道德观念从封建纲常名教的禁锢中解放出来,就必须打破封建伦理道德体系的束缚,冲决封建礼教的罗网。在这方面,汪中、袁枚是这一时期敢于向封建纲常名教挑战的勇士。

汪中和袁枚(1716—1798)对封建纲常名教的批判集中在男女婚姻问题上。因为自宋以来,封建礼教对于妇女在婚姻家庭中的地位有极其严厉、苛刻的规定,如"三从"、"四德",不许改嫁,"从一而终"等。这些规定是"夫为妻纲"这一封建道德律的具体贯彻,也是男尊女卑的封建伦理道德观念的具体反映。对此,他们提出婚姻自主、婚姻自由的主张与之相抗衡。汪中指出:根据古代礼制,不存在女子"从一而终"的问题;相反地,古礼允许妇女改嫁。他认为,女子许嫁而夫死,不允许她改嫁是"非礼也"①,不符合古代礼制。至于女子未嫁而夫死却要求她从夫而死,更是非礼。② 他还针对封建礼教对于男女结合防范甚严的规定而提出应该允许他们自由结合的主张。他认为,即使"有三十不娶,二十不嫁"而私奔者也不应该禁止,不能视为"教民淫也"③。袁枚也有类似的言论。他反对封建礼教关于女子"从一而终"的规定,认为其导致"内有怨女,外有旷夫"的人间悲剧,不能"忍言"④。他与汪中一样,主张男女自由结合,允许妇女改嫁,认为这是古已有之,符合人情,不必引以为耻,更不应该作为判断风俗好坏的依据。⑤ 他批评后世礼教森严是背人情致虚伪⑥,对封建礼教进行了无情的鞭挞。

从汪中和袁枚在男女婚姻问题上所提出的思想主张和对封建礼教所作的批判中,可以看到其中已包含了要求妇女解放、提倡男女平等的积极思想内容,具有反对男尊女卑的封建伦理道德的思想启蒙性质。

综观18世纪的中国文化发展历程,不难发现,尽管这一时期以汉学

---

① 《述学·内篇一》。
② 同上。
③ 同上。
④ 《小仓山房尺牍》卷五《再答稚存》。
⑤ 《随园随笔》卷十三《改嫁》。
⑥ 《小仓山房尺牍》卷五《再答稚存》。

和宋学为代表的传统儒家文化居于主导地位,但是,启蒙文化的历史批判精神却为当时被汉宋之学笼罩的沉闷窒息的文化氛围,吹进了一股清新的气息,它唤醒了人们的近代意识,使理性主义和人文主义获得了进一步的发扬,从而昭示着中国文化未来发展的方向。在中国由传统走向近代的文化转型中,18世纪的启蒙思潮起到了承前启后的关键作用。

参考文献

《孟子字义疏证》、《文史通义》、《述学》、《小仓山房尺牍》、《随园随笔》等。

(本文系作者为 2000 年 8 月在挪威首都奥斯陆举行的第 19 届国际历史科学代表大会而作。)

论清末的文化转型

清末的文化转型,是指中国文化由传统型向近代型的转变。这种转变,确切地说,始于20世纪初。它表现为:突破以体用为中西文化定位的"中体西用"论的文化模式,而欲建构一种以西学为主导的"会通中西"的新的文化模式。这标志着19世纪下半叶以来的中西文化论争的进一步深化,已由浅层次向深层次发展。

本文的论述将从19世纪末的戊戌变法切入,着重探讨这一时期文化转型的性质、特点。

一 中西体用之争

考察20世纪初的文化转型,必须从19世纪末的戊戌变法说起,因为它是20世纪初文化转型的重要转折点。

19世纪末的戊戌变法,是中日甲午战后高涨起来的变法维新思潮的必然产物。

如所周知,发生于19世纪90年代中期的甲午战争及随后签订的《马关条约》,加速了中国社会半殖民地半封建化的历史进程。中国面临着帝国主义列强瓜分的危险局面。严重的民族危机,迫使追求进步的中国人努力向西方寻求救国救民的真理。在当时的维新派看来,只有仿照西方资本主义制度的模式实现中国社会的近代化,才是挽救民族危亡的唯一出路。19世纪末的戊戌变法,就是在上述历史背景下为实现中国社会近代化而作的最初尝试。"变法图强"、"救亡图存",是这次运动的目的;变更政体、行君主立宪,是这次运动的政治纲领;而宣传西学、批判旧学,则是这次运动的文化纲领。维新派宣传西学的重点在"伸民权"、"倡平等",

而他们批判旧学的重点则集中在封建君权、纲常名教、伦理道德和人性学说等方面。他们对于西学的提倡和对于旧学的批判，不但激发了人们"变法图强"、"救亡图存"的爱国主义精神，而且更使资产阶级思想得到大发扬。因此，戊戌变法不仅是一次爱国政治运动，而且也是一次思想启蒙运动。然而，这一思想启蒙运动具有很大的历史局限性，它突出表现为文化思想上的两重性。例如，它倡言变法维新，却又打着"托古改制"的旗号；它宣传西学，却又披上今文经学的外衣；它批判旧学，却又尊孔孟；反程朱，却不反陆王；反古文经学，却不反今文经学。凡此种种，充分反映了这一思想启蒙运动的妥协性和不彻底性。戊戌变法维新运动的失败，除了政治上的原因以外，文化思想上的弱点也是一个重要的原因。

戊戌变法的失败进一步唤起了人们的思想觉醒。人们在痛定思痛之余，更从文化思想的深层次进行反思，总结经验教训。这突出表现在：它突破了以"体用"关系为中西文化定位的"中体西用"论的文化模式，而欲建构一种以西学为主导的"会通中西"的新的文化模式。

以"体用"关系为中西文化定位，是19世纪下半叶以来中西文化论争的一种思维模式。根据这一思维模式可以有不同的文化主张。在19世纪末以前，基本上是两种文化主张，即洋务派的"中体西用"论和维新派的"西体中源"说。

洋务派的"中体西用"论由冯桂芬发其端。他于19世纪60年代初提出"以中国之伦常名教为原本，辅以诸国富强之术"[①]。冯氏此说成为后来洋务派"中体西用"论的张本。然而，这一口号的规范提法直至19世纪80年代中才见之于报端。至于对这一口号进行理论化、系统化的阐释，使之成为洋务派"自强新政"的理论根据和文化主张，则是由张之洞在19世纪90年代完成的。

洋务派的"中体西用"论是一种体用二元的文化观。所谓"中体"，质言之，是指正宗儒学所倡导的封建纲常名教。他们认为这是治国之"道"，立国之"本"，为国家命脉之所系，故又称之为"体"，它不能变。

---

① 《校邠庐抗议·采西学议》。

所谓"西用",质言之,是指西方近代的物质技术,属"器物"之"用"的范畴。他们认为可以"用"它来"应世事",达到强"本"固"体"的目的,故"西用"是可变的。由此可见,洋务派"中体西用"论的实质,是试图在不改变中国封建制度的前提下,借引进西方近代的物质技术来强"本"固"体",维护封建统治。显然,这是一种强"西用"以就"中体"的文化主张。虽其初有针对封建守旧派"不知通"的一面,但更有针对维新派"不知本"的一面。随着变法维新思潮的高涨,这一理论旨在卫"道"固"本",反对变法维新的实质也就更加凸显起来了。

"西体中源"说是维新派的变法理论和文化主张,目的在于为他们的"托古改制"提供历史根据和理论支持。必须指出的是,这一理论与"西学中源"说虽同属一个思路,但内涵、意旨各异。

"西学中源"说早在明代后期就已经提出来了。其时,徐光启(1562—1633)、李之藻(1565—1630)等人在介绍西方传教士传入的天文历算等自然科学知识时就持这种观点。但是,这一观点之广为流行则是在19世纪60年代洋务运动兴起以后。当时,洋务派提倡"西学中源"说,是为了给他们的"西用"论提供合法的历史根据。所以,他们所说的"西学",始终是局限于西方近代的某些科学技术。这是一种专讲"器物"之"用"的所谓"实学",即今天所说的自然科学。

维新派所说的"西体",不等于洋务派所说的"西学",而是指西方近代的政体。康有为倡言此说最力。他于19世纪90年代初专门写了《孔子改制考》一书系统阐发此说,其要点有二:一曰,"托古改制",历来如此。先秦诸子,特别是孔子就是"托古改制"的祖师。二曰,西方近代的政体,中国古已有之。为此,他把西方近代的政体与所谓的"孔子改制"联系起来,认为在儒家经典中已经有行"共和"、"开议院"的主张,只要对儒家经典重新加以诠释就可以从中找到西方近代民主政体的原型。这种西方近代政体中国古已有之的"西体中源"说,与洋务派的"西学中源"说虽只有一字之差,但内涵与意旨迥异,是显而易见的。

维新派的"西体中源"说,是为了打破洋务派"中体西用"论将中西体用二元化的理论格局,试图借"西体中源"说为"中体"注入"西体"的内容,以论证其变更政体的合法性。考其初衷是为了突破洋务派"中体西用"论的文化模式。然而,事与愿违。究其原因:其一,从学理看,"西体中源"是要证明中西二"体"同"源",而且是"西体"源于"中体"。这是以"中体"为本位的文化观,它与洋务派的"中体西用"论以"中学为体"的文化观是一致的。两者的出发点不同,而归宿点相同,都是以中国传统文化为本位,可谓"殊途同归"。其二,从研究问题的思路看,"西体中源"说是一种以古证今的思路,其结果自然是古的拖住今的,终将为古所累。其失败是必然的。可见,直到戊戌变法期间,维新派的文化观仍然徘徊在"中西体用之间",还没有发生新的突破。文化观的新突破,是戊戌变法失败后的事。

二　文化观的新突破

戊戌变法失败后文化观上的新突破,其主要表现是:以体用一元论代替体用二元论,以"会通中西"的文化模式代替分中西为体用的文化模式。这是 20 世纪初文化转型的重要标志。

体用二元论的文化观是洋务派"中体西用"论的理论根据,在 19 世纪后半期一直居于主导地位。戊戌变法的失败促使当时的有识之士"从文化根本上"进行反思。

在维新派中,最早向洋务派的"中体西用"论及其体用二元观发难的,是严复。他于 1902 年致函《外交报》,尖锐批评洋务派的"中体西用"论及其体用二元观,并提出"会通中西"的文化主张。

首先,他针对洋务派的"中体西用"论,指出:"中西学之为异也,如其种人之面目然,不可强谓似也。故中学有中学之体用,西学有西学之体用,分之则两立,合之则两亡。"认为"中体西用"论就是属于"合之则两亡"的理论,必须予以否定。他进而指出:"一国之政教学术",犹如具备各种器官的动植物。假使"所取以辅者与所主者绝不同物,将无异取骥之四蹄以附牛之项颈,从而责千里焉固不可得,而田陇之功又以废也。"① 认为"中学为主,西学为辅"之说就是属于取马之四蹄加之于牛之脖子一样的荒谬,既不能行千里,也不能耕田陇。虽然严复仍以体用论中西文化,但是,他主张中西各自有其体用,就在实际上否认了中西文化之间存在着体用关系,因而也就突破了以体用关系为中西文化定位的思维模式。在此基础上,严复继而提出"会通中西"的文化主张。用他的话来说,就是"统新故而视其通,苞中外而计其全",而在"会通中西"的同时,更要分清轻重缓急。他认为,当务之急是求中国"所本无";"中国所本无者,西学也,则西学为当务之急明矣。"② 可见,严复"会通中西"的文化主张,是以宣传西学为当务之急,而他所要建构的文化模式是以西学为主导而又兼通中西的文化模式。显然,这是一种从根本上有别于洋务派"中体西用"论的新的文化模式。

与此同时,梁启超也致力于"从文化根本上"进行反思。他于1902—1903年以"新民说"为题,发表了一系列文章,比较中西文化差异,同样提出要建构"会通中西"的文化模式。他在解释"新民之义"时说:"新之义有二:一曰淬砺其所本有而新之,二曰采补其所本无而新之"③。这是说,既要磨砺中国"本有"的文化使之发扬光大,又要吸纳中国"本无"的西方文化"以补我之所未及"。这与严复"会通中西"的文化主张是一致的,其重点也在宣传西学。他要求用西方近代的文化观念来改造国民的思想素质和心理素质——一句话,即"新民质"——认为这是"今日中国第一急务"。从梁启超"新民说"的内涵来看,他是以"会通中西"来建构一种以西学为主要特色的中西合一的文化模式。用他本人的话来说,即"欲构成一种'不中不西,即中即西'的新学派"④。这与严复所要建构的文化模式可谓异曲同工。

由此可见,随着20世纪初文化观上的新突破引起了文化模式的转型,即由19世纪下半叶以来以中学为主导的"中体西用"论的文化模式向20

---

① 《与〈外交报〉主人论教育书》。
② 《与〈外交报〉主人论教育书》。
③ 《新民说》,《饮冰室专集》之四,上海中华书局1932年版。
④ 《清代学术概论》,《饮冰室专集》之三十四。

世纪初以西学为主导的"会通中西"的文化模式转变。这是 20 世纪初文化转型的重要标志。

三 文化论争的新进展

20 世纪初的文化转型标志着中西文化论争已经由浅层次向深层次发展。

众所周知,文化的构成是多层面的,但最基本的构成,一般认为,是三个层面,即物质层面、制度层面和精神层面。精神层面的文化属于深层次的文化;相对于深层次的精神文化而言,物质层面和制度层面的文化属于浅层次的文化。人类的认识过程是一个由浅入深、由表及里的逐步深化的过程。中国近代学习西方的过程也是如此。先是学习西方近代的物质技术,进而学习西方近代的经济、政治制度,最后是从精神层面学习西方近代的思想学说。19 世纪 60 年代以来的中西文化论争,基本上反映了中国近代学习西方的这一历史进程。可以这样说,19 世纪 90 年代中期以前,中西文化论争大体上是围绕着"中体西用"论展开的。所争论的重点在要不要"西用"的问题上。守旧派反对"西用",认为这是"舍本务末";洋务派力主"西用",认为这是强"本"固"体"之"术",而非"舍本务末"。正如上面所说,洋务派所讲的"西用"仅限于西方近代的物质技术,如"汽机兵械"一类。它反映了这一时期的中西文化论争主要是在物质层面上进行。19 世纪 90 年代中期以后,随着变法维新思潮的高涨,中西文化论争的重点已经转移到要不要变更"政体"的问题上。维新派主张变更"政体"、行君主立宪的戊戌变法,就是从制度层面学习西方的具体行动。张之洞于此期间发表《劝学篇》,对 19 世纪 60 年代以来的"中体西用"论进行全面、系统的总结,继续坚持强"西用"以就"中体"的文化主张,就是直接对抗维新派变更"政体"的变法运动的。可见,甲午战后的中西文化论争已经由物质层面转到制度层面上来,它反映了这场论争的逐步深入。

戊戌变法的失败既是清末开始的文化转型的契机,也是这场文化论争向深层次发展的重要转折。这一重要转折反映到思想领域里,表现为:更深入地开展对宋学及其理论支柱道统论的批判：反映到学术史领域里，则表现为："采西学新说"以建构中国学术史的新体系。

宋学亦称理学，是中国封建社会后期的正宗思想，得到宋、元、明、清历代统治者的大力提倡和表彰，成为维护封建统治的思想工具。从学术思想层面批判宋学，表明这场文化论争已经深入到封建制度赖以存在的思想理论基础，这是从精神层面上批判封建统治的具体表现。当时的革命派是批判宋学的主力军。他们把攻击的矛头直指"宋学之专制"，认为它"钳锢天下之人心，束缚天下之才智"[1]，是为封建君主实施思想专制的政策服务的，而理学家的道统论则是旨在确立"宋学之专制"的理论。因此，为了提倡"学术自由"、批判"宋学之专制"，就必须反对理学家的道统论。他们宣称："且学术所以进步者，由于竞争也。"因此，主张用学派来对抗道统，认为"学派贵分，道统贵合；学派尚竞争，道统尚统一；学派主日新，道统主保守；学派则求胜前人，道统则尊尚古人；宗教家有道统，学术家无道统也。"[2] 从他们对学派和道统的一褒一贬中，可以清楚地看到他们提倡什么，反对什么。他们提倡的是学术自由竞争、学术民主平等、学术开拓创新；他们反对的是学术专制独断、学术等级划分、学术因循守旧等。质言之，他们提倡的是属于西方近代民主主义的思想文化，而反对的是封建专制主义的思想文化。它表明了这一时期新学与旧学斗争的深入，而这正是中西文化论争向深层次发展的突出表现。

"采西学新说"以建构中国学术史的新体系，是这场文化论争向深层次发展的又一突出表现。

大家知道，就文化形态而言，中国历代的学术史从内容到形式都具有鲜明的传统性质。从内容看，它所要概括和总结的历代学术思想及其流派属于以儒学为主体，儒、佛、道三家思想兼综的中国传统文化的范畴；从形式看，它用以概括和总结历代学术思想及其流派的方法，基本上是传统的方法，即中国传统史学修史通常所采用的"寓论于史"的实证方法，并

---

[1]《中国古代限抑君权之法》，《国民日报汇编》第2集，引自张枬、王忍之编《辛亥革命前十年间时论选集》第1卷下册，生活·读书·新知三联书店1960年版，第735页。

[2]《道统辨》，同上书第3集，第735—739页。

体现为四种主要的学术史书编纂体裁——传记体、书志体、类传体和学案体。宋明以来、理学盛行，为学讲"性道"，治经重"义理"，修史续"道统"，蔚然成风。在学术史领域，它表现为：重在为理学家修史立传，以确立"圣道"传承的历史统绪，它千载一脉，亘古不变。这样的一种学术史模式，自宋及清，循而未改。直至 20 世纪初，才由梁启超首先发难，突破这种学术史模式。他于 1902 年发表了题为《论中国学术思想变迁之大势》（见〈饮冰室文集〉之七）的学术史专著。此书虽系未完成之作，但从已有的框架结构来看，仍不失为一部卓然自成体系的学术史新著。

其一，它提出新的学术史分期法。

以往的学术史分期，基本上是按朝代的先后为序；宋明以来，学术史的分期除以朝代先后为序外，更以理学家"闻道早晚"为序。梁氏此书，打破了传统的学术史分期法而另立新章法。他提出以学术思想的内涵、性质及其发展变化作为学术史分期的标准。据此，他将中国学术史划分为七个时期，或曰七个"时代"。这就是：春秋以前为"胚胎时代"，春秋战国为"全盛时代"，两汉为"儒学统一时代"，魏晋为"老学时代"，南北朝迄隋唐为"佛学时代"，宋、元、明为"儒佛混合时代"，清代亦称"近世"为"衰落时代"（《饮冰室文集》之七，第 3 页）。这样的学术史分期是否恰当，另当别论，但是，他试图按学术思想的内涵和性质及其发展变化作为分期的标准，较之传统的分期法，显然更能深刻地反映学术思想发展的特点，因而更具有方法论的意义。不仅如此，这种新的分期标准还体现着一种历史发展的观点。在作者看来，历史上的学术思想并非一成不变，而是有其产生、形成、发展和演变的历史过程，在不同历史时期具有不同的内涵、性质和特点。这就打破了宋明以来道统文化史观所建构的学术史模式，因此，在中国学术史学的发展史上具有划时代的意义。

其二，它提出关于学术思想发展的新解释。

以往的学术史对于学术思想的发展变化只述其当然，而不求其所以然，缺乏对于学术思想的内在联系及其发展变化原因的探讨。梁氏此书不仅把学术思想看作是一个历史发展的过程，而且还深入到这一过程的内部探索其发展变化的因果关系。例如，在论述"胚胎时代"中国学术思想的"源泉"时，他不仅将这种"源泉"概括为"天道"、"人伦"和"天人相与之际""三端",更进而求"其所以能构成此思想者"的"二因":"一曰由于天然者","二曰由于人为者"(同上书,第6页),试图从自然地理环境和中国古代先民的"民族性"去探讨中国学术思想之所以产生的原因。又如,在论述"全盛时代"即春秋战国诸子百家时,他不仅高度评价这一时期的学术思想在中国和世界历史上的伟大意义,而且还专门探讨这一时期"学术思想勃兴之原因",即"求其所以致此"的道理。梁启超列举了"七端",归纳起来,主要是两个方面:一是社会历史方面的原因,即由于周室东迁,王权旁落,"诸侯放恣,处士横议",西周原有之"虚文仪式"已不足以规范人心,而"前此为贵族世官所垄断之学问,一举而散诸民间","思想言论之自由","至是而极";二是文化环境方面的原因,如"文字之趋简"、"讲学之风盛"和"人材之见重"等(《饮冰室文集》之七,第12—15页)。再如,在论述"儒学统一时代"儒学之独尊时,他不仅考察其历史,而且分析其原因和结果。儒学统一的原因,他列举了"六端",概言之:一是专制君主之提倡;二是儒学较之其他诸子学说更能适应专制政治之需要,"其道可久,其法易行"、"教竞君择,适者生存",符合"天演学公例";三是儒学较之其他诸子,其思想体系更具有包容性,"所以诸统中绝,而惟此为昌也",而这一切又是与儒学"以用世为目的"的思想宗旨分不开的(同上书,第40—41页)。至于儒学统一的结果,梁启超列举了"四端","一曰名节盛而风俗美","二曰民志定而国小康","三曰民权狭而政本不立","四曰一尊定而进化沉滞"等(同上书,第53—56页),这是"采西学新说"——因果论以"综论中国古今学术思想变迁之迹"[①]的最初尝试,具有以西学因果论反对旧学道统论的近代文化特色。

其三,它首创了中国学术史编纂的新体裁。

如上所述,以往的中国学术史编纂体裁主要有四种——传记体、书志体、类传体和学案体。其主要特点是:详"史"略"论",重"述"轻"作"或"述而不作"。它们往往通过体例编排、材料取舍和记述的详略来

[①] 丁文江、赵丰田:《梁启超年谱长编》,上海人民出版社1983年版,第3册,第309页。

表达学术史书作者的思想观点。即使是学案体，它虽集中国传统学术史编纂体裁之大成，使中国传统学术史从内容到形式更臻于完善，但是，仍然没有突破以人为纲、依人立传、详"史"略"论"、重"述"轻"作"的体例格局，仍然缺乏对于学术史发展过程的正面系统的论述，更谈不上对学术史发展规律的自觉探求。梁氏此书，首创章节体的学术史新体裁。其主要特点是：以章节为纲，按所要论述的问题性质分章立节，以"论"说"史"，以"史"证"论"，史论结合，既"述"且"作"。例如，他将中国学术思想的历史进程分为七个时期，按时期分章，每章又根据内容之不同立若干节，如原因、派别、结果，等等，以烘托每章之主题。从章节安排中即可以了解到此书的基本结构和框架，思路和观点。这是中国学术史在形式上的创新，它更能展现学术史新体系的思想特色。

总之，梁启超这部学术史新著，不仅论述了中国学术思想的产生、形成、发展和演变的历史过程，而且更深入到历史过程的内部，探求其间的因果关系，既述其当然，更求其所以然，对学术思想的发展变化作出新的解释。他还创立了学术史的新体裁，以章节体的学术史新形式代替传统学术史的旧形式。凡此种种，足以表明梁氏此书立意新颖、思路清晰、形式别开生面，具有创新的意义。因此，我们完全有理由说：这是"采西学新说"而建构的中国学术史新体系。它的问世是中国学术史由传统型向近代型转变的重要标志，堪称中国近代资产阶级学术史的拓荒之作。可以这样说，梁启超所开创的中国学术史新体系，是20世纪初文化论争深化的产物，也是文化转型的一项积极的成果，它标志着新的文化模式在学术史领域开始确立。

（原载《哲学研究》1998年第1期）

儒学的历史命运与现代新儒家的儒学转化观[*]

一 引言

自孔子创立儒家学说以来,儒学的历史命运就一直与儒学的转化问题紧密联系在一起。虽然儒学的转化有其"内在的理路",但是,最终仍然要受到它所处的时代条件的制约,特别是统治阶级统治政策的制约。汉武帝定儒学于一尊,从根本上改变了儒学的存在形式,由诸子百家之学一跃而为"君临"天下的官学,从而实现了儒学的第一次转化。尔后,历代封建统治者竞相仿效,纷纷立儒学为官学以维护和巩固自己的统治;儒学也因此不断改变自己的存在形式,实现自身的转化以适应封建统治者的政治需要。于是,不同的朝代就有不同形式的儒学。概言之,西汉有阴阳五行化的儒学、东汉有谶纬化的儒学、隋唐有训诂化的儒学、宋明有性理化的儒学、清代有汉学化的儒学,等等。可见,儒学的历史命运是与儒学为适应历代封建统治阶级的政治需要而不断改变自己的存在形式以实现自身的转化分不开的。唯其如此,儒学才得以传承,而且一直是封建统治阶级的统治思想,在中国传统文化中居于主流地位。

近代以来,面对"西学东渐"的文化冲击,儒学的历史命运备受世人的关注。人们不禁要问:在近代的历史条件下,儒学能否像在封建时代那

---

[*] 本文系作者为"传统中国文化与未来文化发展学术研讨会"(1993年5月·台北)提供的论文,刊登在《炎黄文化研究》第7辑(2000年)时,改为今名。

样，通过改变自己的存在形式实现向现代的转化？有三种人对此做出了肯定的回答。这就是：洋务派、维新派和现代新儒家。他们提出各自的文化主张以改变儒学的存在形式以实现儒学向现代的转化。于是，在中国近代先后出现了三种形式的儒学，即洋务派的"中体西用"的儒学、维新派的"西体中源"的儒学和现代新儒学的"返本开新"的儒学。洋务派的"中体西用"的儒学和维新派的"西体中源"的儒学已经被历史证明是行不通的。那么，现代新儒学的"返本开新"的儒学又将会怎样呢？这种儒学的历史命运是否会比前两种儒学更好一些呢？这是本文所要回答的问题。为此，我们必须对现代新儒家的儒学转化观进行审视和剖析。

二　现代新儒家儒学转化观

现代新儒家的儒学转化观是围绕着如何实现儒学现代化这一主题展开自己的论证的。他们或者从儒学的本质上寻找实现儒学转化的"内在根据"，或者从儒学与西学相互融会的角度寻找儒学化的途径，或者通过对儒学内部结构的重新整合寻找儒学转化的进路，等等。于是，出现了四种儒学转化说，即"儒体西用"说、"返本开新"说、"良知自我坎陷"说和"儒家传统"认同说。

从儒学转化的角度明确提出"儒体西用"说作为理论根据者，应首推贺麟先生。他在1941年8月《思想与时代》第1期上发表了《儒家思想的新开展》一文，首先提出了儒学的转化问题。他在该文中说："儒家思想的新开展"是儒家思想从"传统"向"现代以及今后的发展而富"，也就是指儒学由传统向现代转化的问题。他之所以提出这个问题，是针对鸦片战争以来，由于"西洋文化之输入"所引起的猛烈的文化冲击使"儒家思想在中国文化生活上失掉了自主权，丧失了新生命"这一历史文化背景而发的，旨在回应这场"文化危机"的挑战。

那么，如何实现"儒家思想的新开展"呢？他说："假如儒家思想能够把握、融会、转化西洋文化以充实自身、发展自身，则儒家思想便生存、复活,而有新的开展。"① 可见,他提出"儒家思想的新开展",正如他自己所说:"不是建筑在排斥西洋文化上面,而是建筑在彻底把握西洋文化上面",通过"融会吸收西洋文化的精华与长处"来"充实"和"发展"儒家"自身",目的在于"争取文化上的独立与自主"②。他把在西学大规模输入以后,儒学能否"争取文化上的独立与自主"的问题,归结为儒学能否有"新开展的问题",又把儒家之能否有"新开展的问题"归结为"儒化西洋文化是否可能,以儒家精文化为用是否可能的问题"③。总之,在贺麟先生看来,面对西学东来的文化冲击,儒学欲求得"文化上的独立与自主"关键在于儒学要有"新的开展",而儒学能否有"新的开展"关键又在于能否"儒化西洋文化",能否"以儒家精神为体以西洋文化为用"即能否坚持"儒体西用"。这就是贺麟先生在儒学转化问题上的基本思路。

必须说明的是:贺麟先生的"儒体西用"说有何特点?它与19世纪后期洋务派的"中体西用"论又有何异同?

就"体"而言,无论是"儒体"还是"中体"都是指儒家的孔孟之道,或如贺麟先生所说:"孔孟的真精神。"然而,在其具体内涵上却又不尽相同。洋务派的"中体"是指儒家所倡导的封建纲常名教,认为这是"治国"之"道","成圣"之"本",故称"道本",它万世不变。贺麟先生的"儒体"是指儒家的人生观、道德观和宗教观,着重其内在的精神层面,认为它"自有其指导人生,提高精神生活,发扬道德价值的特殊效准、独立领域",必须通过"融会吸收西洋文化的精华与长处"来"充实"和"发展"其"自身"。从这个意义上,他所说的"儒体"并非一成不变。

就"用"而言,洋务派指的是西学的"器物"之"用",是无"体"之"用",它是"用"来"应世事"的。贺麟先生指的是涵盖西学之"体"的"用",即体现西方近代精神的哲学、宗教和艺术等。因此,他所说的"西用",应该理解为融会西学精神为我所用之"用"。

---

① 贺麟:《儒家思想的新开展》,《思想与时代》1941年第1期。
② 贺麟:《儒家思想的新开展》,《思想与时代》1941年第1期。
③ 同上。

根据以上分析，洋务派的"中体西用"论是一种体用二元的文化观，它强调中西文化之间的对抗性，其所说的"西用"，是"用"来应付由西学东来所发生的"大变局"，实质上是一种文化策略，故说："今运会所遭，酌中证外，名虽变而实不易"①。贺麟先生的"儒体西用"说是一种体用不二的文化整体观，它强调中西文化的相容性和互补性，其所说的"西用"，不是"用"来抵制西学，而是"用"来"充实"和"发展"儒学，故是一种旨在发展儒学使之向现代转化的开明的文化主张。正是根据这种开明的文化主张，贺麟先生提出了会儒学由传统向现代转化"所须取的途径"：一是"以西洋之哲学发挥儒家之理学"；二是"吸收基督教之精华以充实儒家之礼教"，三是"领略西洋之艺术以为发扬儒家之诗教"。从而使儒学"循艺术化、宗教化、哲学化之途径迈进"②。特别是，他十分重视对西方哲学与儒家理学之"会合融贯"，认为它能够"使儒家的哲学内容更为丰富，系统更为谨严，条理更为清楚，不仅可作道德可能之理论基础，且可奠科学可能之理论基础"③，说明他已经注意到"融会"西方哲学与实现儒学由传统向现代转化之间的联系。

20世纪50年代以来，关于儒学转化问题的探讨有了新的进展。以牟宗三先生为代表的现代新儒家在这一时期所完成的许多论著都不同程度地涉及这一共同的主题，而尤其以他提出的儒学"三统"说（又称"返本开新"说）和"良知自我坎陷"说更具有典型性。

大家知道，根据现代新儒家的观点，传统儒学本质上是"内圣外王"之学："内圣"在于"成德"，"外王"在于"事功"。在这里，问题的焦点是：如何由"内圣成德之教"开出"外王事功"之业来。传统儒家，特别是宋明理学家主张由"内圣"直接开出"外王"，最明显的例子就是他们对《大学》"三纲领"、"八条目"的推崇，认为这是"初学入德之门"（二程语）、"穷理正心、修己治人之道"（朱熹语）。对此，清人曾尖锐指出："治平之道，其理虽具于修齐，其事则各有制置。此犹土可生禾，禾可生

---

① 朱之榛：《上张香帅请设中西学堂》，《万国公报》1896年1月，第84期。
② 贺麟：《儒家思想的新开展》，《思想与时代》1941年第1期。
③ 同上。

谷，谷可为米，米可为饭，本属相因。然土不耕则禾不长，禾不获则谷不登，谷不舂则米不成，米不炊则饭不熟，不能递溯其土，谓土可为饭也。"① 这是对理学家重"内圣"轻"外王"，认为可以由"内圣"直接开出"外王"的辛辣批评。现代新儒家注意到传统儒家"内圣"强而"外王"弱的思想局限，因此力图另觅进路以打开由"内圣"通向"外王"的途径。牟宗三先生提出的儒学"三统"说和"良知自我坎陷"说表明了他们在另觅进路方面所做的新努力。

牟宗三先生的儒学"三统"说是作为现代新儒家的历史使命提出来的，它包括："道统之肯定"、"学统之开出"和"政统之继续"②。"道统之肯定"就是"肯定道德宗教之价值，护住孔孟所开辟之人生宇宙之本源"③；"学统之开出"就是"转出'知性主体'，以融纳希腊传统，开出学术之独立性"④；"政统之继续"就是"由认识政体之发展而肯定民主政治之必然"⑤。根据牟宗三先生所作的解释，我们可以做这样的理解："道统之肯定"就是肯定传统儒学的"内圣成德之教"以作为民族文化赖以安身立命之地和得以延续、光大的基础；"学统之开出"和"政统之继续"就是要把传统儒学的"内圣成德之教"的精神具体落实到知识层面和政治层面上来，而从现代化的要求讲，就是成就科学与民主。这也就是现代新儒家所要开出的"新外王"。由于"道统之肯定"属"内圣成德"，重在"承续"，故是一种"返本"的工作；而"学统"、"政统"之开出属"外王事功"，重在"开创"，故是一种"开新"的工作。所以，牟宗三先生的儒学"三统"说又可称为"返本开新"说。那么，如何"开新"呢？牟宗三先生提出了"良知自我坎陷"说加以阐明。

"良知自我坎陷"说是一种从儒学内部具体探索由"德性主体"转出"知性主体"和"政治主体"的进路用以发展出现代的科学与民主的儒学转化理论，是对"返本开新"说的具体贯彻。这里所说的"良知"即是

---

① （明）邱濬：《大学衍义补》，《四库全书总目》卷九十三，四库全书本。
② 牟宗三：《道德的理想主义·序》，台湾学生书局1985年版。
③ 同上。
④ 同上。
⑤ 同上。

"德性主体",所说的"坎陷"则含有"下落"、"逆转"、"否定"诸义。因此,"良知自我坎陷"说可以解释为"德性主体"(良知)在肯定知识的前提下,能够通过自我否定"转而为逆其自性之反对物"①。这个由"德性主体"逆转出来的"反对物"就是"知性主体"。为什么需要逆转或"自我坎陷"呢?根据牟宗三先生的解释:"德性主体"是"与物无对"的"无执",一直居于优先地位,而"知性主体"则是"与物有对"的"有执",一直居于从属地位。为了由"德性主体"转出"知性主体"来,"德性主体"就必须由"无执""下落而陷于执","不这样地坎陷则永无执,亦不能成为知性(认知主体)"②。可见,"良知自我坎陷"是通过调整"德性主体"与"知性主体"原来的"隶属关系"来凸显"知性主体"的地位以实现"知性"的转出;而"知性"的转出,"知性主体"的建立则是发展科学的"内在根据"。至于民主,它也同样需要通过"良知自我坎陷",由"德性主体"转出"政治主体",使人民自觉其在政治上的独立地位,从而为发展民主提供"内在根据"。这是牟宗三先生为由"内圣"开出"新外王"、实现儒学由传统向现代转化而提出的一种新的理论,它反映了现代新儒家对现实问题的关切。

进入20世纪80年代,现代新儒家关于儒学转化问题的探讨,基本上是沿着上述诸说的理论思路展开的,但是也有新的创发。杜维明先生提出的"儒家传统"认同说是一个突出的例子。此说是从"文化认同"概念引发出来的。

所谓"文化认同",是指一个文化的内在统一性,其核心是对这个文化的基本价值取向的认定。因此,杜维明先生的"儒家传统"认同说,我们可以理解为:通过"儒家传统"这一文化形态的基本价值取向的认定来把握其内在的统一性。那么,何谓"儒家传统"?它的基本价值取向又是什么呢?

杜维明先生认为,儒学内部有两个系统:一个是"儒教中国",一个是"儒家传统"。"儒教中国"是"以政治化的儒家伦理为主导思想的中国

---

① 牟宗三:《政道与治道》,台北广文书局1974年版,第57页。
② 牟宗三:《现象与物自身》,台湾学生书局1975年版,第123页。

传统封建社会的意识形态,及其在现代文化中各种曲折的表观。这也是国内一般所理解的封建遗毒"。从文化结构来看,它属于"社会风俗习惯"的文化层次,其"既有的形式"虽然"随着专制政体和封建社会的解体"而"丧失",但是它"在政治文化中仍发生消极作用","目前在中国人的文化心理结构中"仍有所反映。"儒家传统"是"自觉反思、主动地批判地创造人文价值的优秀知识分子所形成的系统"。它"既成为中国学术思想的主流和中国知识分子的共信,又通过各种渠道渗入到民族文化的各个阶层",因此是"中国民族文化的构成要素,在人伦日用之间起着决定性的作用"。这是与"儒教中国""既不属于同一类型的历史现象,又不属于同一层次的价值系统"。其基本价值取向就是"孔孟之道所体现的人文精神"。它源远流长,是"中华民族文化认同的基础",也是"使得中华民族'日新、日日新、又日新'的泉源活水"[①]。必须指出,杜维明先生之所以提出"儒家传统"认同说,主要是针对"西化论者""在批判地继承"传统文化问题上的反传统主义而发的。"西化论者""把传统文化等同于封建遗毒",对传统文化采取全盘否定的态度,认为"现代化必然和传统决裂",并以"西方现代文化的标准为标准"。杜维明先生提出"文化认同"的问题,是旨在表明:"从'文化认同'的角度来检视我们的民族性格、社会心理和价值取向,就不能武断判决传统文化为封建遗毒",就"不能以西方现代文化的标准为标准","更不能盲目的反对传统"[②]。

由此可见,杜维明先生的"儒家传统"认同说,是现代新儒家试图通过对"儒家传统"的基本价值取向的认定,从中寻找儒学由传统向现代转化的"泉源活水"的一种理论探索,也是他们试图通过对"批判地继承"传统文化的重新诠释来回应"西化论者"在这个问题上的反传统主义而做出的一种努力。

[①] 杜维明:《儒学第三期发展的前景问题》,香港《明报月刊》1986年第1、2、3期。
[②] 同上。

三 现代新儒家关于儒学转化的进路说

通过对现代新儒家在三个时期提出的四种儒学转化说的考察，可以看出在儒学的转化问题上，实际上存在着三种不同的进路说：一是"儒化"西学的进路说。这是通过"融会"西学来"充实"和"发展""儒体"的进路说。其实质是援"西"入"儒"。用贺麟先生的话说，就是"以西洋之哲学发挥儒家之理学"。他认为援"西"入"儒""不仅可作道德可能之理论基础，且可奠科学可能之理论基础"。平心而论，这只是贺麟先生的主观设想。实际上，按照他提出"儒化"西学的思路，是不可能同时既"可作道德可能之理论基础"，又"可奠科学可能之理论基础"的。因为他所说的"可作道德可能之理论基础"，与其他现代新儒家一样，是指道德本体论（亦称"道德的形上学"）的重建，目的在于说明人的道德实践之所以能实现精神超越的根据，指出实现这种精神超越的进路，即在于通过人格的完善和内在精神的提升。显然，这是一种内省的主观进路。科学的理论基础是辩证唯物论，它以物质的客观实在性和规律性作为自己的研究对象，认为人能够通过实践活动达到对于物质的客观实在性和规律性的认识和把握。显然，这是一种外向的客观进路。可见，贺麟先生所说的"可作道德可能之理论基础"和"可奠科学可能之理论基础"，是属于两种对立的世界观和方法论。它们不可能由同一进路入。事实上，贺麟先生提出"儒化"西学，援"西"入"儒"也绝非要使儒学科学化，而是要使儒学更加思辨化。他就说过：儒家思想与西方基督教一样，自有其价值取向而"无须求其科学化"[①]。所以，循着"儒化"西学的进路，儒学只能走向思辨化、宗教化，而不可能走向科学化。唯其如此，他提出"儒化"西学的进路并未具体解决如何由"儒家精神"开出具有现代文化内涵的科学与民主来。这说明"儒化"西学的进路没有，也不可能解决儒学的转化问题。

二是"内圣成德"的进路说。这是通过"道德的形上学"的重建实现

---

① 贺麟：《儒家思想的新开展》。

儒学的自我转化的进路说。

以牟宗三先生为代表的现代新儒家是按照传统儒家的"内圣外王"的思维模式来建构他们的"新儒家"的。他们"以内圣为本质，以外王表功能"①，认为"内圣"是"外王"的根据，而"外王"则是"内圣"的体现。根据这一思路，所谓"内圣成德"的进路，说到底，就是"外王事功"必须由"内圣成德"入，由"内圣成德之教"开出具有现代文化内涵的科学与民生的"新外王"来。问题是：由"内圣成德之教"能否开出具有现代文化内涵的科学与民主的"新外王"来呢？这就需要对牟宗三先生的"内圣成德之教"的性质进行辨析。

按传统儒家所说的"内圣"是指个人的道德修养，所说的"外王"是指通过个人的道德实践将这种道德修养应用到社会政治层面上。这本来是一种比较平实的"修己治人"的理论。牟宗三先生，则把原来这套比较平实的理论思辨化了。他从"终极存在"的意义上把传统儒学的"内在道德性"向超越的层面提升，使原来有限的"内在精神"升华、膨胀为无限的"外在超越"，从而达到"即内在即超越"的精神境界。这也就是宋明理学家所执着追求的"仁者与天地万物为一体"的"即人即天"的"天人合一"的终极境界。这个"天人合一"的终极境界，牟宗兰先生称之为"道德的宗教"。它表达了现代新儒家对于"终极存在"的执着追求和热切关怀，实质上是一种宗教感情的显露，具有信仰主义的思想特点。宗教信仰主义与现代科学与民主是两种对立的思想体系和文化形态。宗教信仰主义以对先验存在的信仰代替对客观实践经验与知识的追求，以思想独断代替思想自由；现代科学则尊重个性，主张思想自由，它们与宗教信仰主义毫无共同之处。因此，从学理上看，"内圣成德"的进路是开不出科学与民主的"新外王"来的。

然而，牟宗三先生认为，"内圣成德之教"能够开出科学与民主的"新外王"来。理由是："内圣成德"所固有的"内在道德性"具有发展科学与民主的"内在要求"。为了使这种"内在要求"，得以实现，他指出：

---

① 蔡仁厚：《儒家思想的现代意义》，天津出版社1987年版，第46页。

关键在于"良知自我坎陷",以为这样一来就能够把"内在道德性"所蕴含的发展科学与民主的"内在要求"凸显出来,由"可能性"变成"现实性"。实际上,这是把由"内圣成德之教"开出科学与民主的"新外王"的问题归结为"道德主体"在结构上的自我调整,或者说,把科学与民主的"新外王"的开出归结为"道德主体"的重建。为什么"道德主体"能够"自我坎陷"、能够进行结构的自我调整和重建而使科学与民主的"新外王"凸显出来呢?牟宗三先生没有做进一步的说明。事实上,他也无法做进一步的说明,因为这是他的一种主观的构想。这种主观的构想与"儒化"西学的进路一样,同属于内省的主观进路,缺乏客观的根据。

三是"文化认同"的进路说。这是通过对儒学内部不同价值系统的分疏和定位实现儒学自我更新的进路说。具体地说,就是通过对"儒家传统"及其基本价值取向"人文精神"的认同来实现儒学的转化。因此,"文化认同"的进路,说到底,就是由"儒家传统"入,由"儒家传统"开出"人文精神"的进路。

众所周知,人文主义是西方走出中世纪的时代精神象征,属于近代的文化内涵。由"儒家传统"开出"人文精神",就是承认在儒学内部蕴含着向现代转化的精神资源。毫无疑问,中国传统文化(包括儒学在内)的确蕴含着尚待我们开掘的思想遗产,通过对它们的批判改造是可以作为建设现代化的精神资源的。因此,问题不在于儒学内部有没有可作为向现代转化的精神资源,而在于对这些精神资源如何去开掘、定位和进行价值判断。

为了开掘这种精神资源,杜维明先生特地从儒学内部分疏出"儒家传统"来。根据他的诠释,这个"儒家传统"是由非政治化的、具有"自觉反思"意识的儒家群体组成的,它以"创造人文价值"作为自己的思想传统,从根本上区别于"以政治化的儒家伦理为主导的中国传统封建社会意识形态"(亦称"儒教中国")。为了说明这一点,他还列举了这个儒家群体的代表人物,包括:孔、孟、荀、董、周、程、朱、王……自先秦迄明、清代有传人。问题是:在儒学发展史上,是否有过一个如杜维明先生所说的不"以政治化的儒家伦理为主导"的超"封建意识形态"的"儒家传统"?回答是否定的。因为这不符合儒学本身的实际情况。

首先，从儒学的本质特征来看。

儒学，顾名思义，是孔子所创立的儒家学说的省称。它经历了产生、确立、发展、演变和衰颓的过程。尽管它在不同的发展阶段有不同的表现形式，但是它作为中国封建社会的统治思想的地位，是历史的事实，为世人所公认。儒学以重人事、尚伦理而著称于世。从创立之日起，它就与中国古代的宗法政治结下了不解之缘，并且随着宗法政治的变迁而转移，不断改变自己的存在形式以适应历代封建统治者的政治需要。所以，伦理与政治的一体化是儒学的本质特征。儒学的开创者孔子就是儒学伦理政治一体化的倡导者。他据鲁史而作《春秋》，重在"正名分"，严君臣、父子、夫妇、尊卑、贵贱、长幼、男女之序，旨在"拨乱反正"，恢复周室，故以"继周者"自命，自称"吾志在《春秋》"。孟子说："孔子成《春秋》而乱臣贼子惧。"① "乱臣贼子"就是指僭越等级名分的人。这说明《春秋》确是孔子贯彻其伦理政治一体化意图的一部儒家经典。在仁礼关系问题上，孔子贵"仁"，但更重"礼"。他说："道德仁义，非礼不成"②；"礼，经国家，定社稷，序民人，利后嗣者也"③，充分显示了孔子伦理思想的鲜明的政治意识。

董仲舒是"独尊儒术"的倡导者，深为汉武帝所倚重，儒家之成为"帝王师"要首推董氏。他的《春秋繁露》专以发挥孔子《春秋》"正名分"之义，把孔子的"三正"（"夫妇别、父子亲、君臣严"）发展为"君为臣纲、父为子纲、夫为妻纲"的"三纲"说，进而又用阴阳五行说对"三纲"说进行新的诠释和论证，使封建纲常系统化、政治化，为维护封建等级制度提供理论根据。

宋明理学家重纲常、辨义利、别王霸，而以"存天理、去人欲"为旨归。他们把是否实践封建纲常作为辨义利、别王霸、明天理人欲之分的根本标准，认为"君臣父子，定位不易，事之常也"④。其社会政治含义在

---

① 《孟子·滕文公下》。
② 《礼记·曲礼》。
③ 《左传·隐公十一年》。
④ 《朱子语类》卷六十七。

于：论证封建纲常的绝对性和永恒不变性。在这方面，朱熹可谓集其成。他不但从天理的高度论证封建纲常的绝对性和永恒不变性，而且还专门撰写《资治通鉴纲目》发挥《春秋》的"正名分"之义，宣扬封建的"正统"思想，用以辨正闰、明善恶、诛篡弑。他说："《春秋》大旨，其可见者，诛乱臣，讨贼子，内中国，外夷狄，贵王贱伯而已。"[1] 由此不难发现朱熹编撰《资治通鉴纲目》的意图与孔子修《春秋》的"大旨"之间的思想继承关系。

总之，伦理政治一体化是儒家的思想传统，由孔子开其端，董氏继其后，宋儒张其军，而朱熹集其成。伦理政治一体化也是儒学的本质特征，是儒学之所以成为中国封建意识形态的思想理论根据。从这个意义上说，杜维明先生对"儒教中国"内涵的诠释倒是更切合儒学的实际情况。既然如此，为什么还要在"儒教中国"的系统之外另立一个"儒家传统"呢？窥其本意，是为了挺立非政治化的儒家群体的"人文精神"象征。但是，由于他把这种非政治化的儒家群体的"人文精神"看成是"中华民族'日新、日日新、又日新'的泉源活水，是超越时空、贯串古今的生生不息的文化生命之流，充分体现了"儒家传统"精神的超越性，因此，他在这方面所做的努力，实质上是在重建儒家的新道统。

其次，从儒家的"人文精神"内涵及其价值判断来看。

有一种观点认为，儒学是"人学"，孔子的"仁者爱人"体现了"人文主义精神"。因此，把"人文精神"作为儒家的思想传统，在理论上不应该有什么困难，而杜维明先生把"孔孟之道所体现的人文精神"作为"儒家传统"的基本价值取向更是把这一观点理论化和系统化了。然而，问题的焦点在于：何谓儒家的"人文精神"？如何判断它的价值取向？

我认为，如果存在着儒家的"人文精神"，那么，它应该与西方近代的人文主义有着本质的区别。

西方近代的人文主义是对中世纪的神学统治的抗争和反动。它以"人文"对抗"神文"，以提倡个性解放对抗神学的独断，以理性主义对抗宗

---

[1] 《朱子语类》卷八十三，中华书局1986年版，第2144页。

教的蒙昧主义。它所强调的是个人的自我价值。从根本上说，它是西方近代资产阶级反对中世纪封建统治的思想武器。

儒学则不然。儒学虽重人事，讲"人学"，但不是把人看作有独立人格的"自我"，而是把人看作伦理的化身，看作伦理关系上的一分子而无独立人格可言。在儒家看来，人的价值不在于实现"自我"，而在于实现与伦理关系的一体化。就此而言，儒家不是提倡"人文"，而是提倡个性伦理化。所谓个性伦理化，就是按照血缘关系来确立每个社会成员在宗法等级制度中的地位。孔子说："仁者人也，亲亲为大"[①]，就是把"仁"、"人"与"亲亲"一体化。"亲亲"是就血缘关系而言。"仁者人也"，是说"亲亲"之"仁"就是"人"，故"仁者人也"的"人"是伦理性的人，他自然要以血缘关系的"亲亲为大"。宗法等级制度就是建立在血缘关系基础之上，所以，墨子批评孔子的"仁"是"亲亲有差，尊贤有等"，是专讲"亲疏尊卑之异"[②]的。这说明孔子所说的"人"是伦理性的人，它具有宗法等级的品格。唯其如此，孔子所说的"仁者爱人"，绝非一视同仁地去爱一切人，而是"爱有差等"，因人的等级而异。这样，认为孔子的"仁者爱人"体现了"人文精神"的观点，只能把这种所谓的"人文精神"理解为一种等级性的"人文精神"。这种等级性的"人文精神"与西方近代的人文主义把人看作是人格一律平等的"自然人"，显然有着本质的区别。

如果说，孔子论"仁"强调了人的伦理性，赋予人以宗法等级的品格；那么，宋明理学家宣扬"存天理、去人欲"，则是旨在通过"净化"人性（"去人欲"）来泯灭个性以复归于"天理"。"天理"即"礼"，亦即封建纲常伦理，二程称为"天下之定理，无所逃于天地之间"[③]，它犹如华盖笼罩在人的头上，窒息着人的个性发展。理学家还以"公"、"私"辨天理、人欲，以"天理"为"公"，"人欲"为"私"。这样，"存天理、去人欲"就变成"存公去私"，即去"小我"之"私"以成就"大我"之

---

① 《礼记·中庸》。
② 《墨子·非儒下》。
③ 《河南程氏遗书》卷五。

"公"。可见，理学家所说的"人"，也是无独立人格的伦理性的人。这与西方近代的人文主义提倡个性解放、主张人格独立、实现自我价值相比较，同样存在着本质的区别。因此，严格地说，所谓儒家的"人文精神"，其实质是"伦理精神"。如果非要称儒家的这种伦理精神为"人文精神"，那么，只能说这是独具中国特色的"人文精神"，以区别于西方近代的人文主义。

综上所述，无论是从儒学的本质特征，还是从儒家的"人文精神"内涵及其价值判断来看，杜维明先生关于"儒家传统"及其基本价值取向"人文精神"的"文化认同"说是值得商榷的，而他提出的由"儒家传统"而入的儒家转化的进路，由于不切合儒学本身的实际情况，因而缺乏可行性。

四 现代新儒家关于儒学转化观的实质

从以上的分析来看，现代新儒家关于儒学转化的进路说具有十分明显的主观性质。究其原因，在于他们的文化观是道统文化观。

所谓道统文化观，就是把文化的发展看作是"圣道"的传承；而"圣道"的传承又被归结为"圣人""精神生命"的展现。因此，文化发展的历史可以不受社会历史条件的制约，而自有其发展的进路。这就是从思想到思想，从文化到文化，它超越时空，贯串古今，自成系统。用这种道统文化观来研究儒学，儒学就成为"圣道"的精神象征，儒学的发展就成为"圣人""精神生命"不断展现的过程。贺麟先生所要"开展"的"孔孟的真精神"，牟宗三先生所要"护住"的"孔孟所开辟的人生宇宙之本源"，杜维明先生所要"认同"的"孔孟之道所体现的人文精神"，都是"圣人""精神生命"的展现，而这正是他们所要"肯定"的"道统"。

现代新儒家的道统文化观有两个显著的思想特点：第一，以孔孟之道为民族文化创造的源泉，而以宋明理学为其最切近的"源头"。因此，他们都以承续宋明理学之统绪为己任，并把他们的道统文化观置于宋明理学的基础之上，以宋明儒家的心性之学作为道统文化观的哲学根据。第二，以"孔孟的真精神"为"体"，以儒家的"内圣成德之教"为"本"，以

"孔孟之道所体现的人文精神"为"民族文化认同的基础",坚持在不改变由"体"开出"用"、由"内圣"开出"外王"、由"儒家传统"开出"人文精神"这一基本格局的前提下,对儒学内部结构进行必要的调整,以适应现代化的要求。这就是他们所说的"创造的转化"。实质上,这是在保持儒学的本质不变的情况下,对儒学的"功能"作适当的调节。因此,他们所说的"创造的转化",总而言之,是无批判的转化,至多只是儒学在"功能"上或形式上的转化,并非本质的转化。然而,如果儒学的本质不变,那么,所谓儒学在"功能"上或形式上的转化也就缺乏内在的根据,而所谓儒学的转化也就成为无"根"之论,终归是行不通的。

如上所述,伦理政治一体化是儒学的本质特征。它既是中国传统农业社会宗法政治的产物,又反过来为维护和巩固这种社会政治制度服务的。这具体表现为君统与宗统、尊尊和亲亲相结合,反映在伦理观念上,就是"忠"和"孝"的统一。这种忠孝统一的伦理观念成为中国封建纲常伦理的理论根据,而封建纲常伦理正是中国封建宗法等级制度的精神支柱。我们讨论儒学的本质,如果不从儒学所反映的社会政治内涵的层面入手,就很难把握住其精神实质;而不能把握住儒学的精神实质,也就无从找到儒学转化的切实可行的进路,因而也就必然要陷入主观性。

儒学作为中国封建意识形态统治中国已有两千多年的历史,它有其辉煌的过去,也有其迄今仍值得我们加以批判继承的精神资源。尽管如此,作为封建统治阶级的意识形态,它已经不能适应今天我国社会主义现代化事业的需要,因此,应该由更适合于我们时代要求的新思想、新文化——科学社会主义的思想文化所代替。这是社会进步的客观要求,也是历史发展的必然选择。

(原载《炎黄文化研究》第 7 辑)

回顾国学　反思国学

本文所要回顾和反思的，是作为文化概念的"国学"。它是中国近代的思想产物，始见于20世纪之初，一般是指中国固有的学术文化。这一文化概念的提出，实际上，是代表着一种文化思潮。它始终围绕着两个文化主题展开：一是，关于中国传统学术文化的价值判断；二是，关于中西文化关系的价值定位。因此，近代国学的历史既是一部国学文化思潮的兴衰史，又是一部中西文化关系的变迁史。

近代国学的历史，有广狭二义之分：广义的国学历史，是指中国近代历史上以中国传统学术文化为内容的各种形态的文化思潮；狭义的国学历史，是指以"国学"相标榜的文化思潮，而这样的国学思潮，在中国近代史上，严格地说，只出现过两次，即辛亥革命前十年和"五四"时期，终于20年代。为了说明国学历史的兴衰，把握住国学历史的时代特点，认清国学思潮的文化本质，我们不能局限于狭义的国学历史的研究，孤立地就国学论国学，而必须把狭义的国学历史放到广义的国学历史中，放到中国近代历史进程中进行全景式的考察和分析。

根据以上认识，我认为，近代国学的历史大体可以划分为四个时期：辛亥革命前国学的原创期；辛亥革命后国学的蜕变期；"五四"时期国学的再造期；20世纪30年代国学的衰变期。

一　辛亥革命前：国学的原创期

为什么这一时期称为国学的原创期呢？因为这一时期的国学是近代国学的最初形态。其具体时间，一般都从1902年说起，因为"国学"一词从这一年开始出现。

然而，"国学"从一般的文化观念变成实际的文化行动并成为一种文化思潮，严格地说，应从1905年算起，因为这一年邓实等人在上海创建"国学保存会"、创办《国粹学报》。这是国学作为一个文化流派正式登上中国近代历史舞台的重要标志。随后，章太炎于1906年秋在日本东京创立"国学讲习会"、"国学振起社"，开办一系列的国学讲座，北京、杭州、成都等地也相继成立"国学会"、"国学馆"等。从此，兴"国学"、讲"国粹"，蔚为风气，成为一种思潮。

这一时期国学思潮的兴起有其深刻的政治文化背景。政治上，是民族危机空前严重。1900年，"八国联军"占领北京及随后签订的丧权辱国的《辛丑条约》宣告了帝国主义在中国划分势力范围的最终完成，使中国完全沦为半殖民半封建社会，而当时的清朝政府，实际上已经变成以卖国求荣为能事的"洋人小朝廷"。"亡国灭种"之祸，迫在眉睫。文化上，是"欧化主义"之风盛行，它直接威胁到中国传统学术文化的生存，所谓"国学几灭"已成现实。面对"亡国灭学"的严重局势，当时的有识之士认识到：要救国，只有"排满革命"；要"排满革命"就必须提倡"国学"、倡言"国粹"以"激动种性"，振奋民族精神。这就是辛亥革命前国学思潮兴起的政治文化背景。

这一时期国学思潮的最大特色可以用章太炎的三句话加以概括，即："反本以言国粹，以国粹激动种性，增进爱国的热肠。"这三句话有着内在的联系，反映了如下四个特点：一是，"言国粹"是全部问题的关键，它既是"反本"即回归传统、提倡国学的目的，也是"激动种性"、"增进爱国的热肠"的内在动力，因此具有国粹主义的特点。二是，从"反本以言国粹"的内涵来看，"反本"即回归传统，固然是复古的，而所言的"国粹"是指"汉种的历史"，也同样是复古的，不仅是复古的，而且还带有民族的偏见。因此，这一时期的国学思潮不仅具有文化复古主义的特点，而且还具有大汉族主义的特点。三是，从提倡"国粹"的目的来看，章太炎之所以提倡"国学"，倡言"国粹"不完全是为了复古，而是为了"激动种性，增进爱国的热肠"，即为了唤起爱国心，振奋民族精神进行"排满革命"。同时，也是为了反对"尊信孔教"。四是，在中西文化关系上，这一思潮的代表人物也并非一味复古、尊古、盲目排拒"西学"或"新学",而是主张"西学"或"新学"可以"与国学相契合",认为"国学"之所以发生危机,问题出在没有将二者很好地结合起来。

根据以上分析,我们可以将原创期国学形态的特点概括为:复古主义的文化形式、国粹主义的思想内容、会通中西的文化主张、反清救国的政治考量,而核心是国粹主义,因此,可以简称为国粹主义的国学观。

二 辛亥革命后:国学的蜕变期

辛亥革命后,作为国粹主义的国学淡出,而作为孔教和儒学的国学凸显。这一时期之所以称为国学的蜕变期,是相对于原创期的国学而言的,即由国粹主义的国学形态蜕变为孔教化的国学形态和儒学化的国学形态。

这一时期国学之蜕变是与辛亥革命后所出现的政治文化形势密切相关的:政治上,是袁世凯加紧复辟帝制,加强思想控制,提倡"尊孔读经"、"祀孔祭孔";文化上,是尊孔复古逆流的泛起。这股尊孔复古逆流有两个明确指向:一是,以康有为为代表的孔教派,他们提倡尊孔教、"定孔教为国教"是针对辛亥革命"废弃孔教"、毁弃纲常名教而发的。同时,他们攻击辛亥革命毁弃纲常名教造成天下大乱、国将不国又是适应了袁氏阴谋废除民国、复辟帝制的政治需要。至于他们鼓吹"定孔教为国教"更是为袁氏推行思想文化专制主义提供理论根据。二是,以杜亚泉、梁漱溟为代表的东方文化派。他们提倡儒学、鼓吹尊孔是针对新文化运动而发的。为此,他们提出以儒学为中心的东方文化优越论与之相抗衡。这一理论有三个要点:(1)从文明的类型看,他们认为中国是"静"的文明,它要比西方"动"的文明优越,因为社会的生存和发展是"以静为基础"的;(2)从文明的基础看,他们认为中国固有的道德即"君道臣节、名教纲常"是"中国固有文明之基础",它不仅是中国的"国是"、"国基",而且是治理"西方世界"的"良方";(3)从文化路向看,他们认为中国文化的路向既不同于西方向前的路向,也不同于印度向后的路向,而是介乎两者之间的调和、持中的路向,认为这是今日世界应走的路向。如果说,这一时期孔教派的尊孔教论是对于辛亥革命的反动;那么,此时东方文化派的尊儒学论则是对新文化运动的反动。

很清楚,这种国学路向是逆时代潮流而动的,因此不仅在形式上,而且在实质上都是文化复古主义的。

三 "五四"时期:国学的再造期

这一时期,国学的再造并非是原创期国学的重复,而是运用西方近代的思想理论和方法重新解释中国固有的学术文化的新形态。它突出表现在:一是,胡适提倡的"整理国故",再造国学;二是,《学衡》派提倡的"昌明国粹,融化新知",再造孔学。

1. 关于胡适的"整理国故",再造国学。最早从中国固有学术文化的意义上使用"国故"一词是章太炎的《国故论衡》,而"国故"的重提则始于1919年初。时北京大学国故社创刊《国故》月刊,打出"昌明中国固有之学术"的旗号,以"保存国粹"为宗旨,向新文化运动挑战。北大新潮社的毛子水发表《国故与科学的精神》一文予以回应。傅斯年在该文后面加了《附识》,主张"整理国故"作为"研究国故"的一种手段。这是"整理国故"的由来。随后,胡适在《新青年》发表了《新思潮的意义》一文,正式提出"研究问题,输入学理,整理国故,再造文明"四大文化纲要。经胡适这一提倡,"整理国故"遂成为人们所关注的热点问题,争论也随之展开,历时长达十年之久。

问题是:一向以反传统、倡西化著称的胡适为何在五四运动刚开始不久就提出"整理国故"来呢?其用意何为?实质何在?

在我看来,胡适于此时提出"整理国故"是"一箭三雕",即有三层用意:一是,用来反对"国粹党"提倡的"保存国粹"。他想通过"整理国故的工夫",分清"什么是国粹,什么是国渣"。二是,用来引导人们去钻故纸堆,进行一点一滴的"整理"。当时,正是民主革命日益高涨的年代。胡适于此时不遗余力地提倡"整理国故",为此还特地给青年学子开了《一个最低限度的国学书目》。鲁迅曾批评这个"书目开得太多,要十来年才能看完",还"疑心"胡适"自己就没有看"。自己没有看,却偏要青年学子去看,其用意不是昭然若揭了吗?胡适于此时提倡"整理国故"还有一层用意,就是他所标榜的"再造文明"。从他一向主张的"全盘西化"来看，这个"再造"的"文明"只能是"全盘西化"的"文明"。而"整理国故"又如何"再造文明"呢？他认为，关键在"整理"，即"用评判的态度，科学的精神"去"整理"。这样"整理"出来的"国故"就是他所说的"'国故学'，省称为'国学'。"它对于原创期的国学，自然是国学的再造。

2. 关于《学衡》派提倡的"昌明国粹，融化新知"，再造孔学。《学衡》派之所以标榜"昌明国粹，融化新知"，是为了与"五四"新文化运动相抗衡。他们所要"昌明"的"国粹"，实指中国固有的文化，即"学术德教"、"文艺典章"；他们所说的"融化新知"，其实质是引进西方的新人文主义而与中国的固有学术文化，特别是孔子学说相结合。

西方的新人文主义反对当时流行的扩张物质力的功利主义和放任情性的浪漫主义，主张以道德和文化的力量来挽救现代社会的危机，推崇孔子思想的恒久价值。《学衡》派代表人物吴宓尾随其后，高度评价孔子是"中国国民性及中国文化最高之代表"，是"救今日世界物质精神之病""最良之导师"。可见，《学衡》派所标榜的"昌明国粹，融化新知"，其实质是用西方新人文主义重新解读孔子思想，重建孔学。把传统孔学"创造性转化"成新人文主义的孔学，不能不说是对于传统孔学的再造。他们与胡适的"整理国故，再造文明"实有"异曲同工"之妙。

四 三十年代：国学的衰变期

所谓国学的衰变有两层含义：一是指国学的衰微；二是指国学的倒退。国学之衰微在20世纪20年代后期已经露出端倪。当时，已有学者公开向国学挑战，声称"国学"不是"学"。

必须指出：在20年代国学鼎盛时期，"国学"是"学"是不成为问题的。其时，许多大学都纷纷争相设立国学门、国学科、国学系。然而，当"国学如日中天"之际也是它开始"江河日下"由盛转衰之时。当时，思想界、学术文化界的一些重量级人物，从陈独秀到傅斯年，从蒙文通、柳诒徵到顾颉刚，从何炳松、郑振铎到曹聚仁等，都纷纷批评"国学"的提法，反对"国学"是"学"。他们的批评集中在以下几点：一是，"国学"

一词笼统含混，意思不明；二是，中国固有的学术原已有经史百家之学之称，无须另立名目；三是，不符合学科分类原则，其名不正，其言不顺；四是，国学以精神文明自居，排拒物质文明，厌恶科学，不符合时代精神。在这些重量级人物的重炮轰击下，"国学"很快奄奄一息，到了30年代初，就偃旗息鼓，代之而起的是"中国本位文化建设论"。它标志着国学的倒退，即倒退到当年洋务派的"中学为体，西学为用"的老路上去。

"中国本位文化建设论"是1935年1月由王新命、陶希圣等"十教授"领衔发表在《文化建设》月刊上的《中国本位文化建设宣言》中提出来的。当时，正是蒋介石加紧进行两个围剿即军事围剿和文化围剿之际；而1934年开始在全国范围内推行的"新生活运动"则是他加紧进行文化围剿的重要组成部分。谁都知道，蒋介石是"新生活运动"的倡导者，而"新生活运动"的目的和宗旨，按照他的说法，就是恢复和发扬"中国固有道德"，用"礼义廉耻"、"忠孝仁爱信义和平"这"四维"、"八纲"来统摄人们的思想言行，作为指导人们精神生活、社会生活的基本准则。陈立夫于此时提出"以中国为本位的文化建设纲领"，其核心是"以新生活运动把握现在"，显然就是为了贯彻蒋介石倡导"新生活运动"的思想意图。必须指出，陈立夫提出的"文化建设纲领"发表在1934年10月《文化建设·发刊词》上，三个月后，"十教授"在同一刊物上发表了连字句都相同的《宣言》。考虑到"十教授"中某些人的政治背景，我们不难发现"十教授"的《宣言》与国民党当局倡导"新文化运动"之间的关联。可见，"十教授"的"中国本位文化建设"，说白了，就是陈立夫所说的"以中国为本位的文化建设"，就是"以新生活运动把握现在"的"文化建设"。认清了"十教授"《宣言》与国民党当局，尤其是与陈立夫的"文化建设纲领"的关系，我们就不难把握住他们提出的"中国本位文化建设论"的真正内涵和实质。

首先，从内容看，"十教授"的《宣言》与陈立夫的"文化建设纲领"互为表里。陈立夫"文化建设纲领"的核心是"用新生活运动把握现在"，而"十教授"则声称"中国本位文化建设"是"此时此地的需要"。两者不谋而合。其次，由于"新生活运动"是提倡"中国固有道德"的运动，因此，"十教授"的"中国本位文化建设"自然是以"中国固有道德"为

"本位文化"的"建设"。这与洋务派的"中学为体"之"体"又何其相似！再次，"十教授"在《宣言》里提到"中国本位文化建设"必须"吸收欧美文化"，其"标准"是"当取决于现代中国的需要"。这与洋务派的"西学为用"又有何本质区别！由此说，"十教授"的"中国本位文化建设论"是洋务派"中学为体，西学为用"论在20世纪30年代的翻版，似不为过。这与原创期的国学相比，显然是向后倒退了。

通过对近代国学思潮的历史回顾，我们可以认识到：

第一，近代国学思潮的起伏兴衰总是同中国近代历史进程相进退的。这突出表现在中国近代历史的发展不仅影响到思潮代表人物的政治立场和政治态度，而且还影响到他们的文化认知，影响到他们对于国学的态度。

第二，近代国学思潮是中国近代史上特有的文化现象。其独特性在于：形式的文化复古主义总是与政治现实主义的内容联系在一起，直接或间接地反映了各派政治力量对于现实的政治诉求。

第三，近代国学思潮是中国近代史上的政治斗争在思想文化领域里的反映，代表着不同阶级的意识形态。这就表明：近代国学思潮的思想构成不是单一的，而是多元的，必须根据具体情况进行具体分析。

第四，近代国学思潮在不同时期具有不同的文化形态，这固然应从中国近代历史的变迁、阶级关系的变化等角度进行历史的、阶级的分析，同时也不能忽视从文化发展自身的内在逻辑进行分析。例如，辛亥革命后，国粹主义国学思潮之淡出，以及国学最终之走向衰微等问题，都需要从思想文化发展的内在理路做深层次的研析。

上述认识对于当前我们关于国学问题的讨论具有正面的启示意义。

第一，必须坚持唯物主义历史观的基本理论和基本方法，对国学进行历史的、时代的和阶级的分析，切忌孤立地就国学论国学。事实上，历史上的国学是以中国传统学术文化为研究对象的；而中国传统学术文化的主体，例如儒家文化，长期以来就是作为统治阶级的思想而存在的，是社会上占统治地位的思想。马克思说："统治阶级的思想在每一时代都是占统治地位的思想"，而"那些没有精神生产资料的人的思想，一般是受统治阶级的支配的"。如果我们研究儒家文化，无论是汉唐经学、宋明理学，还是乾嘉汉学，忘记了它们是封建统治阶级在不同历史时期的意识形态，就必然要做出错误的价值判断，不加批判地一概视为"国粹"。同样，在研究近代国学思潮时，也必须弄清其对于封建主义意识形态的态度，然后才能对其做出正确的评价。可是，现在社会上有一种现象，有人在普及"国学"知识的名义下，无批判地把儒家的经典"四书五经"推向社会，主张把"四书五经"列入中小学课本。这种对儒家经典无批判地兼收并蓄的文化主张，实际上是在青少年中提倡变相的"尊孔读经"。这不是在引导人们向前看，而是在引导人们向后看。

第二，必须坚持马克思主义关于两种文化的观点，即代表统治阶级的思想与反映被统治阶级的思想之间的对立和斗争的观点。这后一种思想的出现，是与统治阶级内部因种种深刻的社会原因而产生政治分化这一情况相联系的。就是说：这一部分分化出来的统治阶级的成员就有可能在一定程度上这样或那样地流露出同情人民、反映群众的利益和愿望的思想和倾向。例如，中国封建主义意识形态中就有正宗思想与异端思想的对立和斗争，而在异端思想中又往往表现出一定程度的人民性。这种人民性就是上述情况的具体反映和表现。这就告诉我们：在关于中国传统学术文化的价值判断问题上，必须坚持批判继承的态度，既要反对肯定一切的文化复古主义，又要反对否定一切的历史虚无主义。

第三，关于"国学"一词提法的正当合理性问题。从历史上看，"国学"一词疑义太多，误解太深，负面影响太大，容易引起纷争。不仅如此，近代国学从其出现之日起就与文化复古主义结下了不解之缘，成为文化复古主义的象征或符号。即使是原创期的国学，虽寓有进行民主革命的现实政治诉求，但终因其在学理上混淆了"传统"与"国粹"的界限而无法跳出文化复古主义的窠臼。至于其他时期国学的负面影响更是有目共睹。有鉴于此，我认为，"国学"一词慎用为好，切忌泛化。

（原载《中国社会科学院院报》2008年8月14日第3版）

国学的历史及其启示

讨论国学历史，必须弄清"国学"一词的由来和含义。大家知道，"国学"一词有古义和近义之分，或者说，有传统和近代二义之分。传统意义上的国学，据文献记载，始于西周，是指由周王朝开设的专供"国子"就读的学校，用今天的话来说，是指国家一级的学校，即国立学校的名称，是一个教育的概念。此后，自汉唐至明清，相沿此制，凡由历代朝廷设立的同类性质的学校，如太学、国子寺、国子学、国库、国子监等，都可统称为"国学"。这是国学的传统意义，在此不论。

本文要讨论的，是近代意义的国学及其历史。近代意义的国学，是个文化的概念。据考，它始于20世纪之初，即辛亥革命前十年，一般是指中国固有的学术文化，包括：语言学、文字学、音韵学、文学、史学、经学、诸子学等。这一文化概念的提出，实际上，是代表着一种文化思潮。它始终围绕着两个文化主题展开：一是，关于中国传统学术文化的价值判断；二是，关于中西文化关系的价值定位。因此，近代国学的历史既是一部国学文化思潮的兴衰史，又是一部中西文化关系的变迁史。

近代国学的历史，就研究对象而言，有广狭二义之分：广义的国学历史，其对象是中国近代历史上以中国传统学术文化为内容的各种形态的文化思潮；狭义的国学历史，其对象仅限于以"国学"相标榜的文化思潮，而这样的国学思潮，在中国近代史上，严格地说，只出现过两次，即辛亥革命前十年和"五四"时期，终于20世纪20年代。为了说明国学历史的兴衰，把握住国学历史的时代特点，认清国学思潮的文化本质，我们不能局限于狭义的国学历史的研究，孤立地就国学论国学，而必须把狭义的国学历史放到广义的国学历史中，放到中国近代历史进程中进行全景式的考察和分析。

根据以上认识，我认为，近代国学的历史大体可以划分为四个时期：辛亥革命前国学的原创期；辛亥革命后国学的蜕变期；"五四"时期国学的再造期；20世纪30年代国学的衰变期。

一　辛亥革命前：国学的原创期

国学作为一种文化思潮正式登场始于20世纪初，即辛亥革命前十年。因这一时期的国学是近代国学的最初形态，故称为国学的原创期。其具体时间，一般都从1902年说起，因为"国学"一词从这一年开始出现。据考，最早使用"国学"一词的是梁启超。他于1902年秋，曾就筹办《国学报》一事同黄遵宪函商。这是最早使用"国学"一词的记载。该函还首次将"国学"与"国粹"联系起来，认为欲"养成国民，当以保存国粹为主义"[1]。不过，此时梁启超所说的"国学"和"国粹"，是出于"尊孔保皇"、维护清朝统治、反对民主革命的政治需要提出来的。这与稍后国学派提倡的"国学"和"国粹"，从内涵到意图都是截然对立的。所以，尽管梁启超是首提"国学"和"国粹"的先行者，但是，却不被国学派所认同。应该说，这是由于他的改良主义的政治立场所致。

"国学"之从一般的文化观念变成实际的文化行动并成为一种文化思潮，严格地说，应从1905年算起，因为这一年邓实等人在上海创建"国学保存会"并创办《国粹学报》。这是国学作为一个文化流派正式登上中国近代历史舞台的重要标志。随后，章太炎于1906年秋在日本东京创立"国学讲习会"、"国学振起社"，开办一系列的国学讲座，北京、杭州、成都等地也相继成立"国学会"、"国学馆"等。从此，兴"国学"、讲"国粹"，蔚然成风，成为一种思潮。

这一时期国学思潮的兴起有着深刻的政治文化背景。政治上，是民族危机空前严重。1900年，"八国联军"占领北京，随后签订丧权辱国的《辛丑条约》，宣告了帝国主义在中国划分势力范围的最终完成，使中国完

---

[1]　丁文江、赵丰田：《梁启超年谱长编》，上海人民出版社1983年版，第292页。

全沦为半殖民地半封建社会,而当时的清朝政府,实际上已经变成以卖国求荣为能事的"洋人小朝廷"。亡国灭种之祸迫在眉睫。文化上,是"欧化主义"之风盛行,严重威胁到中国传统学术文化的生存,所谓"国学几灭"已成现实。面对"亡国灭学"的严重局势,当时的有识之士普遍认识到,要救国,只有"排满革命";要"排满革命",就必须提倡"国学",倡言"国粹",以"激动种性",振奋民族精神。这就是辛亥革命前国学思潮兴起的政治文化背景。

这一时期国学思潮的最大特色可以用章太炎的三句话加以概括,即"反本以言国粹"[①]。"以国粹激动种性,增进爱国的热肠"[②]。这三句话有着内在的联系,反映了如下四个特点:

一是,"言国粹"是全部问题的关键,它既是"反本"即回归传统、提倡国学的目的,也是"激动种性"、"增进爱国的热肠"的内在动力,因此具有国粹主义的特点。无怪乎人们通常称这一时期的国学思潮为国粹主义思潮,称这一时期提倡国学的人为国粹派。同样,我们也可以称这一时期国粹派的国学观为国粹主义的国学观。

二是,从"反本以言国粹"的内涵来看,"反本"即回归传统,固然是复古的,而所言的"国粹"是指"汉种的历史"[③],不仅是复古的,而且还带有民族的偏见,因为他只提汉族的历史,而不包含其他民族的历史。因此,这一时期的国学思潮不仅具有文化复古主义的特点,而且还具有大汉族主义的特点。

三是,从提倡"国粹"的目的来看,章太炎之所以提倡"国学",倡言"国粹"不完全是为了复古,而是为了唤起爱国心,振奋民族精神进行"排满革命"。就是说,"反本"是为了"开新",复古是为了推翻清朝的统治。不仅如此,章太炎之提倡"国粹"还有一层用意,就是反对"尊信孔教"[④]。这样,他就与当时改良派的"尊孔保皇论"划清了界限。

---

① 章太炎:《国粹学报祝词》,《章太炎全集》(四),上海人民出版社1984年版,第207页。
② 章太炎:《东京留学生欢迎会演说词》,《章太炎政论选集》(上册),中华书局1977年版,第272页。
③ 章太炎:《演说录》,载《民报》第6期(1906年7月)。
④ 同上。

四是，在中西文化关系上，这一思潮的代表人物也并非一味复古、尊古，盲目排拒"西学"或"新学"，而是主张"西学"或"新学"可以"与国学相契合"，认为"国学"之所以发生危机，问题出在没有将二者很好地结合起来[①]。

根据以上对国学思潮特点所做的分析，我们可以将这一时期国粹派的国学观，即原创期国学形态的特点概括为：复古主义的文化形式、国粹主义的思想内容、会通中西的文化主张、反清救国的政治考量，而核心是国粹主义，因此，可以简称为国粹主义的国学观。

二 辛亥革命后：国学的蜕变期

辛亥革命后，作为国粹主义的国学淡出，而作为孔教和儒学的国学凸显。虽然孔教派的康有为、陈焕章等人之提倡孔教、"定孔教为国教"，东方文化派的杜亚泉和梁漱溟等人之提倡儒学，并没有将这两者同国学联系起来，冠以"国学"的头衔，但是，从他们赋予孔教、儒学的内涵来看，无不以礼义法度、纲常名教、伦理道德为孔教之本、儒学之源，无不认为这是"世道人心"之所系。显然，这都是中国传统文化固有的内容，更是传统儒学的重要内容，因此仍属于国学的范畴。这一时期之所以称为国学的蜕变期，是相对于原创期的国学而言的，即由国粹主义的国学形态蜕变为孔教化的国学形态和儒学化的国学形态。

这一时期国学之所以发生蜕变，是与当时国内的政治形势和文化思潮的走向密切相关的。众所周知，辛亥革命不仅在政治上推翻了清朝统治，结束了长达两千多年的封建帝制，建立了民主共和国，而且在思想上动摇了封建制度的精神支柱，即"君道臣节"、纲常名教，从而使民主共和的观念深入人心，更由于民国伊始即明令禁止小学读经、废除祀孔仪式和定孔教于一尊，因而不能不激起封建复古派和尊孔保皇派的仇视和不满。为此，他们上书请愿，要求"定孔教为国教"。他们要挟说：如若不然，则

---

① 《国学讲习会序》，载《民报》第 7 期（1906 年 9 月）。

"其祸必至于国粹沦亡，国基颠覆，国性消灭，国俗乖戾，而国且不保矣"。① 可见，此时孔教派疯狂鼓吹孔教、"定孔教为国教"，是针对辛亥革命后出现的文化新局面而发的，因而是对辛亥革命的反动。

不仅如此，孔教派关于"定孔教为国教"的鼓噪还有为袁世凯帝制复辟造舆论的一面。辛亥革命后，袁世凯利用资产阶级的软弱性和妥协性窃取了国家权力并阴谋复辟帝制。为此，他加强思想控制，明令"尊孔读经"、"祀孔祭孔"，推行思想专制和文化专制。而这一时期孔教派对于辛亥革命毁弃纲常名教造成天下大乱、国将不国的指责，正适应袁世凯妄图废除民国、复辟帝制的政治需要。至于孔教派之鼓吹"定孔教为国教"更是符合袁世凯推行思想专制和文化专制的理论需要。所以，孔教派之尊孔鼓噪与袁世凯的帝制复辟可谓一拍即合；而他们的"孔教国教论"，实际上已经沦为袁世凯帝制复辟的政治工具。这是当时作为孔教的国学真正的悲哀，因而为后人之所不齿。

如果说，这一时期孔教派的"孔教国教论"是对于辛亥革命的反动；那么，这一时期东方文化派之提倡儒学，则是对"五四"新文化运动的反动。

"五四"新文化运动是中国近代史上一次伟大的思想启蒙运动。运动发起人陈独秀等人从辛亥革命失败的教训中，从辛亥革命后封建复古思潮的死灰复燃、"尊孔读经"、"定孔教为国教"的鼓噪中，也从袁世凯和张勋的帝制复辟闹剧中，认识到光有物质层面、制度层面的革命是不够的，还需要有精神层面、心理层面的革命以唤醒全民族"最后之觉悟"。因此，这场以"民主"、"科学"为旗帜、真正意义上的文化运动应运而兴。

这场新文化运动既然以民主、科学为旗帜，那么，其批判锋芒必然指向民主与科学的对立物：孔教、礼法、旧伦理、旧政治、旧艺术、旧宗教、"便不得不反对国粹和旧文学"②，因而，反对尊孔、批判儒学就成为这场运动的首要任务，而"孔家店"自然首当其冲。这场运动的健将吴虞发出的"打倒孔家店"的呐喊，在当时确实起到振聋发聩的效果，因而不

---

① 《孔教十年大事》卷八。
② 陈独秀：《本志罪案之答辩书》，载《新青年》第6卷，第1号（1919年1月）。

能不引起有尊孔"情结"人士的反弹。东方文化派的杜亚泉和后来的梁漱溟就是这方面的代表人物。他们之所以被称为东方文化派,不仅因为杜亚泉是当时《东方杂志》的主编,更因为他们都主张以儒学为代表的东方文化优越论。他们的东方文化优越论是建立在中西文明比较基础上的。杜亚泉曾用"动"和"静"来概括中西文明的差别,他指出,中国是"静"的文明,西方是"动"的文明,认为中国"静"的文明要比西方"动"的文明优越,因为社会的生存和发展应"以静为基础",而西方"动"的文明的根本弊端是"惟物质力之万能是从","如此世界",只有"优劣而无善恶",只有"胜败而无是非"[1]。与西方文明重竞争轻道德相比,杜亚泉认为,中国"固有之道德观念为最纯粹最中正者"[2],因此,"中国道德之大体,当然可以不变,不特今日不变,即再历千百年而亦可以不变"[3]。基于上述认识,他将中国传统"道德之大体"视为"国是"、"国基",可以用来"救治"今日西方世界之"良方",而"君道臣节及名教纲常诸大端"则是"我国固有文明之基础"[4],儒学之成为"东洋文明之中心者,盖由于此"[5]。梁漱溟则在比较中西文化的基础上提出"人类生活三路向说",即"西方是向前的路向,印度是向后的路向,而中国则介乎两者之间,是调和、持中的路向",认为西方的路向已走到了尽头,而印度的路向则是遥远未来之事,唯一可行的是今日中国的路向,这是今日西方人应走的路向。他还说:中国文化的路向就是当年孔子一生所走的路,因此,应该引导西方人走"至善至美"的孔子的路[6]。由此不难发现,梁漱溟所流露出来的尊孔崇儒的"情结"。

综观辛亥革命后国学思潮的基本走向:一是国学孔教化,二是国学儒教化。孔教派走的是国学孔教化的道路,因此,他们的国学观可以称为孔教化

---

[1] 杜亚泉:《精神救国论》,《杜亚泉文存》,上海教育出版社2003年版,第36—37页。
[2] 杜亚泉:《战后东西文明之调和》,《杜亚泉文存》,上海教育出版社2003年版,第350页。
[3] 杜亚泉:《国民今后之道德》,《杜亚泉文存》,上海教育出版社2003年版,第291页。
[4] 杜亚泉:《答辩青年杂志记者之质问》,引自陈崧《五四前后东西文化问题论战文选》,中国社会科学出版社1989年版,第93页。
[5] 杜亚泉:《迷乱之现代人心》,《杜亚泉文存》,上海教育出版社2003年版,第363页。
[6] 详见梁漱溟《东西文化及其哲学》,《梁漱溟集》,群言出版社1993年版,第183—203页。

的国学观；东方文化派走的是国学儒学化的道路，因此，他们的国学观可以称为儒学化的国学观。从总体来看，这两种国学路向都是逆时代潮流而动的，因此是一种文化复古主义。如果说，辛亥革命前的国粹主义国学观，文化复古主义只是其表现形式的话；那么，这一时期的孔教化国学观和儒学化国学观，则不仅在形式上，而且在实质上，都是文化复古主义的。

三 "五四"时期：国学的再造期

这一时期，国学的再造是相对于原创期的国学而言的，它并非原创期国学的重复，而是运用西方近代的思想理论和方法，重新解释中国固有的学术文化的新形态。这突出表现在：一是胡适提倡的"整理国故"，再造国学；二是《学衡》派提倡的"昌明国粹，融化新知"，再造孔学。

（一）关于"整理国故"，再造国学

"五四"时期思想文化领域里的论争，其广度和深度及其激烈的程度都远远超过了此前的任何一次思想文化论争。这是中国民主革命的深入在思想文化领域里的反映，且与马克思主义在中国的传播有着密切的联系。在"五四"时期诸多思想文化论争中，应以"整理国故"问题的争论，时间最长，情况最复杂，前后变化也最大。

如所周知，"国故"一词源自"国朝掌故"之省称，原指本朝的逸闻典故，并无深意。最早从中国固有学术文化的意义上使用"国故"一词的是章太炎。1910年，他将自己多年研究中国旧学的重要著作题名为《国故论衡》，可能是为了避开当时关于"国学"、"国粹"因价值判断的纷争所带来的麻烦，所以采用"国故"这个更中性的名词。此后，"国故"一词再无人提起，直至1919年，才重又被人提起。

1919年初，北京大学国故社创刊《国故》月刊，打出"昌明中国固有之学术"的旗号，以"保存国粹"为宗旨，向新文化运动发起挑战。北大新潮社的毛子水于同年5月，在《新潮》上发表《国故与科学的精神》一

文予以回应，认为"研究国故"必须用"科学的精神"将"国故"加以"整理"①。对于毛子水"研究国故"的提法，傅斯年在该文后面加了一段《附识》，指出："研究国故有两种手段，一，整理国故；二，追摹国故。"他主张"整理国故"作为"研究国故"的一种手段。这是"整理国故"的由来。同年10月，胡适在《新潮》上发表《论国故学答毛子水》一文，他指出，"现在整理国故"很有必要，"应该指导'国故家'用科学的研究方法去做国故的研究，不当先存一个'有用无用'的成见，致生出许多无谓的意见。"② 同年12月，他又在《新青年》发表了《新思潮的意义》一文，正式提出："研究问题，输入学理，整理国故，再造文明"③ 四大文化纲要。经胡适这一提倡，"整理国故"遂成为人们所关注的热点问题，争论也随之展开，历时达十年之久。

问题在于，一向以反传统、倡西化著称的胡适，为何在"五四"运动刚开始不久就提出"整理国故"来呢？其用意何为？实质何在？这是问题的关键。

在我看来，胡适于此时提出"整理国故"是"一箭三雕"，即有三层用意：一是，用来反对"国粹党"提倡的"保存国粹"。他说："现在许多国粹党"不懂得什么是"国粹"，却偏要高谈"保存国粹"，所以"先须要用评判的态度，科学的精神，去做一番整理国故的工夫"，分清"什么是国粹，什么是国渣"④。二是，用来引导人们去钻故纸堆，为"整理"而"整理"。用他的话来说，就是"不当先存一个'有用无用'的成见"，也不当先存"狭隘的功利观念"去"应时势之需"，而应看作"人类求知的天性所要求的"⑤。为此，他主张一点一滴地"整理"和"研究"，"上自思想学术之大，下至一个字、一支山歌之细，都是历史"，都属于"整理"、"研究"的范围⑥。这与他对文明与进化的观点是同一思路，即认为"文明

---

① 毛子水：《国故和科学的精神》，载《新潮》第1卷第5号（1919年5月）。
② 胡适：《论国故学——答毛子水》，载《新潮》第2卷第1号（1919年10月）。
③ 胡适：《新思潮的意义》，载《新青年》第7卷第1号（1919年12月1日）。
④ 同上。
⑤ 胡适：《论国故学——答毛子水》，载《新潮》第2卷第1号（1919年10月）。
⑥ 胡适：《国学季刊·发刊宣言》，载《国学季刊》第1卷第1号（1923年1月）。

不是笼统地造成的,是一点一滴的造成的。进化不是一个晚上笼统进化的,是一点一滴的进化"。① 由此,他推及研究社会问题,认为也应如此一个问题一个问题去解决,而反对对问题做根本的解决。所以,他主张"多研究些问题,少谈些'主义'"。当时,正值俄国十月革命后不久,马克思主义已经在中国传播。李大钊于此时发表了一系列宣传俄国十月革命、宣传马克思主义的文章。胡适于此时提出"少谈些'主义'",其矛头所指是不言而喻的。不仅如此,20世纪20年代正值中国民主革命日益高涨的年代,胡适却于此时不遗余力地提倡"整理国故",还特地为青年学子开了《一个最低限度的国学书目》发表在《东方杂志》(1923年2月25日)上,由此引发了新一轮的关于"整理国故"的争论。当时,就有学者指出,胡适的《书目》虽名为"最低限度",实则"广博无限",其数量逾万卷②。鲁迅也婉转批评道:"有些书目开得太多,要十来年才能看完,我还疑心他自己就没有看。"③ 自己没有看,却偏要让青年学子去看,其意何为,一目了然。难怪当时有人把胡适提倡"整理国故"、开列"国学书目"称之为"钻到烂纸堆里"④。不过,由于胡适的大力提倡,的确在社会上掀起了新的"国学热"。有人用"风起云涌"来形容当时治国学之盛况。由于胡适大力提倡"整理国故"发生了很大的社会影响,掀起了一股"钻到烂纸堆里"的"国学热",因而势必转移人们的注意力,尤其对于青年学子更是如此,即误导他们不去关心当时正在进行的民主革命,从现实回到书本,去"钻烂纸堆"。这是他此时提倡"整理国故"的深层次用意。

　　胡适提倡"整理国故"还有一层用意,就是他所标榜的"再造文明"。从他一向主张的"全盘西化"来看,这个"再造"的"文明"只能是"全盘西化"的"文明"。而"整理国故"又如何"再造文明"呢?他所说的"国故"是"中国的一切过去的文化历史"。显然,要从这样的"国故"中

---

① 胡适:《新思潮的意义》,载《新青年》第7卷第1号。
② 引自刘梦溪主编《中国现代学术经典·钱基博卷》,河北教育出版社1996年版,第886—888页。
③ 鲁迅:《且介亭杂文·随便翻翻》,《鲁迅全集》(6),人民文学出版社1987年版,第136—137页。
④ 胡适:《国学季刊·发刊宣言》,载《国学季刊》第1卷第1号(1923年1月)。

"再造"出"全盘西化"的"文明",在他看来,只有靠"整理",而他所说的"整理"就是"用评判的态度,科学的精神"去"整理"。他认为这样"整理"出来的"国故"已经不是原来的"国故",而是"'国故学',省称为'国学'。"① 毫无疑问,这样经过"整理"出来的"国学",我们可以称之为"新"国学,对于原创的国学来说,显然是国学的再造。

(二) 关于"昌明国粹,融化新知",再造孔学

这一时期国学的再造还表现在《学衡》派用西方的新人文主义"昌明国粹,融化新知",再造孔学上。尽管他们对待中国传统文化的态度与胡适迥异,但是,在用西方文化改造中国传统文化问题上,即国学的再造上,则可谓"异曲同工"。

《学衡》派之所以标榜"昌明国粹,融化新知",是针对"五四"新文化运动对旧思想、旧文化、旧道德的批判而发的。他们认为,对于中国固有的文化不是要不要的问题,而是要加以"研究"、"保存"、"昌明"、"光大"②的问题。他们尤其反对新文化运动对孔子的批判,指责新文化运动倡导者把"中国近世腐败之病根,多归咎于孔子",是"医家误认病源,妄使攻伐",因为"中国今日之病源,不在孔子之教",而在"不行孔子之教"③。他们认为,孔子是"中国文化之中心","无孔子则无中国之文化"④。他们所说的"融化新知",其实质是引进西方的新人文主义而与中国的固有学术文化,特别是孔子学说相结合,"建设新文化"。

西方的新人文主义以美国的白璧德为代表。他反对西方流行的扩张"物质力"的功利主义和放任情性的浪漫主义,主张以道德和文化的力量来挽救现代社会的危机。他尤其重视孔子思想的普遍价值,认为"孔子之道"之"优于""西方之人道主义者",在于"能认明中庸之道,必先之以

---

① 胡适:《国学季刊·发刊宣言》,载《国学季刊》第1卷第1号(1923年1月)。
② 吴宓:《论新文化运动》,引自孙尚扬、郭兰芳编《国故新知论——学衡派文化论著辑要》,中国广播电视出版社1995年版。
③ 柳诒徵:《论中国近世之病源》,载《学衡》1922年第3期。
④ 柳诒徵:《中国文化史》第25章,东方出版中心1988年版。

克己及知命"①。《学衡》派代表人物吴宓追随其师白璧德之后,也高度评价孔子的思想,肯定孔子为"中国国民性及中国文化最高之代表",认为"凡欲以人文主义救今日世界物质精神之病者",应以孔子为"最良之导师"②。至此,我们可以看到,《学衡》派所标榜的"昌明国粹,融化新知"的真实含义,是用西方新人文主义重新解读孔子思想,重建孔学,而这也是他们所主张的"建设新文化"的真正内涵。把传统孔学"创造性转化"成新人文主义的孔学,不能不说是对于传统孔学的再造。显然,《学衡》派之再造孔学,实际上属于再造国学的范畴,他们与胡适之"整理国故"、"再造文明"都是这一时期再造国学的典型代表。

四 三十年代：国学的衰变期

所谓国学的衰变有两层含义：一是指国学的衰微,二是指国学的倒退。

国学之衰微在20世纪20年代后期已经露出端倪。当时,已有学者公开向国学挑战,声称"国学"不是"学"。

必须指出,在20年代国学鼎盛时期,"国学"是"学"是不成为问题的。当时,许多大学都争相设立国学门、国学科、国学系。例如,这期间,北京大学成立文科研究所国学门,清华大学研究院设立国学科,辅仁大学、厦门大学、齐鲁大学等也先后设立国学系或国学专修科③。胡适于此时把用"科学精神""整理国故"的"国故学"干脆省称为"国学",显然也认为"国学"是"学"。

然而,"国学"是"学""如日中天"之际,也是国学"江河日下"开始由盛转衰之时。当时,思想界、学术文化界的一些重量级人物,从陈独秀到傅斯年,从蒙文通、柳诒徵到顾颉刚,从何炳松、郑振铎到曹聚仁等,都纷纷批评"国学"的提法,反对"国学"是"学"。他们的批评集

---

① 吴宓：《白璧德中西人文教育说》,载《学衡》1922年第3期。
② 吴宓：《孔子之价值及孔教之精义》,《大公报》1927年9月22日。
③ 桑兵：《晚清民国的国学研究》,上海古籍出版社2001年版,第11页。

中在以下几点：一是，"国学"一词笼统含混，意思不明；二是，中国固有的学术原已有经史百家之学之称，无须另立名目；三是，不符合学科分类原则，其名不正，其言不顺；四是，国学以精神文明自居，排拒物质文明，厌恶科学，不符合时代精神。例如，陈独秀说"国学"本是"含混糊涂不成一个名词"。我们只知道"当今所谓国学大家"各有专长，如胡适所长在哲学史，章太炎所长在历史和文字学、音韵学，罗振玉所长在金石考古，王国维所长在文学。因此，他认为，"国学"一词"就是再审订一百年也未必能得到明确的观念。"[①] 曾经最早提出"整理国故"的傅斯年，在1927年以后也改变对"国学"的态度，批评"国学"之说不符合学科分类法。他说："要想做科学的研究，只得用同一的方法；所以这学问断不以国别成逻辑的分别"[②]。批评最为激烈的要推何炳松。他考察了"国学"一词的来历，认为"大概是由西文中的'支那学'（Sinology）翻译出来的"，而那是西人因为中国的事物太广大、太复杂，无法理解，甚或不过"还是一团糟"，所以姑以此名。他愤激地说："依我们的看法，这个名词，实在是西洋人给我们的一种耻辱；换句话说，就是我们的国耻"，"我们应该提出强硬的抗议"。他还说："国学"闹了这么多年，"还不就是'一团糟'之别名么？"[③] 在这些重量级人物的重炮轰击下，"国学"很快就奄奄一息，到了30年代初就偃旗息鼓了，代之而起的是"中国本位文化建设论"。它标志着国学的倒退，即倒退到当年洋务派的"中学为体，西学为用"的老路上去。为什么这样说呢？这可以从此论提出的背景及其真正的内涵来看。

"中国本位文化建设论"是1935年1月由王新命、陶希圣等"十教授"领衔发表在《文化建设》月刊上的《中国本位文化建设宣言》中提出来的。当时，正是蒋介石加紧进行两个"围剿"即军事围剿和文化围剿；而1934年开始，他在全国范围内大力推行的"新生活运动"则是文化围

[①] 陈独秀：《国学》，引自罗志田《国家与学术清季民初关于"国学"的思想论争》，生活·读书·新知三联书店2003年版，第372页。

[②] 傅斯年：《历史语言研究所工作之旨趣》，引自罗志田《国家与学术清季民初关于"国学"的思想论争》，生活·读书·新知三联书店2003年版，第378—379页。

[③] 何炳松：《论所谓"国学"》，载《小说月报》第20卷第1号（1929年1月）。

剿的重要组成部分。谁都知道，蒋介石是"新生活运动"的倡导者。1934年初，他连续发表了关于"新生活运动"的讲演，并通令全国推行。同年7月，成立了"新生活运动促进总会"，蒋介石担任会长。"新生活运动"的目的和宗旨，按照蒋介石的说法，就是恢复和发扬"中国固有道德"，用"礼义廉耻"、"忠孝仁爱信义和平"这"四维"、"八纲"来统摄人们的思想言行，作为指导人们精神生活、社会生活的基本准则。陈立夫于此时提出"以中国为本位的文化建设纲领"，其要点或核心是"以新生活运动把握现在"[①]，显然就是为了贯彻蒋介石倡导"新生活运动"的思想意图。必须指出，陈立夫提出的"文化建设纲领"发表在1934年10月的《文化建设·发刊词》上。三个月后，"十教授"在同一刊物上发表了连字句都相同的《中国本位文化建设宣言》（"《宣言》"）。考虑到"十教授"中某些人的政治背景，他们的《宣言》与陈立夫的"文化建设纲领"先后在同一个刊物上发表并非"巧合"，从中，我们不难发现，"十教授"的《宣言》与国民党当局倡导"新文化运动"之间的关联。既然如此，"十教授"的"中国本位文化建设"，说白了，就是陈立夫所说的"以中国为本位的文化建设"，就是"以新生活运动把握现在"的"文化建设"。从这个角度来分析，"十教授"关于"中国本位"的解释即"此时此地的需要"，岂不是与陈立夫所说的"以新生活运动把握现在"互为表里了吗？难怪有学者说，"十教授"的《宣言》"不过是对陈立夫的《建设论》的注解和发挥而已"[②]。认清了"十教授"《宣言》与国民党当局，尤其是与陈立夫的《文化建设论》的关系，我们就不难把握住他们提出的"中国本位文化建设论"的真正内涵和实质。

首先，从内容看，"十教授"的《宣言》与陈立夫的《文化建设论》互为表里。陈立夫的《文化建设论》的核心是"用新生活运动把握现在"，而"十教授"的《宣言》则声称："中国本位文化建设"是"此时此地的需要"，二者不谋而合。其次，由于"新生活运动"是提倡"中国固有道德"的运动，因此，"十教授"的"中国本位文化建设"自然是以"中国

---

① 陈立夫：《文化建设论》，《文化建设》第1卷第1期（1934年10月）。
② 李妍：《"本位文化"论刍议》，载《求实学刊》1998年第3期。

固有道德"为"本位文化"的"建设"。这与洋务派的"中学为体"之"体"又何其相似！再次，"十教授"在《宣言》里还提到他们的"中国本位文化建设"吸收欧美文化"的必要性，而他们所谓"吸收的标准"是"取决于现代中国的需要"。这与洋务派的"西学为用"又有何本质区别？由此说，"十教授"的"中国本位文化建设论"是洋务派的"中学为体，西学为用"论在20世纪30年代的翻版。与原创期的国学相比，"十教授"的"中国本位文化建设论"，显然是向后倒退了。

五 几点认识和启示

通过对近代国学思潮的历史回顾，我们可以从中得到以下几点认识：

第一，近代国学思潮的起伏兴衰总是同中国近代历史进程相关联的。这突出表现在思潮代表人物对于文化主题的认知上。无论是关于中国传统学术文化的价值判断，还是关于中西文化关系的价值定位，总是同他们的政治立场和政治态度紧密联系在一起的；而他们的政治立场和政治态度又总是随着中国近代历史的发展而变化的。这说明：中国近代历史的发展不仅影响到思潮代表人物的政治立场和政治态度，而且还影响到他们的文化认知，影响到他们对于国学的态度。

第二，近代国学思潮是中国近代史上特有的文化现象。它的独特性在于：形式的文化复古主义总是与政治现实主义的内容联系在一起，直接或间接地反映了各派政治力量对于现实的政治诉求。纯粹为"国学"而"国学"者固然有之，但是，从总体上看，从思潮代表人物的态度上看，则往往是政治关怀高于学术追求，甚至学术从属于政治，沦为政治的"婢女"。

第三，近代国学思潮是中国近代史上的政治斗争在思想文化领域里的反映，代表着不同阶级的意识形态。例如，原创期的国学思潮，其主导面是代表资产阶级、小资产阶级的意识形态。不过，这一时期的国学思潮，其思想成分非常复杂，如张之洞也在提倡"国粹"，"保存国粹"，那是代表封建官僚地主阶级的意识形态；蜕变期的国学思潮，其主导面也是代表封建官僚地主阶级的意识形态；再造期的国学思潮，其主导面是代表正在形成中的官僚买办资产阶级的意识形态；衰变期的国学思潮则是代表大地主大资产阶级的意识形态。这一切表明，近代国学思潮及其思想构成不是单一的，而是多元的，必须根据具体情况进行具体的阶级分析。

第四，近代国学思潮在不同时期具有不同的文化形态，究其原因，固然应从中国近代历史的变迁、阶级关系的变化等角度进行历史的、阶级的分析，同时，也不能忽视从文化发展自身的内在逻辑的角度进行分析。例如，辛亥革命后，国粹主义国学思潮淡出而代之以孔教化、儒学化的国学，这是与国粹主义国学既反孔又尊传统为国粹、在学理上混淆"传统"与"国粹"的界限密切相关的。又如，"五四"时期国学之再造及其最终走向衰微，是与国学内涵的模糊性、不确定性以及违背近代学科分类法等缺陷密切相关的。这些都需要从思想文化发展的内在理路做深层次的分析和说明。

上述认识对于当前我们关于国学问题的讨论具有正面的启示意义。我认为，至少有如下几点：

第一，必须坚持唯物主义历史观的基本理论和基本方法，对国学进行历史的、时代的和阶级的分析，切忌孤立地就国学论国学，把它看作是超阶级、超时空的东西。事实上，历史上的国学是以中国传统学术文化为研究对象的。而中国传统学术文化的主体，例如儒家文化，长期以来是作为统治阶级的思想而存在的，是社会上占统治地位的思想。马克思说："统治阶级的思想在每一时代都是占统治地位的思想"，而"那些没有精神生产资料的人的思想，一般地是隶属于这个阶级的。"[①] 如果我们研究儒家文化，无论是汉唐经学、宋明理学，还是乾嘉汉学，忘记了它们是封建统治阶级在不同历史时期的意识形态，就必然要做出错误的价值判断，不加批判地一概视为"国粹"。同样，在研究历史上的国学思潮时，也必须弄清其对于封建意识形态的态度，然后才能对其做出正确的评价。可是，现在社会上有一种现象，有人在"普及"国学知识的名义下，无批判地把儒家经典"四书五经"全力推向社会，甚至主张把"四书五经"列入中小学课本。实际上，这是在青少年中提倡变相的"尊孔读经"。这种对儒家经典无批判地兼收并蓄的文化主张，不是在引导人们向前看，而是在引导人们

[①]《马克思恩格斯选集》第1卷，人民出版社1995年版，第98页。

向后看。对此，应该引起我们的注意。

第二，必须坚持马克思主义关于两种文化的观点，即代表统治阶级的思想与反映被统治阶级的思想之间的对立和斗争的观点。这后一种思想的出现，是与统治阶级内部因种种深刻的社会原因而产生政治分化这一情况相联系的。就是说，这一部分分化出来的统治阶级的成员有可能在一定程度上这样那样地流露出同情人民、反映人民的利益和愿望的思想和倾向。例如，中国封建主义意识形态中就有正宗思想与异端思想的对立和斗争，而在异端思想中又往往表现出一定程度的人民性。这种人民性就是上述情况的具体反映和表现。这就告诉我们：在关于中国传统学术文化的价值判断问题上，必须坚持批判继承的态度，既要反对肯定一切的文化复古主义，又要反对否定一切的历史虚无主义。

第三，关于"国学"一词提法的正当合理性问题。这个问题，历来存在着争议。前面提到的"五四"时期关于"国学"是不是"学"的争论，就涉及"国学"一词的正当合理性问题。

首先，我认为，"国学"一词疑义太多，误解太深，负面影响太大，容易产生纷争。例如，有谓"国学"是中国固有学术文化之省称。那么，何不用中国传统文化或中华传统文化这样更明确、更准确呢？有谓"国学"是国家学术之省称。那么，中国传统文化能作为国家学术之全称代表吗？显然不能，它只能代表中国的"过去"，而不能代表中国的"现在"，即以马克思主义为指导的当代学术和思想文化。有谓"国学"即"儒学"。那问题更多。它不仅排斥了儒学以外的诸子百家之学，而且也排斥了汉族文化以外的少数民族文化。更有甚者，它势必将东亚国家排斥在儒家文化圈之外。可见，将文化按国别分类流弊太大，不仅不符合近代学科的分类法，而且势必导致文化的自我封闭，因而不利于文化的发展。其次，有鉴于此从近代国学的历史来看，"国学"一词，从其出现之日起就与文化复古主义结下了不解之缘，成为文化复古主义的象征或符号。即使是原创期的国学，虽寓有进行民主革命的现实政治诉求，但终因其在学理上混淆了"传统"与"国粹"的界限而无法跳出文化复古主义的窠臼。其他时期国学的负面影响更是有目共睹。

综上所述，"国学"一词，无论从历史层面还是现实层面来看，其正当合理性向来是备受质疑的。有鉴于此，我建议：还是慎用为好，切忌泛化。不过,"国学"作为历史问题不仅可以研究,而且必须研究以还国学的本来面目,从中总结历史经验以利来时和后学。

(原载《马克思主义研究》2008 年第 10 期)

后　记

　　2012年，中国社会科学院学部主席团为每位学部委员、荣誉学部委员组织出版"专题文集"，幸赖这一机缘卢钟锋先生的专题文集也荣列其中，虽然先生今已驾鹤西去，但这部专题文集的出版是对先生最大的告慰！作为先生的家人，我们甚感安慰！

　　先生在其近半个世纪的学术生涯中，对学术事业孜孜以求，精益求精，不断拓展，不断深入。他曾在《卢钟锋文集·自序》里谈道："在新旧世纪之交的2000年，我的学术研究方向再一次做出更大的调整。由重点研究中国思想史和中国传统学术史转向中国社会史，从理论与实证的结合上开始了对中国历史的发展道路问题的探索。"本专题文集正是先生最后十年对中国历史发展道路问题学术研究成果的结集。

　　先生晚年，饱受病痛折磨。但是，他仍以惊人的毅力，一面顽强与病魔抗争，一面争分夺秒，潜心研究，努力坚持完成了他主持的院重大课题《中国历史的发展道路》。他在该书的序言里写道："有课题组成员为我健康着想，曾建议'撤项'……而我是个'不轻易言败'的人……我认为，这是一种责任，也是一种承诺，更是一种追求。"十年间，先生抱病笔耕不辍，从未间断对学术事业的探索与研究，并发表了多篇高质量的论文。他以顽强拼搏的精神，对学术事业的执着追求的态度兑现了他的人生誓言！本专题文集的开卷首篇《中国社会形态与历史发展总论》就是卢钟锋先生主持的院重大课题《中国历史的发展道路》一书的"导论"篇。《中国历史的发展道路》一书已于2011年底完成结项，目前尚待出版。

　　最后，我们要特别提到的是，卢先生这部专题文集的编辑出版得到了社科院科研局董文柱先生、黄英女士和苑淑娅女士等的热心相助；北京大学王中江教授为本书的题名和编排倾注了很大心力；中国社会科学出版社黄燕生编审为本书的出版给予了许多关心和大力的支持。作为卢钟锋先生的家人，我们对于真诚关心、热情帮助我们的所有人，谨致以诚挚的谢意！

蔡登茹　卢可

2013年3月于北京